KB200551

이 책을 향한 찬사들

이 세상 문화를 향유하는 대다수 사람들에게는 그리스도인들이 낯설겠지만, 많은 그리스도인들은 급변하는 낯선 문화 속에서 절망감을 느끼거나 두 손을 들어 방어적인 태세를 취하기 쉽다. 이에 대해 팀 켈러는 부드럽지만 확고하게 복음을 풀어내면서 복음이 무엇과도 타협할 수 없는 것임을 상기시킨다. 동시에 그리스도인이 어떻게 책임감을 가지고 세상 문화와 상호작용할 것인지 생각하게 한다. 세상 문화 안에 있는 선한 것들을 긍정하고, 복음을 탄탄하고 충실하게 문화에 적용할 수 있는 방법을 알려 준다. 그러나 기계적인 방법론을 알려 주는 것은 아니다. 이 책은 지난 이십 년 동안 대도시에서 목양 사역을 충성스럽게 감당해 온 사람이 성경의 중요한 주제들에 대해 기록한 성찰과 묵상이다.

D. A. 카슨(D. A. Carson) _ 트리니티 복음주의 신학교 석좌교수

도시, 문화, 교회, 그리고 성경이 이루는 하모니에 팀 켈러보다 더 자세히 귀 기울인 사람을 여태껏 보지 못했다. 《팀 켈러의 센터처치》에서 그는 다양한 종류의 음악을 묘사할 뿐만 아니라 그 결과들을 사역의 전개와 부흥을 위한 교향곡으로 어떻게 지휘했는지 이야기한다. 이제 우리가 귀 기울일 차례다. 저자는 우리가 복음의 위대한 교향곡을 경험할 수 있도록 실제적이고 유용한 방법들을 제시한다.

브라이언 채플(Bryan Chapell) _ 커버넌트신학교 총장

《팀 켈러의 센터처치》는 다음 세대 교회 지도자들에게 지극히 유용한 자원이다. 신학적으로 깊이가 있을 뿐 아니라 우리 생각을 자극하는 활력이 넘치는 책이다. 이 책은 어떤 점에서 당신의 마음을 불편하게 만들 수도 있다. 팀 켈러가 또 한 번 정곡을 찔렀다.

알리스터 벡(Alistair Begg) _클리블랜드 파크사이드교회 담임목사

"우리 교회가 한 것처럼 이렇게 사역하라"라고 말하는 부류의 책은 더 이상 우리에게 필요하지 않다. 다른 교회의 모델을 비판하는 책도 마찬가지다. 이제 우리에게는 교회 사역을 체계적으로 행하되 분별력 있고, 성경적으로 생각할 수 있도록 돕는 책이 필요하다. 《팀 켈러의 센터처치》에는 저자의 경험과 지혜, 그리고 겸손이 가득 담겨 있다. 우리가 살고 있는 도시가 은혜의 복음으로 변혁되는 것을 진지하게 원한다면 이 책이 무척 유용하게 사용될 것이다.

대린 패트릭(Darrin Patrick) _저니교회 담임목사

후기 기독교주의와 세속주의에 문화가 점점 빠져들면서, 그리스도인들이 복음을 잘 이해하고 효과적으로 소통하는 법을 아는 것이 더 중요해지고 있다. 《팀 켈러의 센터처치》에서 팀 켈러는 복음이 무엇이며, 우리가 섬기는 곳에서 어떻게 성공적으로 복음을 전달할 수 있는지를 탁월하게 설명한다. 이 책은 학문적 분석 이상의 작품이다. 삼십 년 동안의 성공적 사역에 기반을 둔 탁월한 목회 코칭이기도 하다. 팀 켈러에게 감사를 표한다.

샌디 윌슨(Sandy Willson) _멤피스 제2장로교회 담임목사

우리들은 대부분 눈에 보이는 대로만 본다. 반면 팀 켈러는 다른 사람들이 보지 못하는 것을 관찰한다. 하나님 말씀의 진리와 당대 문화에 관하여 특별히 더 그렇다. 다시 한 번 그는 깊은 통찰력을 우리에게 제공했다. 바로 교회에 대해서다. 교회가 어떻게 건강한 잠재력을 경험할 수 있는지에 대해서다. 이 책에 관해 듣기만 하고 읽지 않는 것은 정말 어리석은 일이다!

랜디 포프(Randy Pope) _애틀랜타 페리미터교회 담임목사

이 탁월한 책은 그가 기반으로 둔 맨해튼 사역처럼, 개혁주의 신학의 경륜과 지혜로운 목회자의 지성이 어떻게 결합하여 도시 목회에서 영적 결실을 맺을 수 있는지 보여 준다. 모든 페이지마다 광채가 난다. 팀 켈러는 하나님이 지금 우리 시대에 주신 큰 선물이다.

J. I. 패커(J. I. Packer) _리젠트대학 원로교수

《팀 켈러의 센터처치》는 맨해튼에서 일어난 하나님의 지속적이고 뛰어난 사역에 대한 신학적으로 정확하고, 사회적으로 통찰력 있는 설명서다. 뿐만 아니라 현대 도시 문화에 적절하게 녹아든 사역에 대한 매우 중요하고 독창적이며 시기적절한 요청이다. 우리의 도시를 그리스도께 인도하려면 이 책의 원리들을 주의 깊게 배워야 한다.

리처드 코어킨(Richard Coekin) _런던 코미션 교회개척 네트워크 지도자

도시는 도전으로 가득 찬 복잡하면서도 중요한 전략이 필요한 사역지다. 도시에서 사역하는 이들에게는 희망과 효과성을 불붙일 수 있는 격려와 자원들이 요구된다. 그래서 나는 팀 켈러가 이 책을 쓴 것이 참 감사하다. 복음에 대한 그의 열정, 도시에 대한 사랑, 성령의 역사하심에 대한 비전은 사람들의 삶을 변혁시킬 것이다. 또한 도시에 희망과 평화를 불러일으킬 것이다. 팀 켈러는 그의 통찰과 생각을 우리와 나누기 위해 이 책을 썼다. 더욱이 그가 섬기는 교회는 그의 중심과 이 비전의 실재 및 가능성을 보증한다. 준비하라. 당신의 생각은 명료해질 것이며, 당신의 가슴은 감동할 것이다.

크로포드 로리츠(Crawford W. Loritts) _펠로우십성경교회

팀 켈러는 복음 중심적 사역에 꼭 필요한 책을 우리에게 선물했다. 신학적으로 탄탄하고, 실천적으로 심오한 이 책은 우리 삶과 교회 사역에 대한 복음의 의미를 총체적으로 꿰뚫고 있다. 그리고 성경신학과 실천신학을 탁월하게 연결했다. 나는 팀 켈러 및 리디머 시티투시티(Redeemer City to City)와 함께 사역하면서 많은 도움을 받았다. 전 세계에서 이 책을 통해 교회와 사역에 심원한 영향을 받는 것도 목도했다. 이 책은 강의 그 이상이다. 교회들이 꼭 필요로 하는 생명력과 재생산력이 있는 복음의

신학이다. 생각하는 그리스도인의 서재라면 꼭 있어야 할 책이다.

스티븐 엄(Stephen T. Um) _시티라이프장로교회 담임목사

만약 교회 지도자들이 신학적으로 생각만 하고 세상을 복음의 관점에서 바라보거나 교회들이 복음의 지혜로 살아가도록 돕지 않는다면 그것은 목회자의 부르심을 저버리는 일이다. 오늘날 팀 켈러보다 이 작업을 더 분명히 잘할 수 있는 사람은 없다. 그는 복음을 모든 환경에 맞추어 간단하고 쉬운 모델로 만들어 세일즈하기를 거절한다. 대신 교회들이 다양한 부름에 따라 독특한 문화적 맥락 속에서 충성되고 열매 맺을 수 있는 여러 가지 길들을 부각시킨다. 정말로 당신이 복음으로 교회 정체성을 세우고, 중요한(그리고 어려운) 질문들을 어떻게 물어야 할지 배우고 싶다면 이 책을 읽으라.

리처드 린츠(Richard Lints) _고든콘웰신학대학원 석좌교수

팀 켈러의 책 중에서 《팀 켈러의 센터처치》야말로 내가 가장 좋아하는 책이라고 자신 있게 말할 수 있다. 이 책은 진정 팀 켈러가 지닌 지혜의 총화를 보여 주는 것 같다. 복음 가운데 오랫동안 숙성되고, 성경 본문 주해에 근거하며 우리 문화의 정신을 통찰한 종합체이다. 독설하지 않으면서 대화하는 그의 적극성, 하나님 은혜의 심원한 결과들에 대해 끝까지 사유하는 그의 헌신성, 예수님의 신부와 하나님의 나라와 구속사에 대한 그의 큰 사랑이 여기에 결집되어 있다. 모든 것이 신선하게 펼쳐진다. 얼마나 탁월하고 실천적인 책인가! 떠오르는 지도자들, 그리고 꿈꾸고 싶은 교회들과 함께 이 책을 사용하기를 손꼽아 기다린다.

스코티 스미스(Scotty Smith) _그리스도공동체교회 설립목사

많은 사람들은 팀 켈러가 목회자이며 변증가이고 신학자인 줄 알고 있다. 그러나 그는 동시에 도시 전도자이다. 《팀 켈러의 센터처치》에서는 그의 비전과 소명의 다양한 측면들이 한 자리에서 펼쳐진다. 이 책은 필독서 이상의 것이다. 도시 속에서 하나님 나라의 사역을 위해 팀 켈러가 그의 심장과 인생을 헌신하여 바친 선물이다.

마크 고닉(Mark R. Gornik) _시티신학교 학장

《팀 켈러의 센터처치》는 우리 시대의 가장 위대한 선교 서적 중 하나다. 이 책은 복음의 수단을 통해 도시 전체를 변혁시킬 만큼 강력한 교회의 비전을 제시한다. 팀 켈러는 뛰어난 교사이며, 탁월한 지도자이고, 예수님의 모범적인 제자다. 이것은 가치 있는 책이다!

앨런 허쉬(Alan Hirsch) _포지선교훈련네트워크 설립자

우리는 뛰어난 교회 지도자들과 놀라운 기독교 사상가들이 많은 시대에 살고 있다. 그러나 내가 보기에는 팀 켈러보다 더 사려 깊은 교회 지도자는 없는 것 같다. 《팀 켈러의 센터처치》는 깊이 있는 신학적 성찰과 분별 있는 문화적 주해의 결과로 형성되는 교회 사역에 대한 요청서다. 용기 있는 지도자들이 그런 사역을 수행할 때 도시는 다시금 복음 아래 번성하게 될 것이다.

존 오트버그(John Ortberg) _멘로파크장로교회 담임목사

뉴욕에 있는 팀 켈러의 교회는 지역 사회를 지혜롭게, 성경적으로, 효과적으로 연결하는 복음 중심적 사역의 모델들 중에서 가장 뛰어난 교회로 꼽힌다. 이것은 주로 팀 켈러의 복음에 대한 깊은 이해와 문화를 해석하는 탁월한 은사 덕분이다. 그의 최신 책은 어디서 사역을 하든 상관없이 누구에게나 탁월하고 유용한 도구가 될 것이다. 《팀 켈러의 센터처치》는 팀 켈러의 사역을 복제하기 위한 매뉴얼이 아니다. 이 책은 그보다 훨씬 중요하며, 예수 그리스도의 복음이 어떻게 문화, 사역, 그리고 그리스도인의 삶에 관련되는지 보여 주는 신학적 비전이다.

필립 라이켄(Philip Ryken) _휘튼대학 총장

운동에 참여하는 센터처치

지은이 | 팀 켈러, 팀 체스터 외
옮긴이 | 오종향
초판 발행 | 2018. 3. 5
등록번호 | 제1988-000080호
등록된 곳 | 서울특별시 용산구 서빙고로65길 38
발행처 | 사단법인 두란노서원
영업부 | 2078-3333 FAX | 080-749-3705
출판부 | 2078-3332

책값은 뒤표지에 있습니다.
ISBN 978-89-531-3089-0 04230
      978-89-531-3079-1 04230 (세트)

독자의 의견을 기다립니다.
tpress@duranno.com www.duranno.com

두란노서원은 바울 사도가 3차 전도 여행 때 에베소에서 성령 받은 제자들을 따로 세워 하나님의 말씀으로 양육
하던 장소입니다. 사도행전 19장 8-20절의 정신에 따라 첫째 목회자를 돕는 사역과 평신도를 훈련시키는 사역,
둘째 세계선교™와 문서선교단행본·잡지 사역, 셋째 예수문화 및 경배와 찬양 사역, 그리고 가정·상담 사역 등을 감
당하고 있습니다. 1980년 12월 22일에 창립된 두란노서원은 주님 오실 때까지 이 사역들을 계속할 것입니다.

운동에 참여하는 센터처치

팀 켈러, 팀 체스터 외 지음

오종향 옮김

두란노

Contents

Part 1

{선교적 교회}
교회는 선교적 공동체다

Part 2

{통합적 사역}

통합적인 사역을 추구하라

Part 3

{운동 역동성}

하나님 나라의 운동에 참여하라

센터처치
신학적 비전을
나누며

이 시리즈에 대한 소개

대개 두 가지 종류의 책들이 목회자들과 교회 지도자들을 대상으로 저술된다. 한 가지는 모든 교회에 해당되는 일반적인 성경적 원리를 제시한다. 이런 책들은 성경에 대한 주해와 성경신학으로 시작해서 성경적인 교회의 특징과 역할을 열거한다. 가장 중요한 특징이라면 성경 말씀에 충실하고 교리적으로 건전하다는 점이다. 그러나 이런 종류의 책들은 전도, 교회 리더십, 공동체, 멤버, 예배, 봉사 등에 대한 성경적 기준을 요구한다.

두 번째 범주의 책들은 이 스펙트럼의 정반대에서 움직인다. 이 책들은 성경 구절들을 많이 인용하기는 하지만, 성경적·신학적 기초를 놓는 데는 시간을 많이 쓰지 않는다. 대신, 이 책들은 "어떻게 할 것인가"에 대한 실용적인 책들이다. 특정 스피릿, 프로그램, 목회 방법들을 제시한다. 이 계열의 첫 번째 책들은 1970년대와 1980년대 교회 성장 운동이 한창이던 시기에 피터 와그너, 로버트 슐러와 같은 저자들을 통해 폭발적으로 등장했다. 이 계열의 두 번째 세대는 성공적인 교회에 대한 개인적인 간증이 가득한 책으로서 교회를 개척해서 일구어 낸 목사들이 쓴 것들이다. 다른 사람들이 사용할 수 있도록 실천적인 원리들을 뽑았다. 실용적인 교회론 서적의 세 번째 세대가 나온 지는 10년이 넘었는데, 교회 성장을 위한 "이렇게 하라"를 정면으로 비판하는 책들이다. 좋은 교회가 현장에서 어떤 모습이어야 하는지에 대한 그림들과 사례 제시로 구성되어 있다. 사역을 어떻게 조직화하고 실행할지에 대한 실천적인 조언들을 제시한다.

물론 그 책들로부터 내가 사용할 수 있는 한 가지 이상의 좋은 아이디어들을 거의 매번 찾을 수 있었다. 그러나 전체적으로, 그 책들이 의도하는 것보다는 별로 도움이 안 됨을 발견했다. 그 책들은 특정 환경에서 특정 시기에 사용된 기법과 모델을 명시적이든 암시적이든, 거의 절대화해서 가르친다. 내가 분명히 확신하기에 그 기법들 중 많은 것들은 뉴욕과 잘 맞지 않는다. 저자들이 주장하는 것처럼 보편적으로 적용되는 것이 아니다. 특히, 미국 이외의 나라에 있는 교회 지도자들은 미국의 도시 외곽 지역(suburb)에 있는 교회에서 유효한 목회 모델이 세계 어디에서나 적용될 것이라는 관점에 대해 불편하게 느낀다.

리디머교회에서 우리가 경험한 것에 대해 가르치거나 저술하라고 사람들이 내게 요청할 때 내가 깨달은 것은 대부분 두 번째 종류의 책을 바란다는 것이었다. 목회자들은 그들이 신학교에서 배운 바 있는 교회의 삶에 대한 성경적 교리와 원리들을 다시 요약하는 것을 바라지 않았다. 대신, 그들은 '성공 비결'에 대한 책을 찾고 있었다. 그들은 도시인들에게 효과적인 특정 프로그램과 방법론을 배우고 싶어 했다. 어떤 목회자는 이렇게 말했다. "나는 윌로우크릭 모델을 시도했습니다. 이제 나는 리디머 모델을 해 보려고 합니다."

사람들이 우리에게 오는 것은, 미국에서 교회를 가장 안 다니고 가장 세속적인 도시에서 우리가 번성하고 있다는 것을 알았기 때문이다. 그러나 방문자들이 1990년대 초반과 중반에 리디머교회를 왔을 때 새로운 모델을 발견하지 못하고 실망했다. 적어도 독특하고 새로운 프로그램의 형태로는 없었다. 리디머교회가 열매를 맺은 진정한 비결은 목회 프로그램에 있는 것이 아니라, 보다 깊은 수준에서 작동하는 것에 있었던 것이다.

하드웨어, 미들웨어, 소프트웨어

도대체 더 깊은 수준에 있는 것은 무엇인가? 시간이 흐르면서, 그것은 사역의 분명한 두 차원 사이에 있는 중간 영역이라는 것을 깨닫게 되었다. 우리 모두는 교리적 기초(doctrinal foundation)라는 것을 갖고 있다.

신학적 신념의 집합이다. 그리고 우리 모두는 특정한 사역 형태(forms of ministry)를 갖고 있다. 그러나 많은 사역자들은 교리적 확신이나 문화적 맥락에 다 맞지 않는 프로그램과 사역 방법을 채택한다. 바깥에서 사실상 "고형화 된"- 때로는 교회의 신학 및 맥락 모두에 이질적인 - 유명 방법론을 도입하는 것이다. 이런 일이 일어날 때, 효과성은 결여된다. 그런 사역으로는 교회 안에 있는 사람들의 삶을 변화시키지 못하며 지역 도시에 사는 사람들 속으로 파고들지 못한다. 왜 안 되는 것일까? 프로그램들이 복음 이해 및 지역 문화 특성에 대한 성찰로부터 우러나오지 않았기 때문이다.

교리적 기초를 '하드웨어'라고 부르고, 사역 프로그램들을 '소프트웨어'라고 부른다면, '미들웨어'라고 부르는 부분을 이해하는 것이 중요하다. 나는 컴퓨터 전문가는 아니지만, 컴퓨터를 잘 다루는 친구들의 말에 의하면, 미들웨어라는 것은 하드웨어 및 운영시스템과 다양한 유저 소프트웨어 프로그램들 사이에서 기능을 맡는 소프트웨어 층이라고 한다.

마찬가지로 한 사람의 교리적 믿음과 사역 방법들 사이에는 특정 문화적 상황과 역사적 순간 속으로 복음을 어떻게 가져갈 것인가에 대해 잘 고안된 비전이 있어야 한다. 이것은 단순한 교리적 신념보다는 훨씬 더 실천적인 것이며, 사역을 위한 "이렇게 하라"라는 방법론들보다는 훨씬 더 신학적인 것이다. 일단 이 비전이 서 있고, 바르게 강조되고, 가치가 부여되면, 교회 지도자들이 - 도심에 있든, 주택가에 있든, 시골에 있든 간에 - 예배, 훈련, 전도, 봉사, 사회 참여 등에 있어서 좋은 의사결정을 내리는 데 있어 중추적 역할을 하게 된다.

신학적 비전

이 '미들웨어'는 고든콘웰신학교의 신학교수인 리처드 린츠(Richard Lints)가 "신학적 비전"(theological vision)이라고 부른 것과 비슷하다.[1] 린츠에 의하면, 우리의 교리적 기초는 성경에서 추출된 것으로서, 모든 것의 출발점이다.

> 신학은 먼저 하나님과의 대화에 관한 것이어야 한다. … 하나님은 말씀하시고 우리는 듣는다. … 그리스도인의 신학적 틀은 주로 듣는 것에 대한 것이다 - 하나님께 귀 기울이는 것이다. 신학을 함에 있어서 접하게 되는 가장 큰 위험 중 하나는 모든 일을 우리가 다 하려는 열망이다. … 우리는 하나님이 성경에서 무엇을 말씀하실 수 있고, 말씀하셨는지에 대해 외부적인 개념의 경계선을 그음으로써 매우 자주 이러한 유혹에 굴복한다. … 우리는 구속의 메시지를 문화의 이야기에 담으려고 하는데, 문화의 이야기들은 복음의 실제 의도를 왜곡하기도 한다. 또는 우리는 복음을 순전히 전통의 관점에서 보려는 시도들도 하는데, 문제는 그 전통이 십자가에서 이루신 그리스도의 구속적 사역과는 현실적인 관계성이 전혀 없다는 점이다. 또는 우리는 하나님이 이성의 개념을 정의하시게끔 하지 않고, 하나님 개념 자체에 대해 이성적 제한을 둔다.[2]

그런데 교리적 기초만으로 충분한 것은 아니다. 어떤 구체적인 사역 방법들을 선택하기 전에, 당신은 그 교리적 신조들이 "현대 세계에 어떻게 관련되는지"를 먼저 물어야만 한다. "질문의 과정을 통하여 신학적 비전이 형성된다."[3] 달리 말하면, 신학적 비전은 당신의 교리를 가지고 특정 시간과 장소에서 무엇을 행할 것인지에 대한 비전이다.

그럼, 신학적 비전은 어디에서 형성되는가? 린츠는 이것이 당연히 성경 자체에 대한 깊은 성찰에서 오는 것임을 보여 준다. 또한 우리를 둘러싼 문화에 대해 많은 시간을 할애하여 생각하는 것에 달려 있다.

린츠는 왜 우리가 교리적 기초에 멈추어 머물 수 없으며 우리의 무대 환경까지 보아야 하는지를 설명한다. 그 무대는 우리의 역사적 시점과 문화적 장소이다. 린츠가 제시하는 매우 중요한 사항을 보자:

> 신학적 비전을 통해서 사람들은 전에는 전혀 볼 수 없었던 방식으로 전혀 다르게 문화를 볼 수 있게 된다. … 신학적 비전을 갖추고 있는 사람들은 문화의 주류 흐름에 단순히 반대해서 거스르지 않으며, 성경의 틀로부터 그 문화를 이해하고 문화와 대화할 수 있는 주도성을 갖게 된다. … 현대의 신학적 비전은 반드시 하나님의 말씀 전체를 현시대의 세상 속으로 가져가야 한다. 그래야만 시대가 변혁될 수 있다.[4]

이런 관점에서, 나는 신학적 비전을 형성하기 위해 비슷하지만 좀 더 구체적인 질문들을 제안한다. 우리가 이 질문들에 답을 해 나가다 보면, 신학적 비전이 도출될 것이다.

- 복음은 무엇이며 어떻게 우리가 이것을 현대인의 마음에 다가오도록 제시할 것인가?
- 문화는 어떤 모습인가? 우리는 문화에 어떻게 연결되고 동시에 어떻게 도전하면서 소통을 할 것인가?
- 우리는 어디에 위치하고 있는가 - 도심, 교외, 작은 도시, 시골 - 그리고 이것이 어떻게 우리의 사역에 영향을 미치는가?
- 공공 영역과 문화 생산에 어떻게 그리고 얼마나 그리스도인이 참여할 것인가?
- 교회 안의 다양한 사역들을 - 말씀, 실천, 공동체, 교육 - 어떻게 상호 연결할 것인가?
- 우리 교회는 얼마나 혁신적이며 얼마나 전통적이어야 하는가?
- 우리 교회는 도시와 지역 안에서 다른 교회들과 어떻게 연결될 것인가?
- 기독교의 진리를 세상에 어떻게 제시할 것인가?

우리의 신학적 비전은 교리적 기초에서 성장해 나오는 것이지만, 암묵적 또는 명시적 문화 이해를 포함하며 사역에 관한 우리의 결정들과 선택들에 가장 밀접하게 영향을 미친다.

복음을 충실하게 재 진술한 문장으로서, 삶과 사역과 선교가 역사의 현 시점에서, 그리고 한 특정 문화 속에서 어떤 모습을 띠어야 할지에 대한 풍성한 시사점을 포함하는 것이 신학적 비전이다(다이어그램을 보라).

무엇을 할 것인가

어떻게 복음이 특정 지역 사회에서 특정 시대에
특정 교회 안에서 표현될 것인가

- 지역 문화에의 적응
- 예배 스타일과 전체 순서
- 제자도와 전도의 과정
- 교회의 리더십 구조와 운영 이슈

사역적 형태

어떻게 볼 것인가

복음을 충성되면서도 새롭게 표현하되, 동시대의 문화
속에서 삶, 사역 및 사명에 대한 풍성한 적용점을 찾는
것

- 비전과 중요 가치들
- 사역 DNA
- 강조점들, 관점들
- 사역 철학

신학적 비전

무엇을 믿을 것인가

성경에서 나온 시간을 초월한 진리들로서 하나님에 대
하여, 그분과의 관계에 대하여, 세상에 가지신 하나님
의 목적들에 대하여

- 신학적 전통
- 교단적 관계
- 조직 신학 및 성경 신학

교리적 기초

센터처치

이 책은 2012년에 《팀 켈러의 센터처치》라는 이름으로 처음 출간된 것의 일부이다. 그 책에서 나는 리디머교회의 사역 원리로 역할한 신학적 비전을 제시했다. 우리가 '센터처치'라는 이름으로 의미했던 것은 무엇이었나? 우리는 여러 가지 이유로 이 이름을 선택했다.

1. 복음이 중심(센터)에 있다.

복음 중심적인 것은 복음을 믿는 것이나 복음을 설교하는 것과 별개의 것일 수 있다.

2. 중심(센터)은 균형의 장소이다.

성경이 하는 것처럼 균형을 잡아야 한다. 말씀의 사역과 실천의 사역 사이에서; 인간 문화를 도전하는 것과 인정하는 것 사이에서; 문화 참여와 문화적 차별성 사이에서; 진리에 대한 헌신과 같은 믿음을 공유하지 않는 타인들에 대한 관용 사이에서; 실행 방식의 전통과 혁신 사이에서.

3. 신학적 비전은 도시 및 문화의 중심(센터)에 의해서 또한 그들을 위해서 형성되어야 한다. 전 세계의 도시 중심부에서의 사역은 21세기 교회의 가장 중요한 우선순위이다. 우리의 신학적 비전은 폭넓게 적용될 수 있지만, 특히 도시의 경험에 의해서 각별한 적용점을 가진다.

4. 신학적 비전이 사역의 중심(센터)에 있다.

신학적 비전은 교리와 형태 사이에 다리를 만들어 낸다. 모든 사역들이 어떻게 일어나는지에 대해 가장 중심이 되는 것이다. 두 개의 교회가 상이한 교리 체계와 사역 형태(실천)들을 갖고 있지만, 동일한 신학적 비전을 소유할 수 있다 - 그리고 그들은 자매 사역 기관이라고 느낄 것이다. 다른 한편으로, 두 개의 교회들이 유사한 교리 체계와 사역 형태를 가지면서도, 전혀 다른 신학적 비전을 소유할 수도 있다. 그러면 그들은 서로 다르게 인식할 것이다.

센터처치 신학적 비전은 세 개의 기본적인 헌신 내용으로 요약될 수 있다 - 복음, 도시, 그리고 운동이다.[5] 센터처치 시리즈의 각각의 책은 이 세 가지 헌신 내용들을 다루고 있다.

복음

개별적인 성경교리들을 모두 갖고 있으면서도 실질적으로는 복음을 놓칠 수 있다는 점을 성경과 교회사를 통해 알 수 있다. 그러므로 모든 새로운 시대와 환경마다 '복음을 분명하고 강력하게 소통하는' 방법을 찾아내는 것은 매우 중요하다. 복음의 반대편에 있는 것들과 유사품들과 구별하는 것이 필요하다.

도시

모든 교회들은 각각의 지역 공동체와 사회 환경을 이해하고, 사랑하고, 동일시해야 한다. 또한 동시에 비판하고 도전할 수 있는 역량과 의지를 가져야 한다. 각각의 교회는 도시에 있든지, 교외지역에 있든지, 또는 시골에 있든지 간에 (그리고 많은 경우의 수와 조합이 존재한다) 그 지역들에서 일어나는 사람들의 삶의 독특한 면들에 대하여 지혜로워야 하고 소통할수 있어야 한다. 그러나 우리는 또한 기독교와 교회들이 어떻게 전반적인 문화에 참여하고 상호작용을 할 것인지를 생각해야 한다. 이것은 서구문화가 점점 후기 기독교사회로 접어들면서 매우 첨예한 이슈가 되고 있다.

운동

신학적 비전의 마지막 영역은 교회의 '관계'들과 관련 된다 - 지역 사회, 가까운 과거, 오래된 역사, 그리고, 다른 교회들과 사역 단체들. 어떤 교회들은 매우 제도적이며, 과거의 전통을 강조하는 반면, 다른 교회들은 제도를 거부하며, 유기적이며, 지속적 혁신과 변화를 강조한다. 어떤 교회들은 특정한 교회사적 전통에 충성하려고 한다. 그래서 역사적, 전통적 의례들과 사역의 관례들을 소중히 여긴다. 어떤 특정 교단에 속하거나 새로운 전통에 강력하게 동의하는 교회들은 변화를 거부하기도 한다. 스펙트럼의 다른 쪽 끝에는 신학적, 교회사적 전통과는 연관성을 거의 못 느끼는 교회들이 있다. 이들은 다른 다양한 교회들과 사역 단체들과 쉽게 연결이 되곤 한다. 이런 모든 다양한 관점들은 우리가 실제로 사역을 어떻게 할 것인가에 막대한 영향을 끼친다.

세 축의 균형

신학적 비전의 원리들을 형성함에 있어 지혜와 균형의 필요성을 표현하는 가장 단순한 방법은 세 축들을 생각하는 것이다.

1. 복음 축

이 축의 한 쪽 끝은 율법주의이다. 이것은 우리가 어떻게 사는지에 따라 자신을 구원할 수 있다고 단언하는 가르침 또는 암시하는 마음 상태이다. 다른 끝에는 율법폐기론이 있는데, 대중적인 용어로 상대주의라고 한다. 이것은 우리가 어떻게 사는지는 중요하지 않다는 것이며, 하나님이 계시다면 모든 사람을 똑같이 사랑하리라는 주장이다. 그러나 복음은 율법주의도 아니고, 상대주의도 아니다. 우리는 오직 믿음과 은혜만으로 구원된다.

물론 믿음만으로 구원받는 것이 아니다. 진정한 은혜는 거룩과 정의가 특성인 변화된 삶으로 언제나 열매를 맺는다. 물론 이단적 가르침 때문에 복음을 놓치는 일도 생길 수 있다. 즉, 더 이상 그리스도의 신성을 믿지 않거나 칭의의 교리를 믿지 않는다면, 상대주의로 미끄러지고 만다.

또한 건전한 교리를 고수하면서도 죽은 정통(자기 의[self-righteousness]의 마음 상태), 균형을 잃은 정통(특정 교리를 과도하게 강조해서 복음 메시지를 흐리는 것), 또는 심지어 '오리무중 정통'(마치 신학교처럼 교리를 파고들지만 사람들의 마음을 꿰뚫지는 못하고, 죄의 확신과 은혜의 아름다움을 경험하지 못하는 것)의 모습들이 될 수도 있다. 우리의 복음 소통과 실천은 결코 율법주의나 방종함으로 흘러서는 안 된다. 그런 식으로 흘러가는 만큼, 삶을 변화시키는 능력을 상실하게 된다.[6]

과소 적응   도 시   과도 적응

도전뿐   수용뿐

2. 도시 축(문화 축으로 불러도 된다)

사람들에게 다가서기 위해서는 그들의 문화를 이해하고 적응해야 한다. 또한 반드시 문화를 도전하고 직면해야 한다는 점을 다룬다. 이것은 성경적 가르침 위에 기초하고 있다. 모든 문화들에는 하나님의 은혜와 자연계시가 담겨 있지만, 동시에 반역적인 우상 숭배도 함께 있다. 우리가 문화에 과도하게 적응한다면, 우리는 문화의 우상들을 받아들이게 된다.

반대로 문화에 과소하게 적응한다면 우리의 문화를 절대적인 것으로 우상시하게 된다. 우리가 문화에 과도하게 적응한다면, 우리는 사람들을 도전하지 못한다. 그들에게 변화하라고 요청하지 못하는 까닭이다. 우리가 문화에 과소하게 적응한다면, 그 누구도 우리의 이야기에 귀 기울이지 않을 것이며 아무도 바뀌지 않을 것이다. 이런 상황은 우리를 혼란스럽게 하고, 좌절하게 하고, 또는 신뢰성이 없게 만든다. 사역이 문화에 과도하거나 과소하게 적응하는 정도만큼 삶을 변화시키는 능력을 상실하게 된다.

구조화된 조직   운 동   유기적인 유기체

전통과 권위   협력과 연합

3. 운동 축

어떤 교회들은 자기의 신학적 전통에 너무나 강한 일체감을 가진 나머지 복음주의적인 다른 교회들이나 기관들과 대의를 합하여 공동 목적을 위해 도시나 일터에 함께 다가서지 못한다. 그들은 또한 과거에서 온 사역 형태를 강하게 추종하는 경향이 있어서 매우 구조적이고 제도적으로 움직인다. 다른 어떤 교회들은 강하게 반제도적이다. 그들은 전통이나 교단과 전혀 일체감을 갖지 않으며, 기독교 전통 자체와 많은 관련이 없다고 본다. 때때로 그들은 아무런 제도적 특성이 없이, 전적으로 유동적이고 비공식적이다. 양 극단에 있는 교회들은 지도력 개발을 저해받게 되고, 몸과 공동체로서의 교회의 건강을 상실하게 된다는 것을 발견하게

될 것이다. 이런 실수를 범하는 정도만큼, 생명을 전달하는 교회의 능력
이 상실된다.

사역이 이런 축들의 "중심으로부터" 더 많이 일어날수록, 더 큰 역동
성과 효과성이 생기게 된다. 이 축과 스펙트럼의 어느 한 끝으로 치우친
사역은 사람들의 삶을 변화시키는 능력을 잃어버리게 된다.

《팀 켈러의 센터처치》의 원 저작과 마찬가지로, 나의 희망은 각각의
세 권의 책이 유용하고 도전적인 토론을 일으키는 것이다. 얇은 세 권으
로 나오는 이 책들이 세 가지 축들의 각각을 다루고 있다.

《복음으로 세우는 센터처치》는 복음에 대한 성경적 관점을 회복할
필요성을 살펴본다. 우리의 교회들은 복음-신학적 깊이가 특징이어야 한
다. 교리적 천박함, 실용주의, 무성찰, 또는 수단 중심적인 철학이어서는
안 된다. 또한, 우리는 부흥을 경험해야 한다. 그래서 지속적으로 은혜의
기조가 모든 것에 적용되어야 한다. 우리의 사역은 율법주의나 냉랭한
지성주의의 표가 있어선 안 된다.

《도시를 품는 센터처치》는 문화에 감수성이 있을 필요성을 강조한
다. 우리의 문화적 순간들을 무시하거나 집단들 내부에 발생하는 문화적
차이에 대해 무감각하지 않는다. 우리가 도시를 사랑하는 방법들을 채
용함으로써 어떻게 우리들의 도시를 위한 비전을 만들 수 있는지를 살핀
다. 도시에 대해 적대적이거나 무관심한 접근법을 택하지 않는다. 또한
우리는 어떻게 문화에 참여할지를 고찰한다. 너무 승리주의적인 접근법
을 피할 뿐만 아니라 고립하거나 숨어버리는 태도를 멀리한다.

《운동에 참여하는 센터처치》는 왜 교회의 각 사역이 외부 지향적이

어야 하는지를 제시한다. 비신자들이 교회에 찾아오는 것을 전제로 한다. 신자들이 세상에서 하는 사역을 지원한다. 우리는 말씀 '그리고' 실천에 있어서 통합적인 사역을 할 필요가 있다. 가난한 사람들의 영적, 신체적 필요들을 채우도록 돕는다. 뿐만 아니라 문화 중심부에서 살며 일하는 사람들도 돕는다. 마지막으로 다른 신자들과 기꺼이 협력하려는 마음가짐의 필요성을 살펴본다. 자신의 영역을 고수하려는 자세를 갖지 않으며 도시 전체를 위한 비전을 촉진하기를 힘쓴다.

이 세 권의 책의 목표는 '리디머 모델'을 제시하는 것이 아니다. 이것은 '교회 사역 매뉴얼'이 아니다. 우리는 사역을 위한 특정한 신학적 비전을 제시한다. 이는 최근의 현대적 서구 국제화가 위세를 떨치고 있는 오늘의 시대에 많은 교회들이 사람들을 복음으로 이끄는 데 기여할 수 있을 것이다. 이것은 특히 세계의 대도시들에 적용되지만, 이러한 문화적 변동은 곳곳에서 감지할 수 있다. 그래서 우리는 이 책이 아주 다양한 사회 환경에 있는 교회 지도자들에게 매우 유용하기를 소망한다. 우리는 독자들에게 추천하는 비전은 현대인의 삶에 복음을 적용하며, 상황화를 하며, 도시를 이해하며, 문화 참여를 하며, 사명을 위한 제자도를 일으키며, 다양한 사역들을 통합하며, 지역 교회와 세계에서 운동성을 일으키는 것이다. 이러한 강조점들과 가치들의 집합은 - 센터처치 신학적 비전 - 모든 종류의 맥락에 있는 교회들에 모든 종류의 교회 모델과 방법론들을 힘차게 할 수 있다. 자신의 신학적 비전을 가시화하는 과정을 독자가 받아들인다면, 훨씬 나은 사역 모델과 방법론의 선택을 할 수 있을 것이다.

팀 켈러 ————————

《센터처치》 시리즈를 내놓으며

_____

《팀 켈러의 센터처치》는 오늘날 목회를 하는 교회 리더들, 특히 도시나 도시화된 지역에서 일하는 교회 리더들을 위한 교과서다. 당신이 보고 있는 지금 이 책은 (《복음으로 세우는 센터처치》와 《도시를 품는 센터처치》와 함께) 하나의 시리즈 중 제3권이다. 이 책은 《팀 켈러의 센터처치》의 마지막 세 부분으로 이루어져 있다. 그것은 선교적 공동체, 통합적 사역, 운동 역동성이며, 추가적으로 그 내용에 대한 다른 저자들의 논평과 그 논평에 대한 나의 대답으로 이루어져 있다. 선교적 공동체에 대한 첫 논평자는 목사이자 신학자인 팀 체스터다. 통합적 사역에 대한 두 번째 논평은 다니엘 몽고메리와 마이크 코스퍼인데, 그들은 켄터키 주, 루이빌에 있는 소전교회(Sojourn church)의 목회자들이다. 앨런 허쉬는 선교적 교회에 대한 저술가이며 사상 리더인데, 운동 역동성에 대한 세 번째 논평을 썼다.

각각의 제목들에서 볼 수 있듯이 《팀 켈러의 센터처치》는 기독교 세계관의 우위성을 상실한 후기 기독교(post-Christianity) 시대 이후 문화 속에 교회가 어떻게 다가가 사역할 수 있을지에 대하여 실용적인 질문들을 한다. 지난 20년 간 있었던 "선교적 교회"(missional church) 운동의 쟁점들을 붙잡고 씨름한다. 선교적 교회 운동은 옛 형태의 교회 사역과 심지어 최근에 성공적이었던 구도자 교회 접근법마저도 점점 더 세속화되어 가는 지구촌적 후기 현대 문화에 다가가는 데 비효과적인 것으로 간주한다.

많은 사람들이 선교적, 이머징 교회 운동의 시대는 끝났다고 말한다. 그러나 그것이 다루려 했던 문제는 여전히 우리에게 존재한다. 그 문제를 레슬리 뉴비긴의 질문이 대변한다. "어떻게 여기 있는 교회가 세속적, 후기 기독교(post-Christianity) 시대 이후 문화와 선교적 조우를 할 것인가?" 선교적 조우란, 문화에 흡수되어 "선교"가 이루어지지 않는 것도 아니고, 단절되고 고립되어 "조우"가 없는 것도 아닌 것을 말한다. 나는 이 질문이 선교적 교회라는 용어의 기원이라고 생각한다. 지금 서구 교회는 지난 여러 세기의 역사 중 그 어느 때보다 더 둘러싼 주변 사회에서 동떨어져 있다. 어떻게 서구 교회가 세계 다른 지역의 교회들처럼 문화와 선교적 조우를 할 수 있을까? 뉴비긴의 질문에 답하려고 서구 교회가 애쓰는 데 사용했던 에너지는 이미 소진되었다. 하지만 진정 그 질문 자체가 오늘날 시대에 뒤쳐졌거나 시의적절성을 좀 잃었을까? 아닐 것이다. 지난 몇 년 동안 일어난 일들로 서구의 많은 그리스도인들은 당황했거나, 갈피를 잡지 못하거나 혹은 본국에 살면서도 실향민과 같은 기분을 느꼈을 것이다. 그렇기 때문에 제3권에서 다루는 쟁점들은 이전 어느 때보다 더 시의적절하고 절실하다.

제3권에 참여한 저자들은 매우 도움이 되는 관점과 경험을 나눌 자격을 갖추었다. 잠시 훑어보더라도 그들이 미국에 국한되지 않고 지구촌적 관점을 갖고 있음을 알 수 있다. 팀 체스터는 영국인 목사이자 신학자이다. 앨런 허쉬는 남아프리카 공화국에서 태어나 자랐고, 호주에서 공부하고 사역하고 가르쳤다. 앨런은 세계 여러 곳을 경험했고, 세계의 여러 다양한 곳에서 "첨예한" 상황 속에 있는 사역들을 관찰했다. 그와는 대조적으로 다니얼 몽고메리와 마이크 코스퍼는 미국의 젊은 목회자들로서 한 새로운 교회가 뉴비긴의 선교적 조우를 자신들의 도시에서 실행하며 실용적 방법을 찾았던 사례 연구의 이야기로 교훈을 준다. 다른 것도 그렇지만, 그들의 교회 이름인 소전(sojourn, 체류)은 그들이 자신들의 선교, 비전, 사역을 이해하기 위한 여러 길들을 어떻게 거쳐 왔는지를 말해 준다.

내가 이 시리즈의 모든 기고가들과 교류하며 배운 핵심 교훈들은 독자들에게도 유의미할 것이다. 《팀 켈러의 센터처치》는 상당히 길다. 사실은 겁이 날 정도로 길다. 그러나 이 책이 교회 사역에 대한 완전한 "실용 신학"이라고 주장하지는 않겠다. 예를 들어, 《팀 켈러의 센터처치》에는 설교에 대한 내용이 별로 없다. 그 중요성에 대해서는 일정 부분 언급하지만 말이다. 그러므로《팀 켈러의 설교》를 읽고 후기 현대 문화 속에서 사역이 어떠해야 하는지를 분명히 파악하는 것이 중요할 것이다. 또 내가《팀 켈러의 센터처치》에서 복음과 도시에 대한 성경적 신학을 좀 고찰하긴 했지만, 대부분의 장들에서 나는 강한 근거를 제시할 시간이 없었다. 예를 들어, 내가 예배, 공동체 형성, 자비와 정의, 전도에 대해 논할 때, 나는 완전한 신학적 기반을 제시하지 않았다. 대신 그런 면을 잘 다루고 있는 다른 책들을 제시했다. 예를 들어, 통합적 선교(《운동에 참여하는 센터처치》의 제2부)의 내용은 에드먼드 클라우니가 쓴 책들의 교회론과 교리를 바탕으로 한다. 정의에 대한 장들과 믿음이 어떻게 믿음이 우리의 일에 영향을 미치는가(《운동에 참여하는 센터처치》의 7, 8장)에 대해서는 나의 책《팀 켈러의 정의란 무엇인가》와《팀 켈러의 일과 영성》을 참조하라. 그 책들에서 나는《팀 켈러의 센터처치》에서보다 신학적 기반을 더 제시한다. 그것을 염두에 두기 바란다.

이 시리즈의 세 권에 담긴 여러 기고가들의 논평들은 최소한만 말하더라도《팀 켈러의 센터처치》의 가치를 더해 주고 있다. 그 저자들의 경험, 서술, 비평은 본서의 가르침의 패턴을 한층 더 풍부하게 해 준다. 그래서 나의 정신이 확장되었고, 나는 이 대화에 뛰어들기 전보다 사역을 하기에 더 잘 구비되었다. 당신도 그럴 것이라고 믿는다.

왜 다시
센터처치인가

《팀 켈러의 센터처치》가 새롭고 읽기 쉬운 포맷으로, 보다 다듬어지고 추가된 내용으로 새롭게 나온 것을 기쁘게 생각한다. 게다가 이번 버전은 여덟 명의 신학자 또는 목회자가 소감문을 쓰고 그에 대해 켈러가 답변하는 방식으로 쓰고 있으니, 잘 준비된 멋진 대담을 시청하는 즐거움도 선사한다. 필자는 센터처치를 번역한 이후, 《팀 켈러의 센터처치》를 5번 이상 줄치며 읽은 목사님들도 만났고, 3-4번 이상 팀을 만들어 스터디하는 목사님들도 만났다. 팀 켈러와 센터처치의 신학적 비전에 관심이 많아지는 것은 기쁜 일이다. 2001년 가을부터 3년간 리디머교회를 출석하면서 팀 켈러 목사의 설교와 전도와 목회와 교회 개척 운동에 깊은 동의를 느낀 역자에게는 참으로 감사한 부분이다.

왜 팀 켈러인가?

강의와 세미나에서 만난 많은 분들이 이 질문을 했다. 팀 켈러는 한국 교회가 이제 직면하다 못해 급강하해 들어갈 교회 현실의 지형도를 40년 전부터 복음을 붙잡고 고민한 학자형 목회자이다. 그는 이른바 기독교 제국 안에서 목회한 것이 아니라, 기독교에 대해 적대적이며 무관심하고 세속적인 뉴욕 시 한복판에서 복음만을 붙잡고 교회를 세웠다. 그가 직면했던 현실은 기독교적 문화나 가치가 널리 지지되는 바이블 벨트가 아니다. 기독교를 시대에 뒤쳐지고 한물 간 것으로 치부하는 물질주의, 종교적 다원주의, 진화주의, 포스트모더니즘의 상대주의가 지배하는 세상 한복판에 있었다. 그는 이 작업을 단순히 사람을 모으고 사역을 만드는 것에 그치지 않고, 복음을 재발견하고, 복음으로 사람들이 회심하여 그들이 도시의 일터와 빈부격차의 현실에서 복음을 붙들고 사는 제자들로 변화시키는 사역을 해 왔다. 아주 정통적인 복음으로 아주 반복음적인 상황 속에서 하나님께서 쓰시는 부흥의 통로가 되는 로드맵을 만들기에 이른 것이다. 한국 교회가 팀 켈러를 잘 수용하고 학습한다면 최소한 20-30년의 시간을 단축할 수 있으리라 필자는 믿는다.

어떻게 이 책을 읽을 것인가

《팀 켈러의 센터처치》는 세 가지 영역 - 복음, 도시, 운동으로 이루어져 있다. 목회 또는 사역을 농사에 비유하자면 복음은 씨앗, 도시는 땅, 운동은 열매를 가리킨다고 할 수 있다. 그렇다면, 켈러는 복음, 도시, 운동을 어떻게 이해하고 있는가?

복음은 진리의 말씀, 진리의 씨앗, 또는 뿌려지는 밀알이라고 할 수 있다. 우리는 어떤 씨를 심고 있는가? 켈러는 복음으로 세워지는 교회를 말하고 있다. 진리가 마음 밭에 심겨져서 반드시 싹이 나고 열매 맺는 교회를 이야기한다. 성경으로, 복음으로, 예수님께로 돌아가는 '교회', 복음의 내용이신 예수님을 성경 모든 이야기들 속에서 재발견하는 '설교', 삶의 모든 영역에서 예수님의 구원자되심과 주인되심을 인정하고 누릴 수 있도록 하는 '부흥', 그리스도의 복음의 크고 위대하심을 재발견하기 위한 켈러의 복음 선언이 장마다 울려 퍼진다.

도시는 복음이 뿌려지는 밭, 정원, 또는 들판이다. 땅이니까 맥락이고 상황이다. 그래서 상황화를 말한다. 다른 진리를 심는 것이 아니라, 진리가 심겨지는 땅이 다르면 농사의 디테일이 달라진다. 기온, 일조량, 강수량, 토질, 그리고 무엇보다도 기후에 따라 달라진다. 플로리다의 오렌지를 시애틀에서 동일하게 재배해서 같은 열매를 맺을 수는 없다. 그래서 사람들의 마음 밭을 연구하고, 사람들의 마음 밭에 영향을 미치는 도시와 문화를 주해하고 이해하고 들어간다. 게다가 영적 기후 변화가 일어나고 있으니 이에 대한 연구와 대처가 필요하다.

운동은 열매의 재생산을 말한다. 여기서 운동이란 운동력 또는 운동성을 말하는 것이다. 농사 지은 열매에 재생산의 능력이 있어서 100배, 60배, 30배 결실하고, 다시 그것을 그 다음 세대에 또 심어서 100배, 60배, 30배 결실하면 운동성이 있는 것이다. 만일 한 해만 농사를 잘 짓고 그 곡식으로 그 다음해 이후로는 농사가 안된다면 이는 결코 부흥이라고 할 수 없을 것이다. 그래서 운동이라고 할 때 성도들 한 명 한 명이 세상 속에서 선교사의 삶을 살아가는 선교적 교회를 의미한다. 그리고 통합적 사역이라는 파트는 통합적 제자도로 보는 것이 더 이해하기가 좋을 것이다. 세상 속에서 열매 맺는 역동성은 하나님, 이웃, 일터, 지역 사회와 복음으로 연결될 때 나타난다는 의미이다. 이것은 센터처치의 제자도가 단지 개교회 중심적인 제자도가 아니라, 문화 명령을 수행하는 일터에서 살아가는 일상적 삶의 제자도이며, 사회불의가 만연한 지역 사회에서 살아가는 공적 삶의 제자도임을 의미한다. 이런 통합적인 제자도를 뒷받침하는 것이 통합적인 교회 사역의 DNA다. 복음의 역동성은 한 교회가 잘되고 영향력을 크게 하려는 개교회 이기주의를 뛰어넘어 우리 지역에 하나님의 나라가 확장되고 지역 자체가 복음으로 부흥하는 하나님 나라를 우선하는 관점을 갖는다.

어떻게 한국 교회에 적용할 것인가

센터처치는 선교지 상황을 전제로 하고 있다. 팀 켈러가 사역한 뉴욕은 미국의 중남부 바이블 벨트가 아닌 후기 기독교 사회이며, 탈기독교 가치관이 지배한다. 기독교는 경쟁하는 다양한 종교들 중에서도 덜 주목

받는 위치에 있다. 성적 자유에 대한 주장, 다른 관점의 성적 정체성, 진화론과 과학주의, 유물론과 물질 만능주의, 인본주의와 탈기독교 경향. 팀 켈러가 센터처치의 신학적 비전을 발전시키고 복음중심적 목회를 만드는 모든 것의 토대는 그 도시가 기독교 도시가 아니라 선교지 도시라는 것이다. 뉴욕이 기독교 도시가 아니라 선교지인 것처럼, 한국도 기독교 국가가 아니라 선교지라는 전제에 동의하는가? 만일 그렇다면 사역자는 단순히(교회 안에서 안정되게 일하는) 교역자가 아니라(한국이라는 맨땅에서 땅부터 경작해야 하는) 선교사이다. 그렇다. 팀 켈러는 복음은 모든 사람을 위한 것, 땅은 선교지, 복음사역은 선교사역, 목사와 사역자는 선교사이다. 선교지 상황에서 복음운동은 좋은 교회나 건강한 교회가 최종 목표일 수 없다. 황무지에서 복음의 결실을 이루어 지역 전체를 그리스도께로 돌아오게 하는 부흥까지 이야기한다.

한국을 선교지라고 정의한다면, 교회 밖의 80퍼센트 이상의 사람들을 선교 현장의 사람들이라고 정의한다면, 기독교인 지도자들의 직무는 교회 업무가 아니라 선교 사업이다. 모든 것을 변화시키는 복음의 넓이와 길이와 높이와 크기의 재발견이 필수적이다. 복음과 관련하여, 구약과 신약 모든 부분에서 사람들을 그리스도께 인도하여 무릎 꿇고 회심하며 경배하고 순종하게 하는 그리스도 중심적 복음 설교는 당위가 되지 않겠는가? 도시와 관련하여, 이 땅에서 살아가면서 만나는 모든 사회문화적 이슈들에 대하여 설득력 있는 답을 제안할 수 있는 경청의 능력과 우상해제의 실력, 그리고 복음적 대안제시의 능력을 갖추는 것은 선교 사업을 담당하는 현직과 미래의 지도자들에게 필수 요건이 아니겠는가? 운동과 관련하여, 이 땅에서 하나의 교회나 단체가 당대만 잘되는 것이 목표가 아니라면, 결국은 한 개의 나무가 아니라 넓디넓은 숲과 강을 이룰 수 있는 복음 생태계의 회복이 목표가 되어야하지 않겠는가? 그리하여 한 조직의 부흥이 아니라 온 숲의 부흥, 단지 교회만의 부흥이 아니라 지역과 나라의 부흥이 열렬한 기도의 제목이 되지 않겠는가?

누가 이 일을 할 것인가

팀 켈러와 리디머 시티투시티 팀은 결코 이 일을 본인들이 뉴욕의 본부에서 전 세계를 위해서 하겠다고 말하지 않는다. 이들은 복음을 자신의 사역에도 적용하여, 이 땅의 고민과 숙제는 이 땅의 사역자들이 씨름하고 풀어가야 함을 겸손하게 인정한다. 그렇기 때문에 《팀 켈러의 센터처치》는 사역 매뉴얼이 아니라 신학적 비전이다. 이것은 사역 현장에 당장 투입해서 몇 년 해봄직한 도구들을 제시하지 않는다. 그러나 우리의 현장을 어떤 관점에서 보아야 하는지 보여 주는 신학적, 사역적인 눈(비전)을 제공한다. 그리하여 이 작업은 복음의 파종-경작-추수-파종-경작-추수-파종의 생태계 선순환(부흥)을 열망하는 기독교인 지도자들의 대화, 토론, 배움 속에서의 협업을 요청한다. 나의 뜻이 아니라 주님의 뜻이 우리 속에 관철되기 위하여, 나의 나라가 아니라 주님의 나라가 우리를 통해 확장되기 위하여, 이 일은 결국 이 땅에 있는 그리스도인들의 겸손하고 담대한 공동 작업으로 남겨진다.

교회는
선교적
공동체다

01
선교적 교회 운동의
흐름

◇◇◇

'선교적'(Missional)이라는 단어는 1998년 《선교적 교회》(*Missional Church*) 라는 책이 나온 후에 폭넓게 수용되고 확산되었으며 급속하게 유명해졌다.[1] 많은 사람들이 다음과 같이 묻는다. "어떻게 하면 정말로 선교적일 수 있는가?"

30여 년 간 근래 젊은 복음주의 지도자들은 마치 성배를 찾듯이, 참된 선교적 교회를 찾기 위해 애를 쓰며 성장했다. 선교적이라는 단어를 제목에 넣은 책들이 해마다 수십 권씩 출간됐다. 그러나 책들을 살펴보면 이 단어는 조금씩 다른 의미들을 갖고 있으며, 다른 저자와 조직과 교회들에 의해서 각각의 방식으로 사용되고 있다. 그리하여 '선교적'이라는 단어가 정확하게 무엇을 의미하는지 많은 혼동이 생겨났다.

선교적(missional)이라는 단어는 기독교계에서 폭발하기 전까지 주로 기성 개신교와 에큐메니컬 진영에서 사용하던 단어로서 라틴어 표현인 "미시오 데이"(Missio Dei, 하나님의 선교)와 깊은 연관이 있다. 이는 이 세상에서 하나님의 행하심에 대한 칼 바르트의 가르침을 전하기 위해 처음 만들어진 것이다.

레슬리 뉴비긴에 의하면, 미시오 데이라는 용어는 1952년 독일 빌링겐에서 열린 세계선교대회 이후 유명해졌다. 이것이 담고 있는 사상은 하나님이 이 세상의 모든 피조물을 구속하기 위해서 일하시며 그 사명에 참여하는 것이 교회의 미션이라는 것이다.[2]

1991년에 데이비드 J. 보쉬는 그의 저술인 《변화하고 있는 선교》(*Transforming Mission*)에서 미시오 데이라는 용어를 삼위일체 신학에 바탕을 두고 설명했다. 그에 따르면 과거의 선교는 (영혼들을 구원하기 위한) 구원론의 범주에서 이해되었다.

그에 반해 미시오 데이 관점에서는 선교가 하나님의 본질 자체에서 도출되며 교회론이나 구원론이 아니라 삼위일체 교리의 맥락에서 파악된다.[3] 본질적으로 삼위일체는 '보내는' 것이다. 아버지는 아들을 세상 속으로 보내어 세상을 구원하시며, 아버지와 아들은 자신을 대신해 성령을 세상 속으로 보내신다. 그리고 이제는 성령이 교회를 세상으로 보내신다.

즉, 하나님은 단지 교회에게 선교를 명하신 것만이 아니라 그분 자신이 이미 선교를 수행하고 계시며 교회는 그분의 일하심에 참여해야 한다. 이것은 교회가 단순히 선교 부서를 운영하는 데 머물지 않고 선교 그 자체가 되어야 함을 의미한다.

처음에 이런 주장은 강하고 건전한 선교학으로 보인다. 그러나 시간이 지나면서 교회는 선교와 점점 연관이 덜 있는 것처럼 보이게 되었으며 레슬리 뉴비긴은 1970년대에 다음과 같은 말을 기록했다.

> 만일 하나님이 진정한 선교사라면 우리의 직무는 교회의 선교를 촉진하는 것이 아니라 세상으로 나가 '세상에서 하나님이 하시는 일'을 찾아나서는 것이다.
>
> 여기서 "하나님이 하시는 일"은 일반적으로 종교적 영역보다 세속적 영역에서 이루어지는 것으로 생각되어 왔다. 따라서 하나님이 세상에서 행하시는 바를 찾아나선다는 것은 권력이나 권세로 보이는 힘을 추구하고 일련의 정치 문화적 발전을 일구어내는 데 책임을 느끼는 그리스도인의 정체성을 가지는 것과 동일시되었다.[4]

하버드대학교의 신학자인 하비 콕스는 "세상에서 하나님이 하시는 일은 정치다. 그러므로 오늘날의 신학은 반드시 하나님이 하시는 일을 찾아내서 실천하고 그분과 동역하는 것이다"라고 말했다.[5]

많은 기성 교단과 에큐메니컬 진영에서 선교는 세속적인 인권 단체 또는 신흥 좌파 정치조직의 활동과 비슷한 것을 의미했다. 뉴비긴은 이러한 흐름에 대해서 다음과 같이 기록한다. "그 결과는 때때로 정말 이상했다. 심지어 모택동의 '모주석 어록'이 새로운 성경처럼 여겨졌다."[6]

세계교회협의회의 창설에 참여한 핵심 인물 중 한 명이었던 뉴비긴은 미시오 데이 개념이 교회의 필요성을 점점 약화할 수 있다는 우려를 하게 되었다. 교회는 사회봉사 기관처럼 인간적 필요를 채우지 못하며 정당이나 정치기구처럼 사회적 변화를 이루지 못한다. 이러한 관점에서 교회는 중요하지 않게 된다.

뉴비긴은 《오픈 시크릿》에서 선교의 '세속화'라고 부르는 것을 비판했다. 그는 회심, 교회 성장, 기독교 공동체의 성숙이 매우 중요하며 선교에 중심 역할을 한다고 주장했다. 그리고 선교의 목적은 "교회의 양적, 질적 성장"이라고 가르친 선교학자 도널드 맥가브란의 입장에 우호적이었다.[7]

그럼에도 뉴비긴은 미시오 데이 용어와 하나님의 선교의 본질적인 신학적 개념을 지지했다. 그의 주장에 따르면 교회는 전도를 통해서 성장해야 하지만, 이 세상에서 봉사 및 정의를 위한 투쟁에도 참여해야 한다. 뉴비긴은 미시오 데이의 기본 개념을 붙드는 동시에 에큐메니칼 운동의 지나친 적용과 왜곡으로부터 이 개념을 구출하려고 노력했다.

뉴비긴-보쉬 구출

레슬리 뉴비긴은 인도에서 수십 년 동안 사역한 영국 선교사였다. 1970년대 중반 영국에 돌아왔을 때 그는 기독교의 영향력이 그의 부재 동안 크게 쇠퇴했음을 발견했다. 그가 선교사로 나갈 무렵만 해도 서구 사회의 주된 문화 제도들은 기독교에 바탕을 두고 있었고 교회들은 문턱을 넘어 들어오는 사람들을 쉽게 모을 수 있었다. 서양의 교회들은 언제나 (인도와 같은) 비기독교 문화권의 해외 선교를 지원했다. 선교지에서 교회는 유럽과 북미에서 했던 것과는 다른 방식의 역할을 했다. 인도에 있는 교회들은 단지 선교를 지원하거나 선교 사역을 하는 것이 아니라 그들의 존재 자체가 모든 면에서 선교적이었다.

인도의 교회들은 서구에서처럼 이미 기독교화된 사람들을 모을 수 없었다. 오히려 교회 생활의 모든 면, 즉 예배, 설교, 공동체 생활, 제자도 등에서 선교적이어야 했다. 예를 들어 선교지에서는 예배에 오는 방문자들이 기독교에 익숙하리라고 기대할 수가 없다. 그러므로 예배와 설교는 그들에게 이해가 가능하면서 동시에 도전이 되는 것이라야 했다.

선교지에서 신자들은 교회의 가르침과는 근본적으로 다른 가치들을 가진 사회 속에서 살아간다. 이로 말미암아 선교지의 그리스도인들에게는 "세상에서의 삶"이 매우 복잡한 일이 된다. 그들에게 제자도와 훈련이란 이웃에게 받는 숱한 공격적인 질문들에 대답할 준비를 갖추는 것을 의미한다.

또한 선교지에서 교회들은 삶의 양상이 세상 사람들과 개인적으로나 교회적으로 어떻게 달라야 하는지를 교인들에게 가르침으로써 하나님의 나라가 어떤 것인지를 성도들이 사회 속에서 보일 수 있도록 인도할 필요가 있었다. 선교지의 교회들은 선교 부서를 운영하는 것이 아니라 이미 모든 면에서 "선교 사명 수행 중"인 것이다.

뉴비긴이 영국으로 돌아왔을 때는 이전과 사회의 토대가 달라졌다. 사회의 문화 제도들은 기독교 신앙에 무관심하거나 적대적이었다. 교회를 다니는 사람들의 수가 급락했다. 서양 문화가 급속히 비기독교적 사회로 바뀌어 '선교지'의 모습이 되어 가고 있는데 교회들은 적응을 거의 못하고 있었다. 많은 기독교 지도자들이 문화 변화를 개탄했다. 서양 교회들은 이전처럼 계속 사역을 하고 있었으나 오직 전통적이고 보수적인 사람들만이 편안함을 느끼는 환경을 만들고 있었다.

그들은 계속해서 신자들의 개인적 삶을 위한 내적 활동들(성경 공부와 기도)에 초점을 맞추면서 사람들을 훈련하고 있었다.

정치, 예술, 사업 등 공공영역의 세속 사회에서 그리스도인으로서 정체성을 갖고 살아가도록 훈련하지 못했다. 모든 설교와 모임은 그들이 여전히 기독교화된 서양에 살고 있다는 것을 전제하고 있었다. 그러나 기독교화된 서양은 점차 사라지고 있었다.

이러한 안주는 재난을 초래했다. 뉴비긴의 주장에 의하면, 서양 교회들은 인도, 중국, 제3세계 문화권에서 그랬듯 비기독교적 문화를 가진 이들을 품는 것에 동일한 노력을 해야 했다.

그는 생애 마지막 24년 동안 교회가 더 이상 "기독교 세계"가 아니라는 사실을 인식해야 한다고 지치지 않고 열정적으로 주장했다. 뉴비긴은 서양이 단지 하나님 없는 세속 사회로 바뀌고 있다는 일반적 인식에 머물지 않았다. 그는 서양 사회를 우상들과 거짓 신들이 가득한 이교적 사회로 보았다.[8]

그는 특히 유럽의 계몽사상과 인간의 이성이 가치중립적이고 객관적인 지식에 자율적으로 도달할 수 있다고 주장하는 계몽사상의 맹목적인 믿음을 비판했다. 이성에 맹종의 결과, 서구 문화 지도자들은 질서 있고 정의롭고 도덕적인 사회를 이루어 가는 데 있어 하나님이나 어떤 특정한 신앙이 불필요하다고 믿게 되었다.

뉴비긴은 서양 교회들이 해야 할 선교적 사명은 "계몽주의적 시도"의 허망함을 보여 주는 것이라고 말했다. 여기서 계몽주의적 시도란 도덕, 옳고 그름, 정의, 인간 번영에 대한 일치를 세속적 이성의 토대에서 찾는 것을 말한다.

뉴비긴은 그의 책, 《오픈 시크릿》, 《헬라인에게는 미련한 것이요》, 《다원주의 사회에서의 복음》에서 서구 사회에 대한 선교가 어떤 모습이어야 할지를 구체적으로 설명한다.[9] 여기에는 인간 이성의 자율성을 공격하는 공적인 변증이 포함된다.

물론 그의 변증은 알라스데어 매킨타이어와 마이클 폴라니를 너무 많이 의지한 면이 있지만 아브라함 카이퍼와 헤르만 바빙크의 접근법을 사용했다. 그는 신자들이 신앙과 직업을 통합하고 세상 속으로 들어가서 사회를 바꿀 수 있도록 교회가 그들을 훈련해야 하며 그들에게 복음을 해석해 주는 것을 교회의 중요한 역할로 삼아야 한다고 강조한다.

기독교를 세상과 구별되게 하는 사랑, 정의, 평화 등의 가치야말로 다원주의적 사회에서 하나님을 증거할 수 있는 주된 수단이라고 뉴비긴은 보았다. 뉴비긴은 우리가 앞에서 살펴보았던 문화적 접근법의 몇 가지를 결합해서는 사회 갱신 및 대조적 공동체로서의 교회를 강조했다.

더욱 중요한 것은 뉴비긴이 미시오 데이와 관련하여 중도의 길을 제시했다는 점이다. 물론 그는 이 용어 자체를 직접적으로 사용하지는 않았다. 세계교회협의회의 접근법을 옹호한 콘라드 레이저를 비판하는 책에서 뉴비긴은 이렇게 썼다.

> 교회야말로 선교의 사명을 발견하고 실행하며 선교의 궁극적인 목
> 표가 된다. 선교에 대한 교회 중심적 이해를 레이저가 피력하는 것
> 은 아주 옳다. 그러나 이 모든 시각은 1960대의 이데올로기, 즉 세
> 속적, 인간적 힘이 문제들을 해결하리라는 믿음에 의해 너무 많
> 이 형성되어 있다. 그 주장은 모든 상황을 억압자와 피억압자의 관
> 계 안에서 해석하며 피억압자의 분투를 구속의 도구로 이해하는 모
> 델의 영향을 너무 많이 받았다. 이 모델은 상당 부분 마르크스주의
> (Marxism)의 영향을 받은 것이다. WCC는 마르크스주의가 이제는
> 세상에서 영향력을 발휘하지 못하는 몰락해 버린 사상이라는 점을
> 염두에 두어야 한다.[10]

뉴비긴은 하나님의 구속을 사회, 경제적 여건을 개선하려는 어떤 운
동과도 직접적으로 동일시하기를 거부했다. 선교를 가리켜 "하나님이 역
사를 재편해 가시는 과정"이라고 정의하는 것은 역사의 의미를 다루는
데 있어서 마르크스주의의 계급 투쟁 사상에 지나치게 뿌리를 둔 것이라
고 한 그의 비판은 옳다. 그러나 뉴비긴은 다음과 같이 균형을 추구한다.

> 그야말로 중요한 문제는 예수와 그의 십자가 대속 사역을 중심에 놓
> 는 것이다(예수는 십자가 대속 사역을 통해 교회와 세상에 대한 주재권을 얻
> 으셨다). 구속의 교리를 회복하는 것은 긴급한 과업 중 하나이다. 구

속의 교리에 따르면 십자가는 억압받는 자를 억압자로부터 구하는 깃발일 뿐만 아니라 모든 이에게 하나님의 심판과 구속을 가져오는 하나님의 행동이다. 이 십자가는 죄악 된 인간들이 세상 가운데서 정의를 실현하기 위해 동원하는 적절한 조취와 투쟁을 전복하지는 않는다.[11]

여기서 그는 세상에서 정의를 위해 벌이는 투쟁을 구속의 의미로부터 찾아낸다. 구속은 무엇보다도 그리스도 안에서 하나님이 행하시는 행동이며 이 행동은 결단을 요구한다.[12] 하나님의 행동은 반드시 성취되게 마련이다. 그럼에도 불구하고 이 세상에서 인간이 "정의의 조치"를 위해 투쟁해야 할 여지가 여전히 존재한다.

데이비드 보쉬는 그의 책 《변화하고 있는 선교》에서 뉴비긴의 미시오 데이 개념을 더 발전시킨다. 보쉬는 누가의 선교 신학을 조사하면서, 그리스도를 선포하라는 명령과 회심하라는 요구와 아울러 가난한 자의 정의를 실현하는 문제에 대한 하나님의 관심을 발견한다.

보쉬는 그의 책 *Believing in the Future*(미래를 믿는다)에서 후기 서구 기독교에서 선교에 대한 비전을 더욱 구체화한다. 그는 미시오 데이 개념을 재작성하며 미시오 데이는 피조 세계를 회복하는 것이며, 교회는 이 사명에 참여하도록 부름을 받았다고 진술한다.

선교가 단지 "기독교라는 종교 브랜드를 전파해 등록 인원을 늘리는 것이 아니라 하나님의 우주적인 통치로 사람들을 깨우는 것이다"[13]라고 말한다. 그는 이것이 어떻게 가능할 것인지를 고민한다. 그는 우리가 두 가지 상반되는 오류를 피해야 한다고 말한다. (1)기독교 사회를 재창조하려고 노력하는 것(중세 기독교 국가의 실수) (2)사회에서 물러나 "영적 영역"에 머무는 것(근대성의 실수).[14]

또 우리는 공적 영역에서 선지자적 목소리를 가지고 자율적 이성과 그 결과의 우상들에 도전하는 법을 배워야만 한다.[15]

그리고 인종, 돈, 성, 권력, 개인의 자율성이라는 우상으로부터 자유로운 인간 사회가 어떤 모습일지 보여 주기 위해 교회가 문화를 거슬러 가도록 만드는 데 힘을 써야 한다.[16] 그래서 우리는 혼합주의를 피하면서도 동시에 단절을 피하는 방식으로 메시지를 상황화해야 한다.

또한 신자들이 공공의 부르심을 수행하도록 훈련해야 한다. 신자들은 사명을 이루기 위해 존재하는 뜨거운 심장이다. 신자들이 생명력 있고 삶이 변화되는 예배를 드리게 해야 한다. 이러한 단계들은 사회의 반문화적 모델을 보여 주며, 신자들이 세상에서 사는 법이 달라지도록 훈련한다.[17] 마지막으로 우리는 교회들 사이의 일치를 세상에 최대한 많이 나타내야 한다.

이 모든 일을 고취시키는 통찰은 서구 교회가 문화에 포로되었다는 개념이다. 보쉬는 뉴비긴과 마찬가지로 계몽사상의 합리주의와 그 여파들인 물질주의, 소비주의, 개인주의, 그리고 공동체의 와해에 대하여 매우 비판적이었다. 교회 또한 이 시대의 영에 의해 너무나 영향을 받았으며 이는 보수주의와 자유주의 모두 마찬가지라고 주장했다.

자유주의 진영은 만물을 세속적으로 보는 견해에 취한 나머지 성령 사역을 세속적인 해방 운동으로 주로 보았다. 그리하여 자유주의적 기성 교회들은 사회봉사 단체들과 다를 바 없게 되고 세속적 인권운동가들의 언어에 지배되었다.

보수주의 진영은 종교를 소비자의 개인적 필요를 채우는 수단으로 보는 사상에 젖어서, 보수 교회를 신자들의 욕구와 결핍을 채우는 쇼핑 상가로 탈바꿈시켰다. 거기에서는 현대 심리치료와 마케팅 언어가 난무한다. 보수주의에 선 사람들은 그리스도를 자아실현과 번영을 위한 방편으로 생각할 뿐 타인에 대한 급진적 섬김의 모델로 생각하지 않는다.

두 진영의 기독교 교회는 서양 문화의 지배적 우상들에 포로가 되어 있다.[18] 설교와 삶으로 우상들을 도전하는 것에 실패한 것이다. 뉴비긴과 보쉬의 영향력 있는 글들로 말미암아 미시오 데이에 대한 현실적이며 발전된 새로운 이해가 1990년대 중반에 등장하게 되었다. 이 견해는 자유주의 교회에서 발견되던 선교의 세속화를 피하려고 하였다.

하나님이 피조물을 새롭게 하기 위한 사역을 수행하신다는 견해는 동일하다. 그러나 다른 점은 그리스도를 주님이요, 세상의 소망으로 선포해야 함을 강조했다는 것이다. 그 결과 회심과 교회 성장을 필수 요소로 인정했다.

미시오 데이를 수정한 이 새로운 개념은 자유주의적 기성 교단의 외부에 있는 많은 그리스도인들의 관심을 끌기 시작했다. 그들 역시 후기 기독교 사회에서 어떻게 살아내야 할지 몹시 고민하고 있었던 것이다.

오늘날의 선교적 교회 운동

1998년에 미시오 데이(Missio Dei)에 대한 새로운 이해에 입각한 *Missional Church*(Darrell Guder 편집, 선교적 교회)가 출간되었다. 레슬리 뉴비긴과 데이비드 보쉬에 의해 이전에 개발된 개념을 사용했다. 이 책 역시 동일한 딜레마를 펼쳐 놓았다. 문화는 더 이상 기독교적이지 않으며, 교회는 "현대 세계로 가는 선교지 위에 있다."

그러나 교회는 현대 문화의 포로가 되었기에 다른 대안을 제시할 수 없었다. 교회는 반드시 자신을 바꾸어야 했고 문화에 참여할 수 있는 새로운 길을 찾아야만 했다. 그러나 어떻게 이것이 가능할 수 있는가?

뉴비긴과 보쉬가 내놓은 동일한 주제들에서 답을 찾을 수 있었다. 대조적 공동체로서의 교회, 메시지의 상황화, 그리고 교회 성장만이 아니라 정의에 대한 관심을 통해서 가능하다. 이 책은 신학적으로는 선교의 개념을 피조 세계를 구속하려는 삼위 하나님의 목적에 참여하는 것으로 본다.[19]

이러한 생각들을 통해서 "선교적 교회"라는 용어가 복음주의권에서 무르익게 되었다. 복음주의권 교회들은 전반적으로 문화 변동이 일어나고 있다는 것을 알았고 전통적인 사역 접근법들이 비효과적이 되고 있다는 것을 인지했다. 더불어 기성 교단의 어떤 이들은 에큐메니칼 신학의 공허함에 점점 환멸을 느끼고 있었다.

그러나 그들은 복음주의 운동에 참여할 수가 없거나 그럴 관심이 없다시피 했다. 이들 교회의 많은 지도자들이 구더의 책에 나오는 서양 문화의 선교적 교회에 대한 기본 관점을 받아들였다.

그러나 많은 사람들이 또 다른 신학과 문화적 내용을 덧붙여 어지러울 정도의 다양하고 때로는 모순적인 정의를 선교적이라는 용어에 담았다. 크레이그 밴 겔더는 이 사상을 둘러싼 상이한 접근법들과 정의들을 분류하는 한 권의 책을 썼다. 그와 동료 드와이트 쉐일리는 선교적 이슈에 관한 대화에서 네 개의 포괄적이고 공통된 흐름이 있다고 말한다.

첫째, 선교적인 것은 전도적인(evangelistic) 것이다. 이 관점을 견지하는 교회들(저자들)은 선교 사명을 전도와 해외 선교에 대한 높은 헌신의 동의어로 받아들인다. 선교적임을 의미하는 다른 모든 표현들과 마찬가지로 이들은 어떻게 우리 문화가 변하는가, 전도하는 데 있어서 이전보다 얼마나 더한 진정성과 노력이 필요한가, 그리고 "모든 그리스도인은 선교사이다"라는 선언에서 이야기를 시작한다.

이 범주에 드는 이들은 흔히 전도에 대한 통합적인 접근법을 포용하며, 다양한 종류의 지역 봉사를 권장한다. 그러나 그들이 추구하는 본질적인 신학은 매우 전통적이다. 그들에게 선교란 교회를 통하여 사람들로 하여금 개인적 구원을 경험하게 하는 것이다. 미시오 데이의 독특한 사상 즉, 서구 교회가 서구 문화의 포로가 되었으며 하나님의 성령 사역이 피조 세계를 회복해 간다는 인식에 빠져 있는 것이다.[20]

둘째, 선교적인 것은 다시 말해 성육신적인(incarnational) 것이다. 일각에서는 교회에 대한 기독교왕국적 모델을 유입적(attractional)이라고 비판한다. 유입적 모델은 비그리스도인들이 교회의 프로그램이나 사역에 찾아오거나 초대받아 오는 것을 기초로 한다. 그들은 설교를 듣고 프로그램에 참여해서 자신들의 필요를 채우거나 침례, 결혼, 장례 등의 행사에 참여하기 위해 교회에 온다. 지금 보면 이것은 낡은 모델이다(그럼에도 전통을 중시하거나 '기독교화된' 비그리스도인들이 있는 곳에서는 이 모델이 여전히 많다).

유입적 모델이 많은 지역에서는 성육신적 모델, 즉 그리스도인들이 지리적으로 가까이 모여 살면서 두텁고 깊은 관계의 공동체를 형성하고 지역 사회나 도시의 민간 활동과 공동생활에 깊이 참여할 것을 권장한다.

이 관점에서 보면 교회 개척을 위해 전임 사역자, 핵심 그룹, 예배가 필요하지 않다. 대신 몇몇 기독교인 가정이 그 지역으로 이사해 삶에 완전히 참여하면서 시민들의 필요를 발견하고 그리스도의 이름으로 그 필요들을 채우면 된다.

그리스도인의 공동체는 유기적으로, 점진적으로 지역에서 평화와 정의를 위해 애쓰는 많은 비신자들을 포함하기 시작한다. 일반적으로 이 관점을 채택하게 되면 '하우스 처치'(House Church)가 확산된다.[21]

셋째, 선교적인 것은 상황화될 수 있다. 어떤 사상가들은 이것의 강조점을 최근에 일어난 탈현대적 문화 변동과 교회의 문화 포로 현상에 둔다. 그리하여 교회 사역의 모든 부분을 후기 기독교의 실재에 맞도록 상황화할 필요성을 강조한다.

이 접근법은 창조적인 전도 방법과 성육신적인 행위를 강조한다는 점에서 처음 두 관점의 요소를 포함하면서 이보다 더 나아간다. 그리스도인의 공동체를 깊게 하고 지역 봉사에 참여하면서도 여전히 후기 서구 기독교 사회에 진정으로 참여하지 않는 하위 문화로서 교회가 존재할 수 있다고 보는 것이다.

진정한 선교적 교회가 되려면 문화에 대한 깊은 성찰과 아울러 문화에 적응하면서 동시에 도전하는 창조적 소통 방법과 교회 사역의 발견이 필요하다. 이 범주에 드는 사람들은 성육신적인 '하우스 처치'(House Church) 모델을 인정하면서도 이를 수많은 방법들 중 괜찮은 한 가지 방법 정도로 본다.

밴 겔더와 췌일레는 이 관점을 앞장서서 추구하는 저자의 목록을 열거하였는데, 이들은 대개 마지막 범주에 속한 이들보다 좀 더 전통적인 복음주의 신학을 가진 사람들이다.[22] 이들은 여전히 뉴비긴에 의해서 제안된 기본 조치, 즉 "서구 문화가 선교적 만남을 갖기 위해서는 새로운 변증, 대조 공동체로서의 교회, 통전적인 전도, 직업을 통한 문화 참여가 필요하다"는 입장을 모두 수용한다. 동시에 이들은 뉴비긴이 제안한 조치들이 어떤 모습을 띠어야 할지도 추구한다.

넷째, 선교적인 것은 상호적(reciprocal)이며 공동체적(communal)인 것이다. 이 그룹의 사상가들은 다른 세 그룹의 강조점들을 환호한다. 이들은 모든 그리스도인이 선교지에 있다는 것을 기쁘게 확인한다. 또한 교회가 훨씬 더 지역 사회에 성육신적으로 참여해야 하며 그러한 상황화와 문화 참여가 매우 중요하다는 주장을 굳게 지지한다.

이들은 미시오 데이가 우리의 신학과 사역을 주의 깊게 재작업하도록 요구한다고 믿으며, 안타깝게도 다른 사람들이 미시오 데이의 이러한 시사점을 충분히 취하지 않았다고 생각한다.

이 접근법을 채택한 사람들은 두 가지 결론에 이른다. 첫째, 만일 하나님이 선교를 하신다면 교회는 사람들이 예배에 오도록 준비하는 방식으로 선교를 해서는 안 된다. 선교는 하나님이 세상에서 이미 하시고 있는 일들에 반응하는 것이어야 한다. 알렌 록스버그는 선교적 교회에 관해 기고한 초창기 사람들 중 한 명으로, 선교적 교회가 반복적으로 해야 하는 질문, 즉 "이 지역에서 하나님은 무엇을 하고 계신가"에 대하여 쓴 바 있다.

선교적 교회는 지역 사회의 사람들에게 귀를 기울이고 "하나님의 목적에 의해 행해지는 일들로 놀랄 준비를 하게 된다."[23] 교회는 세상을 향해 기독교에 대하여 알아야 한다고 선언하기보다 하나님이 지역 사회를 위해 하시고 있는 일들에 귀를 기울이고 배워 참여해야 한다.

둘째, 계몽주의의 개인주의를 극복하기 위해서 교회는 반드시 죄, 선교, 구원을 집단적, 공동체적 용어로 재정의해야 한다. 가령 죄를 거룩한 하나님에 대한 반역으로 이해하기보다는 수평적 관점에서 이기심, 폭력, 불의, 교만 등으로 하나님의 평화를 깨뜨리는 것으로 보는 것이다.[24] 십자가에 대해서는 예수께서 죄에 대한 하나님의 진노를 해결하신 사건으로 보기보다 이 세상 권력이 예수님 앞에서 무너진 사건으로 본다.[25]

선교는 궁극적으로 개인과 하나님의 바른 관계를 목적으로 하지 않고 그들로 하여금 하나님과 동역을 이루는 새 공동체를 이루어 사회 구조를 구원하고 세상을 치유하도록 하는 것이다.[26]

접근법들 사이의 공통점

많은 보수적 복음주의자들은 '선교적'이라는 개념을 거부한다. 그것은 이 개념이 브라이언 맥클라렌과 같은 이머징 교회 사상가들 그리고 에큐메니컬 운동 및 칼 바르트 신학과 연관되어 있기 때문이다. 한편으로는 정의하기가 너무도 어려운 단어이기도 하다.[27]

필자는 이에 공감한다. 그러나 오늘날 수많은 기독교 신자들이 '선교적'이라는 단어를 사용하건 안 하건 선교적 교회를 진지하게 찾고 있다는 사실만큼은 간과할 수 없다.

보수적 기독교 교리를 붙드는 사람들은 대개 다음과 같은 첫 번째 범주에 머문다. "선교적인 것은 곧 전도적인 것이다." 그리고 현재는 두 번째와 세 번째 범주, 즉 "선교적인 것은 성육신적인 것이다", "선교적인 것은 상황적인 것이다"를 형성하는 사람들이 생겨나기 시작했다. 자유주의와 주류 교단에 속한 이들이 이 두 번째와 세 번째 범주에서 발견되며 이들 중 어떤 사람들은 네 번째 범주에 끌린다. 다시 말해서 "선교적인 것은 상호적이며 공동체적인 것이다."[28]

선교에 대한 이 네 가지 흐름에는 매우 실제적이고 중요한 차이점이 있음에도 불구하고 동시에 중요한 공통점이 있다. 다음은 선교에 대한 논의에서 제시된 강조점과 합의 사항을 요약한 것이다.

후기 기독교 시대

첫째, 우리는 후기 기독교 시대 또는 후기 기독교 왕국 시대에 진입했다. 지난 수 세기 동안 서구 사회에서 교회는 특별한 자리를 차지했으나 이제는 더 이상 그렇지 않다. 기독교는 이제 문화의 중심부가 아니라 주변부로 이동했다.

예전에는 교회가 사회 문화 제도의 변화에 많은 영향을 주었고 사람들은 대부분 기독교적 사고방식을 가지고 있었다. 여기서 기독교적 사고 방식이란 성경에 대한 존중, 십계명에 대한 충성, 복음서의 윤리적 가르침에 대한 헌신, 인격적인 하나님과 내세, 심판의 날, 도덕적 절대성에 대한 믿음 등을 말한다. 그러나 이제 우리는 이러한 기독교적 신념을 가진 사람들이 사회적 압력과 관행을 뚫고 교회로 걸음할 것이라고 기대할 수 없다. 이미 시대가 달라진 것이다.

문화의 포로된 교회

선교에 대한 두 번째, 세 번째 범주("선교적인 것은 성육신적인 것이다", "선교적인 것은 상황적인 것이다")에 있는 사람들은 교회가 문화의 포로로 전락했음을 인정한다. 동시에 다원주의 사회의 사람들에게 복음의 메시지를 이해시킬 수 있고 그러기 위해서는 복음을 상황화할 필요가 있다고 주장한다.

이들은 세속의 사람들은 물론 복음주의 교회의 일부를 물들인 계몽주의적 개인주의에 도전함으로써 문화의 포로가 된 기독교를 구출할 수 있다고 말한다. 알렌 록스버그와 스콧 보렌의 말을 들어보자. "근대성으로 말미암아 선교는 자기 표현적이고 자율적인 개인의 자아실현으로 대체되었다." [29]

이 개인주의는 반드시 대면되고 도전받아야 한다. 뉴비긴은 교회가 반드시 인간 이성의 자율성이라는 가면을 벗겨야 한다고 주장한 바 있다. 한편 우리는 문화의 기본적인 이야기 구조가 어떻게 해결될 수 있는지를 '오로지 그리스도 안에서' 보여 주는 것이 상황화라는 점을 기억해야 한다. 우리는 자기 몰입적인 이 문화를 향해 다음과 같이 말해야 한다. "먼저 당신을 잃어야 합니다. 그리스도를 섬기고 남을 섬길 때 당신은 진정으로 자신을 찾게 될 것입니다." 또한 합리주의적인 문화를 향해 말할 수 있어야 한다. "당신이 원하는 것, 즉 의미, 존엄, 소망, 고유한 성격, 공동 가치, 공동체 등을 가질 수 없습니다. 믿음 없이는 불가능합니다."

세상의 복으로 파송하다

선교적 교회를 추구하는 모든 사람들은 기독교인의 선교가 단순히 선교 부서의 담당 사역 혹은 훈련된 전문가의 일이 아님을 믿는다. 성경의 하나님은 본질상 보내시는 하나님, 즉 선교하시는 하나님이기 때문이다.[30]

성부는 성자를 보낸다. 성자는 성령을 보내고 또한 제자들을 세상에 보낸다. 그러므로 모든 교회는 선교 사역 가운데 있으며 모든 그리스도인은 선교 가운데 있다. 하나님이 당신을 불러 복을 주시는 것은 당신을 세상에 보내어 복이 되게 하시기 위함이다(창 12:1-3; 벧전 2:9 참조).

그러므로 그리스도인은 단순히 영적 소비자가 아니다. 자신의 감정적 필요를 채우기 위해서 교회에 오가는 소비자가 아니다. 선교적 교회는 사람들로 하여금 개인적으로 혹은 공동체로서 선교 현장 가운데 있도록 훈련하고 격려해야 한다. 선교적 교회를 논하는 사람들은 하나 같이 교회가 단지 유입하는 곳이어서는 안 된다고 말한다. 또한 교회는 성도들을 훈련하여 세상 속으로 내보내는 사역을 해야 한다고 말한다.

이 관점이 견지하는 한 가지 시사점은 선교적 교회는 반드시 성도들을 전도적 증거와 공공 생활 및 직업을 위하여 훈련해야 한다는 것이다. 이전 기독교는 성도들에게 단지 기도, 성경 공부, 전도 등 사적인 삶을 위한 기술들을 훈련해도 충분했다. 왜냐하면 성도들이 공적 영역에서 비그리스도인의 가치를 접하는 일이 좀처럼 없었기 때문이다. 그러나 이제 선교적 교회는 모든 성도들이 그리스도인이라는 고유한 정체성을 가지고 행동할 수 있도록 신학적으로 사고하는 법을 가르쳐야 한다. 성도들은 어떤 사회 문화 관습들이 일반 은총을 반영하기에 포용될 수 있는지 또는 복음과 상반되므로 거부되거나 수정되어야 하는지를 배울 필요가 있다.[31]

대조적 공동체

마지막으로 대부분의 선교적 교회 사상가들은 이제 서구 교회가 일반 문화에 대조적인 반문화적 공동체가 되어야 한다는 점에 동의한다. 그리고 그 공동체적 삶의 질과 차별성, 아름다움을 드러내는 것이 선교의 주요 부분이라고 말한다.

예수님께서는 그리스도인들이 서로 사랑하고 그것을 보여 주는 것이야말로 하나님께서 그리스도를 보내셨음을 나타내는 것이라고 말씀하셨다(요 17:20-21). 다시 말해서 선교란, 사람들을 불러 회심시킬 뿐 아니라 그들로 하여금 지역 사회를 섬기고 정의를 행하도록 독려하는 것을 말한다.[32]

이것이 뉴비긴이 말한 균형이다. 자유주의 진영에 있는 교회들은 전도를 가리켜 좀 더 정의로운 사회를 실현해 가는 것으로 재정의하고, 보수주의 진영의 교회들은 전도와 회심에 좀 더 비중을 두어야 한다고 생각하지만, 선교적 교회 사상가들은 그리스도인의 증거가 언어와 실천 모두에서 이루어져야 한다고 본다.

여기에는 도시, 즉 도시의 문화와 사람들을 사랑하는 것도 포함된다. 어떤 교회를 보면 도시를 싫어하거나 도시에 오래 살지 않을 사람들을 모으는 경우가 종종 있다. 이러한 경향은 세속적이고 부도덕한 주변 사회를 경멸하는 보수적 교회들 혹은 이민자들이 모인 교회들에서 나타나곤 한다. 대개 이런 교회들은 자신이 속한 지역 사회에 무관심하거나 심지어 적대적이기도 하다. 그 결과 지역 사회의 장기 거주민들은 이런 교회에서 환영받지 못한다고 느낀다. 선교적 교회는 도시를 즐거워하고, 보살피고, 도시의 발전과 주민들을 위해 기도해야 한다.

우리가 살펴봐야 할 선교적 교회 공동체의 또 다른 측면은 교회 공동체와 교단을 넘어선 '일치'이다. 기독교 왕국에서는 "모든 사람이 그리스도인"이므로 자신을 뚜렷하게 정의하려면 다른 교회와 비교하며 차별점을 말하는 게 유용한 방법일 수 있다. 그러나 오늘날 교회는 세속 문화의 가치에 연관하여 자신을 정의하는 것이 훨씬 도움이 된다. 오히려 자기와 다른 종류의 교회를 깎아내리거나 비난하는 데 시간을 쓴다면 우리는 사회로부터 '모든 그리스도인은 관용이 없다'는 비판에 맞닥뜨리게 된다.

교단들 간 협력과 일치를 추구하는 것이 물론 옳지만 지역 사회에서 우리는 다른 회중이나 사역과 서로 협력하고 지원할 수 있어야 한다. 이렇게 하기에는 까다로운 이슈들이 여전히 존재하지만 그럼에도 우리는 협력의 방향으로 나아가야 한다.

선교적 교회에 관한 논의에서 이러한 지점들은 매우 견고하며 일반적으로 센터처치의 신학적 비전과도 일치한다고 믿는다. 나는 '선교적 교회'의 이러한 핵심 정의가 제대로 이해되는 한 이 용어를 좀 더 폭넓고 자유롭게 사용할 것이다.

그동안 선교적 교회에 대한 추구에 상당한 열매가 있기는 했지만 이런 추구가 언제나 교회에 우호적이거나 효용적이었던 것은 아니다. 여전히 중요하고 다양한 입장들이 선교적 교회에 대한 논의 가운데 존재한다. 다음 장에서는 어떤 사상가들과 실천가들에 의해 생겨난 위험성과 불균형을 다루면서 몇 가지 제안을 하려고 한다.

토론과 성찰을 위한 질문들

1. 이 장의 "'선교적'이라는 단어는 분명히 다양한 의미를 가지고 있으며 여러 저자와 집단과 교회들에 의해서 다른 방식으로 사용되고 있다. 그리하여 선교적이라는 단어가 정확하게 무엇을 의미하는지 많은 혼동이 생겨났다"라는 것에 대해 어떻게 생각하는가? 당신은 선교적이라는 용어를 어떻게 사용했으며 무엇이라고 정의를 내렸는가? 이 장은 '선교적'이라는 개념에 대한 당신의 이해를 어떻게 바꾸었는가?

2. 미시오 데이의 개념은 "하나님은 단지 교회를 선교에 보내시는 것만이 아니라 하나님 자신이 이미 선교를 수행 중이며 교회는 반드시 이에 동참해야 한다"이다. 당신은 무엇이 '하나님의 선교'라고 생각하는가? 또한 그 선교에서 교회가 어떤 역할을 해야 한다고 믿는가? 당신은 하나님의 선교와 교회의 선교를 어떻게 구분하겠는가?

3. "선교적"에 대한 네 가지 개념 중 어떤 것이 당신의 이해와 가까운가? 나머지 세 개의 개념에서는 어떤 점을 동의하기 힘든가?

4. 선교 사명의 개념을 포용하는 사람들은 다음 네 가지를 공통으로 강조한다. 첫째, 서구 사회가 후기 기독교 사회에 진입했음을 인정한다. 둘째, 교회가 문화의 포로가 되었음을 인정한다. 셋째, 다원주의 사회에서 복음이 상황화될 필요가 있음을 공감한다. 넷째, 선교가 모든 그리스도인의 직무임을 긍정한다. 즉 교회는 대조적 공동체가 되도록 부름 받았음을 믿는다.

각각의 고유한 강조점 중에서 이 장에서 설명된 것은 어떤 것들인가? 이들 중 당신은 어떤 강조점에 가장 공감하게 되는가? 당신이 속한 공동체 사람들에게 가장 설득하기 어려운 것은 무엇인가?

02

선교적 교회 운동의
중심잡기

◇◇◇

선교적 교회(Missional Church)의 공통 근거들을 확인하는 것은 분명 유익하고 가치 있는 작업이지만 다양한 정의와 관점들 간 간극이 굉장히 크다는 점을 기억해야 한다. 그리고 '선교적 삶'이 어떤 것이냐에 대해서도 다양한 의견들이 있다.

선교적 교회에 대한 대화에 참여한 모든 사람들은 다른 사람들이 중대한 실수를 하고 있다고 결론을 짓는다. 나 역시도 같은 의견이다.

선교적 교회에 대한 논의들을 관찰하고 이를 실천하며 검증해 가면서 내가 가지는 주된 관심은 이 책 1장 말미에 정리한 핵심 통찰들에 선교적 교회 담론들이 접근하는 방식에 대한 것이다. 센터처치의 방향성을 가지고 사역을 개발하기 위해서는 그런 문제들을 분별하며 피하는 법을 반드시 배워야 한다.

문제 #1: 충분히 포괄적이지 않다

첫째, 선교적 교회를 단지 전도하는 교회라고 보는 대화 흐름에 대하여 조사한다. 이 흐름에 있는 교회들은 '선교적'이라는 용어를 사용하는 데 있어서 상당히 철저하고 빈번하고 강도 높은 전도의 성격을 의미한다. 또한 반드시 개인의 회심을 강조한다.

하지만 복음주의의 전형적인 복음 제시는 너무 얄팍하다. 흔히 우리가 하나님께 죄를 지었다는 것과 그 죄를 위해 구세주가 돌아가셨고 그 구세주를 믿어야 한다는 점을 이야기한다. 이 단순한 소통법은 듣는 이들이 하나님과 죄에 대해서 전달자와 동일한 본질적 이해를 가지고 있음을 가정한다.

그러나 점점 더 많은 비그리스도인들이 인생에 대한 전혀 다른 관점을 갖고 살아서 방금 말한 것의 상당 부분을 이해하지 못하며 심지어는 그런 이야기에 분노하게 된다면 어떻게 할 것인가?

만일 사람들이 하나님, 진리, 옳고 그름, 자유, 덕, 죄에 대해 전혀 다른 이해를 갖고 있다면 어떻게 할 것인가? 만일 그들이 실재, 인간 본성, 운명, 공동체에 대해서 그리스도인과 전적으로 다른 관점을 가진다면 어떻게 하겠는가?

이는 수십 년 동안 세상의 많은 지역에서 교회들이 마주해 온 현실이었다. 인도, 이란, 일본과 같은 곳에서 말이다. 이러한 환경들에서 전도는 비그리스도인들을 그들의 문화와 기독교 진리 간의 간격을 이어 주는 기독교 공동체로 초대하는 긴 과정을 수반한다.

이때 교회는 기독교의 진리와 주변 문화 사이의 간격에 다리 역할을 한다. 교회는 교회를 둘러싼 문화권으로부터 비그리스도인들이 올 것을 반드시 염두에 두고 예배, 공동체 생활, 공적 대화, 설교, 교육 등을 행해야 한다.

예배의 미학은 문화의 감수성을 반영해야 하며 그리스도인의 신앙이 어떻게 삶을 바꾸는지가 예배를 통해 표현되어야 한다. 설교와 가르침은 이 문화 사람들의 열망이 어떻게 오로지 그리스도 안에서 이루어질 수 있는지 보여 주어야 한다.

대부분 그런 교회의 신자들은 주변 지역 사회의 인구적 구성을 반영해야 한다. 그래서 주변 비그리스도인들에게 매력적이고도 도전적인 그리스도인의 일면을 보일 수 있어야 한다.

미국의 많은 복음주의 교회들이 유럽이나 캐나다의 개신 교회들과 달리 급격한 쇠퇴를 경험하지 않은 이유는 여전히 상당수의 기독교 왕국 유민이 남아 있기 때문이다. 미국에는 (비록 공식적이지는 않지만) 비기독교적인 신념과 행동에 낙인을 찍는 공공 문화가 여전히 존재한다.

언론인 마이클 월프에 의하면, "미국에는 문화, 정치, 경제에 걸쳐 근본적인 분열이 존재한다. 즉 급속한 성장, 경제의 활성화, 도덕적 상대주의, 도시 지향성, 모험적인 문화, 성과 윤리의 다양성 추구 등으로 특징

지워지는 미국이 있고, 한편으로는 작은 도시, 핵가족, 종교 지향성, 백인 중심, 문화와 경제적 약화 등으로 특징 지워지는 미국이 있다."[1]

서구에서 점점 확장되고 있는 후기 기독교 왕국을 품으려면 교회는 통상적으로 '전도적'이라 불리는 것 이상의 무언가가 필요하다. 다시 말해서 선교적 교회가 되어야 하는 것이다. 선교적 교회란 그 지역에 사는 비신자들이 와도 이해할 수 있는 예배를 드릴 수 있을 때 선교적이라 할 수 있다. 이는 교회가 복음으로 그리스도인들을 도전하고 변화시키면서 이루어야 한다.[2]

교회는 교인들이 그들의 초점을 외부로 향하고 지역 사회의 필요에 의해 접근할 때 선교적이 된다. 선교적 교회의 신자들은 복음을 어떻게 상황화해야 할지 알아야 하며, 주변 사회 문화의 이야기들을 주의 깊게 듣고 새로움에 도전하면서 그들의 마음을 움직일 수 있어야 한다.[3]

마지막으로 선교적 교회에는 성품과 매력적인 삶으로 교회 공동체로 끌어들여 그 안에서 기독교 신앙을 배양하고 탐사하도록 하는 교인들이 항상 있어야 한다.

"선교적 교회는 전도적인 것이다"라는 생각은 너무 협소한 것이다. 선교적 교회는 전도적인 성격을 넘어서 훨씬 그 이상의 교회이다.

문제 #2: 특정 형태에 너무 매여 있다

두 번째 주요 문제는 너무나도 많은 강조점이 특정한 교회 형태에 주어진다는 것이다. 선교적 교회에 대한 토론에 참여하는 많은 이들은 교회가 유입적이지(attractional) 않고, 성육신적이어야(incarnational) 한다고 고집한다.[4]

폭넓은 원리로 보자면 맞는 말이다. 유입적이라는 말이 '지역 사회에 관심이 없고 그저 사람들을 끌어 모아 교회 내부 프로그램에 집중하게 만들고 그들의 필요를 채우는 일에만 힘을 쏟는 것 또는 교인들에게 교회 밖으로 나가 섬기라고 독려하지 않는 것'을 의미한다면 선교적 교회는 유입적이어서는 안 된다.[5]

만일 성육신적이라는 말이 '지역 사회의 필요에 귀를 기울이고 지역 주민들을 존중하는 마음으로 그들과 상호작용하며, 교인들을 세상 사람들에게 보내 그들을 사랑하고 섬기도록 훈련하는 것'을 의미한다면 모든 선교적 교회는 성육신적이어야 한다.

그런데 많은 이들은 어떤 교회든지 사람들을 주일예배에 많이 참여하도록 집중하는 교회라면 선교적일 수 없다고 주장한다. '포도나무 가지의 삶'이라는 선교적 공동체의 목사인 데이비드 핏치는 대형 교회에 대해서 다음과 같이 쓰고 있다.

> 대형 교회는 익명의 손님들이 이해할 수 있다고 간주하는 메시지를 박스에 담아 예배한다. 그러나 선교적은 그 반대다. 즉 "예수는 주"라는 메시지를 이해할 수 있는 언어나 역사를 가지고 있지 않은 사람들을 대상으로 하는 것이다. 그러므로 우리는 이러한 사람들에게 복음을 이해시키기 위해 성육신적이 되어야 하고 복음의 메시지를 구체화해야 한다. 기성화된 대중 설교자와 프로그램으로는 후기 기

독교 왕국에서 복음을 소통하는 직무를 담당할 수 없다.[6]

    핏치는 후기 기독교 사회의 비그리스도인들이 복음을 전혀 이해하지 못하기 때문에 어떤 언어적 표현으로도 그들을 설득하거나 이해시키기 어렵다고 주장한다. 또한 주일예배에만 초점을 맞추는 교회가 선교적이 되기 위해서는 많은 시간과 비용이 필연적으로 든다고 말한다.

    핏치에게 '선교적'이라 함은 '시간과 사역의 대부분을 교회 건물 바깥에서 보내는 것이요, 이웃들 가운데 거주하면서 그들이 누구이며 무엇을 하며 그들의 영적 필요가 무엇인지 파악하는 것이다. 이러한 리듬은 유입적 교회의 리듬과 모순된다."[7]

    많은 사람들이 핏치처럼 선교적 교회는 대형 교회의 형태가 될 수 없다거나, 심지어 매주 예배와 설교에 중심을 둔 전통적인 작은 교회도 될 수 없다고 주장한다. 이러한 관점을 고수하는 사람들은 이중직을 가진 목사나 지도자들이 있는 작은 가정 교회(10-50명)를 조직하거나 중간 규모의 가정 교회들 연합체를 이루어서 보다 큰 '유입적' 모임을 만들곤 한다.

    마이클 프로스트와 알랜 허쉬는 이러한 모델에 대해 다음과 같이 말한다.

> 우리가 발견할 수 있었던 대부분의 이머징 교회들은 의도적으로 작은 공동체를 만들려고 한다. 이것은 또한 신약의 교회 모습과 선교 관습에 더 근접한다. 가정 교회 단위는 신약성경에서 가장 주된 선

교적 공동체 단위였다.

오늘날 현대적 가정 교회 운동처럼 모임의 장소는 상관이 없다. 중요한 것은 그들이 보다 작고, 보다 다양하고, 덜 조직적이고, 생활 중심적이고, 선교적이고, 관계적인 믿음의 공동체이며 그들의 특화된 교회 건물을 필요로 하지 않는다는 것이다.[8]

나는 이들의 관점이 선교적 교회에 대해 너무도 융통성 없는 견해라고 생각한다. 과거 10년 동안 소규모 노동자 계층 마을에서 작은 교회를 목회했다. 그때의 교회는 가정 교회들이 의도적으로 만들려고 하는 그런 종류의 특성을 자연스럽게 가졌었다.

선교적 공동체들은 자녀들, 손주들, 친척들, 사업 동료들 그리고 이웃이 있는 확대 대가족을 의미하는 오이코스를 재창조하려고 한다. 이는 신약시대 대부분 교회들의 모습이었다. 그리고 사역은 비공식적, 관계적, 유기적이어야 한다고 주장한다.[9]

그러나 선교적 공동체로 모여든 중간 규모의 그룹들이 모두 진정한 오이코스는 아니다. 그들은 작은 마을 사람들처럼 혈연으로 연결되어 있거나 같은 직장 혹은 공장에서 일하는 것도 아니고 같은 학교 출신, 같은 모임이나 조직 소속도 아니다.

당시 내가 목회했던 교회의 교인들은 지리적 이웃을 알기 위해 딱히 어떤 방법을 강구할 필요가 없었다. 이미 서로 깊이 연결되어 있었기 때문이다. 모든 교인들이 근접한 거리 안에서 살았으며 먼 지역으로 이사 나가는 일도 드물었다. 함께 먹고, 서로의 집에서 많은 시간을 보내는 등

주일예배 외에도 서로의 삶에 깊이 참여하고 있었다.

이런 지속적이고 다원적인 관계성 때문에 전도와 목회적 돌봄, 교제, 공동체 봉사가 유기적인 관계성을 통해서 일어났다. 요컨대 작은 마을에 있는 소형 교회들은 일반적으로 교회들끼리 혹은 주변 공동체들과 이런 종류의 관계성, 즉 선교적 교회가 구축하고자 노력하는 그런 관계성을 갖고 있다.

이후 나는 지난 20년 동안 맨해튼에서 대형 교회를 담당했다. 매우 큰 이동성과 순환률 속에서 교인들의 세상을 배우고, 사역하고, 주로 대규모 프로그램을 통해서 사람들을 보살폈다. 내가 내린 결론은 무엇일까?

두 교회가 모두 선교적 결실을 맺었다는 것이다. 대개 전통적인 회집형 교회들은 교인들을 그들의 관계망 속으로 들어가서 사역하도록 보내고 도우려 하기 보다는 사람들을 "교회 담 안"으로 끌어 모으려는 경향이 있다. 경험상 특히 두 번째 교회에서의 초반 10년을 되돌아보면 도시의 대형 교회가 지방의 소형 교회보다 훨씬 효과적으로 전도할 수 있었던 것 같다.

그러나 최종적 분석을 한다면 교회의 형태나 규모가 본질적으로 성령의 열매를 맺고, 비신자를 전도하고, 사람들을 보살피고, 그리스도를 본받은 삶을 살도록 독려하는 등의 사역 성과를 결정해 준다고 믿지 않는다. 여기서 최종 분석이라고 말한 것은 교회에 대한 각각의 접근법들이 - 소규모이고, 유기적이고, 단순히 성육신적인 교회든지- 대규모이고 조직적이고 복합적인 유입적 교회든지 간에- 크게 다른 강점과 약점, 한계와 가능성을 가지기 때문이다.

알렌 록스버그는 컨설턴트로 직무를 수행하면서 사람들이 첫 번째로 묻는 질문이 다음과 같다고 말한다. "무엇이 선교적 교회의 모델인지 보여 줄 수 있습니까?"[10]

그들은 교회를 부흥시키는 특정한 방식을 원한다. 구체적인 패턴이 있어서 모방할 수 있기를 원한다. 그러나 알렌 록스버그는 이런 질문에 답하기를 거부한다. 우리도 그래야 한다. 앞서 살펴본 효과적인 선교적 교회의 특성들의 개요를 다시 한 번 읽어 보라.

이 특징들은 교회들에 있기도 하고 없기도 하다. 어떤 종류의 교회든지 다양한 방법으로 이런 특징들을 수용하거나 거부할 수 있다. 모든 종류가 번영하며 동시에 모든 종류가 실패한다. 그러므로 "선교적 교회는 작은 가정 교회다"라는 생각은 매우 단순한 견해이다.

문제 #3: 복음에 대한 분명한 이해의 결여

세 번째는 선교적 교회를 설명하는 모든 책이 복음에 대하여 끊임없이 말하지만, '복음'이라는 단어를 같은 의미로 사용하지 않는다는 것이다.

이것은 매우 심각하고도 중요한 문제다. 이것은 선교적인 것을 주로 공동체적-상호적 용어로 이해하는 이들에게 더욱 그러하다(물론 다른 범주에서도 발생하지만). 그리스도 안에서 하나님이 구속하시는 사역의 최종 결과는 완전히 새로워진 우주일 것이다. 새 하늘과 새 땅을 의미한다.

그러므로 우리가 말할 수 있는 것은 하나님이 오셔서 하시는 것은 단지 영혼을 용서하고 구원하는 것뿐만 아니라 죄로 인해 망가진 피조 세계를 회복하는 것이다. 그런데 어떤 이들은 구원의 측면만을 강조한 나머지 개인 회심에 대한 모든 관심을 사실상 제외해 버렸다. 우리가 지금까지 본 바와 같이 그 이유는 많은 이들이 죄와 구원을 완전히 집단적이거나 수평적인 차원에서 재정의하기 때문이다. 그들의 관점에서 죄는 주로 공동체와 하나님의 피조 세계를 파괴하는 이기심, 교만, 탐욕, 그리고 폭력을 의미한다.

따라서 그리스도의 구속은 이 세상에서 해를 일으키는 죄악의 힘을 후퇴시키는 것이 된다. 그리고 성령께서 구속을 적용하시는 범주는 주로 관계의 벽을 무너뜨리고 인간 사회를 공유, 평등, 상호성을 가지고 움직이는 것이다. 마지막으로, 그리스도인이 된다는 것은 회개와 믿음을 통해서 하나님과 화목하는 것에 관한 것이 아니라, 세상에 평화와 정의를 가져오기 위해 일하는 공동체에 참여하는 것이다.

죄에 대한 고전적 교리들은 하나님의 의로운 진노를 일으키는 바 하나님의 거룩에 대한 침범 혹은, 그리스도께서 하나님의 진노를 대속하기 위해 우리의 형벌을 대속적으로 받으신 것이나, 우리의 죄가 예수님의 십자가 위에 놓이고 그분의 의로우심으로 주어지는 "위대한 교환"이라고 하는 것이 지나치게 개인주의적이라면서 거부한다. 이러한 것들이 교회가 선교적이 되지 못한 중요한 이유로 치부된다.

물론 이 책에서 여러 번 살펴보았듯 죄는 우리의 공동체적 삶에 대단히 파괴적인 영향을 미쳤고, 그리스도의 구속은 궁극적으로 피조 세계를 회복할 것이다. 그러나 죄와 속죄에 관한 전통적 교리가 폐기될 때, 그 공동체적 차원은 사실상 개인의 회개와 믿음과 회심에 대한 명령을 제거하게 된다.

물론, 이 범주의 저자들은 지속적으로 개인과 공동체의 구속에 대해서 이야기하는 것을 인정해야 한다. 그들은 "개인" 구원 뿐만 아니라 "개인 구원 이상으로" 등의 표현을 사용해서 그들이 전통적인 전도를 부인하거나 바꾸려는 것이 아님을 표현한다.

그러나 뒤돌아볼 때 구원, 사명, 그리스도인의 삶의 개인적 국면과 공동체적 국면이 대립적으로 진술되면서, 개인적 측면은 거의 제거되었음을 발견할 수 있다. 이러한 교리적 전환은 지역 교회의 사명에 대해서 매우 다른 관점으로 귀결된다.

《센터처치》시리즈 1권 2장에서 언급했듯, 영역 주권의 개념을 사용한다면, 조직 교회의 주된 역할은 사람들을 전도하고 훈련하여 제자가되게 하고, 그들을 "유기적 교회"로서 파송하여 -세상에서 직업 가운데 일하는 그리스도인들로- 문화에 참여시키고, 정의를 시행하고, 하나님의 평화를 회복하는 것이다. 선교적 교회의 많은 주장들에서, 이러한 구분은 사실상 사라졌다.[11]

가장 중요한 것은 죄와 구원에 관한 공동체적인 이 정의는 결과적으로 매우 다른 전도 방식에 도달한다는 점이다. 예를 들어보자. 죄와 구속을 이렇게 (개인적이고 수직적이기보다는 공동체적이고 수평적으로) 재구성하는 것은 이머징 교회의 선구자인 디이터 잰더(Dieter Zander)의 대중적인 표현에 의해 만들어졌다. 그는 "이상한 복음에 납치되다"는 글에서 그가 어릴 때 어떻게 이모와 복음에 대하여 나누었는지를 이야기한다. 그녀는 이렇게 말했다. "네가 거짓말한다면 너는 죄를 짓고 있는 것이야. 네가 만일 오늘 죄 용서를 받지 못하고 죽는다면 너는 지옥에 갈 거야." 그날 밤 잰더는 예수님께 모든 죄를 용서해 주시고 삶에 들어오시도록 요청했다. 그리고는 영생을 확신하면서 잠자리에 들었다.

어른이 되어 샌프란시스코로 이주한 후, 잰더는 기독교에 대해 이웃의 유대인과 대화를 시도했다. 그가 나눈 것은 본질상 어릴 때부터 복음에 대해 알았던 것이었다. "하나님은 인간을 사랑하세요. 그러나 인간은 모두 죄를 지었어요. 하나님은 예수님을 보내셔서 죄를 대신 갚게 하셨어요. 만일 우리가 예수님의 지불을 신뢰한다면, 하나님은 우리의 죄를 용서하시고 영생을 주실 겁니다."

그러나 이 대화 가운데 그는 그 복음 제시가 효과가 없음을 발견했을 뿐만 아니라 자신에 대해 생각하게 되었다. "내가 전한 복음은 전혀 좋은 뉴스처럼(good news) 들리지 않아." 그는 성경으로 돌아가서 예수님의 복음 핵심은 "하나님의 나라"임을 알게 되었다. 이것이 의미하는 바는 무엇인가? "다른 종류의 삶이 도착했는데, 이는 현존하고 전능하신 하나님의 통치 아래에(누가복음 4장에 나오는 또 다른 버전의 복음에 따르면) 의도적으로 만물을 회복하고, 치유하고, 구속하고, 화해시키는 것이다."

이제 잰더는 미시오 데이(Missio Dei)의 기본 윤곽을 따르고 있다. 하나님의 나라를 "다른 종류의 삶"이며 만물의 회복이라고 보는 새로운 이해와 함께, 잰더는 복음 제시를 재고했고 유대인 친구를 다시 만났다.

나는 더 이상 그리스도인이 되는 것이 죄 용서를 받는 문제만은 아니라고 믿게 되었다. 예수님께서 선언한 좋은 소식은 우리가 하나님과 함께 삶을 살 수 있다는 것이다. 이것은 인간적으로 가능한 최고의 삶이다. 이제 더 이상 우리는 인생을 혼자 살 필요가 없다. 자신을 돌보면서, 필요한 것을 가지지 못할까봐 두려워하면서, 바꿀 수 없는 삶의 모습들 때문에 겁먹거나 흔들리면서, 전부를 이해할 수 있는 누군가 또는 무엇이 혹시 있을까 궁금해 하면서 혼자 살 필요가 없는 것이다.

예수님의 메시지는 단순히 "돌아서서 하나님과 함께하는 삶 속으로 오라. 내가 살았던 삶이며 너희가 나와 함께 살기를 원하는 삶으로 오라"는 것이다.

우리가 예수님의 초청을 받아들여, 그분의 말씀이 진리임을 믿으며, 삶을 다해서 따를 때, 우리는 과거의 죄와 미래의 두려움으로부터 자유를 경험하며, 현재 삶의 만족과 기쁨, 사랑과 능력을 경험한다.[12]

잰더는 그의 유대인 이웃이 이번에는 더 긍정적으로 반응했다고 보고한다. 글의 결론을 맺으면서 우리는 반드시 "예수님께서 우리에게 주신 메시지를 갖고 사람들에게 다가가야 한다. "하나님과 함께 사는 삶을 제공하고 이 세상에서 그분이 하시는 일에 동역자가 되도록 초청하는 것이다"라고 말한다.

이 글은 미시오 데이 개념이 복음을 나눌 때 구체적으로 어떻게 영향을 미칠 수 있는지를 생생하게 보여 준다. 잰더가 어린 시절에 들은 복음은 이상한 복음(alien gospel)이라고 했으므로 AG라고 부르자.

첫째, AG는 죄의 개념을 극도로 축소한다. 단순히 규칙을 어기는 것으로 여겨지고 있으며, 여기에 대해 죄 용서가 필요하다고 한다. 죄가 자기 구원 및 우상 숭배를 향한 마음이라는 어떤 암시도 없다. 죄에 대한 AG의 설명은 너무나 얄팍한 나머지 죄가 하나님께 심각하게 부당하고, 잘못이고, 모욕적임을 듣는 이에게 가르치지 않는다.

또한 그들의 삶에 심각하게 파괴적이라는 것도 전달하지 못한다. 대신에 "규칙을 어기는 죄의 관점"은 듣는 이로 하여금 그들의 유일한 문제가 죄에 대한 법적 결과를 신적 법률 집행자 앞에서 마주해야 하는 것이라고 생각하게 한다. 이 복음 제시에서 어떤 것도 죄가 내재적으로 잘못되었으며, 혐오스러우며, 파괴적이며, 그 자체로 부끄러운 것이라는 것을 보여 주지 못한다.

죄에 대해 이렇게 얄팍한 견해의 결과인 AG는 은혜와 공로 사이의 고전적인 복음의 차이점을 제대로 설명하지 못한다. 그리스도의 구원의 공로에 대한 믿음과 우리 스스로의 구원의 공로 사이를 명확하게 보이지 못한다.

AG를 듣는 일반적인 청자는 그들이 구원되었다고 볼 것이다. 그것은 예수님께서 십자가에서 죽으셨기 때문이 아니라, 그들이 진심으로 하나님께 순복하고 자비를 간청하고 더 나은 삶을 살기로 결심하기 때문이다. 본질적으로 그들은 자신들의 (세속적이거나 신앙적인) 정신적 노력에 대한 믿음으로부터 그리스도의 구원하시는 공로에 대한 믿음과 안식으로 옮겨가지 않는 것이다. 오히려 그들은 나쁜 삶을 사는 것에서 나은 삶을 사는 것으로 옮겨올 뿐이다. 그들의 죄는 용서되었고, 하나님은 그들을 용납하시는데 그것은 그들이 이제 예수님을 위해서 살기 때문이라는 것이다. 예수님이 그들을 위해 사셨기 때문이 아니라! 우리가 잰더의 복음을 재고찰할 때 -이제 우리는 이것을 KG (kingdom gospel, 하나님 나라 복음)이라고 부르자- 이 패턴이 결코 바뀌지 않았음을 발견하게 된다.

첫째, 십자가에 대한 언급이 없다. 왜 예수님께서 죽으셔야 했는가에 대한 설명이 없다. 사실상 예수님의 구원 사역에 대한 언급 자체가 없다. 대속자로서의 예수님에 강조점이 있는 것이 아니라, 용기와 사랑의 특별한 삶을 산 모델로서의 예수님만 있다.

둘째, 죄 용서와 능력을 받기 위해서 우리는 그가 말하는 것이 진리임을 믿으며 온 삶을 다해서 그를 따라야만 한다. 그리스도의 구원 사역을 믿고 그 안에서 살도록 초청받는 것이 아니라, 한 방향의 삶을 멈추고 다른 방향의 삶을 살도록 초청하는 것이다.

잰더의 복음 제시를 듣는 청자들은 그들이 AG를 들었을 때 동일한 결론을 쉽사리 내릴 수 있었다. "만일 내가 바르게 산다면, 나는 용서와 용납을 받을 거야." 결국 AG와 KG는 많이 다르지 않다. 모두 예수님이 당신의 죄를 위해 죽었다고 말하지 않는다. 당신이 용서를 받아야 한다고 말하지 않는다. 지금까지는 그래도 괜찮다. 그러나 두 메시지는 죄의 모욕성, 깊이, 파괴성을 제시하지 못한다. 그러므로 복음의 검의 '날카로움'을 놓친다. 은혜와 공로 사이의 차이점 즉, 당신의 구주이신 예수님을 가슴에 안는 것과 단지 당신의 구주가 되도록 그분을 이용하는 것 사이의 차이점을 놓친다.

지금까지 상세히 살펴본 바와 같이, 삶을 변화시키는 능력을 창조하는 것은 이 차이점을 이해하고 적용하는 데 있다. 하나님에 의해 용납되었다는 것을 믿는 사람들은 그 이유가 전통적 도덕을 지키고 정숙하고 착한 삶을 살기 때문이라고 믿거나 세상의 필요를 섬기기 위한 희생적인 삶을 살기 때문이라고 믿든지 상관없이, 동일하게 불안정하고, 비판을 받아들일 수 없다. 또한 '제대로 살지 않는' 사람들을 경멸하고, 하나님의 사랑을 확신하지 못하고, 그리스도 안에 있는 그들의 신분을 확신하지 못한다. 양자 모두 본질적으로 공로 의에 노예로 예속되어 있다. 전통적, 보수적, 도덕적 형태이거나 문화적으로 진보적, 정의 지향적, 왕국 회복적이든지 상관없이 나타난다.

디이터 잰더가 말한 것처럼 복음을 묘사하는 복음주의자들은 대부분 질문을 받을 경우, 전통적 의미의 이신칭의에 대한 신앙을 고백한다. 그러나 다른 많은 사람들은 -복음주의 전통 바깥에 있는 선교적 교회의 지지자들- 전통적인 관점의 칭의와 대속적 속죄 관점을 거부했다. 많은 이들은 말하기를, 하나님의 진노와 칭의의 필요성에 대해 말하는 것은 오늘날 통하지 않는다고 주장한다. 탈 현대주의 사람들이 은혜로 의롭게 되는 교리를 설득력 있게 받아들이지 않기 때문이라는 것이다.

왜냐하면 사람들은 하나님이 어떤 속죄나 급진적 은혜 없이도 있는 모습 그대로 자신을 받아들이는 분이라고 생각한다는 것이다. KG제시에서 사람들은 하나님과 화목하도록 요구를 받는 것이 아니라, 두려움의 삶과 자기 함몰의 삶에서 벗어나서 하나님을 의존하며 타인을 섬기는 삶을 살도록 요구받는다. 하나님과 당신 사이에 아무런 문제를 발견하지 못하는 것 같은 인상을 받게 된다. 단지 하나님의 운동에 참여하지 못함으로써 자신을 부당하게 대우했을 뿐이라는 것이다. 당신과 하나님 사이에 허물어야 할 진정한 담은 없다. 그분의 사역에 동참하기를 꺼리는 것이 문제일 뿐이다.

이 접근법이 AG와 본질적으로 어떤 점에서 다른지를 살피려고 애를 썼다. 후자는 구원을 전형적인 "공로에 의한 구원"으로 이해한다. 이것은 다른 종류의 공로에 의한 구원이다. 구원에 대한 전적으로 다른 정의를 부여한 것인데, 그것은 은혜에 의해서가 아니라 '공로'에 의한 것으로 이루어진다.

죄에 대한 이러한 이해는 자연적으로 다른 종류의 회심으로 귀결된다. 전통적인 개신교는 회심을 단순히 새로운 집합의 가치관을 받아들이는 것 이상으로 보았다. 그것은 내적 정체성에 있어서 급진적인 변화이다. 당신의 삶을 움직이는 동기가 감사한 경이에 뿌리 박혀서 나를 사랑하신 그분을 사랑하는 것이다. 두려움과 자만의 오래된 동기부여는 하나님의 급진적인 은혜에 의해서 휩쓸려간다.

그러나 이 모든 것은 왕국 제시에서 들리지 않는다. 사람이 KG복음을 들을 때, 예수님께 순복하며 하나님 나라에 참여하도록 부름을 받을 때, 어떻게 그가 찰스 웨슬리의 감격스러운 찬송가 "놀라워라 주 사랑이"의 후렴구를 부를 수 있겠는가?

내 사슬은 끊어졌고, 내 마음은 자유하다.

나는 일어나 앞으로 나아가며 주님을 따른다.

사슬은 무엇인가? 구체적으로 무엇으로부터 자유로워졌는가? 성경적인 복음은 사람들에게 하나님의 거룩하심에 비추어 자신의 위험을 보게 한다. 또한 동시에 예수님의 희생이 얼마나 값비싸고 놀라운 것인지를 깨닫게 한다. 예수님께서 우리가 받아야 하는 죄의 형벌을 친히 받으셨다. 만일 복음 제시에서 이 십자가의 '메시지를 약화시킨다면 우리를 구원하러 오신 예수님의 놀라운 사랑 앞에 경탄할 감각을 약화시키는 것이다.

D. A. 카슨은 레슬리 뉴비긴, 데이비드 보쉬, 그리고 대럴 구더의 관점들과 많은 유사점을 공유하는 저자들에 대한 상세한 글에서 다음과 같이 쓰고 있다.

> 우리는 어떻게 하나님께서 하나님 나라를 발전시키시는지 보았다. "이야기"라는 용어가 인류를 구원하시고 피조 세계를 완성하시며 또는 어둠의 권세를 패배시키시기 위해 반복적으로 제시됨을 살펴 보았다. 한순간도 이 주제들을 축소하거나 최소화하고 싶지 않다. 그러나 무엇으로부터 인류는 구원을 받는 것인가? 죄가 맞다. 어둠의 권세도 맞다. 그러나 가장 놀라운 것은 하나님의 진노에 대한 언급 자체가 전적으로 부재한 것이다. 이것은 사소하게 생략할 수 없다. 성경의 이야기마다 하나님의 형상을 가진 이들이 하나님의 의로운 진노를 끌어들이는 장면이 나온다. 모든 피조 세계가 인류의 죄 때

문에 하나님의 저주 아래 있다. 죄는 무엇보다도 수평적이나 사회적인 것이 아니라(물론 그런 것들로 가득하지만), 죄는 수직적이며, 전능하신 하나님을 무시하는 행위다. 사람들의 머리나 온 국가에 하나님의 진노를 일으키는 죄로 끊임없이 이야기되는 것은 우상 숭배다. 하나님을 하나님으로 인정하지 않는 것이다.

예수님의 십자가와 부활이 성취한 것이 바로 이 근본적인 죄를 극복하는 것이다. 인간에게 긴급히 필요한 것은 하나님과 화목하는 삶이다. 그 화목은 다른 사람들과의 화목하며, 타락한 이 세상에서 변화된 삶을 살아가는 것을 부정하는 것이 아니다. 만물이 완성될 때에 최종적인 변화를 기다린다. 그러나 하나님 나라의 전진을 복음서가 끊임없이 이야기하듯 예수님의 수난 이야기를 연결하지 않는 것은 심각한 환원주의이다.[13]

카슨의 요점은 기독교의 필수적인 것이다. 죄와 구속에는 아주 분명한 공동체적 요소와 수평적 측면들이 있다. 성경적 개념들은 깊고, 포괄적이며, 원대하다. 그러나 만일 우리가 분명하게 수평적 측면들을 부각시키는 노력 속에서 은혜의 고전적 교리들을 부인한다면, 그 결과는 파괴적이며 균형을 상실할 수 있다. 복음에 대한 개신교의 고전적인 이해에는 하나님이 거룩하시며 우리는 그분의 진노와 저주 아래 있음을 표현한다.

예수님께서는 우리 대신에 진노와 저주와 심판을 받으셨다. 우리가 회개하고 그리스도를 믿을 때, 용서와 의를 모두 받을 수 있다. 하나님의 은혜로 전율하는 경험은 그리스도인이 정의를 시행하는데 있어 열정을 불어넣는다. 이는 복음의 수평적인 요소를 추구하는 결과이다. 그리스도인의 정의에 대한 열정은 복음의 이해에서 비롯되는 변화된 정체성에서 나온다. 복음은 구원이 오직 은혜로 되며, 공로로 되지 않다는 것을 기억하게 한다.

선교적 교회의 표지들

그렇다면 우리는 지금 어디에 도달했는가? 나는 한 교회가 고전적인 복음 교리를 강력하게 가르치고 설교하면서 여전히 선교적일 수 있다고 주장한다. 즉, 여전히 서구 문화와 선교사적 만남을 가지면서 동시에 교회에 다니지 않던 비전통적인 비그리스도인들을 전도하고 제자로 삼을 수 있다는 것이다. 이것은 어떻게 가능한가?

첫째, 선교적 교회가 서구 문화와 선교적 만남을 가지려면, 반드시 사회의 우상들과 맞서야 한다. 특히 어떻게 현대성이 개인의 행복과 자아실현을 절대화시켰는지를 배워야 한다. 이 우상이 나타나는 현상 중에 하나가 물질주의인데, 이는 소비주의와 탐욕으로서 불의의 원인이 된다. 앞서 살펴보았듯이, 많은 사람들은 복음을 재구성해야 우리가 이에 맞설 수 있다고 믿는다.

그러나 내가 다른 장에서 상세히 설명한 것처럼, 대속적 속죄와 법정적 칭의의 고전적 메시지는 이 세상에서 보다 검소하게 살며 정의를 행하는 강력한 신학적 토대와 내적 동기부여의 원천이 된다.[14] 이러한 교리를 거부하는 것은 서구 문화와의 만남에 도움이 되지 않는다. 사실상 모든 사람은 하나님의 심판 아래 죄인이며 회개와 순복이 필요하다는 단순하고 오래된 복음 메시지만큼 현대의 "자기중심적이고, 자율적인 개인"이라는 우상에 도전하고 맞서는데 도움이 되는 것은 없다.

둘째, 선교적 교회가 후기 기독교 문화의 사람들을 품으려면, 가장 최근에 유명하게 이루어진 복음 제시들이 사실상 사람들의 귀에 들어가지 않았다는 것을 인정해야 한다. 사람들이 하나님, 죄, 구속의 기본 개념을 이해하지 못하거나 그것에 대해 감정적으로 불쾌하게 느끼기 때문이다. 그러나 이 사실은 기독교 고전 교리에 수정을 가해야 한다는 것을 의미하지 않는다. 오히려 고전 교리를 공교하게 상황화함으로써 아직 온전히 동의하지 않은 사람들에게도 복음 제시가 설득력이 있어야 한다는 것을 의미한다.

기독교 왕국 내에서는 기독교화된 사람들에게 그들이 해야 할 것에 대해 권면하는 것이 가능했다. 그리스도인 소통전문가들은 이제 반드시 문화의 이야기 속으로 들어가서, 도전하고, 다시 이야기해 주어야 한다. 거기에서 주장한 것처럼, 오직 은혜에 의한 구원이라는 전통적인 복음이 우리에게 내부적인 확신과 상황화를 할 수 있는 겸손을 가능하게 한다.

셋째, 선교적 교회는 그리스도인이 삶의 영역에서 선교 가운데 있다는 것을 인정해야 한다. 우리는 기독교 왕국 시대의 성직주의 및 평신도 수동성을 극복해야 하며 종교개혁의 "모든 신자의 제사장" 교리를 반드시 회복해야 한다. 다시금 우리는 구원의 고전적 교리는 이 중요한 사상을 흐리지 않음을 알 수 있다. 이 사상에 대한 지지자는 바로 마르틴 루터였으며, 그는 "사역 평등주의"를 대가 없는 칭의 교리와 연결하였다.

공로나 공적에 연결시킨다면 사역은 오직 세상과 단절한 거룩한 사람들을 위한 것으로 위계적 관점에 이르게 된다.[15] 오늘날 선교적이기 위해서 필요한 것은 평신도들이 교회에 의해서 다음의 세 가지를 할 수 있도록 구비하는 것이다. (1)사람들의 관계망 속에서 복음을 이야기하는 증인이 되는 것 (2)사람들의 이웃과 도시에서 이웃을 사랑하고 정의를 이루는 것 (3)사람들의 믿음과 신앙을 통합하여 직업을 통해 문화에 참여하는 것이다.

선교적 교회는 자비의 실천과 사회정의의 추구에 있어서 전통적인 근본주의 교회들보다 훨씬 더 깊고 실제적으로 헌신한다. 그리고 전통적인 자유주의 교회들보다 깊이 있고 실제적인 방법으로 전도와 회심에 헌신할 것이다.

이런 종류의 교회는 미국인들의 직관에는 상반된 것이며, 더 이상 자유주의 또는 보수주의로 범주화하거나 무시하기가 어렵다. 이런 류의 교회만이 비기독교 서양에서 기회를 발견할 수 있다. 신자들을 이렇게 구비하는 교회는 제자도와 훈련에서 평신도에게 신학교와 같은 역할을 하게 된다. 또한 교회의 "담 바깥에" 있는 사람들에게 사역할 수 있도록 사람들을 강력하게 지지하는 방법들을 발견할 수 있을 것이다.[16] 선교적 사역의 이 양상은 매우 중요하므로, 다음 장 전체를 할애하여 다룰 것이다.

넷째, 선교적 교회는 섬기는 공동체로 반드시 자신을 제대로 이해해야 한다. 이는 공익을 추구하는 반문화(counterculture)이다. 서구에서 수백년 동안 교회는 종교적 관심사에만 자신을 제한했으며 광범위하게 절반 정도만 기독교적인 큰 문화권 안에서 느슨한 모임의 역할을 했다.

그런데 이제 그리스도인이 되는 것은 비기독교적인 주변 문화와의 급진적인 단절을 의미하게 되었다. 교회는 더 이상 조합이나 동호회와 같은 것이 될 수 없고, "두터운" 대안적 인간 사회로서 관계들이 강하고 깊다. 그 안에서 성, 가족, 정체성, 권력, 등이 경건하고 구별되는 방식으로 사용되고 실천되는 곳이다.

그리스도인 교회가 구별되어야 하는 것은 분명하지만, 교회는 또한 주변에 속해야 하며 주변과 분리되어서는 안 된다. 이웃들에게 교회가 섬기는 공동체임을 보여 주어야만 하며, 희생적으로 시간과 재물을 도시의 공익을 위하여 사용하는 모습을 보아야 한다.

여기서 나는 다시 깊고 반문화적 공동체에 대한 강조점이 고전적인 칭의와 개혁주의 교리에 의해 저해되지 않으며 향상됨을 강조했다. 이에 대해 디트리히 본회퍼가 저서 《성도의 공동생활》[17]에서 주장한 것보다 더 강력하게 주장한 사람은 없었다. 본회퍼가 제시하는 복음은 중심에서 바깥으로 자아를 움직이게 하며, 그리스도인들 사이에서 더 깊고, 더 투명한 관계성의 길을 닦을 뿐만 아니라(그래서 교회가 대조 공동체가 되게 하고), 믿음을 공유하지 않는 사람들과도 겸손과 섬김의 관계를 가능하게 한다.

선교적 교회의 희생적인 봉사는 세상에게 세속주의가 교배시키는 개인주의적 자기몰입과 종교가 교배시키는 부족적 자기 의(tribal self-righteousness) 사이에서 "제3의 길"을 보여 줄 수 있다.

다섯째, 선교적 교회는 반드시 어떤 면에서 "투과성"이 있어야 한다. 즉, 교회 생활과 사역의 대부분 국면들에 반드시 비신자들, 질문자들, 그리고 구도자들이 존재할 것을 기대해야 한다. 예배, 소그룹, 강의, 지역 사회 봉사 등의 모든 것에 적용된다. 선교적 교회는 기독교에 대하여 의심자들을 환영할 줄 알며 그들을 공동체 가운데 어떻게 상냥하게 받아들여야 할지 안다.

그리하여 복음이 삶 가운데 어떻게 체화되는지를 그들로 하여금 볼 수 있게 해야 한다. 다양한 사람들과의 상호작용을 통해서 복음 메시지를 소화할 수 있게 해야 한다.[18] 이것은 오직 위의 사역들이 제자리에 있고 교회의 신자들이 "상황화"될 때만 일어난다. 즉, 문화 안에 있는 주변 사람들과 문화적으로는 비슷하지만 영적으로는 다를 때 가능하다.[19]

그러므로 선교적 교회는 전도 프로그램이나 선교 부서에 의존하지 않는다. 교회 생활의 모든 영역에서 믿음이 없는 사람들의 존재를 늘 인식하고 대응할 준비가 되어있어야만 한다.

여섯 번째, 선교적 교회는 지역 수준에서 할 수 있는 최대한 그리스도인의 일치를 실천해야 한다. 기독교 왕국의 전성기에는 교회들이 다른 교단이나 전통들을 비판하고 자신을 대조함으로써 자신의 정체성을 정의했다. 오늘날 우리는 세상과 주변 문화와 우리를 대조시킴으로써 우리의 정체성을 정의해야 한다. 세상은 반드시 교회들이 불필요한 분열을 피하는 모습을 보아야만 한다.[20]

선교적 교회의 여섯 가지 표지

1. 교회는 반드시 사회의 우상과 맞서야 한다.
2. 교회는 반드시 실력 있게 맥락화하고 일상 언어로 소통해야 한다.
3. 교회는 반드시 사람들이 삶의 모든 영역 가운데서 선교를 수행하도록 준비해야 한다.
4. 교회는 반드시 공익을 추구하는 반문화여야 한다.
5. 교회는 반드시 상황화되어야 하며, 비신자들, 질문자들, 그리고 구도자들이 교회 생활과 사역 전반에 참여할 것을 기대해야 한다.
6. 교회는 반드시 일치를 실천해야 한다.

선교적 교회의 여섯 가지 표지는 다양한 형태를 가진 대형 교회와 소형 교회 모두에서 존재할 수 있다. 이 표지들은 종교개혁가들에 의해 재확인된 복음 이해가 분명해질 때 약화되는 것이 아니라 더욱 강조된다.

이 표지들의 대부분은 이 책의 다른 부분에서 다루겠다. 교회가 선교적 마음가짐을 가질 수 있는 가장 실제적인 한 가지 방법은 교인들이 사역할 수 있도록 훈련하고 준비시키는 것이다.

토론과 성찰을 위한 질문들

1. 다음에 동의하는가? "어떤 단일 교회 형태가 본질적으로 성령의 열매를 맺고, 비신자를 전도하고, 사람들을 보살피고, 그리스도를 본받는 삶을 살게 함에 있어서 더 뛰어나다고 믿지 않는다." 당신이 가진 경향에 대해서 솔직해지라. 당신의 상황에서는 어떤 형태가 가장 인기 있으며 왜 그런가? 그 형태는 어떻게 선교적으로 고쳐질 수 있겠는가?

2. "이상한 복음"과 "왕국 복음"을 비교하는 디이터 잰더의 이야기를 생각해 보라. 이 두 개의 복음은 어떻게 서로 비슷한가? 어떻게 성경적 복음은 이 두 가지와 다른가?

3. 다음을 어떻게 생각하는가? "복음에 대한 개신교의 고전적인 이해에는 하나님이 거룩하시며 우리는 그의 진노와 저주 아래 있음을 표현한다. 예수님께서는 우리 대신에 진노와 저주와 심판을 받으셨다. 우리가 회개하고 그분을 믿을 때, 우리는 용서와 그리스도의 의를 모두 받은 것이다. 하나님의 은혜가 전율하게 하는 경험은 그리스도인이 정의를 시행하는데 있어 열정적이 되게 한다. 복음의 수평적인 요소를 추구하는 결과이다."
당신의 설교와 교육은 수평적인 것과 수직적인 것 중에서 어떤 것을 더 강조하는 경향이 있는가? 이러한 두 가지 복음 요소는 어떻게 연결되는가?

4. 선교적 교회의 여섯 가지 표지가 제시되어 있다. 선교적 교회는 -사회의 우상에 맞서며, 어떻게 근대사회가 개인의 욕구들을 절대적인 우상으로 만들었지를 이해한다- 능숙하게 상황화하며 일상 언어로 말한다. 많은 사람들은 하나님, 죄, 구속의 기본개념들을 그저 이해하지 못한다는 것을 인정한다. 모든 그리스도인은 삶의 모든 영역에서 선교를 수행하는 사람들임을 인정한다. 교회 자체를 섬김의 공동체로 이해한다. 공익을 추구하는 반문화 단체이다. 상황 속으로 들어가며 비신자들, 질문자들, 구도자들이 교회 생활과 사역 전반에 참여할 것을 기대한다.- 지역 수준에서 할 수 있는 최대한 그리스도인의 일치를 실천한다. 이 표지들에 대해서, 어떤 것들이 복음을 소통함에 있어서 당신에게 도전과 기회를 제공하는가? 당신의 교회에서는 지금 당장 어떤 것에 초점을 맞추어야 하는가?

03
모든 성도들을
선교사로 세우는 사역

◇◇◇

지금까지 우리는 선교적 대화를 이해하기 위해 많은 시간을 할애했다. 공통점과 강점 그리고 오류들과 위험성에 대하여 짚어 보았다. 평신도들을 사역 가운데 참여하도록 구비시키는 일은 반복적으로 중요한 주제이다.

기독교 국가에서는 사람들이 전문 성직자의 돌봄을 받기 위해서 교회로 찾아온다. 현재의 삶은 사람들이 교회로 올 것이라는 것을 가정할 수 없다. 이는 안수 받은 목회자가 필요 없다는 것을 의미하지 않는다. 결코 그렇지 않다!

안수 받은 지도자의 책임은 말씀과 성례를 통하여 교회와 그 구성원을 세우는 것이다. 그런데 이 사역의 매우 중요한 초점은 평신도들을 세상에서 사역할 수 있는 제자로 세우는 것이다. 이것은 교회가 선교적 담화의 통찰을 활용할 수 있는 가장 실제적인 방법이다. 이를 통해 중심 있고, 균형 잡힌 사역을 향하여 움직일 수 있을 것이다. 우리는 이것의 예를 풀러신학교의 에디 깁스(Eddie Gibbs)와 라이언 볼저(Ryan Bolger)의 인터뷰에서 찾을 수 있다.

"무엇이 선교적으로 사는 교회들(사람들)의 표지인가요?"라고 물었을 때, 볼저는 구체적이고 실제적인 답을 내놓았다. "교회 예배를 더 이상 공동체 바깥의 사람들과 연결되는 주 통로로 보지 않습니다. 바깥에 있는 사람들과 연결되는 것은 문화 안에서 가능합니다. 삶으로 복음을 표현하는 문화 참여자들에 의해서 이루어집니다."[1]

이 장의 나머지는 평신도들이 "문화 안에서" 사역에 참여하도록 준비시키고 격려하는 여러 가지 방법들과 수단들을 제시할 것이다. 나는 평신도의 말씀 사역에 특별한 강조점을 둔다. 설교와 강의를 통해 신자를 세우고 비신자를 전도하는 것이다. 물론 《센터처치》 시리즈 3권의 2장에서 그리스도인들이 세상에서 사역할 수 있는 다른 방법들도 -정의의 실천, 그리고 믿음과 직업의 통합- 다룰 것이다.

비공식적 선교사들

존 스토트가 말했듯이, 그리스도인들이 "폐쇄적, 복음주의적, 수도원적 공동체 속으로 숨으려 하는"[2] 강한 성향이 늘 존재해 왔다. 이것은 물론 초대 교회의 모습과는 다르다. 헬라어 단어 유앙겔리조(euangelizo)는 "복음화 한다"(gospelize)라는 의미이다. 예수님이 우리를 위해 무엇을 하셨는지 좋은 소식을 사람들에게 말하는 것이다. 사도행전을 보면 모든 사람이 초대 교회에서 그렇게 행동했음을 알 수 있다. 이는 사도들뿐만 아니다(행 5:42) 모든 그리스도인들이(행 8:4) 복음 전도를 했다. 그들은 끊임없이 그렇게 했다.

로마서 15장 14절, 골로새서 3장 16절, 데살로니가전서 1장 6-10절, 히브리서 3장 13절, 그리고 요한일서 2장 20, 27절 등의 구절들은 모든 그리스도인들에게 기대되는 것이 복음 전도를 통한 후속 만남과 양육, 사람들에게 말씀을 가르치는 것이었음을 보여 준다. 이것은 관계적으로 이루어졌다. 한 사람이 관계의 상황 안에서 또 다른 사람에게 복음을 가져가는 것이다.

마이클 그린(Michael Green)은 《초대 교회의 전도》에서 역사가들의 결론을 요약한다. 초대 교회의 폭발적인 성장은 "사실상 비공식적인 선교사들에 의해 성취되었다"[3]는 것이다. 즉, 그리스도인 일반 신자들이 -훈련된 설교자와 전도자들이 아니라- 교회의 선교 사명을 수행했으며, 이는 공식적인 설교보다 비공식적인 대화를 통해서 이루어졌다는 것이다. "가정에서, 와인 가게에서, 거리에서, 시장 좌판에서 그들은 자연스럽게, 열정적으로 복음을 이야기했다."[4]

그린은 셀수스(Celsus)와 같은 이방인 저자들이 빈정대며 불평했음을 인용한다. "우리는 개인 가정에서, 가장 무식한 시골뜨기들이, 자기들의 장로들과 가장 학식 있는 주인들 앞에서는 아무 말도 못하는 사람들을 본다. 그러나 그들은 자기들처럼 무식한 자들을 붙잡고는 이야기한다. '우리는 사람이 어떻게 살아야 하는지 알고 있습니다. 만일 당신의 자녀들이 우리의 말대로 행한다면, 당신은 행복해질 것이고, 당신의 가정 역시 행복해질 겁니다.'"

사도 시대 직후에 가장 평범한 그리스도인들이 가졌던 열정과 헌신에 대한 최고의 칭찬이다. 보화를 발견했기에, 그들은 다른 사람들과 나누려고 했으며, 능력의 한계를 넘어섰다."[5]

초대 교회의 모든 전도가 비공식적인 것은 아니었다고 그린은 조심스럽게 지적한다. 그는 "전도적 방법"이라는 제목이 붙은 장에서 많은 형태의 전도 방법을 이야기한다. 그것들은 대단한 훈련과 전문성이 필요한 것으로서 회당 설교 및 야외 설교, 그리고 대중 강의 및 대화식(dialogical) 전도들이다. 초대 기독교 교사들은 아카데미를 세웠을 뿐만 아니라 신앙을 가르치는 학교에서 과학, 수학, 철학 그리고 인문학을 기독교적 관점에서 가르쳤다. 알렉산드리아의 위대한 교리문답 학교(Catechetical School)가 좋은 예이다.

우리는 순교자 저스틴(Justin Martyr)이 로마에 이와 같은 학교를 세웠다는 것을 알고 있다. 그린은 많은 비그리스도인들이 와서 학습에 참여하고, 강의를 듣고, 교사들과 대화했음을 알려 준다. 이러한 형태의 최초의 전도 예는 사도 바울이 에베소 두란노서원에서 강의했던 것이라고 보여진다.

여기에서 바울은 2년 동안 날마다 기독교 신앙에 대해서 모든 방문자들과 하는 쌍방향적 대화(문답)를 행했다(행 19:9-10). 그린은 "바울의 연설들의 지적인 내용은 분명히 매우 고무적이었을 것이다. 여기에서 우리는 공공 토론의 과정에서 자신의 주장을 입증하면서 회심자들을 만들 수 있는 사람을 본다"[6]라고 말한다.

그러나 그린은 기독교가 전파된 가장 중요한 요인은 많은 그리스도인들에 의해 비공식적으로 행해진 "확장된 가정"(오이코스) 전도를 통해서였다고 밝힌다. 사람의 가장 깊은 인간관계는 가정 안에 있다. 그러므로 한 사람이 그리스도인이 될 때, 가정 안에서 그리스도에 대하여 진지하게 듣는 사람들이 생긴다.[7]

만일 가정의 가장이 신자가 된다면, 가족 구성원이 사역의 중심이 되는 것이며 친척들과 이웃에게 복음이 전해지게 된다. 우리는 이러한 예를 사도행전 16장 15절, 32-34절(빌립보에서 루디아와 간수의 집), 사도행전 17장 5절(데살로니가에서 야손의 집), 사도행전 18장 7절(고린도에서 디도 유스도의 집), 사도행전 21장 8절(가이사랴에서 빌립의 집), 고린도전서 1장 16절; 16장 15절(고린도에서 스데바나의 집)에서 볼 수 있다.

집은 체계적인 가르침과 교육의 장소로(행 5:42), 친구들과 이웃들을 모아서 복음을 제시하는 곳으로(행 10:22), 기도 모임 장소로(행 12:12), 즉흥적인 전도적 모임으로(행 16:32), 질문자들과의 후속 모임으로(행 18:26), 배움과 기도의 밤을 위해서(행 20:7), 그리고 교제 모임을 위해서(행 21:7) 사용되었다.

가정의 또 다른 구성원이 그리스도인이 되면 -아내, 자녀들, 또는 종이나 일꾼들- 그러면 복음은 더욱 간접적으로 전파된다. "전도적 방법"

이라는 장에서 그린은 복음이 가정을 통해 확산되는 여러 가지 방법들을 설명한다. 가족 구성원 중 누가 처음 신앙을 갖느냐에 따라 달라지는 여러 양상들이 있다.

우리는 또한 성경과 초대 교회 기록으로부터 복음의 또 다른 중요한 전달자들을 알고 있다. 요한복음 1장에서 빌립은 예수님에 대한 지식을 그의 친구 나다나엘에게 전달한다. 그린은 판타에누스가 알렉산드리아의 클레멘트를, 저스틴이 타티안을, 그리고 옥타비아누스가 미누시우스 펠릭스를 그리스도께 어떻게 인도했는지를 이야기한다. 이 모든 것은 "친구 관계 전도"였으며, 고대인에 의해 매우 진지하게 이루어졌다.[8]

평신도 사역의 역동성(The Lay Ministry Dynamic)

"전교인 복음 사역"(every-member gospel ministry)은 오늘날 세계에서 어떤 모습일까? 몇 가지 예를 살펴 볼 수 있다.

- 제리는 직장 동료인 빌에게 주말이 어떠했는지 인사를 받는다. 제리는 그가 남자들 수양회에 갔던 이야기를 한다. 오랫동안 나를 어렵게 한 사람들을 용서할 수 있는 영적 자원을 공급받은 것을 말한다. 빌이 눈썹을 올리면서 말한다. "흥미로운 얘기네요." 제리는 좀 더 들어가서 그에게 가장 도움이 되었던 것은 그가 하나님을 제대로 섬기지는 못했지만, 하나님은 그를 예수님을 통해 용서하셨다는 이야기라고 말한다.

- 댄과 질 부부는 다섯 살과 일곱 살인 두 아들이 성경을 암송하도록 돕고, 기본적인 요리문답을 그들에게 가르치고 있다. 그들은 자녀들의 질문에 해결해 주고 아이들이 공부하는 본문의 의미를 이해하도록 돕고 있다.

- 샐리는 교회에서 젊은 여성인 클라라를 알게 되었다. 남편과의 결혼 생활에 문제가 있으며, 상담을 받으려고 한다고 말한다. 샐리와 그의 남편 제프는 클라라와 그녀의 남편 샘을 식사에 초청한다. 샘은 제프와 이야기가 통하기 시작한다. 이후에 클라라는 샘이 제프와 샐리를 만나서 그들의 결혼 생활에 대해 이야기하도록 설득한다. 그들은 한 달에 한 번씩 넉 달간 만나면서 에베소서 5장과 결혼에 관한 다른 성경 구절들을 공부한다.

- 존은 부인과 함께 교회에 나오지만, 무엇을 믿는지, 자신의 믿음이 어떤지 확신이 없어 한다. 목사님은 그를 톰이라는 장로에게 소개하고, 톰은 그와 모임을 시작한다. 함께 만나서 기본적 진리에 대한 책을 읽고 토론한다. 두 번의 만남 이후에 존은 톰과 함께 2-3주 마다 한 번씩 마가복음을 공부하기로 한다.

- 제니는 교회의 소그룹에 참석하기 시작한다. 그녀는 교회에서 자랐지만 의심이 많고 질문이 많았다. 그녀의 그룹 리더인 베쓰는 일대일로 그녀와 만나기 시작한다. 그들은 성경 본문을 공부하고 그녀의 질문을 다루는 책들을 읽기 시작한다.

- 테드는 젊은 미혼인 변호사다. 그는 교회에 함께 다니는 다른 회사의 변호사들을 안다. 어느 날 그는 비그리스도인 친구 몇몇과

함께 풋볼 경기를 관람하기로 한다. 그는 교회에 다니는 그리스도인 변호사도 초청하고 다른 그리스도인도 초대한다. 직장생활을 하는 남녀들은 교회 다니는 변호사들을 만나서 이야기가 잘 맞기 시작한다. 3개월 이후에 그들 중에 한 명이 테드의 친구와 함께 교회에 나타난다.

- 제시카는 새신자 테레사를 교회에서 만났다. 그녀는 새신자를 위한 여섯 번의 성경 공부 시리즈를 함께 공부하자고 제안한다. 기도, 성경 읽기, 교회의 역할, 복음에 대한 이해 등이 포함된 교재를 다룬다.

- 프레드는 몇 달간 소그룹에 참여하고 있다. 어느 시점에서 그는 자신이 소그룹에 와서 무엇을 얻는지 그룹의 가치를 평가하고 있었음을 발견한다. 그래서 그는 잘 준비하고(본문을 공부하고) 그룹을 위해서 기도하기로 결심한다. 그는 성경 공부 리더를 도울 수 있는 모든 것에 최선을 다한다. 대화에 잘 참여하고, 사랑 가운데 진리를 말하되 다른 사람들이 격려를 받고 성장하도록 돕는다.

- 캐더린은 친구 메간을 위해서 몇 달째 기도한다. 캐더린이 메간에게 책을 두 권 주었는데, 그 작은 책들에 메간은 반응한다. 캐더린은 메간을 초대하여 전도적 모임에 같이 간다. 거기에서는 기독교의 진리가 제시된다. 집으로 오는 길에 그녀는 메간이 참석후 갖는 질문에 성심껏 답한다.

- 조이는 음악가 피트와 대학생 때부터 오랜 친구이다. 조이는 어떤 때는 피트와의 대화를 공감적으로 경청한다. 그러나 마지막으

로 피트에게 단도직입적으로 기독교 신앙과 어떤 관계가 있는지 묻는다. "내 생각에 이것은 내가 너의 문제를 해결하도록 도와야 할 유일한 방법이라고 생각해." 조이의 말에 피트는 깜짝 놀라지만, 얼마 후에 관심을 표현한다. 냉담한 그에게 조이가 조언한다. "만일 기독교가 무슨 도움이라도 되려면, 단지 도움이 될 뿐만 아니라 진리이기도 한 신앙을 받아들여야 해." 피트는 기독교인들 모임에 가기 싫어한다. 그래서 그들은 성경을 같이 공부하고 설교와 강의를 깊이 듣고, 함께 토론한다.

- 케리와 다른 두 명의 그리스도인 친구들은 어린 자녀가 있는 엄마들이다. 그들은 낮 시간에 엄마 그룹 모임을 하기로 결정하고 비그리스도인 친구들을 초청한다. 1년 동안 이 그룹은 비슷한 숫자의 그리스도인과 비신자 멤버들로 성장한다. 대화는 일반적이며 유동적이다. 신앙, 사회, 결혼, 자녀 양육, 개인적 주제들을 망라한다. 시간이 가면서, 비신자들 중에 몇 명이 신자들과 함께 교회에 오기 시작하며 믿음을 갖기 시작한다. 3년 후 이 모임은 그리스도인 성경 공부이지만, 정기적으로 참여하는 비신자들에게 열려있고 포용적이 된다.

- 짐과 신시아는 둘다 예술가로서 기독교인 예술가들의 교제 모임에 참여하고 있다. 모임은 대개 기독교 신앙을 전제로 신앙과 예술의 관계에 대한 토론이 포함된다. 또한 예술가들은 1년에 4차례 이상 전시회나 북토크(book talk)를 주최한다. 여기서는 신뢰할 만한 현역 예술가들이 자기의 신앙이 어떻게 예술에 연결되는지

일반 대중에게 말한다. 짐과 신시아는 비그리스도인 예술가 또는 예술 평론가들을 이 모임에 데려오려고 부지런히 노력한다.

- 그렉은 교회에서 소개한 회의자와 구도자 모임을 통해서 그리스도 신앙으로 오게 되었다. 그의 세례 날짜가 정해졌고 많은 비그리스도인 친구들을 예배에 초청한다. 그리고 그들에게 식사를 대접하면서 그리스도인이 된 전체 과정에 대해 이야기한다. 참석했던 한 친구는 그의 경험에 깊이 감명을 받았다. 그렉은 그가 다시 교회에 오도록 초청한다. 결국 친구는 그의 소그룹에 함께 참여하기 시작한다.[9]

우리는 이러한 예들에 대해서 몇 가지 관찰 사항을 확인해 볼 수 있다. 첫째, 단순히 전통적인 의미에서 전도를 말하는 것만은 아님을 분명히 기억해야 한다. 이 예들 중에 어떤 것들은 새신자를 격려하며 세우는 모습을 보여 준다. 또한 어떤 것들은 그리스도인들이 그리스도 안에서 크게 성장하도록 자극하는데 주안점이 있다. 또 다른 이들은 신자들이 삶의 특정한 문제를 해결하도록 돕는 상황을 염두에 둔다. 그렇지만 모든 신자의 복음 사역의 기본 형태에는 다음과 같은 공통점들이 있다.

- 유기적 복음 사역: 교회의 조직화된 프로그램 바깥에서 자연 발생으로 형성된다(종종 교회의 프로그램에 도움을 받기도 하지만).
- 관계적 복음 사역: 비공식적인 개인 관계의 상황 속에서 이루어진다.

- 성경 중심적 복음 사역: 기도 가운데 성경과 복음을 사람들과의 삶에 연결시킨다.
- 적극적 복음 사역: 각 사람은 사역의 소비자가 아니라 생산자로서 개인적 책임을 담당한다. 예를 들어 프레드는 늘 소그룹에 오기는 했지만 그의 마음가짐이 달라졌다.

전통적인 전도는 전교인 복음 사역의 한 부분일 뿐이다. 그리고 가장 중요한 부분도 아니다. 여전히 평신도의 사역은 회중 가운데 증가한다. 또한 그들이 하는 전도의 양도 증가한다.

둘째, 평신도 사역(ministry)에 대해서 이야기하고 있음을 주지하라. 꼭 평신도의 리더십만 다루는 것은 아니다. 종종 사역자들은 일반인 사역자들(ministers)과 지도자들(leaders)이 동일한 것처럼 이야기한다. 그러나 이것은 유입적 교회 모델의 경우에 해당하는 것이다.

평신도 지도자들은 교회 프로그램을 지도하며 운영할 수 있는 자원봉사자들을 의미한다. 평신도 지도자가 된다는 것은 시간 소모적이며 어떤 때에는 사역을 더 어렵게 만든다.

평신도 지도자가 되려면 대개 일정 수준 이상의 지도력과 조직 운영 능력이 필요하다. 그러나 평신도 사역자는 그렇지 않다. 평신도 지도자들의 평신도 사역이 매우 중요하다. 과로하는 평신도 지도자들은 평신도 사역을 교회 안에서 약화시킬 수 있다.

그러나 평신도 지도자와 그 사역이 동일한 것만은 아니다. 평신도 사역자들은 그리스도인으로서 믿음과 삶의 예를 그들의 이웃, 친구, 동료,

사회에 적극적으로 보여 주는 사람들이다.

경험적으로 교인 중에 최소 20-25퍼센트가 이러한 종류의 유기적, 관계적인 복음 사역에 참여할 때, 강력한 역동성이 생겨서 온 교회를 가득 채우며, 삶을 세우고 전도하는 교회의 능력을 크게 신장시킨다. 평신도 사역자들은 상담하고, 격려하고, 지도하고, 제자화하고, 증언하면서 그리스도인과 비그리스도인 모두를 섬긴다.

이들은 다른 사람들의 삶에 참여함으로써 사람들의 믿음 성장을 돕고 은혜 안에서 바르게 성장한다. 그러므로 이러한 평신도 사역자들에 의해 섬김을 받는 일정 비율 이상의 사람들 또한 평신도 사역 공동체에 들어와 참여하게 된다. 그리하여 교회는 질적으로, 양적으로 성장하게 된다. 이들이 교회 지도자들에 의해 구비되고 지지받기 때문에, 평신도 사역에 참여하는 사람들은 교회에 대한 건강한 참여 정신을 갖게 된다. 그들은 교회를 "우리 교회"로 생각하며, "그들의 교회"로 생각하지 않는다(여기서 그들이란 목회자들을 의미한다). 사람들은 교회에 아낌없이 관대하게 자신들의 시간, 재능, 재물을 드린다.

이것은 모든 사역을 최고치로 끌어올린다. 기독교적 교육과 상담이 없다면, 공식적 혹은 비공식적 봉사 사역이 없다면, 말씀의 설교와 성례의 집행이 없다면, 가족 사역에 대한 지지가 없다면, 재정 관리와 청지기 정신이 없다면, 교회 구조와 치리가 없다면, 평신도들은 일반 사역자들로 세움 받지 못할 것이다.

그러나 만일 평신도 사역이 교회 안팎에서 전반적으로 일어나고 있다면, 교회는 이러한 다른 여러 기능들을 강화하면서 성장할 수 있다. 어디에서부터 교회의 모든 사역들을 하도록 인적 자원과 재정적 공급이 흘러나오는가? 그것들은 전교인 복음 사역에서부터 나온다.

작은 결심들을 통한 선교적 전도

위에서 다룬 평신도 사역의 예들에는 또 다른 가정이 있다. 많은 사람들이 "작은 결정들"(mini-decisions)을 통해서 불신앙에서 신앙으로 나아온다는 점이다.

우리는 복음의 본성에 대한 고전적인 가르침을 고수한다. 그리스도인이 되기 위해서는 믿음으로 그리스도와 연합해야 하며, 그리스도 구원의 공로가 우리의 것이 되며, 성령이 우리 안에 들어오셔서 그리스도를 닮은 모습으로 우리가 변화하는 일을 시작하신다.

당신은 그리스도인이든지, 아니든지 둘 중에 하나이다. 왜냐하면 그리스도인이 되는 것은, 하나님과 앞에서의 "위치"(standing) 문제이기 때문이다. 무엇보다도 그리스도께 믿음으로 연합되는 지점까지 가는 것이 단지 한 번의 사건이 아니라 일련의 과정으로 일어남을 인정한다.

그 변화는 작은 결정들이나 생각들을 통해서 이루어진다. 이를 통해서 사람은 구원을 얻는 믿음의 지점까지 가까이 나아간다. 후기 기독교 상황에서 이것은 사실이다. 사람들은 복음을 듣고 이해하기에 필요한 배경 지식이 없으며, 하나님이 누구이신지, 죄가 무엇인지, 예수님이 누구이신지, 회개와 믿음이 무엇인지 즉각적으로 이해하지 못한다.

그래서 깨달음 있는 헌신을 하는데 있어 장애물이 된다. 그들은 종종 복음이 마음에 다가오기까지 많은 걸림돌 및 충돌하는 신념들과 싸워야 한다.

그러므로 서구의 많은 사람들은 복음의 다양한 표현을 접할 수 있도록 공동체 안에서 충분한 시간을 가지고 수용되어야 한다. 교인들과 목회자들로부터 비공식적 및 공식적인 방법으로 자주 복음을 들어야 한다.

이런 과정이 공동체 안에서 일어나면, 비신자들은 하나님, 죄, 은혜의 특성들을 이해하게 된다. 그들의 많은 반대 질문들은 이 과정을 통해서 해결된다. 그들이 "내부에 있고" 그리스도인들과 지속적인 만남을 가지면서, 그들은 그리스도인이 된다는 것이 어떤 것인지를 생각해 보며, 믿음이 실제 삶으로 어떻게 구체화되는지를 볼 수 있다. 이 과정은 종종 다음과 같은 모습이다.

1. 인식(Awareness): "구분이 됩니다"

사람들이 고정관념의 돌들을 제거하기 시작하며 율법주의와 자유주의로부터 복음을 구별하기 시작한다. 사람들은 다음과 같은 작은 결정들을 내린다.

"그녀는 신앙인이지만 놀랍게도 열린 마음을 갖고 있군요."

"그리스도인이면서도 이성적일 수가 있군요!"

"결국 성경은 그렇게 이해하기 어렵지 않군요."

"성경의 많은 것들이 저에게 이해가 잘 됩니다."

"기독교와 단순한 도덕 종교 사이의 차이점이 이제 보입니다."

2. 관련성(Relevance): "도움이 됩니다."

사람들은 종교와 비종교 양자의 노예가 무엇인지 이해하기 시작하며, 어떻게 복음이 일하는지 그 변화시키는 능력을 보게 된다. 작은 결정들의 예는 다음과 같다.

"그리스도인이 되는 것에는 유익한 점들이 있음에 틀림없습니다."

"정말 많은 정상적인 사람들이 이 교회를 좋아하는군요."

"내가 그녀처럼 믿을 수 있다면 정말 도움이 될 것 같습니다."

"예수님이 핵심인 것 같아요. 그분이 누구인지 궁금합니다."

3. 신뢰성(Credibility): "진리이기 때문에 신뢰가 갑니다."

이것은 "나에게 필요한 것이 진리이다"라는 현대적 관점을 뒤집은 것이다. 사람들이 복음의 합리성을 보지 못한다면, 그들은 믿음이 도전을 받을 때 견인할 수 있는 의지력이 결여되게 된다. 작은 결정들의 예는 다음의 것들이 있다.

"성경은 역사적으로 신뢰할만 합니다."

"초자연적인 것을 부정하기 위해서 과학을 사용할 수는 없는 일입니다."

"부활에 대한 증인들이 정말로 있었습니다."

"예수님은 정말로 하나님입니다."

"예수님이 왜 죽으셔야만 했는지 알겠습니다. 그 길밖에는 없었습니다."

4. 시도(Trial): "어떤지 궁금합니다."

이들은 어떤 형태의 그룹 생활에 참여하고, 어떤 봉사 사역에 참여하며, 그리스도인의 삶을 살고, 그리스도인처럼 말하고, 때로는 신앙을 변호하기도 한다.

5. 헌신(Commitment): "받아들입니다."

진정한 회심의 순간이 될 것이다. 또는 회심이 이미 일어났다는 것을 깨닫는 시점이다. 그때 바로 알아차리지 못했을 뿐이다. 작은 결정의 예로는 다음의 것들이 포함된다.

"나는 죄인입니다."

"나는 구주가 필요합니다."

"비록 많은 비용이 들더라도, 나는 예수님이 말씀하신 대로 살아야 합니다."

"나는 예수님을 믿으며 그를 위해 살겠습니다."

6. 강화(Reinforcement): "이제 이해됩니다."

전형적으로 깨닫는 때이며 복음이 더욱 선명해지고 더욱 구체적이 되는 때이다.

평신도 사역 역동성을 만들기

영적 역동성은 사람이 만들거나 조종할 수 있는 것이 아니다. 그러나 우리가 불을 지피려면 공기와 열과 연료가 필요하듯이, 어떤 환경적 요인들이 준비되어야만 평신도 사역의 역동성이 일어난다.

최소한 세 가지 요인이 제자리에 있어야 한다. (1)관계적 진실성이 있는 신자들, (2)목양적 지원, (3)안전한 공간.

관계적 진실성이 있는 신자들

메시지가 상황화되는 것은 (1)그것이 새로운 언어나 문화 속으로 변환되어서 이해 가능하면서도 (2)이전의 언어와 문화에서 가지는 원래 의미와 특성을 유지할 때에만 가능하다.

여기에서 나는 그리스도인들 자체가 "복음의 편지"로서(고후 3:1-13을 보라) 상황화되어야 함을 제시한다. 달리 말해서, 우리가 주변 사람들과 같은 동시에 심오하게 다른 점이 있고 그들과 같지 않을 수 있다면 우리는 복음을 위해 영향력을 가질 수 있다. 우리가 줄곧 사람들 속에 있고 참여하고 있다면 말이다.

그러므로 첫째, 그리스도인들은 이웃 사람들이 먹는 것과 같은 음식을 먹고 그들이 입는 것과 같은 옷을 입고 그들의 언어와 휴식과 문화 생활과 공공 활동에 있어서 이웃과 같아야 한다. 이웃과 더불어 사는 삶에 참여해야 한다. 그리스도인들은 탁월성에 있어서도 이웃과 같아야 한다.

즉, 그리스도인들은 사람들이 뛰어나기를 바라는 영역에서 뛰어나야 한다. 그리스도인들은 기술이 있고, 부지런하고, 지혜로우며, 훈련되어 있어야 한다. 요컨대 특정 지역 공동체에서 그리스도인은 지역에 있는 다른 사람들과 모든 면에서 비슷한 수준을 가져야 한다. 이것은 비신자들이 신앙의 주제에도 마음을 열고 대화를 할 수 있게 된다.

그들이 생각할 때 그리스도인들이 자기의 세상 속에 함께 살고 있고 이해하고 있다고 받아들이게 되기 때문이다. 이는 궁극적으로는 그들이 만일 그리스도인이 된다면 어떤 모습이 될지를 그려볼 수 있게 도움이 된다. 예를 들어 월가에서 일하는 비신자 청년이 금융가에서 일하는 그리스도인을 만나는 것은 좋은 일이다. 나이와 사회적 지위는 상관이 없다. 연로한 여성 예술가가 다른 여성 예술가 그리스도인을 만나는 것도 좋은 일이다. 세대는 중요하지 않다.

둘째, 그리스도인들은 반드시 이웃들과 달라야 한다. 핵심적으로, 초대 교회 그리스도인들은 놀라울 정도로 이웃과 달랐다.

오늘날 우리도 마찬가지여야 한다. 그리스도인들은 진실성(integrity)의 표지가 있어야 한다. 그리스도인들은 반드시 정직하고 양심적이며, 투명하며, 공정한 것으로 알려져야 한다. 그리스도를 따르는 사람들은 반드시 관대함의 표지가 있어야 한다. 만일 고용주라면, 개인적 이득을 덜 취하고 고객과 종업원들에게 더 이익이 돌아가도록 힘써야 한다. 시민으로서, 그들은 궁핍한 사람들에게 기부하는 재정이 있어야 하며 시간에 있어서도 관대하게 사용해야 한다.

그들은 자신이 누릴 수 일는 생활 수준보다 낮게 살아가는 법도 고려해야 한다. 또한 그리스도인은 낯선 이에 대한 친절로 유명해야 한다. 다른 사람들을 집에 초청하며, 특히 가난한 이웃과 사람들에게 베푸는 것을 즐거워해야 한다. 그들은 동정심의 표지가 있어야 하며 자기 이익을 챙기거나 개인관계 및 사업에서 무자비한 것을 피해야 한다. 또한 용서하고 화해를 추구하는 비상한 의욕의 표지가 있어야 한다. 복수심이나 앙심을 품지 않는다.

이러한 성품의 특성들 외에도, 그리스도인들은 명확한 반문화적 가치와 실천을 갖고 있어야 한다. 신자들은 정결한 삶을 살고, 성경적 성윤리에 비추어 일관성이 있어야 한다. 교회 외부의 사람들은 이 윤리 -혼외정사 금지- 를 알고 있다. 그러므로 이 영역에서 어떤 비일관성이 있으면 그리스도인으로서의 신뢰성을 깨뜨린다.

오늘날 강력한 기독교적 확신을 가진 사람들 외에는 이렇게 사는 사람이 거의 없다. 지역 사회의 외부인들과 비그리스도인들은 또한 당신이 역경에 어떻게 대응하는지를 감지한다.

실패와 실망 중에도 침착할 수 있는 것은 당신의 복음 전도에 결정적인 역할을 한다. 마지막으로, 그들은 당신이 공익을 추구하는지 알아볼 것이다. 만일 당신이 공동체의 공익을 추구하는지 말이다.

프랜시스 쉐퍼는 이러한 반문화적 가치들이 어떤 것인지 예를 든다.

> 성경은 재산권에 대해 분명하게 가르치지 않는다. 그러나 구약성경과 신약성경 모두 측은지심을 갖고 재산권을 사용할 것을 매우 강조한다. 만일 고용주가 성경을 믿는 그리스도인인 곳마다 고용주가 이익을 덜 취하면서 종업원들이 "평균 임금"보다 눈에 띄게 더 많이 받는다는 것을 세상이 볼 수 있다면, 이익은 세상의 기준과 똑같되 대신 많은 금액을 기독교 학교, 선교, 복지에 기부하는 경우보다 복음이 훨씬 더 잘 전파될 수 있었을 것이다.

이것은 온 세상에 복음을 증거하는 일의 중요성을 축소하거나 선교를 최소한으로 하자는 의도가 아니다. 이것은 재산권의 사용도 복음을 선포할 때 함께 따라간다는 의미다.[10]

다른 사람들과 같으면서도 같지 않은 것 외에도 그리스도인들은 또한 사람들의 삶에 참여해야 한다.[11] 상황화된 신자에게는 매일의 삶이 선교다. 이웃, 동료, 주민들과 피상적이지 않은 관계를 형성하는 것에 대한 문제다. 실제적이며, 단순한 방법들을 몇 가지 다음에서 다룬다.

이웃에 참여하기

- 당신의 주변 지역을 정기적으로 걸어라. 거리에 나와 있는 사람들을 만나라. 정기적인 일정을 정해서 같은 시간, 같은 장소의 슈퍼마켓, 미용실, 커피숍, 상점에 들르라. 이것이 지리적으로 가까이 사는 사람들을 알 수 있는 주된 방법이다.
- 당신의 건물과 주변에 사는 다른 사람들을 알 수 있는 방법을 찾으라. 공용시설, 주민 모임, 그밖에 여러 다른 방법을 찾으라.
- 지역에서 다른 사람들과 함께할 수 있는 여가 활동이나 취미를 찾으라. 기독교인 등산 모임 같은 것을 새로 만들지 말라. 이미 있는 모임에 참여하라.
- 지역의 스포츠 동호회에 참여하라.
- 이웃 주민들과 함께 비영리조직이나 프로그램에 참여해 자원봉

사를 하라.

- 자녀가 있다면 학교 행사에 참여하며 다른 부모들을 알고 지내라.

- 지역 행사에 참여하라. 기금 모집, 축제, 청소, 여름 공연, 콘서트 등

- 지역 봉사에 참여하라. 주민 모임에 참여하라. 정기적으로 쓰레기 청소를 하라. 지역 협회에 들어가라. 이웃들 중에서 특히 노인들을 찾아서 도울 방법이 있는지 찾아보라.

- 이웃들을 초대하라. 때와 장소가 적절하면 그들을 초청해서 식사나 음료를 대접하라.

동료, 협력자, 친구들에 참여하기

- 그들과 여가활동을 같이 하라. 스포츠를 관람하라(경기장, 아니면 집에서 TV로 보라). 극장 공연, 박물관 전시회, 미술관 관람 등을 하라.

- 그들을 초청해서 스포츠 경기를 같이 하라.

- 체육관에서 함께 운동하라.

- 같이 영화를 관람하러 가라.

- 할 수 있는 대로 자주 식사를 같이 하라. 당신의 집에 초대하거나 새로운 식당을 탐험하라.

- 소풍이나 나들이를 계획하라.

- 그 사람이 어떤 기술이나 관심사가 많다면, 가르쳐 달라고 부탁

하라(진지하게)!

- 토론 그룹을 조직하라. 정치나 책 같은 것에 대해 이야기할 수 있다. 주로 비그리스도인을 초청할 수 있다.

참여한다는 것은 그리스도인으로서 자신을 나타내려는 의향을 의미한다. 그렇게 하지 않고 관계적으로 가까워지는 것은 "조화 접근법"이라고 부를 수 있다.

많은 그리스도은 비그리스도인들로 구성된 세상에서 살면서 그들의 영적인 궁핍에 대해서는 생각지 않는다. 사람들에게 그리스도인이라고 자신을 밝히지도 않는다. 그들의 원초적 갈망은 용납되는 것이며, 다르게 인식되는 것을 피하는 것이다. 그러나 이 접근법은 세상에서 신앙과 관계를 통합하지 못한다.

그 반대의 모습도 사실이다. 만약 교회 바깥에서 사람들과 관계적으로 참여하지 않으면서 자신을 그리스도인라고 밝히는 것도 가능하다. 이들은 사람들이 상실된 상태에 있음을 알고 믿음에 관한 대화에도 참여하지만, 비그리스도인들과의 관계는 대개 피상적이다. 우리는 이를 "기독교 거품 접근법"라고 부를 수 있다.

이런 경우 그들은 직장 외의 모든 중요한 관계들을 그리스도인들과 함께하며, 자기 시간을 기독교적 활동들로 채운다. 또한 비신자들로부터 배울 기회를 추구하지 않았다. 그들을 인정하거나, 긍정하거나, 섬기려고 하지 않았다. 그래서 그들의 믿음에도 불구하고, 교회 바깥의 사람들은 그들의 생각을 알지 못한다.

40년 전 우리는 주변의 게이가 누구인지 알았다. 그러나 모든 사람이 이것에 대해 조심스러워하며 침묵했기에 우리가 아는 사람들 중에 게이가 있다는 것을 알지 못하게 되었다. 결과적으로 그들에 대한 고정관념을 갖게 되었다. 오늘날 대부분의 젊은 사람들은 게이인 사람을 알고 있다. 그리고 그들에 관한 고정관념이나 일반화를 믿기가 더 어려워졌다.

오늘날 대부분의 도시 지역 회의주의자들은 그리스도인 친구들이 있다. 그러나 그들은 그 사실을 모른다. 왜냐하면 우리는 공개적으로 그리스도인이라고 알려지는 것을 무서워하기 때문이다. 오늘날 그리스도인들은 40년 전의 게이들과 같다. 그러므로 사람들이 그리스도인들에 대한 왜곡된 이해와 고정관념을 갖게 되기가 쉽다. 그들이 실제로 자신을 밝히지 않기 때문이다.

회의자들이 믿기 위해서는 단순히 논쟁을 이기는 것 이상이 필요하다. 그들은 지성적이고 존경할 만한 사람들을 관찰해야 하며, 그들을 훌륭하게 만드는 상당한 이유는 그들의 믿음이라는 것을 보아야 한다. 자신에게 존경해마지 않는 그리스도인 친구가 있다는 것은 기독교 신앙을 더욱 신뢰성 있게 만든다.

이러한 세 가지 요소들은 -같음, 다름, 참여함- 그리스도인의 관계적 진실성에 기초를 이룬다. 그리스도인들이 도시의 인간관계에 통합되어 있고 그들의 믿음이 생활의 모든 영역과 통합되어 있을 때 관계적 진실성을 갖게 된다. 왜 그리스도인의 관계적 진실성이 전도와 선교 사명에 중요한가?

많은 교회들은 전도를 정보 전달의 차원에서만 생각한다. 그러나 이는 실수다. 크리스천 스미스가 미국 젊은이들의 신앙에 대한 책을 썼는데, 이십 대에 신앙심이 깊어지는 중요한 소수를 다루고 있다. 의미 있는 개인적 관계가 그들의 중요한 회심에 이유를 제공했다.[12]

알랜 크레이더(Alan Kreider)는 초대 기독교가 폭발적으로 성장했다고 보고한다. 10년마다 40퍼센트의 속도로 근 삼백 년 동안 성장했다. 매우 적대적인 환경에서 이루어진 것이다.

> 초대 교회 그리스도인들은 공적 설교에 참여하지 않았다. 그것은 너무 위험한 일이었다. 현실적으로 우리가 이름을 아는 전도자나 선교사가 있지 않다. 초대 그리스도인들은 선교위원회가 없었다. 그들은 전도에 대한 책을 쓰지도 않았다.
>
> 1세기 중반 네로 황제의 핍박 이후에, 로마 제국 안에 있는 교회들은 방문자들에게 예배를 폐쇄하였다. 집사들이 교회 문에 서서 경비 역할을 했다. 세례 받지 않은 사람이 들어오는지 검사했다. "거짓말하는 밀고자"는 들어올 수 없었다.
>
> 그렇지만 교회는 성장하고 있었다. 공적으로 기독교는 미신으로 분류되었다. 유명 인사들은 교회를 경멸했다. 이웃들은 그리스도인들을 다양하고도 미묘한 방식으로 차별했다. 정기적으로 교인들은 집단학살을 당했다. 그리스도인이 되는 것은 매우 어려운 일이었다. 그렇지만 교회는 계속 성장했다. 왜 그럴 수 있었을까?[13]

초대 교회의 사회적 상황을 펼쳐 놓아 보면 불가능해 보인다. 그럼에도 불구하고 교회가 성장한 것은 교회가 매력적이었기 때문이었음을 알 수 있다. 크레이더는 "사람들은 교회에 매력을 느꼈다. 자석처럼 끌렸다"라고 기록한다. 그리스도인들의 삶에 대한 사실적인 목격을 통해 -약자와 빈자에 대한 관심, 핍박 앞에서 지킨 진실성, 경제적인 나눔, 원수까지도 희생적으로 사랑하는 것, 그리고 높은 수준의 공동체적 생활- 비신자들은 복음으로 이끌렸다.

일단 그리스도인의 삶을 보고 비신자들이 공동체에 이끌리면, 신자들은 복음 진리에 대해 이야기하기 시작하며, 이런 종류의 삶을 가능하게 하는 원천이 곧 복음임을 설명한다.

오늘날 도시에 사는 사람들은 그리스로마 제국에서 사람들이 겪었던 것과 같은 종류의 위험을 -전염병, 사회적 혼돈, 그리고 폭력- 당하지 않는다. 그리스로마 시대에 사랑하는 공동체 안에 있다는 것은 문자적으로 삶과 죽음의 경계를 의미했다. 그러나 오늘날 도시 거주자들은 여전히 많은 문제들을 접하고 있으며, 이는 기독교가 다룰 수 있는 부분이다. 도시인들은 미래의 성장과 번영에 대한 희망이 없다.

성장과 번영에 대한 고민은 지난 몇 세대 동안 세속적으로 사람들이 가졌던 것들이지만 이제 더 이상은 아니다. 사람들은 앞 세대들이 겪었던 것보다 더 외롭고, 더 경쟁적인 환경을 심각하게 겪는다. 삶의 질은 분명한 희망, 사랑, 안정, 진실성 등의 표지로 나타나는데 이는 언제나 전도를 위해 꼭 필요한 전제조건이었다. 그러나 이러한 삶의 질이 오늘날처럼 필요한 적은 없었다.[14]

신자들 사이에 왜 관계적 진실성이 그렇게도 적은가? 그 답은 주로 -

전부는 아니지만 - 동기에 있다. 조화 모드에 있는 사람들은 종종 용기가 부족하다. 그들은 영향력을 잃는 것, 무대 뒤에서 고초를 겪거나, 또는 직업적으로 손해를 보는 것을 걱정한다. 이러한 걱정이 맞는 걱정이기는 하다.

다른 한편으로는, 거품 모드에 있는 사람들은 주변의 사람들에게 감정적, 사회적, 재정적, 신체적 헌신을 하지 않으려고 한다. 놀랍게도 인터넷이 여기에 크게 일조했다. 기술발전으로 말미암아 사람들은 도시로 이사했고 여전히 다른 지역에 있는 그리스도인 친구들과 가족과 연결되어 살 수 있다. 그런데 우리 주변에 물리적으로 살고 있는 사람들은 무의식적으로 간과하기가 쉬워진다. 이것은 사람들에게 마음을 투자하는 것을 꺼리게 하는 요인이 된다.

그러나 동기 결핍이 평신도가 전도를 안하는 유일한 이유는 아니다. 많은 사람들은 의욕이 넘치지만 여전히 전도의 기술과 방법을 잘 모른다고 생각하며 발이 묶여 있다. 비그리스도인 친구들이 신앙에 던지는 질문들에 마음이 넘어지거나 그들의 믿음 자체가 흔들린다.

그들은 어떤 매력을 갖고 기독교 신앙에 대해서 이야기할 수 없다고 느낀다. 이러한 지식과 능력의 결핍이 그들의 용기를 앗아간다. 그리고 다른 사람들을 향한 자비심에도 영향을 끼친다(그들은 자신이 사람들에게 도움이 안될 것이라고 느낀다). 이로 말미암아 우리는 효과적인 평신도 사역에 두 번째 필요조건을 고려하게 된다.

목양적 지원

전 교인 복음 사역을 죽이는 목양 방법이 있는 것처럼 그것을 촉진하는 목양 방법도 있다. 그들이 무엇을 하든, 목회자와 교회 지도자들은 평신도 사역의 중요성을 인식해야 하며 의도적으로 사람들을 준비시켜야 한다.

목회자들은 평신도 사역자들의 삶에 개인적으로 동참해야 한다. 관계적 진실성이 부족한 많은 그리스도인들이 평신도 사역자들과의 강한 목회적 관계를 통해 해결을 받는다. 동기의 부족, 동정심의 부족, 혹은 능력이나 지식의 부족 등 모두 그렇다.

이러한 연결성이 내용 중심의 공식적 훈련 과정을 통해서 생기는 것은 아니다. "믿음을 어떻게 나눌까?" 등의 훈련 강의는 필수적이고 매우 유용하다. 리디머교회에서는 도시 환경에 적합한 교재를 만들어 사용하고 있다. 그렇지만 연결성은 목회자들과 평신도 지도자들로부터 비공식적인 교육과 지원과 지속적인 자문을 받을 때 만들어진다. 목회자들은 평신도들이 자신들의 인간관계를 말씀의 사역을 위해서 사용하도록 격려하고 독려해야한다는 것을 늘 잊지 않아야 한다.[15]

목회자가 어떻게 사람들에게 믿음의 이슈들에 대해서 이야기하고 어떻게 사람들을 위해서 기도하는지 모범이 되는 것이 중요하다. 리디머교회에서 사역 초기에 두 가지 방식으로 했다.

하나는 내가 전한 설교 그리고 아침 예배 직후 가진 질의응답 시간들이다. 정기적인 기도 모임을 지도자들과 함께 가졌는데 그 시간에 우리는 믿지 않는 친구들을 위해 기도했다. 사람들을 위해서 어떻게 기도하는지에 대한 모델이 됨으로써 성도들이 친구들을 향해 손을 뻗어나가는 용기, 동정심, 책임, 그리고 동기부여가 생겨났다. 목사와 그의 팀은 반드시 나머지 모든 회중들에게 그리스도인의 관계적 진실성이 어떤 것인지에 대한 모범이 되어야 한다.

런던의 교회 개척자인 데이비드 스트라우드(David Straud)는 어떻게 그의 아내 필립파가 지역의 공립학교에 깊이 참여하게 되었는지 이야기를 들려준다. 그는 당시에 지역 순찰 프로그램을 시작했었다. 이들의 노력을 통해서 지역 사회의 생활에 깊이 참여하게 되었고, 이웃과 관계 형성을 많이 할 수 있게 되었다.[16]

모범이 되는 것 외에도, 목회자들이 실제적이고 명료한 관점을 갖고 복음의 관계적 사역에 참여하는 것이 중요하다. 복음을 가지고 친구들과 동료들에 다가가 손을 잡아 주는 과정에서 꼭 한 번에 완벽한 복음 제시를 해야하는 것은 아니다.

한 세대 전에는 여러 복음 전도 프로그램의 목적이 완벽한 복음 제시를 하게 하는 것이었지만, 실제로 이것을 잘 할 수 있는 평신도들이 단지 소수에 불과했다(성직자들도 마찬가지였다!). 친구에게 다가가는 것은 훨씬 자연스럽다. 유기적인 전도 방법은 사람들에게 언제나 높은 가치를 인정받아야 한다.

이것을 할 수 있는 몇 가지 방법을 그 강도에 따라 아래에 제시한다. 목회자들은 교인들이 이 모든 것을 할 수 있도록 구비시켜야 한다. 그 대부분은 솔직함과 용기만 있으면 할 수 있는 것들이다.

1. 일대일 - 비공식적

- 사람들에게 당신이 기독교 신앙을 가졌음을 알게 하라. 교회에 다님을 말하거나 일상적 대화 가운데 신앙을 표현하라.
- 다른 사람들의 신앙에 대해서 물으라. 그들의 교회에 대한 경험을 물으라. 그리고 이해하는 마음과 공감하는 마음으로 단순히 경청하라.
- 다른 이의 도전에 대해서 공감적으로 듣고, 그 사람을 위해서 정기적으로 기도하겠다고 말하라.
- 어려운 개인적 이슈를 나눌 때는 믿음을 통해서 힘을 얻고 해결을 할 수 있었다는 것 등을 꼭 이야기하라.
- 당신의 영적인 스토리를 이야기하라. 그리스도인으로서의 경험을 짧게 고하라.

2. 일대일 - 준비된- 의도적

- 책이나 오디오 설교를 주고 함께 이야기할 수 있는 자리로 초대하라.
- 기독교에 대한 가장 큰 반대질문이나 문제사항에 대해서 토론을 시작하라. 존중심을 갖고 들으면서 읽고 생각할 것을 주어라.
- 성경을 정기적으로 만나서 함께 읽으라. 복음서를 읽으면서 예수님의 성품에 대해서 토론하라.

3. 그리스도인 공동체의 경험을 제공하라

- 직접적인 기독교적 행사나 집회는 아니지만 그리스도인들이 모이는 행사나 자리에 지인들을 초청하라.
- 복음이 소통되며 토론되는 것을 들을 수 있는 단회성 모임 장소에 지인들을 초청하라. 예를 들면 공개 포럼, 소그룹 모임, 공예배, 질문자들을 위한 그룹 모임, 독서 클럽, 구도자 그룹 등.

4. 믿음을 나누라

- 지인들에게 그리스도인 신앙의 기본을 나누라. 어떻게 그리스도인이 되는지를 알려 주라. 결단을 할 수 있도록 초대하라.

교인들이 지인들과의 대화 가운데서 부딪히는 이슈들에 대한 질문을 목회자들과 장로들이 잘 해결할 준비가 되어 있는 것이 중요하다. 비그리스도인들이 "왜 하나님은 악과 고통을 허락하시나요?" 같은 질문들을 물을 때, 당신의 사람들은 어떻게 대응할지에 대한 즉각적인 도움을 필요로 한다. 목회자들은 그리스도인들이 지인들과 믿음을 어떻게 나눌지에 대한 자료를 무료로 또는 저가로 제공할 수 있다.

예를 들어, 만일 그리스도인이 어떻게 신앙이 자신에게 도움이 됐는지를 나누려고 할 때, 그들은 지인에게 책이나 오디오나 비디오를 주어서 진리를 발견하도록 도울 수 있다. 모든 신자들은 다양한 주제들에 대해 대여섯 가지 확실한 자료들을 알고 있어서, 어떤 주제에 대해 이야기한 후에 그 자료들을 전해 줄 수 있어야 한다. 여기에는 물론 성경을 함께 읽고 공부하자고 제안하는 것도 포함된다.

그와 더불어 목회자는 평신도 지도자들과 정기적으로 만나서 그들의 관계들 가운데 어떤 일이 일어나는지를 이야기해야 한다. 여기에는 두 가지 목적이 있다. 한편으로는, 서로를 격려하고 고양하는 시간이다. 다른 한편으론, 마음을 열고 손을 뻗어서 사람들에게 다가가는 마음가짐을 가진 사람들을 서로 책임지며 붙들어 주는 시간이다.[17]

아마도 가장 중요한 것은 목회자가 다양한 방법으로 신학적 동기부여의 기초를 반드시 놓아서 평신도들의 전도가 복음 자체의 기초 위에서 일어나도록 하는 것이다. 이것은 다양한 방식으로 이루어질 수 있다 - 강의, 설교, 개인적인 목양 지원 등.

복음에 기초를 두는 것은 어떤 모습일까? 그것은 사람들에게 복음은 우리를 겸손하게 한다는 것을 가르치는 것이다. 사람들이 급진적인 복음을 이해하게 될 때 - "선한" 사람이나 "악한" 사람이나 모두 동일하게 잃어버린 사람들이며, 오직 은혜로만 구원될 수 있다는 것을 이해하게 되면, 교만함과 다른 사람들을 내려다보는 것은 복음 자체를 부인하지 않고는 불가능하다.

도덕주의적 그리스도인들은 전도를 이런 태도를 갖고 한다. "나는 괜찮아. 저들은 문제 있어 - 이것을 사람들에게 알려 주는 것은 뿌듯한 일이야." 이런 자세보다 추한 것도 없고, 복음의 정신을 망각한 것도 없다.

반대로 복음은 우리로 하여금 비그리스도인들을 보게 해 주고, 그들이 우리보다 더 나은 사람일 수도 있다는 것을 알게 해 준다. 나는 힌두교 이웃을 보면서 그가 나보다 더 좋은 아버지가 될 수도 있다는 것을 느꼈다. 복음은 우리에게 다른 사람들을 겸손히 인정할 수 있는 기초를 준다. 그리고 이 위에서 매력적인 관계성이 만들어진다.

목회자는 또한 사람들에게 어떻게 복음이 비그리스도인들에게 소망을 줄 수 있는지 보여 줄 수 있다. 어떤 사람들을 보면서 "그들은 결코 그리스도인이 되지 않을거야"라고 말하는 것은 쉽다.

그러나 우리가 복음을 붙잡을 때, 우리는 전형적인 그리스도인이란 존재하지 않음을 알게 된다. 다른 사람보다 그리스도인이 되기에 더 좋은 재목은 아무도 없다. 구원은 자격 없는 이에게 주시는 선물이다. 그러므로 누구든지 소망이 있다. 그들이 아무리 하나님으로부터 멀어 보이든지 상관없다. 대신에 당신의 마음에 있는 태도는 다음과 같아야 한다. "내가 그리스도인이라고? 나 같은 사람이 그리스도인이 되고 하나님의 자녀가 되리라고 누가 과연 생각이나 했겠는가? 그러나 이것이 나의 모습이다! 이것은 놀라운 기적이다." 이런 태도가 우리로 하여금 다른 사람을 생각할 때 소망을 가질 수 있게 한다.

마지막으로 우리는 복음이 어떻게 전도를 위한 용기를 주는지 설명해야 한다. 예수님과 복음에 대해서 이야기하지 않고 피하는 이유 중에 하나는 두려움 때문이다. 다른 사람들이 어떻게 우리를 생각하는지에 근거해서 우리의 정체성을 찾는 것이다.

우리는 멋있거나 세련되거나 진보적으로 보이길 원한다. 또는 존경스러워 보이길 원한다. 자신이 어떻게 사람들에게 보이는지를 신경 쓰고 있는 것이다. 우리의 이런 생각은 슬프게도, 하나님께서 우리를 어떻게 보시는지를 충분히 중요하게 여기지 않는 것이다. 복음은 우리로 하여금 평판에 묶이지 않게 한다.

구원이 은혜로만 된 것임을 알 때, 오직 하나님께서 그들의 마음을 열 때 믿음으로 나아오는 것을 안다. 아무리 머리가 좋거나 논리가 뛰어나다고 해서 사람들을 믿음으로 인도하는 것은 아니다. 그러므로 우리는 지식의 부족에 대해서 염려할 필요가 없다. 마음을 여는 것은 하나님의 은혜이다. 우리의 달변이 아니다.

만일 당신의 평신도 사역자들이 어떤 종류의 사람들에게 거절을 당하거나 예수님에 대해 말할 용기나 소망이 없어서 전도에 열매를 맺지 못하고 있다면, 그들에게 필요한 것은 전도에 대한 새로운 책이나 훈련이 아니다. 그들이 복음의 원천으로 다시 돌아가도록 도와야 할 것이다.

그리고 죄인들을 사랑하시는 하나님의 은혜롭고, 조건 없이 주시고, 자비로우신 사랑의 메시지가 그들의 마음을 새롭게 기경하도록 해야 할 것이다. 목회자들과 교회 지도자들이 수동적인 평신도들을 용감하고 은혜로운 평신도 사역자로 바꿀 수 있는 가장 중요한 한 가지 방법은 그들의 삶의 명백한 거룩함을 통해서이다.

목회자는 겸손, 사랑, 기쁨, 그리고 지혜의 표지가 반드시 있어야 한다. 이런 것들이 가시적일 때 사람들은 그들을 신뢰하고 배우려고 이끌린다. 목회자로서 당신은 최고의 설교자는 아닐 수도 있지만, 당신이 하나님의 사랑, 기쁨, 그리고 지혜로 가득할 때, 당신의 메시지는 지루하지 않게 된다!

당신은 가장 조직력이 있거나 카리스마적 리더는 아닐 수도 있지만, 당신의 거룩함이 분명할 때, 사람들은 당신을 따를 것이다. 이것이 최소한 의미하는 것은, 역동적이고, 훈련되고, 깊이 있는 기도 생활은 추상적이고 개인적인 의미에서도 중요할 뿐만 아니라, 당신의 사역을 위해서 당신이 할 수 있는 가장 실용적인 것이기도 하다는 것이다.

안전한 공간

복음 전도의 역동성이 평신도들의 관계적, 비공식적 활동에만 근거해서 이루어질 수도 있다. 그렇지만 평신도들은 교회가 지원하는 다양한 종류의 행사, 모임, 활동들 가운데서 비신자들이 훨씬 직접적으로 기독교와 복음에 노출이 될 때에 흔히 격려와 방향제시를 받을 수 있게 된다. 그러한 모임들은 두 가지 흔한 위험들을 피해야만 한다. (신학적, 교회적 특정 배경을 가정해서) 새로 온 사람을 혼란스럽게 하거나 또는 (불필요한 장애물을 놓아서) 새로운 사람을 불쾌하게 하는 것을 피해야 한다.

감히 말하건대 오랫동안 내가 목격한 대부분의 좋은 의도로 모인 "전도" 이벤트들은 이 두 가지 또는 둘 중에 하나의 오류를 범하고 있었다. 창의성을 발휘해서 믿음이 없는 사람들이 모여서, 매력적인 접근법으로, 기독교 복음의 주장을 생각할 수 있는 다양한 종류의 모임과 장소를 생각해 보라.[18] 여기에 몇 가지 예가 있다.

- 단회성 이벤트. 예를 들면 오픈 포럼. 리디머교회에서는 예술 포럼이 대표적인 형식이었다. 예를 들어, 거쉬윈의 오페라 "포기와 베스", 발췌곡 "재즈 아티스트 콜트레인의 밤", 또는 바흐의 결혼 칸타타. 연주 이후에는 예술에 관한 기독교적 관점을 제시하는

강의가 이어졌다. 그리고 질의응답시간으로 마무리한다.

- 소규모의 대중 장소에서 여는 간단한 강의와 질의응답 시간. 주로 한 주제를 다루며 사람들이 기독교 신앙에 대해 제기하는 문제점들을 해결하는 시간. 리디머교회에서는 "포장을 뜯은 기독교"라는 모임들을 가진다.

- 이제 막 형성되기 시작하는 소그룹. 소그룹들이 비교적 새롭고, 역동성이 아직 "마르지 않은 시멘트"와 같을 때, 구성원들은 기독교를 탐색하는 사람들을 더 포용하고 끌어들일 수 있다.

- 비신자들에게 이해 가능한 예배. 설교, 음악, 예전을 통해서.

- 4주간 모이는 그리스도인 그룹. 매주 각 멤버들은 한 명의 비신자들에게 그들의 신앙에 대해서 질문을 한다. 이는 토론이 목적이 아니라 다른 신앙을 가진 사람들이 기독교에 대해 가지는 반대의견들을 배우려는 목적으로 이루어진다.

- 정기적으로 모이는 비그리스도인 그룹. 덜 집중적인 것으로는 소설을 주로 읽는 북클럽이 있다. C. S. 루이스, 플래너리 오코너, J. R. R. 톨키엔, G. K. 체스터튼, 도스토예프스키 등을 읽고 신앙적 주제를 파악한다. 또는 비그리스도인들이 쓴 책을 읽고 그들의 세계관과 기독교 세계관을 이야기한다.

보다 집중적인 것으로는 책 한 권을 8주간에 걸쳐 읽는 "구도자 모임"이 있다. 어떤 사람들은 기독교에 대한 일반적인 "반대 질문"에 대한 솔직한 토론에 잘 반응한다.[19] 그렇지만 어떤 사람은 복음서 중에 한 권을 정독하거나 《왕의 십자가》와 같은 책을

사용해서 예수님의 삶을 탐구하기를 더 선호한다.[20]

- 단회성 "살롱"으로서, 그리스도인들이 비그리스도인 친구들을 데려와서 특정 주제에 대한 그리스도인 연사의 비공식적인 강연을 듣고 토론 시간을 가진다.
- "예배 후 모임." 예로는 교회 예배가 끝난 후에 그날의 설교자와 함께 가지는 질의응답 시간을 들 수 있다. 주로 설교와 관련된 질문이 다루어지지만, 어떤 질문이든지 허용된다. 변증 클래스에서 (5주에서 7주) 기독교의 진리성을 다룰 수 있다. 기독교 기본진리와 생활을 다루는 7주간의 강좌를 열어서 새 신자들에게 방향 제시를 하고 구도자들도 참석할 수 있게 한다.
- 동질성에 근거한 전도프로그램. 대학 사역, (직업에 따라 구분되는) 직종별 사역, 남성 또는 여성 모임들은 평소에 전도적, 변증적 특성을 가질 수 있다. 그리고, 종종 중립적 장소에서 위에서 묘사한 것과 비슷한 전도적 이벤트를 가질 수 있다.

전도는 자연스러워야 하며, 우리가 대화에 들어가서 다루려는 어떤 일련의 목록이나 안건으로 지시될 수 없는 것이다. 친구들은 서로에게 마음을 나누며 서로에게 최선의 것을 한다. 전도는 우리가 교만, 두려움, 그리고 비관 등이 우리의 믿음과 마음을 감추게 하지 못할 때 우정 가운데 유기적으로 흘러나오는 것이다.

교인들이 현실을 어떻게 바라보는지 자연스럽게 친구들에게 이야기할 수 있도록 도와야 한다. 교인들의 삶 가운데 이러한 복음의 역동성이 더 많이 있을수록 그들은 더 많은 새로운 사람들을 자석처럼(행 2:47) 이끌 수 있게 된다. 그리고 사람들이 믿음을 가지도록 가장 신뢰성 있고 자연스럽게 열매 맺는 방식으로 도울 수 있게 된다.

일반적으로 단순히 비신자들을 아무 때든 그리스도인 공동체로 데려오는 것이 안전하려면 다음의 것들이 있어야 한다. 공동체 전반이 매우 따뜻하고 믿음 없는 사람들을 받아들인다면, 만일 공동체가 문화적으로 단절적이지 않다면, 만일 공동체가 평신도 사역을 우선순위로 삼는 목회자에 의해 지도된다면, 만일 교회가 균형 있고 통합적인 사역을 한다면 말이다. 이 마지막 주제에 대해서는 추후에 다루도록 하겠다.

토론과 성찰을 위한 질문들

1. 전 교인 복음 사역의 다양한 예들을 잘 살펴보라. 이 중에 어떤 것들이 당신이 직접 행한 것들과 유사한가? 이 중에 어떤 것이 믿음을 나누는 창조적 생각에 아이디어를 제공하는가? 또한 사람들을 지도하는데 어떤 것이 생각을 번뜩이게 하는가? 당신의 팀이 이런 종류의 복음 사역에 있어서 더 주도면밀할 수 있겠는가? 당신의 공동체에서 이 목록 외에 어떤 것을 추가할 수 있겠는가?

2. 다음을 어떻게 생각하는가? 믿음이 생기기 전에 "사람들은 복음의 다양한 표현을 들을 수 있도록 공동체 안에서 충분히 오랫동안 수용되어야 한다. 교인들과 목회자들로부터 비공식적, 공식적인 방법으로 복음을 들어야 한다." 혹시 어떤 것이 비신자가 당신의 공동체에 참여하는 것을 막고 있지는 않은가? 비신자들을 당신의 믿음 공동체에서 환영하기 위해 당신은 무엇을 하고 있는가?

3. 이 장은 그리스도인들이 "관계적 진실성"을 가져야 한다는 것을 제시한다. 이 말이 의미하는 것은 그들이 주변 사람들과 같으면서도 주변 사람들과 깊은 차원에서 같지 않고, 하지만 그들의 삶이 지역 공동체에서 관찰되고 참여할 때, 그리스도인들이 주변 사람들에게 영향력을 갖게 된다는 것이다.
당신의 지역에서 '같으면서도 같지 않고' 참여하는 것은 무엇을 의미한다고 생각하는가? 당신의 팀 멤버들은 각각의 이 영역들에서 어떻게 하고 있는가? 당신의 교회를 관계적 진실성의 영역에서 어떻게 평가하겠는가?

4. 안전한 공간을 제공하는 부분에서 당신의 사역은 현재 어떤 것들을 하고 있는가? 비신자가 당신이 제공하는 공간들에 온다면 얼마나 "안전"하다고 생각하겠는가? 당신의 교회에서 안전한 공간의 원형으로 세우고 싶은 것은 무엇인가?

'선교적 공동체'에 대한
논평

팀 체스터

팀 켈러가 쓴 이 장들은 선교적 교회가 된다는 것이 어떤 의미이며
21세기 서구 상황에서 그것이 어떤 모습으로 나타나는지를 탐구하는데
있어 유익한 출발점을 제공한다. 켈러가 언급하듯, 서구 세계가 전에 "이
교도의 땅"이라고 불렸던 것과 마찬가지로 선교지라는 인식은 레슬리 뉴
비긴에 의한 지대한 공헌이었다.

나는 켈러가 제기한 "선교적 대화와 관련된 중요한 관심사들"을 살펴
보려고 한다(52쪽). 추후 분명해지겠지만 나는 그의 관점을 상당 부분 공
유하며, 몇 가지 추가적인 강조점들과 제안들을 나눌 것이다.

전도를 가정하지 말라

켈러의 첫 번째 비판은 '선교적'(missional)을 "단순히 전도적"인 것으로 정의하는 사람들에 대한 것이다. 그에 따르면 이 정의의 문제점은 "전형적인 복음주의자의 복음 제시가 너무 얕다"는 것이다(52쪽). '하나님' 또는 '죄'와 같은 단어를 사용할 때 바깥 세상이 우리가 말하는 것을 알고 있다고 가정한다. 서구 교회는 그 메시지를 상황화할 필요가 있다. 이는 선교사들이 지구의 다른 부분에 가서 배우는 것과 마찬가지이다(켈러가 크게 기여한 과업이기도 하다). '선교적'이라는 단어의 가치는 교회가 단지 전도를 많이 한다는 의미 이상을 가리킨다. 교회의 예배가 비신자들에게 이해가 되고, 교인들이 공감할 줄 아는 사람들로 알려지고, 교회의 메시지가 지역 문화에 상황화되고 있는 것이 선교적인 것이다(54쪽).

켈러의 말을 빌리면 "어떤 선교적 교회든지 충만하게, 열정적으로 전도적"이어야 한다). 그는 이 주장을 한 다음에 교회가 그밖에 어떤 존재여야 하는지를 말한다. 그러나 내 생각엔 이 요점을 강조하는 것이 중요하다. 전도에 대해 강조하고 넘어가는 것은 충분하지 않다. 선교적 운동을 하는 많은 사람들이 상황에 너무나 맞춰지고 성육신적이 된 나머지 더 이상 복음의 도전은 선포되지 않는 시대이기 때문이다. 어떤 이들은 문화에 적절하게 연결되려고 노력하면서, 문화를 도전하는 작업은 더 이상 하지 않는다. 그들은 어떻게 개인들을 도전해서 믿음으로 이끌고 회개하게 하는지를 잊어버렸다.

귀 기울일 권리를 획득하라?

선교적 공동체에 대한 각 장들에서 켈러는 마치 교회가 희생적 봉사의 행동을 통해서 사람들에게 복음을 이야기할 권리를 획득할 필요가 있다는 것으로 들리게 말한다. 《팀 켈러의 센터처치》의 사이드바 글에서 켈러는 뉴비긴을 인용한다. 뉴비긴은 우리가 반드시 "다른 사람들을 자발적 희생으로 섬김으로써 귀 기울일 권리를 획득해야" 한다고 주장했다.[1] 그러나 켈러가 이것을 지지하든 아니든, 우리는 이 생각에 조심할 필요성이 있다. 이유는 이렇다.

다른 이들을 희생적으로 섬기는 가치는 분명히 인정되어야 한다. 그러나 우리가 귀 기울일 권리를 획득할 수 있다거나 해야만 한다는 생각을 거부해야 한다. 우리에게 귀 기울일 권리는 우리에게 속해 있지 않다. 그것은 성부 하나님에 의해, 그리스도의 왕 되심을 인정하는 자리로부터 나오는 것이다. 내가 복음을 말할 때, 내 이름으로 하거나 교회의 이름으로 이야기하는 것이 아니다. 그리스도의 이름으로 이야기하는 것이다. 주님은 경청받을 권리를 갖고 계시다. 이것이 승천의 의미 중에 하나이다. 십자가에 죽으신 분은 죽음을 이기고 부활하셨고, 영광 중에 하늘의 왕 자리에 오르셨다. 십자가에서 인간에 의해 침묵당하신 분은 아버지에 의해 승천을 통해 인정받으셨다. 그는 다니엘 7장이 예언한 것처럼, 옛 적부터 항상 계신 이의 임재 속으로 구름 타고 오셔서 모든 권세를 받으셨다. 그가 모든 권세를 받으셨고 그로 인해 우리를 예수의 이름으로 불러 회개하게 하신다.

승천하신 그리스도의 권위에 대한 이 확신이 사도들의 선교를 이끌었다. 산헤드린 공회가 사도들에게 "이 이름으로 가르치지 말라"고 했을 때 베드로는 대답한다. "사람보다 하나님을 순종하는 것이 마땅하니라. 너희가 나무에 달아 죽인 예수를 우리 조상의 하나님이 살리시고 이스라엘로 회개케 하사 죄 사함을 얻게 하시려고 그를 오른손으로 높이사 임금과 구주를 삼으셨느니라. 우리는 이 일에 증인이요 하나님이 자기를 순종하는 사람들에게 주신 성령도 그러하니라"(행 5:29-32).

사도 바울은 새로운 도시로 가서 몇 달의 시간을 먼저 보내면서 자비의 사역을 통해 귀 기울일 권리를 획득한 것이 아니었다. 그는 회당으로 걸어 들어가서 그리스도의 이름을 선포했다.

우리가 선포하는 메시지에 대해서 존중받아야 할 필요도 있고 그렇게 할 수도 있다. 아마도 동일한 수고가 들 것이다. 그러나 기독교인들은 그리스도를 '말하기' 전에 무엇인가를 '행해야' 할 필요가 있다고 생각함으로써 기독교인들이 말하기를 움츠러들지 않기를 바란다. 우리는 언제나 그리스도의 이름을 선포하는 사람들이어야 한다. 우리가 동시에 다른 사람들을 희생적으로 섬길 수 있다면, 훨씬 좋을 것이다. 행동은 우리의 메시지를 반영하며 강화하는 것이어야 한다. 그러나 선포를 통한 전도가 선교의 심장이어야 한다.

말씀이 반드시 선포되어야 한다

이것은 복음이 말씀이기 때문이다. 복음은 좋은 소식이다. 소식이란 당신이 전하는 어떤 것이다. 그리스도께서 죄와 사망을 이기셨음을 선언하는 것이다. 그러므로 선교는 반드시 말씀 중심이어야 한다. 아시시의 프란시스가 말했다고 전해지는 오래된 격언이 종종 회자된다. "복음을 전하라— 필요할 때만 말을 사용하라." 이는 마치 벌거벗은 임금님처럼, 어리석음 그 자체이다. 우리의 행동이 복음을 예증할 수는 있다. 그러나 복음은 반드시 언어로 전해져야 한다. 말이 없다면, 우리는 선교에 참여하는 것이 아니다.

복음 선포 없이 단지 자비의 사역에만 참여한다면 무엇이 전달되는지를 생각해 보라. 구원이 사회경제적 개선과 동일하다는 인상을 심어 주거나 구원이 선행을 통해 이루어진다는 인식을 전달하게 된다. 왜냐하면 선행을 하는 것이 당신의 주된 관심사로 비치기 때문이다. 그리스도의 완성된 사역을 통해 은혜로 주어지는 영생의 메시지는 말 없는 행동만으로 전달되지 않는다.

어떤 이들이 선교적 교회를 "열심히 전도하는" 교회라고 생각한다는 켈러의 우려에 동의한다. 문제는 이 정의가 선교적인 것이 무엇을 의미하는지를 축소하는 것이 아니라, 무엇이 전도적인 것을 의미하는지를 축소하는 것에 있다. 여기서의 문제는 전도를 라이프스타일로서가 아니라 시간표상의 활동이나 프로그램인 이벤트의 집합으로 이해한다는 점이다. 이벤트로서의 전도가 아니라 라이프스타일로서의 전도로 관점이 변화하는 것이 선교적이 되는 데 있어 중추적이다. 우리의 교회들에서 전도적 '문화'를 필요로 한다. 이는 일상생활의 전부와 교회 생활의 전부를 형성하는 문화인 것이다.

그렇다면 선행과 사회 참여는 어떠해야 하는가?[2] 이것은 매우 중요하다. 성경이 분명히 명시하고 있는 바이며 어려움에 놓인 사람들에 대한 기독교인의 자연스러운 반응들이다. 은혜를 받은 사람들은 자연스럽게 은혜를 다른 이들에게 확장한다. 우리는 이웃을 사랑하도록 부름을 받았다. 우리의 삶을 관통하는 전도적 문화는 또한 우리의 사회 참여도 관통해야 한다.

전도와 사회적 행동은 글(text)과 상황(context)의 의미에서 이해하는 것이 가장 좋다. 모든 글은 상황이 있다. 우리의 글은 -우리가 전도하면서 선포하는 그리스도의 메시지는- 그 메시지에 의해서 삶을 살아가는 상황에서 가장 잘 이해가 된다. 전도의 글이 잘 해석되게 하기 위해서는 우리 삶의 상황을 필요로 한다. 그러나 중요한 것은 글이 적절한 상황에서 이해가 가장 잘 된다고 하더라도, 글이 없는 상황은 아무 의미도 전달하지 못한다는 점이다! 레슬리 뉴비긴이 "다른 이들을 희생적으로 섬기려는 의지"라고 부른 것과 켈러가 "지역 사회의 필요를 접근하는 것"이라고 부른 것은(55쪽) 반드시 그 중심에 선포에 대한 헌신이 있어야만 한다.

이것은 우리가 급식 봉사를 하면서 사람들에게 설교를 해야 한다는 말이 아니다. 종종 이런 토론에서 전도에 대한 최악의 훈련은 있지도 않은 사람을 만들어 놓고 공격하는 것이다. 좋은 전도는 언제나 관계적이어야 한다. 또한 좋은 사회적 행동도 관계적이다. 이러한 관계성의 상황 안에서, 우리는 그리스도를 선포하는 기회들을 찾는다. 결국, 우리는 가난하고 부유한, 각 사람의 가장 큰 필요를 다루게 된다. 그러므로 제일 중요한 것은 복음에 대한 의도성이다-우리의 삶을 선교 중심으로 형성하며 기회가 나타나면 그리스도를 선포하려는 헌신인 것이다.

일상 전도

우리는 켈러가 마이클 그린을 인용하면서 "비공식적 선교사들"이라고 부르는 것을 만들어야 한다(93쪽). 그는 그린의 혁신적인 《초대 교회의 복음 전도》책을 인용한다. 여기에서는 복음 전파에 전도적 활동들이 어떻게 이루어졌는지를 다룬다. 그러나 그린의 결론은 초대 교회에서 기독교가 전파된 가장 중요한 방법은 기독교인들이 비공식적으로 행한 가정(오이코스) 전도였다(95쪽). 켈러는 이것을 사도행전을 통해서 살피고 있다(95쪽). 나는 베드로전서를 통해 나의 주장을 보충하려고 한다.

베드로는 교회가 사회의 주변부에 놓여 있는 교회를 향하여 편지를 쓴다. 이 신자들은 정부에 의해 핍박받고 있지는 않았다. 대신 그들은 그 이웃들로부터 적대심과 비방을 직면하고 있다(2:12, 15; 3:16; 4:4). 그들은 자신의 문화 속에서 외국인처럼 느끼고 있다(1:1, 17; 2:11). 이 상황은 교회들이 서구에서 쉽게 발견하는 것과 매우 유사하다. 베드로는 독자들에게 "이상한 일 당하는 것같이"(벧전 4:12) 놀라지 말라고 권면한다.

적대적인 환경에서 기독교인들은 어떻게 살아야 하는가? 베드로는 2장 9절에서 성도들의 선교적 정체성을 상기시킨다. "너희는 택하신 족속이요 왕 같은 제사장들이요 거룩한 나라요 그의 소유된 백성이니 이는 너희를 어두운 데서 불러내어 그의 기이한 빛에 들어가게 하신 자의 아름다운 덕을 선전하게 하려 하심이라."

그는 성경신학을 통해서 이를 제시한다. 그는 이스라엘이 시내산에서 출애굽기 19장 4-6절에서 받은 선교적 정체성이 교회 안에서 성취된다고 말하고 있다. 교회는 세상에게 하나님을 알리기 위한 제사장 나라로 선택된 사람들의 모임이다. 교회는 하나님께서 거룩하심같이 거룩한 나라이며, 하나님의 성품을 선포하는 목적을 가졌다(벧전 1:14-15). 우리는 하나님의 찬송을 세상에 선포하는 백성이다. 그래서 우리는 구별된 삶을 살아야 한다(2:11). 우리는 주변의 사람들과 상황화하며 연결되어야 한다. 그런데 사람들을 이러한 메시지에 이끄는 것은 우리와 그들 간의 공통점이 아니라 구별되고 다른 무엇 때문이다. 복음이 우리의 사회적 삶에 가져오는 변화야 말로 그들에게 질문을 일으키는 것이다(3:8-16).

베드로전서 2장 12절에서 "너희가 이방인 중에서 행실을 선하게 가져 너희를 악행한다고 비방하는 자들로 하여금 너희 선한 일을 보고 권고하시는 날에 하나님께 영광을 돌리게 하려 함이라"고 베드로는 기록한다. 이것은 선교에 대한 핵심 명령이다. 하나님께 찬양을 선포하는 구별된 삶을 삶으로써 선교하는 것이다. 그런데 베드로가 이것을 다음 구절들에서 어떻게 제시하는지 유의하여 보라 2장 13-17절에서 그는 공공영역에서의 삶을 말한다. 2장 18-25절에서는 직장에서의 삶을 말한다. 3장 1-7절은 가정에서의 삶을 말한다. 각각의 경우에 그의 관심사는 선교이다. 놀라운 점은 교회를 위한 베드로의 선교 전략은 전도 훈련이나 손님 응대를 포함하지 않는다는 것이다. 그것들에는 아무 문제가 없다. 좋은 점들이 많이 있다. 그러나 기독교 선교의 토대는 평범한 기독교인들이 복음을 살아가는 것이다. 복음 의도를 가지고 일상적인 삶을 살아가는 상황에서 일어난다. 이런 점에서 켈러는 이웃, 동료, 직장, 친구들과 이런 방식으로 함께하는 간단한 아이디어들을 유용하게 제시하고 있다(96-100쪽). 또한 관계적 상황에서 복음을 나누는 간단하고 "유기적인 방법들"을 제시한다(100-101쪽).

베드로전서의 이 구절들은 복음 의도성을 갖고 살아가는 일상적인 삶의 핵심적인 특징들을 보여 준다. 우리는 사람들에게 존중심을 갖고 대해야 한다(2:17; 3:7, 15절). 우리의 선교는 공격적이거나 오만해서는 안 된다. 이방인과 외국인의 이미지로 기독교인을 이해하는 것은 유익하다. 대사를 생각해 보라. 대사는 파견된 나라에 존중심을 보여야 한다. 그러나 본국에 대한 충성심을 잃지 않아야 한다. 기독교인에게 본국은 하늘에 있다(1:3-5). 그러나 우리는 존중심을 갖고 세상에 참여해야 한다. 동시에 용기 있어야 한다. 우리가 두려워할 대상은 사람이 아니라 하나님이기 때문이다(2:17-18; 3:6, 14-15). 이를 통해 그리스도에 대하여 말할 담대함을 갖게 된다.

무엇보다도, 우리가 문화에 참여하는 것은 십자가 중심적이어야 한다. 즉, 십자가와 부활에 의해 형성되어야 한다. 그리스도 안에서 살아가는 삶은 그리스도의 삶의 패턴과 동일하다. 그리스도는 고통 이후에 영광이 따랐다(1:11). 마찬가지로, 그리스도 안에서 살아가는 사람들의 패턴은 고통 이후에 영광이 따르는 것이다(4:13; 5:10). 베드로는 종들이 그리스도의 본을 따라야 한다고 쓴다. 그리스도는 고난을 하나님께 맡기셨다(2:18-25). 베드로는 또한 아내와 남편들에게 "마찬가지로" 권면한다 (3:1, 7). 다시 말해서, 아내들과 남편들의 태도는 십자가를 따라야 한다.

데이비드 보쉬는 우리의 선교적 참여가 피해야 할 두 가지 위험성을 가르쳐 준다. 켈러의 표현으로 그들은 "(1)기독교 사회를 재창조하려는 노력(중세 기독교의 실수) 그리고 (2)사회에서 분리해서 '영적 영역'으로 고립하는 것(현대성의 실수)이다(49쪽). 복음주의자들은 종종 두 가지 위험성 모두에 빠져든다. 우리는 기독교 사회를 만들어서 문화 속에서 편안하며 문화의 내재적 우상들에 도전하지 않는다. 이것은 "종교 소비자의 개인적 필요를 채워 주는 종교"라는 개념을 통해 나타난다(50쪽).

베드로는 이런 위험들 사이를 피해 나간다. 우리가 선을 행하고 하나님의 찬송을 선포하도록 요청한다. 우리는 이것을 존중심과 용기를 갖고 행한다. 무엇보다도, 우리의 접근법은 그리스도 중심적이어야 한다. 우리가 숨겨져 있는 그분 안에서 그분의 패턴을 따라 사는 것이다. 우리는 도래하는 그리스도의 왕 되심을 선포한다. 왜냐하면 그분이 우리에게 모든 권위를 주셨기 때문이다. 어느 날 그가 돌아오시고 모든 이가 그 앞에 무릎을 꿇는다. 그러나 그날은 아직 오지 않았다. 그 사이에 우리는 그리스도의 고통에 참여하게 된다. 우리가 십자가를 닮는 것은 자기 부인, 희생적 삶, 그리고 봉사의 모양을 취한다. 그리스도는 모든 세계의 주님이시다. 동시에 승천하신 주님이시며, 천국을 통치하신다. 언젠가 돌아오실 그분은 십자가 모양의 삶을 통해서 우리를 통치하신다. 우리는 사람들에게 믿음과 회개를 통해 그분의 주님 되심 앞에 순복하라고 요청한다. 켈러는 이렇게 말한다. "선교적 교회는 반드시 섬기는 공동체로 자신을 이해해야 한다-공공선을 위한 대안 문화가 되어야 한다"(85쪽).

특정 형태에 매이지 말라

유럽에서 열린 교회 개척들 콘퍼런스에서 선교적 교회에 대한 질의응답 시간에 답한 적이 있었다. 그 시간은 나에게나 질문자들에게나 힘든 시간이었다. 그 다음날 아침, 한 참여자가 나에게 말했다. "지난밤에 무슨 일이 일어났는지 깨달았습니다. 목사님은 교회가 '되는' 것이 무엇인지에 대해 계속 말씀하셨고, 우리는 교회를 '하는' 것이 무엇인지에 대해 계속 물었습니다." 그는 제대로 요점을 짚었다. 나는 교회 회의, 구조, 절차 등의 세부 사항들에 대해서는 관심이 없었다. 그것보다는 사람들에게 우리가 교회에서 무엇을 말했는지를 말하는 것을 꺼리고 있었다. 왜냐하면 우리가 하고 있는 것을 다른 사람들도 해야 한다고 말하고 싶지 않았기 때문이다. 각각의 교회는 그들의 상황에서 최선의 방식들을 찾아내는 작업을 해야 한다. 나에게 중요한 것은 이 작업을 해 낼 수 있는 신학과 문화다.

이러한 관심사는 켈러가 현재의 선교적 교회에 대해 말할 때에 반영된다. 그는 이렇게 쓴다. "두 번째 중요한 문제는 너무 많은 강조를 특정한 교회 형태에 두는 것이다"(87쪽). 어떤 이들은 기존 교회 모델을 "유입적 교회"라고 부르며 "성육신적" 모델로 대체하기를 원하는데, 켈러는 그들의 주의를 환기시킨다.

나는 켈러의 비판에 동의한다. 유입적 교회는 소비자주의적 문화에 항복할 때 문제가 될 수 있다. 그러나 유입적 교회도 잘 이루어질 수 있다. 비신자들이 처음부터 작은 공동체에 헌신하지 않으면서도 교회를 살펴볼 수 있는 기회를 마련한다면 말이다. 더욱이 교회는 "혼합 경제"를 가질 수 있다. 매력적인 주일 모임과 더불어 선교적 공동체가 공존할 수 있다. 이러한 모임들은 함께 비신자들이 교회로 들어올 수 있는 두 개의 대문을 제공한다. 그들은 선교적 공동체의 삶을 통해서 연결될 수도 있고 또는 주일 모임에 방문하도록 초대될 수도 있다.

또한 "성육신적" 모델이라는 용어에 문제가 있다고 생각한다. 이 용어의 옹호자들이 주장하고 싶어 하는 많은 것들에 대해 공감한다. 그러나 이것은 잘못된 범주라고 믿는다. 성육신은 하나님이 인간이 되신 행동을 가리킨다. 이는 우리가 모방할 수 없는 것이다. 성육신을 삶에 확장하려는 시도들은 교회가 그리스도를 대신하는 것으로 이해될 수 있다. 이는 승천 교리에 대한 잘못된 이해와 연결되기도 한다.

이 상황 속에서 나의 주안점은 우리가 형태에 집착하고 있다는 점이다. 내가 소속한 교회는 크라우디드 하우스(The Crowded House)라고 불린다. 사람들은 종종 "크라우디드 하우스 모델"에 대해 묻는다. 사실은 우리의 구조와 모임을 여러 번 바꾸었다. 교회 개척의 상대적으로 짧은 기간에 그렇게 했다. 우리는 변화하는 상황에 대해 언제나 적응한다. 교회 바깥에서 새로운 기회들이 일어나든지 교회 안쪽에서 성장이 일어나든지 한다. 우리가 해야만 하는 일들을 실행하는 데는 조금 느릴 수도 있다. 그러나 실제로 나는 이래야 한다고 생각한다. 선교적 교회의 모델에 있어서 지속적인 적응의 모델 외에 바른 모델은 없다.

역설적으로 형태에 대한 집착은 현대주의적 관점을 드러낸다. 현대주의의 특징은 관리, 구조, 그리고 절차에 대한 신념이다. 이것은 대량생산의 시대에 나타났는데, 한 가지 제품이 모든 사람에게 적합하다고 보는 것이다. 문제들은 경영 개선이나 과정 혁신을 통해서 해결될 수 있다고 보는 관점이다. 우리가 이러한 생각을 하고 교회에 적용을 한다면,

우리는 문제에 봉착할 수도 있다. 작은 것은 선교적 공동체에 있는 많은 이들에게는 아름다울 수도 있지만, 구조를 바꾸는 것이 해결책이라고 잘못 가정하게 한다. 그들은 한 가지 규모가 모든 문제를 해결한다고 본다. 포드 자동차를 만든 헨리 포드에게서 소비자들이 단지 검은색 자동차만을 제공받은 것처럼 작은 교회 모델을 제공받는 격이다.

그렇다면 당신의 작은 교회가 성장하면 당신은 어떻게 할 것인가?

새로운 생명은 새로운 구조를 통해서 오지 않는다. 이는 마치 옛 포도주를 새 부대에 넣으면서 언젠가 새 포도주로 바뀌리라 희망하는 것과 같다. 아니다. 새 생명은 말씀과 성령을 통해서 온다. 우리는 성령의 사역을 통제할 수는 없다. 그러므로 새로운 생명은 말씀의 선포와 기도에 대한 반응으로서 하나님으로부터 온다고 말할 수 있다. 새로운 생명이 오면, 당신은 거기에 맞는 새로운 가죽 부대를 만들 수 있다. 그러나 새 부대가 새 포도주를 만드는 것은 아니다. 그러므로 이 부분에서 실수하지 않도록 하자. 새 구조로 바꾼다고 교회에서 새로운 선교적 삶이 만들어지리라 생각하지 말라.

만일 선교적 교회가 특정 구조와 동일한 것이 아니라면, 그럼 선교적 교회는 무엇으로 이루어지는가? 나는 그 답이 선교적 문화라고 생각한다. 강력한 성경신학으로 뒷받침되는 문화이다. 우리의 초기 시절에 우리는 건물도, 목회 팀도, 조직도 없었다. 심지어 은행 계좌도 처음 한동안 없었다. 우리가 가진 것은 오직 문화였다. 오늘날 우리의 문화는 조심스럽게 지키며 항상 추진하는 그 무엇이다.

여기에 뛰어난 문화를 창조하고 지켜가기 위한 몇 가지 아이디어들이 있다.

이야기들

우리는 시작할 때 열 개의 가치에 따라 문화를 정의했다. 각각의 가치에는 우리가 무엇을 의미하는지 한 문단씩 기록했다. 뿐만 아니라 무엇을 우리가 하지 않았는지를 기록했다. 그러나 그 문장들이 사람들의 상상력을 잡기에는 부족하다는 것을 깨달았다. 가치에 대한 문장을 창조한다고 해서 문화를 창조했다고 말할 수는 없다. 그래서 우리는 짧은 이야기들을 만들었다. 각각의 가치가 어떻게 실제로 나타날 수 있는지를 예로 들었다. 초기에 그 이야기들은 만들어 낸 것들이었다. 그러나 그 후로 사람들이 행하고 있는 것을 경축하며 실제 일어난 이야기들을 말할 수 있는 모든 기회들을 가질 수 있었다. 설교에서, 소그룹에서, 그리고 이제는 문서 형태로, 실제 삶의 이야기들을 나눈다.

우리의 선교적 공동체들이 모일 때 흔한 질문은 이렇다. "어떻게 하나님께서 이번 주에 우리의 삶 속에서 일하셨습니까?" 이것을 통해 우리의 가치에 살을 붙이는 이야기들을 말할 수 있는 기회가 생긴다. 지도자로서, 나는 이러한 연결고리들을 강조할 수 있는 방법을 언제나 찾고 있다. 공동체는 무엇이 경축되는지를 급속히 배운다.

모범

선교적 교회에 대한 추상적 토론으로는 문화를 거의 창조하지 못한다. 비밀 언어는 도움이 되지 않는다. 사람들은 그것이 어떤 것인지 '보는' 것이 필요하다. 그래서 모범은 필수적이다. 이것은 지도자가 삶을 열며 가정을 열어야 한다는 것을 의미한다. 사람들이 당신의 삶을 보는 것보다 나은 것은 없다. 그들은 당신이 어떻게 낯선 이를 환영하는지 보아야 한다. 어떻게 아내를 보살피며 어떻게 자녀를 양육하는지를 보아야만 한다. 당신이 복음 의도성을 갖고 일상생활 속에서 살아가는 것이 어떤 모습인지를 직접 보아야 한다. 바울은 디모데에게 이렇게 쓴다. "나의 교훈과 행실과 의향과 믿음과 오래 참음과 사랑과 인내와 핍박과 고난과 또한 안디옥과 이고니온과 루스드라에서 당한 일과 어떠한 핍박받은 것을 네가 과연 보고 알았거니와 주께서 이 모든 것 가운데서 나를 건지셨느니라"(딤후 3:10-11).

사람들이 "[우리의] 교훈"을 아는 것만으로 충분하지 않다. 그들은 "[우리의] 행실"을 알아야 한다. 만일 그들이 단지 우리의 가르침만을 안다면, 그들은 정통이 될 것이다. 그러나 만일 우리가 선교적 제자들을 원한다면, 그들은 어떻게 가르침이 실제로 변환되는지를 볼 수 있어야 한다. 만일 우리가 그들이 적대적인 분위기에서도 담대하게 전파하는 사람들이 되기를 원한다면, 우리는 그들이 "[우리의] 의향, 믿음, 오래 참음, 사랑, 인내, 핍박, 고난"을 볼 수 있어야 한다.

사람들은 종종 전통적인 교회를 보다 더 선교적인 교회로 변화시키는 작업을 시작할 수 있는지 묻는다. 나는 제안한다. 한 개의 소그룹을 시작하면 좋겠다. 그 그룹의 일부가 되라. 그들에게 선교적 삶이 어떤 것인지 본이 되라. 그들에게 혁신의 명령을 주라. 그룹의 사람들에게 깊이 투자하라. 그리고 그룹이 다른 사람들에게 본이 되게끔 하라. 당신은 처음부터 사람들에게 선교적이 되라고 말할 수는 없다. 본이 필요하다. 일이 잘 된다면, 다른 사람들이 이 그룹이 말하는 이야기들을 들을 수 있게된다. 그리고 선교적이 되는 동일한 허락을 요구하기 시작할 것이다.

핵심 습관들

오랫동안 우리의 핵심적 선교 가치를 복음, 공동체, 그리고 선교에대한 헌신이라고 정의했다. 이 세 가지 헌신들은 세 가지 정체성을 만든다. 우리는 제자들이다. 우리는 가족이다. 그리고 우리는 선교사들이다. 보다 최근에 우리는 토드 엥스트롬(Todd Engstrom)과 오스틴 스톤(Austin Stone) 공동체 교회로부터 도움을 받았다.[3] 그들은 세 가지 핵심적인 선교적 공동체의 습관에 대해 말한다. 가족 모임, 삶이 변화되는 소그룹. "제3장소." 우리는 이것을 적용하여 다음의 표를 만들었다.

핵심 확신	핵심 정체성	핵심 습관
공동체	우리는 가족이다	가족 식사
말씀	우리는 제자들이다	말씀 안에서 보내는 시간
선교	우리는 선교사들이다	제3장소
공동체를 통한 선교	우리는 선교적 공동체이다	일상 속에서 복음 의도성

말씀 안에 보내는 시간은 우리의 선교적 공동체들이 -그룹 전체가 함께하거나 두세 명이 함께하거나, 주일 설교를 따라가기 위해 모여서 개인의 삶이나 우리의 삶에- 함께 구체적으로 적용을 하는 시간이다. 우리는 또한 선교적 공동체를 격려하는데, 이는 어떻게 우리가 친구들이나 이웃들에게 우리가 숙고하는 본문의 진리를 소통할 것인가 생각하는 것을 포함한다.

"제3장소"는 사람들이 친구를 초대해서 기독교인 공동체와 함께 시간을 보낼 수 있는 모임이나 장소이다. 이는 중립적인 공간으로서 사람들이 자연스럽게 한데 모일 수 있는 곳이다. 이는 "제 3장소"라고 불리는데, 그 이유는 집이 아니고 일터도 아니기 때문이다(첫 번째와 두 번째 장소들이다). 한 그룹의 "제3장소"는 사람들이 자연스럽게 함께하는 공통적인 선교적 프로젝트나 장소일 수 있다. 만일 그들이 스케줄을 맞추기가 어렵다면, 두어 개의 "제3장소들"을 둘 수도 있다.

"제3장소"는 집에서 열리는 모임일 수도 있다. 그것이 사람들이 어울리기 쉬운 자연스러운 장소라면 그렇다. 그러나 집을 선택하는 것의 위험성은 우리가 편안하게 느끼는 장소일 수 있기는 하지만, 다른 사람들이 오기는 자연스럽지 않을 수 있다는 점이다.

이러한 관점을 통해, 우리는 어떻게 그룹이 단순한 성경 공부 모임에서 서로를 섬기는데 헌신된 그룹으로 바뀌는지 목격할 수 있었다. 그리고 선교사들의 팀이 되고, 선교적 공동체가 되는 것을 보았다.[4] 우리의 최종 단계에서, 핵심 습관들이 흘러넘쳐서 복음 의도성을 가진 삶으로 이어졌다.

밧줄 모델

우리 교회가 초창기부터 사용했던 관점은 "밧줄 모델"이었다. 예수님은 말씀하신다. "새 계명을 너희에게 주노니 서로 사랑하라! 내가 너희를 사랑한 것 같이 너희도 서로 사랑하라. 너희가 서로 사랑하면 이로써 모든 사람이 너희가 내 제자인줄 알리라"(요 13:34-35). 서로에 대한 우리의 사랑을 사람들이 볼 때 선교가 일어난다. 그러므로 기독교인 공동체를 사람들이 볼 수 있는 것은 기독교 선교의 핵심적인 부분이다.

이것은 우리가 사랑의 공동체가 되어야 한다는 것을 의미한다. 또한 우리가 사랑의 공동체라는 것을 '보게 할' 필요도 있다. 이것은 예수님이 마태복음 5장 14-16절에서 말씀하신 요점이다. 예수님은 그의 새로운 공동체가 "세상의 빛"이라고 하셨다(14절). 구약성경에서 이스라엘은 하나님의 통치 아래 살도록 부름을 받았다. 그래서 하나님 통치의 선함을 세상에 나타내게 되어 있었다. 이제는 교회가 이 부르심을 받아서 세상의 빛이 되게 하셨다.

예수님은 계속 말씀하셨다. "사람이 등불을 켜서 말 아래 두지 아니하고 등경 위에 두나니 이러므로 집안 모든 사람에게 비취느니라"(15절). 다시 말해서, 하나님의 선하심을 당신의 공동체 내부에서만 나타내는 것은 아무도 그 공동체의 삶을 보지 않을 때는 소용이 없다는 것이다! 그러므로 예수님은 공동체에게 이렇게 권면하신다. "이같이 너희 빛을 사람 앞에 비취게 하여 저희로 너희 착한 행실을 보고 하늘에 계신 너희 아버지께 영광을 돌리게 하라"(16절).

그렇다면 핵심 질문은 다음과 같다. 언제 사람들이 우리가 서로 사랑하는 것을 볼 수 있는가? 선교는 단지 비신자들과 개별 기독교인들 사이의 접촉만을 포함하는 것이 아니다. 선교는 반드시 비신자들과 기독교인 공동체 사이의 접촉을 포함해야 한다. 번번이 우리가 경험하는 바는 사람들이 기독교의 메시지에 이끌리기 전에 기독교의 공동체에 이끌린다는 점이다. 물론, 기독교인 공동체에 끌리는 것만으로는 충분하지 않다. 앞에서 말한 것과 같이 복음은 말씀이다. 그러나 베드로전서 3장 8절에서, 15절의 질문을 불러일으키는 것은 기독교인 공동체의 삶이다. "마지막으로 말하노니 너희가 다 마음을 같이하여 체휼하며 형제를 사랑하며 불쌍히 여기며 겸손하며 … 너희 마음에 그리스도를 주로 삼아 거룩하게 하고 너희 속에 있는 소망에 관한 이유를 묻는 자에게는 대답할 것을 항상 예비하되 온유와 두려움으로 하고."

이것이 실제 삶에서 어떤 것인지를 사람들로 하여금 생각하도록 도우려 한다면, 우리는 선교를 세 가닥으로 된 밧줄로 이해하는 것이 좋다.

- 관계를 형성한다
- 복음 메시지를 공유한다
- 공동체의 사람들을 포함시킨다

만일 한 가닥이 빠진다 할지라도, 하나님의 주권적인 계획 속에서, 이 밧줄은 여전히 유효하다. 그러나 삼겹 줄이 같이 있으면 훨씬 강력하다.

우리는 일상적 삶을 복음으로 가득 채우는 기독교 공동체가 필요하다. 우리가 사람들을 소개하는 공동체는 반드시 "하나님 이야기"를 하는 것이 일상적이어야 한다. 우리가 성경에서 무엇을 읽고, 필요가 생길 때에 함께 기도하고, 같이 복음을 기뻐하고, 우리의 영적 씨름들을 나누는 것이다. 기독교인뿐만 아니라 비신자들도 마찬가지로 그렇다.

복음은 우리에게 무엇을 의미하는가?

켈러는 이렇게 말한다. "나의 세 번째이자 가장 큰 관심은 이렇다. 모든 선교적 교회에 대한 책들이 '복음'이라는 말을 끊임없이 쓰지만, 그들이 그 단어를 가지고 동일한 생각을 의미하지는 않는다는 것은 분명하다. 이것은 매우 중요한 문제이다."

또한 그는 이렇게 긍정한다. "하나님의 구속 사역의 마지막 결과는 그리스도 안에 완전히 회복된 우주가 있다는 것"이다. 또한 "어떤 사람들은 하나님의 구원 사역을 강조하되 개인적 회심에 대한 주의는 거의 기울이지 않았다."

나는 이러한 염려에 동의한다. 이것이 가장 심각하다는 점에 동의한다. 때로 복음주의권 안에 두 종류의 복음이 있는 것처럼 보인다. 십자가의 복음과 하나님 나라의 복음이다. 십자가의 복음이 선언하는 것은 내가 하나님께 죄를 지었으므로 하나님의 심판 아래 있다는 것이다. 그러나 하나님은 자비로우셔서 독생자를 보내셨다. 예수님은 나를 대신해서 죽으셨으며, 내 죄는 용서될 수 있었고 영생을 얻을 수 있었다. 하나님 나라의 복음이 말하는 것은 예수님이 하나님의 생명 수여와 해방 통치를 회복하기 위해서 오셨다는 것이다. 그분은 우리로 하여금 그리스도의 삶의 방식을 따르게 하신다. 그리고 우리는 재림의 순간을 기다리며 그리스도의 통치를 받으며 살아야 한다.

나는 십자가의 복음이 환원주의적인 방식으로 소통될 가능성이 있다고 믿는다. 결국, 마태복음 4장 23절은 "예수께서 온 갈릴리에 두루 다니사 저희 회당에서 가르치시며 천국 복음을 전파하시니"라고 기록되어 있다. 십자가의 복음이 환원주의적이 될 수 있는 위험성은 회개의 범위가 제한된다는 점이다. 사실상 회개는 우리의 성생활과 가족생활에만 영향을 끼칠 뿐 사회정치적 신념에는 영향을 미치지 않는다. 그러나 진실은 부활하시고 승천하신 그리스도는 삶의 모든 면에서 주인이시다.

하나님 나라 복음의 위험성은(선교적 대화의 모습들 속에 나타난 것으로) 하나님의 거룩한 진노를 피하여 그리스도 안에 숨으라는 요청을 놓친다는 점이다. 그리스도는 우리의 의로움이며, 그분의 죽음이 죄의 심판을 대속한다.

이 논평에서 균형을 유지하는 것이 유쾌할 것이다. 그러나 이것은 비균형적인 것이다. 하나님 나라에 대한 강조점이 없다면, 십자가의 복음은 부적합하다. 그러나 십자가에 대한 강조점이 없다면, 하나님 나라의 복음은 복음이 아니다. 그것은 선행의 복음이 된다. 선행을 통해서 개인의 구원을 성취하는 것이라기보다는 선행을 통해서 하나님 나라를 성취하는 것이 된다. 그렇지만 여전히 우리를 위하신 그리스도의 선행이 아니라 우리 자신의 선행인 것이다. 결국 사회적 행동을 통한 자기 의의 율법주의적 복음으로 남게 되는 것이다.

켈러가 쓰듯이, 내가 하나님 나라의 복음이라고 칭하는 것을 지지하는 많은 사람들이 "개인 구원뿐만 아니라 또한"의 언어를 사용한다. 그러나 켈러의 결론은 이러하다. "구원, 사명, 그리스도인의 삶의 개인적 국면과 공동체적 국면이 대립적으로 진술되면서 개인적 측면은 거의 제거되었다(74쪽). 안타깝지만 나도 이 의견에 동의한다. 많은 이들이 십자가 복음의 환원주의에 대하여 교육받으며 성장했다. 그들은 신약이 하나님의 나라를 가르치는 것을 배웠다. 이제 그들은 십자가에서 이루신 그리스도의 사역에 대한 믿음을 통해 개인적 구원의 필요성을 '가정한다.' 그러면서 하나님의 나라와 사회적 참여에 대한 요청을 '강조한다.' 여기에 위험성은 한 세대가 가정한 것이 그 다음 세대에는 사라진다는 점이다.

대신에 우리는 하나님의 나라와 십자가를 연결한다. 하나님의 나라는 두 단계로 온다. 처음에는 예수님의 사역 가운데 비밀스럽게 임하고, 다음에는 시간의 끝에 영광스럽게 임한다. 처음에 오셨을 때는 심판하러 오시지 않았다. 심판은 우리 모두에게 파멸을 의미했을 것이다. 그래서 예수님이 처음 오신 때에는 심판이 없었다.

심판을 제외하고는 진리가 아니다. 영광스럽고 놀라운 반전이 있다. 심판이 '존재'하는데, 이 심판은 십자가 위에 떨어졌다. 예수님은 어두운 하늘 아래 "엘리 엘리 라마사박다니 하시니, 이를 번역하면 [나의 하나님 나의 하나님 어찌하여 나를 버리셨나이까?]"(막 15:34)라고 부르짖으셨다. 심판의 어두움이 예수님이 죽으실 때 그 위에 떨어졌다. 그리스도는 아버지에게 버림 받고, 죄에 대한 하나님의 심판을 담당하셨다. 명백히 심판이었다. 그런데 심판받으신 분이 바로 그 왕이시다. 하나님의 나라는 왕이 그의 백성을 위해 죽는 은혜 가운데 임한다.

예수님은 씨 뿌리는 자에 대한 실제적인 비유를 설명하실 때, "뿌리는 자는 말씀을 뿌리는 것이라"(막 4:14)고 했다. 하나님의 나라는 하나님의 말씀이 선포되고, 사람들이 믿음으로 반응할 때 성장한다. 우리는 왕의 대사들로서 적진에 파견되었다. 다가올 심판을 경계하고, 사람들이 그들의 충성을 세상의 참된 왕께 돌리도록 명하는 사명을 받았다.

이것이 승천이 중요한 이유이다. 예수님은 하늘에서 다스리신다. 그의 통치는 실제이다. 우리는 예수님이 주님이신 척하는 것이 아니다. 예수님은 하늘의 모든 권세를 갖고 계신다. 그의 왕 되심에는 전혀 의심의 여지가 없다. 그러나 그는 왕권을 지상에 부과하려고 오신 것이 아니다. 그를 거부하는 모든 사람들에게는 그것이 심판을 의미하기 때문이다. 대신에 그는 먼저 그의 백성들이 그의 왕권을 선포하며, 나라들이 회개하고 그분께 피하도록 요구하도록 보내시는 것이다.

—

논평을 시작할 때 언급한 것처럼, 나는 켈러가 쓴 내용에 대해 전체적으로 동의한다. 종종 추가적인 뉘앙스를 더하거나 몇 가지 말을 조금 다르게 표현할 수 있기는 하지만, 켈러가 선교적 교회 운동의 역사와 발전에 대해 요약하고 그것의 강점과 약점에 주의를 기울이도록 도운 부분에 대해 감사를 느낀다. 분명히 오늘날 교회는 선교적 교회일 필요가 있다─성경적으로 전도적이고, 어떤 특정 형태에 묶이지 않는 교회이다. 십자가와 하나님 나라의 메시지를 소통하면서 복음을 선포하는 교회이다.

우리는 부활하시고 승천하신 주님을 섬긴다. 그분은 하늘의 보좌에서 다스리시며 언젠가 반드시 돌아오신다. 그날까지, 교회의 미래는 번드르르한 대형 교회를 만드는데 놓여 있지 않으며 끝내 주는 가정 교회를 만드는데 있지도 않다. 프로그램들을 개발하거나 교회 형태를 바꾸는 것과도 관련이 없다. 미래는 복음에 의해서 복음을 위해서 변화된 신실한 사람들의 공동체에 달려 있다. 일상생활의 상황 속에서 복음을 나누는 사람들의 공동체에 달려 있다.

팀 체스터에 대한
답변

팀 켈러

팀 체스터의 책들은 《팀 켈러의 센터처치》의 주와 도서 목록에 자주 나온다. 그래서 그가 이 책에 기고하는 것은 대단한 일이다. 내가 이야기한 선교적 교회(missional church) 운동과 관련된 "중요한 관심사들"에 그가 주목하고 동의하는 것이 나에게는 놀라운 일은 아니다. 그는 대단히 도움이 되는 방식으로 동의한다. 선교적 공동체에 대한 이 장들에 풍성한 기여를 선사하고 있다.

환원주의에 대한 관심사

첫 번째 관심사는 무엇보다도 선교적 교회의 정의가 충분히 포괄적이지 않다는 것이다. 지난 20년 동안 등장한 엄청난 분량의 선교적 교회에 대한 서적들을 살펴보면서 정의에 대한 일치가 없다는 것을 발견했다. 상당한 분량의 책들은 오래된 '전도적'이라는 말을 새로운 선교적(missional)이라는 말로 대체했을 뿐이었다. 더 많은 주류 그룹의 사상가들이 선교적 교회를 정의한 것은 공의를 시행하고 보다 의도적인 공동체 안에서 삶으로써 세상을 고치는 것에 헌신되는 일이었다.

거의 모든 책들이 공통적으로 갖고 있는 것은 그들이 얼마나 환원주의적인가 하는 점이었다. 더 전통적인 관점의 책들은 선교적인 것을 "수적인 교회 성장"이라고 정의했다. 그러나 대부분은 올랜도 코스타스(Orlando Costas)가 "성육신적 교회 성장"이라고 불렀던 관점으로 -공의를 행하고 문화에 참여하는 것- 정의를 내렸다. 이 책들 가운데 사람들이 회개하고 회심하도록 부르는 것은 사실상 사라졌다. 선교적 공동체 서적들의 결말은 전도, 봉사, 정의, 그리고 공동체가 서로 추가되는 것이 아니다. 이들이 주의 깊게 상호의존적으로 연결되는 것이다. 풍성한 신학적 이해와 주의 깊은 실행을 통해서 이것이 이루어지는 것이다.

팀 체스터는 전반적으로 이 첫 번째 주장에 긍정하였고 "귀 기울일 권리를 획득"하는 것의 위험성에 대해 유익한 토론을 했다. 나는 어떤 이들이 두 번째 큰 계명(이웃을 사랑하고 섬기는 것)이 첫 번째 큰 계명(하나님을 사랑하는 것)을 세상에 말할 수 있는 "권리를 우리에게 부여한다"고 말하는 것에 대한 인정을 표현했다. 체스터는 이것이 기독교인이 복음을 전할 참된 기초를 모호하게 할 수 있다는 점을 걱정한다. 그 권리는 승천하신 그리스도로부터 나오는 것이며, 그분은 우리를 그의 이름으로 보내셨다. 체스터는 말한다. "내가 복음을 말할 때, 내 이름으로 하거나 내 교회의 이름으로 이야기하는 것이 아니다. 그리스도의 이름으로 이야기하는 것이다. 주님은 경청받을 권리를 갖고 계시다. 이것이 승천의 의미 중에 하나이다"(132쪽). 그는 만일 우리가 기독교인들에게 (1)그들이 무슨 말을 하기 전에 삶을 먼저 살아야 한다는 인상을 주거나 또는 (2)경청받을 권리를 부여하는 것이 그리스도가 아니라 세상이라는 인상을 줄까봐 염려한다. 이는 확신 있는 증언을 저해하게 된다.

체스터는 "권리를 획득하는 것"이라는 표현이 "우리가 전하는 메시지에 대한 존경을 받는 것"의 의미로 이해될 수 있다고 양보한다. 이 의미는 완벽하게 맞다. 사실 그는 뒤에서 명시적으로 이러한 존경 획득을 권장한다. "우리가 사랑의 공동체가 되어야 한다는 것을 의미한다. 또한 우리가 사랑의 공동체라는 것을 '보게 할' 필요도 있다"고 쓰면서 그는 우리가 세상의 빛(마 5:14)이라는 예수님의 말씀을 인용한다. 그러므로 승천하신 그리스도의 권위에 증거의 권위를 두는 그의 조심스러움과 도전함에 강하게 동의한다.

형태에 대한 관심사

선교적 교회 문헌에 대한 두 번째 관심사는 특정 형태들에 대한 지나친 관심과 강조이다. 다시금 '선교적'이라는 단어를 단순히 '전도적'이라는 단어의 동의어로 이해하는 보다 전통적인 책들은 "전도의 문화"라는 생각에 대해 말뿐인 지지를 했다. 그러나 결국 "구도자들"을 모으고 과정을 통과하게끔 그들 나름의 행사와 과정을 고안했다. 그런데 대부분의 선교적 교회 도서들은 대형 교회 및 프로그램 중심적 사역들에 대한 강한 반발에서 집필되었다. 때때로 암시적이고 명시적으로 이 책들은 작고, 비공식적이고, "유기적인" 교회를 권장한다. 그런 교회들은 종종 큰 "유입적" 교회들에 대한 대안으로 "성육신적인" 교회라고 불린다. 팀 체스터는 특정한 형태나 모델의 선교적 교회가 있다고 주장하는 것은 중대한 실수라고 말하는 《팀 켈러의 센터처치》의 주장을 지지한다.

그가 목회하는 교회인 크라우디드 하우스는 영국 쉐필드에 있는데 뉴욕 시의 리디머교회와 동일한 일을 겪었다. 방문자들이 계속 찾아와서는 "교회의 모델"을 배우려 했다. 그는 크고 작은 교회들과 프로그램 중심적인 교회 혹은 비공식적인 교회들 모두 선교적일 수 있다고 했다. 그러나 이는 아닐 수도 있다. 선교적이 되는 것은 형태에 있지 않다. 그럼 무엇에 있는가? 이 제목으로 체스터는 그의 지혜를 나누었다. "선교적 문화"의 개요를 제공하면서 어떻게 장려할 수 있는지를 나누었다.

그에 의하면 선교적 문화란 기독교 공동체가 모일 때에 신자들의 삶과 습관들 속에 "복음 의도성"을 장려하는 것이다. 복음 의도성은 일상의 삶 가운데 삼겹 줄을 가진 밧줄의 이미지로 전달된다. 첫째, 진정한 친구 관계를 형성하는 것이다-단순히 전도와 사역의 대상을 정하는 것이 아니라, 어떻게 그리스도가 나를 사랑하셨는지를 기억하면서 참된 친구가 되고 사람들을 조건 없이 섬기는 것이다. 둘째, 복음 메시지를 자연스러운 방식들로 나누는 것이다. 셋째, 믿지 않는 친구들을 믿음의 공동체에 환영하여 들이는 것이다.

체스터는 선교적 교회들이 할 수 있는 세 가지 근본적인 선교적 습관들을 열거한다. 첫째, 예배로 모이는 "가족 모임"이다. 교회의 누구나 그 일부가 될 수 있다. 둘째, 일종의 보다 작은 소그룹(작게는 두 사람, 크게는 가정 교회)으로 모여서 하나님의 말씀이 우리의 삶 속에 일하시도록 하는 것이다. 셋째, 가장 흥미로운 것은, "제3장소"를 가져서 교회에 다니지 않는 친구들을 초대하는 것이다. "복음 의도성"을 가지고 함께 살아온 친구들을 초대하는 것이다. 체스터는 이 제3장소는 가정이나 직장이나 교회 건물이 아닐 수 있다고 언급한다. 이것은 지역 사회에 대한 봉사 프로젝트일 수도 있고, 사람들이 자연스럽게 모여들 수 있는 공적 장소에서 갖는 기독교인들의 모임일 수도 있다. 또는 믿는 이들과 믿지 않는 이들이 함께 섞여서 모이는 정기적인 "모임"일 수도 있다.

우리는 이미 방법론에 대한 근대적 욕망이 가진 위험성을 살펴보았다. 선교적 교회를 어떻게 통달하고 사용할 것인가에 대한 단계별 방법론에 대한 욕망에 대한 것이다. 이것에 대해서 독자가 정당하게 반감을 가질 수 있지만, 우리는 사람들에게 구체적인 것은 거의 아무것도 줄 수가 없다. 이 이슈에 대해 지혜를 구하는 사람에게 이것은 힘든 경험일 수 있다. 그런 면에서 체스터의 논평 개요에서 보이는 단순성과 구체성이 아주 도움이 된다고 생각한다. 구체적이지만 한 가지 "형태"를 명령하는 덫을 전체적으로 피하고 있다. 내가 볼 때에는 많은 종류의 크기와 모양을 가진 교회들이 이러한 요소들을 만들 수 있다. 그런 점에서 팀 체스터는 많은 선교적 교회 전문가들이 실패한 곳에서 성공할 수 있었다.

체스터의 유용한 생각들 중에 다른 것들을 강조해 보자. 선교적이 된다는 것은 일련의 프로그램을 실행하는 것에 있는 것이 아니다. 만일 우리가 공동체 전반의 태도의 집합을 살펴본다면, 어떻게 우리는 선교적 문화를 촉진하고 유지할 수 있을까? 가장 최고의 방법 중에 한 가지는 이야기들을 사용하는 것이라고 체스터는 말한다-특히 당신의 교회 사역이나 역사 가운데 실제로 일어난 이야기들이 좋다. 당신의 교회가 어떤 모습이어야 할지를 구현하는 이야기들일 것이다(143쪽).

내가 아는 가장 뛰어난 예는 베델복음교회로서 할렘에 있는 아프리칸 아메리칸교회이다. 그 교회의 미션과 비전을 전달하기 위해 그곳의 목회자는 몇 개의 표어나 슬로건을 내세우지 않는다. 대신 이야기가 나누어진다. 1916년, 두 명의 젊은 아프리칸 아메리칸 여성이 그리스도를 영접했다. 그리고 맨해탄 시내에 있는 한 교회에 출석하려고 하였다. 그러나 그들은 피부 색깔 때문에 거부당했다. 그 교회의 멤버였던 젊은 싱글 여성인 릴리안 크래거(Lillian Kraeger)는 이 결정에 대해 괴로움을 느꼈고 두 여성들이 신앙에서 멀어질까 두려웠다. 그녀는 할렘을 정기적으로 방문하기 시작했고, 그들을 위해서 "오두막 모임"이라는 성경 공부 교실을 열었다. 이것으로 말미암아 릴리안은 그녀의 가정과 교회로부터 소외를 당했을 뿐만 아니라 약혼자와 파혼하기에 이르렀다. 그러나 그녀는 자신의 결심을 지켰고 작지만 성장하는 가정 교회를 목양했다. 오늘날 이 교회는 1천 5백 명이 모이는 발전하는 교회가 되었다. 이 교회는 가난한 이들을 위한 사역에 참여하는데 유례없을 정도로 강한 헌신을 보인다.

이것은 "배제와 포용"의 놀라운 이야기다. 이는 그 교회에 주신 오늘날의 사명을 잘 보여 주고 있으며, 다양한 단계로 나타난다. 이야기를 들은 백인 그리스도인들은 찔리기도 하면서 영감을 받기도 한다. 왜냐하면 이야기 속에서 그들은 주인공이면서 적대자이기 때문이다. 아프리칸 아메리칸 회중은 "죽음에서 생명이 나온" 이야기로 이해한다. 릴리안 크래거는 그녀의 배제된 자매들과 기꺼이 함께하려고 했으며 스스로 자신이 익숙한 모임에서 배제됐다. 그렇지만 엄청난 열매를 맺었다. 이 이야기는 인생 내내 거절의 그늘 아래 살아온 사람들에게 어마어마한 격려가 될 수 있다.

에스라 윌리암스 감독은 베델교회에서 35년간 목회했다. 그는 이 이야기를 이사야 54장 1절에 연결한다. "잉태치 못하며 생산치 못한 너는 노래할지어다 구로치 못한 너는 외쳐 노래할지어다 홀로 된 여인의 자식이 남편 있는 자의 자식보다 많음이니라 여호와의 말이니라." 가정과 약혼자에게 버림받은 여인이 결국은 훨씬 많은 자녀를 그녀의 신실함 가운데 가질 수 있었다. 그녀가 성문 밖에서 주님을 따르지 않았을 경우 가질 수 있는 것보다 훨씬 많은 것을 받았다.

물론 그렇게 극적인 설립의 이야기를 가진 교회는 많지 않을 것이다! 그러나 하나님께서 우리 가운데 일하신다는 참된 이야기들은 교회의 사명을 보여 준다. 이런 이야기들이 잘 표현되고 복음의 주제와 잘 연결될 때 사람들이 선교적 공동체를 구성하는 최고의 방법이 된다.

복음에 대한 관심사

주요 관심사의 마지막은 복음에 대한 명확성의 상실이다. 팀 체스터는 다시금 《팀 켈러의 센터처치》의 주장을 확립해 준다. 그는 이 이슈를 이렇게 표현한다. 우리는 복음 제시에 있어서 십자가와 하나님 나라의 성경적인 개념을 붙잡아야 한다. "하나님 나라 복음"만 붙잡는다면 결국은 "선행의 복음"이 되고 말 것이라는 위험성이 있다. 그러나 "환원주의적인 십자가 복음"은 회개가 단지 개인적인 도덕성만을 다룰 뿐이며 "사회정치적인 헌신"은 없다는 위험성이 있다(15쪽).

이러한 성경적인 주제들을 한데 묶는 것은 쉬운 일이 아니다. 그러나 이 주제에 대하여, 나는 독자들에게(또한 팀 체스터에게도) 앤디 크라우치가 《도시를 품는 교회》에 쓴 "문화 참여에 대한 단상" 논평을 참조하기 바란다. 특히 형상 형성에 대한 부분을 참조하길 바란다. 우리의 복음 제시에 있어 하나님의 형상을 사용하는 것을 통해서 복음 환원주의의 문제를 해결하는데 도움을 받을 수 있다. 환원주의는 내향적인 근본주의를 남기거나 신학적 자유주의를 남긴다고 했다. 나는 선교적 교회 운동이 세 권의 《센터처치》 시리즈 안에 있는 기고자들의 글로부터 많이 배울 수 있다고 믿는다.

통합적인
사역을
추구하라

04
사역 영역들의
균형

◇◇◇

센터처치 신학적 비전에 의해 지도되는 교회는 통합적이고 균형 잡힌 사역을 추구한다. 복음은 단지 그리스도인들을 회심시킬 뿐만 아니라 그리스도인들을 능력 있게 만든다. 교회가 제자도 대신 전도만을 선택해야 하는 것은 아니다. 복음은 말씀을 통해서만 세상에 선포되는 것이 아니라 실천과 공동체를 통해서도 선포된다. 가르침의 사역과 결핍을 해결하는 실용적 사역 사이에서 양자 택일을 해야 하는 것은 아니다.

복음은 개인을 새롭게 할 뿐만 아니라 공동체와 문화도 새롭게 하기 때문에, 사람들의 개인적 회심을 위해 제자 훈련이 필요하며, 그리스도인 공동체, 사회 정의, 도시에서의 문화 갱신을 위해서는 제자 훈련을 해야만 한다. 이러한 사역 영역들은 독립적이거나 선택 사항이 아니라 상호의존적이며 성경적이 된다.

그러나 현실에서 이러한 모든 "사역 접점들"을 균형 있는 자원 사용과 관심을 갖고 제공하는 교회는 거의 없다. 많은 교회들은 전도, 교회 성장, 그리고 교회 개척에 열심을 낸다. 일부 교회들은 모든 강조점을 교제와 공동체에 둔다. 다른 교회들은 빈곤층과 사회 정의 이슈에 과격하게 헌신한다. 또한 문화와 예술의 중요성을 매우 강조하는 교회도 있다. 사실, 다양한 사역들의 지도자들이 다른 사역들의 강조점을 거부하거나 부정적으로 여기는 것은 흔한 일이다.

빈곤층과 함께 일하는 사람들은 "직업과 신앙을 통합하는" 것이 엘리트주의라고 생각한다. 공동체, 제자 훈련, 그리고 경건을 강조하는 사람들은 교회 성장을 강조하는 것이 영적 천박함으로 이어진다고도 생각한다. 그러나 복음의 본질상 이 모든 접점에 참여하는 것이 요구된다. 은혜의 체험은 전도를 독려할 뿐 아니라 우리를 구원하신 하나님께 대한 친밀하고 영광스러운 예배에 대한 영감을 불어넣는다. 은혜의 체험은 새로운 투명함과 솔직함을 가능하게 하며 이로 인해 깊은 교제가 가능해진다.

복음의 은혜 중심성은 우리를 겸손하게 하며 정의를 향한 새로운 열정을 갖게 한다. 복음의 본질은 우리로 하여금 우리 사회와 문화 속에 있는 우상 숭배를 감지하게 하며 그것들이 어떻게 우리의 삶과 일터를 뒤틀리게 하는지 분별할 수 있게 도움을 준다.

더욱이 이 모든 접점에 참여하는 것은 문화의 특성과도 잘 부합한다. 그리스도인들이 도시의 공익을 위해서 희생적으로 일하는 것은 성경적일 뿐만 아니라 예수님을 믿도록 사람들을 부르는 설득력 있는 전도를 위해서도 필수적인 바탕이 된다. 우리가 단지 수와 힘을 키우는데만 관심이 있다고 지역 사람들이 인식한다면, 그들은 우리의 말에 귀 기울이지 않을 것이다.

또한 문화적 참여를 생각해 보라. 앞 장에서 문화는 단순히 사람들이 믿음과 직업을 통합하려고만 하거나 또는 수많은 개인적 회심의 결과로 바뀌는 것이 아님을 살펴보았다. 반드시 두 가지가 있어야 한다. 깊이 있는 기독교 공동체를 경험하면서 복음에 의해 변화되는 그리스도인의 수뿐만 아니라 가난한 사람들을 돌보는 것으로 알려지는 그리스도인의 수가 모두 증가해야 한다. 이는 오직 우리가 모든 사역들을 진행하며 그중에 어떤 것이든지 효과적일 때 가능하다. 어떤 접점에서의 성공이든지 사역의 다른 접점에서의 성공에 의존한다.

만일 우리가 이 모든 것을 함께 행하려는 강한 노력을 기울이지 않는다면 실제로 어떤 것도 제대로 행하지 못하게 된다. 다시 말해서, 센터처치 사역은 통합적이어야 한다. 우리가 다음과 같은 수천 개의 새로운 교회 공동체를 만들 수 있다면 정기적으로 세상 사람들을 그리스도께 인도하고, 도시 전체의 공익을 추구할 수 있다. 특히 가난한 사람을 돕고, 많은 그리스도인들이 연극을 하고, 과학을 발전시키고, 창조적 언론을 만들고, 효과적이며 생산적으로 새로운 사업을 일으킬 수 있다.

또한 타인을 위하여 재정을 사용하고, 최첨단의 논문과 문학작품을 산출한다면, 성경이 그리스도인들에게 해야 한다고 말하는 모든 것을 실제로 행하는 것이 된다. 이것은 우리의 도시들이 그리스도를 위하여 어떻게 영향을 받을지에 대한 모습들이다.

교회에 대한 성경의 비유들에 균형을 잡는 것

에드먼드 클라우니는 논문에서 성경이 교회를 묘사하는 데 문자적으로 수십 개의 비유를 쓴다고 제시했다.[1] 교회는 "택한 백성 거룩한 나라"(벧전 2:9)라고 불린다.

문자적으로 그리스도를 만남으로 인해 변화된 독특한 민족이다. 교회는 또한 가족으로서 다른 그리스도인들이 형제, 자매, 어머니, 아버지가 된다(마 12:49-20; 딤전 5:1-2; 요일 3:14-18). 또한 교회는 "그리스도의 몸"으로 불린다(고전 12:12-27). 우리는 인간 신체의 일부분처럼, 각기 다르고 대체불가능하며 상호주관적인 역할을 한다. 이러한 비유는 그리스도 안에서 서로에게 새로운 연결점을 제시한다.

어떤 비유들은 하나님의 사랑과 임재 앞에 나아가는 유일한 길을 강조한다. 교회는 그리스도의 신부로 묘사되며(고후 11:2; 엡 5:32), 이는 가장 깊은 인간관계를 넘어서 친밀감을 가리킨다. 교회는 또한 "왕 같은 제사장"(벧전 2:9)이며 하나님의 영의 "거룩한 전"이며, "영적인 집"이다(엡 2:20-22; 벧전 2:4-8).

또 다른 비유들은 질과 양적 성장을 이야기한다. 교회는 곡식이 자라는 "하나님의 밭"(고전 3:9)이며, 그의 "들판"(요 4:35)이며, "감람나무"(롬

11:24)이고, "포도나무 가지"(요 15:5)다. 우리가 나눔과 선을 행하는 것으로(히 13:16) 희생을 드리는 제사장의 역할과 하나님의 찬송을 선포하는 우리의 부르심(벧전 2:9 후반절)의 이미지들은 우리가 어떻게 세상과 연결되어 있으면서 하나님을 섬겨야할 지를 이야기한다.

이것은 성경에서 교회를 묘사하기 위해 사용된 80여 개의 이미지 중에서 몇 가지를 예로 들은 것이다. 클라우니는 이들 중에 몇 가지에만 집중하는 성향을 향해 경고한다. 이 모든 것들은 교회 생활의 실천에 영향을 주어야 하는 위대한 도전이다.

우리가 교회를 이해하고 교회의 정체성을 이해할 때, 특정한 메타포에 우선순위를 높게 매기고 나머지는 방관하는 것이 일반적이다. 애버리 덜레스 경은 《교회의 모델》이라는 책에서 교회사의 다양한 장소와 특히 문화권을 뛰어넘은 곳에서 이것은 사실이었음을 밝혔다. 교회에 관한 다양한 성경적 비유법이 그리스도인들의 사고를 지배하게 되며, 다른 비유들은 밀어낸다. 모든 모델들 중에서 한 가지를 강조하는 경향이 있는 다섯 가지 모델을 살펴보자.[2]

1. 제도로서의 교회 모델은 교리, 신학, 안수 받은 사역을 강조한다.
2. 신비적 공동체로서의 교회는 유기적 공동체와 모임으로서의 교회를 가리킨다.
3. 성례로서의 교회는 공동체적 예배를 강조한다.
4. 전달자로서의 교회는 전도와 설교를 주로 행한다.
5. 종으로서의 교회는 사회정의에 헌신한 급진적 공동체이다.

어떤 의미에서 교회 모델들은 불가피한 것이다. 회중 지도자들의 영적인 은사와 부르심, 그리고 그들의 사회적 상황은 모든 교회들이 어떤 비유를 더 잘 수행하고 어떤 종류의 사역을 더 잘 이행할 수 있는지에 필연적으로 영향을 끼친다. 어떤 교회들은 전도를 더 잘하고, 다른 교회들은 교육과 훈련을 더 잘한다. 또 다른 교회들은 회중 예배와 설교에, 다른 교회들은 빈곤층 섬김 사역에 강하다.

한 사람의 그리스도인이 모든 은사를 갖고 모든 사역을 동일하게 잘할 수는 없다. 이것은 고린도전서 12장의 분명한 요점이다. 어떤 교회도 모든 영적 은사를 (충분히) 갖고 모든 사역을 동일하게 잘 할 수는 없다. 지역 교회들은 개인 신자들과 마찬가지로 겸손하게 자신들의 한계를 인정해야 하며 도시, 지역, 국가에서 그리스도의 몸의 한 부분이라는 것을 인정해야 한다.

네 개의 사역 접점

교회를 묘사하기 위해 사용된 어떤 비유들도 무시되어서는 안 된다. 모든 비유들은 성경적이다. 각각의 교회는 반드시 성경의 풍성한 이미지의 모든 것에 최선을 추구해야 한다.

그렇지만 어떤 교회도 은사와 강점의 완벽한 균형을 갖고 있지는 않으며, 충분한 리더십과 재정적 능력을 다 갖춘 교회도 없다! 한계를 인정하면서도 성경적 비유들에 충실한 교회란 실제적으로 어떤 것인가?

교회는 모든 형태의 사역을 통합적인 방법으로 가능한 한 탁월하게 수행하려고 함으로써 강한 사역들을 보완하려고 노력해야 한다. 강점을 인정하고 활용하되 단점을 보강하기를 멈추지 않아야 한다. 성경이 말하는 교회의 의미와 목적, 사역을 존중해야 한다. 이것은 개인적인 성령의 은사와 그리스도인의 의무와의 관계와 다르지 않다. 예를 들어, 성경은 모든 그리스도인에게 전도하며 가난한 이웃을 사랑하라고 말한다. 그렇지만 어떤 사람들은 전도의 은사를 갖고 있고(엡 4:11), 또 다른 사람들은 긍휼과 섬김의 은사가 있다(롬 12:7-8). 그러므로 그리스도인으로서 개인이 가진 은사를 사용할 다양한 기회를 찾아야 하지만, 성경이 의무로서 이야기하는 것을 실행하려고 노력해야 한다. 은사와 상관없는 사람들도 마찬가지이다.

우리는 이 과업의 어려움을 인정한다. 이는 교회 지도자들이 이루어야 할 가장 어려운 균형이다. 모든 것을 균일하게 다 잘 할 수 있는 교회는 없지만, 어떤 역할이라도 성경이 요구하는 전체 그림에서 지워선 안된다. 특히 도시 교회들은 대도시의 복잡성에도 불구하고 사역의 각각의 영역들을 넉넉한 헌신과 강조점을 갖고 주의 깊게 다루어야 한다.

나는 교회의 비유와 모델에 대해서 이야기하는 대신, 고유한 "사역 접점"(Ministry Fronts)이라고 부르기를 선호한다. 이는 다양한 모델과 비유들은 특정 유형의 사역을 강조하고 다른 것들에 비해서 더 선호하기 때문이다. 그래서 네 개의 사역 접점들을 제안한다.

1. 사람들을 하나님께 연결하는 것(전도와 예배를 통해서)
2. 사람들을 서로에게 연결하는 것(공동체와 제자도를 통해서)

3. 사람들을 도시에 연결하는 것(자비와 정의를 통해서)

4. 사람들을 문화에 연결하는 것(신앙과 직업의 통합을 통해서)

물론 실제로 소수의 교회들만이 네 가지 접점에 대하여 균형 잡힌 초점과 주의를 갖고 참여한다. 일반적으로 많은 경우에 있어 교회 안과 밖에서 서로 경쟁하는 분위기로 인해 자원과 주의를 얻기 위해 사역들이 다툼을 벌인다. 그러나 이들 네 가지 접점에 참여하는 것만이 교회에 대한 성경의 비유들을 전체적으로 높이는 것이다. 이것이 곧 '통합적 사역'(Integrative Ministry)이라고 부르는 것이다. 나는 에드먼드 클라우니보다 교회의 통합적 성격을 더 잘 가르친 사람을 발견하지 못했다. 클라우니는, 교회에 대한 성경신학적인 관점을 다룬 책에서, "성경적인 사역의 목표들"을 세 가지로 말한다.

첫째, 우리는 예배를 통하여 하나님을 예배하고 섬기도록 부름을 받았다(롬 15:8-16; 벧전 2:9).

둘째, 우리는 기독교적 양육을 통하여 서로에게 동역하며 섬겨야 한다(엡 4:12-26).

셋째, 우리는 증거를 통하여 세상에 사역하고 섬겨야 한다(마 28:18-20; 눅 24:28; 행 5:32).

사역의 이 세 가지 목표들은 교회가 부르심을 받은 범위를 보여 준다. 우리는 이 영역들 중 하나에만 전문화하도록 부름을 받지 않았다. 사람들을 하나님께, 이웃을 서로에게, 이 세상에 연결할 뿐이다. 우리는 이 모든 것을 해야만 한다. 클라우니는 이 모든 목적들이 사실은 한 가지 목표라고 주장한다. 교회로서 한 가지 근본적인 부르심이며 목적이다.

> 하나님의 성도와 교회를 향한 부르심은 한 가지 부르심이다. 바울은 이방에게 그리스도를 증거함으로 그들이 하나님을 찬양하도록 할 수 있게 한다. 또한 양육과 예배 역시 함께 가는 것이다. 우리는 시편과 찬송과 영적인 노래들로 하나님을 찬양하며, 서로를 가르치고 권면하는 것이다(골 4:16; 엡 5:19). 우리의 마음이 하나님을 향한 찬양으로 채워질 때 우리 예배는 세상에 대한 증거가 된다.[3]

오순절에 제자들은 여러 언어로 하나님을 찬양했고 그들의 찬양은 듣는 이들에게 증거가 되었다. 바로 이것이다. 우리는 한 가지의 부르심을 받았다. 하나님을 찬송하며 부르는 것인데, 우리를 죄의 어둠에서 불러내어 기이한 빛으로 부르신 이의 탁월함을 선포하는 것이다(벧전 2:9).

세상에 하나님을 선포하며 찬송할 때, 우리는 참 제자가 되는 것이다. 우리가 하나님의 임재 안에서 그분을 나타내며 찬송할 때, 진정한 예배가 시작된다. 또한 다양한 방법으로 다른 민족들에게 하나님의 영광과 선하심을 선포하며 나타낸다. 이것이 교회로서 존재하는 이유이다.

교회의 범위와 역할

이 지점에서 앞서 인용한 것을 기억할 필요가 있다. 아브라함 카이퍼는 제도적 교회와 유기적 교회의 범위에 대하여 나누었다. 제도적 교회는 직분자들 아래 있는 지역 교회이며, 유기적 교회는 공식적, 비공식적 협회와 조직으로 연합되어 있는 그리스도인들을 가르킨다. 또한 세상에서 개인으로서 일하는 그리스도인을 제자 훈련해야 한다.

교회는 제도적이든 유기적이든, 네 개의 접점 모두에 직접적으로 혹은 간접적으로 참여해야 한다. 카이퍼의 구분은 두 영역 사이에 역할과 범위의 차이점을 제시한다.

예배 -전도와 공동체- 제자도의 사역 접점들은 주로 제도적 교회와 사역자들과 장로들의 직무이다. 각각의 그리스도인은 전도하며, 다른 신자들을 강하게 한다. 수많은 선교 단체들은 이 영역에서 매우 탁월했다. 그러나 지역 교회의 역할은 이러한 사역을 하는데 있어 대체불가한 기구이다. 지역 교회는 말씀과 성례의 사역과 사람들을 믿음으로 인도하고 그들을 제자로서 세우는 것이 중심 과업이기 때문이다.

우리가 사람들의 경제적, 물질적 궁핍을 섬길 때 -자비와 정의, 제3사역 접점- 제도적 교회와 유기적 교회가 겹치는 영역이 있다. 교회는 내부 사람들과 인근 지역 사회를 위해 봉사 사역을 한다. 개혁주의 전통에 있는 사람들은 봉사 사역이 이러한 목적을 위해서 교회 안에 특별하게 헌신된 기관이라고 믿는다.

또한 경제 개발과 사회개혁의 일이 있다. 이는 가난과 사회적 궁핍의 문제를 훨씬 체계적으로 해결하려는 것이다. 나는 이런 종류의 일이 개별 그리스도인들이나 개인들이 특정한 목적으로 만드는 조직들에 의해서 최고로 수행될 수 있다고 믿는다.[4]

제도적 교회가 문화 참여에 관심을 기울일 때 -네 번째이자 마지막 사역 접점- 그것은 주로 그리스도인들의 공동체를 제자화함으로써 이루어진다. 신자들은 유기적 교회로서 일한다. 직업, 피조 세계의 선함, 문화의 중요성, 그리고 안식의 실천 등에 대한 기독교적 교리를 가르침으로써 교인들은 영감과 격려를 받으며 다양한 문화의 채널 속으로 들어간다. 예를 들어, 교회는 영화 제작 구성원들을 훈련시켜서 그들의 예술과 작업 가운데 견고한 기독교적 관점을 배양하여 그리스도인으로서 독특성을 가질 수 있게 한다. 그러나 지역 교회가 영화사를 만들어서 영화 제작을 하는 것은 해선 안 된다고 믿는다.

다음 장에서는 어떤 사역이 각각의 접점에서 보일지, 특히 어떻게 서로 통합될지 자세하게 제시하려고 한다. 이 중에 어떤 것은 단지 제안에 불과하다. 교회가 모든 사역에서 해야 하는 일을 전부 정할 수 없기 때문이다. 사역에 참여하는 방법에 있어서 꼭 필요한 균형과 아울러 교회의 사명에 명확성과 초점이 생기기를 바란다.[5]

토론과 성찰을 위한 질문들

1. 성경에서 주어진 교회의 비유들 가운데 어떤 것에 당신은 가장 많은 우선순위를 두는가?(거룩한 나라, 가족, 그리스도의 몸, 그리스도의 신부, 왕 같은 제사장, 성령의 전, 하나님의 밭, 포도나무의 가지 등) 이 우선순위들이 당신의 교회를 어떤 점에서 특별하게 만드는가?

2. 교회의 다섯 가지 모델들 가운데 어떤 것이 당신의 교회와 밀접한가?

• 제도로서의 교회 모델은 교리, 신학, 안수 받은 사역을 강조한다.
• 신비적 공동체로서의 교회는 유기적 공동체와 모임으로서의 교회를 가리킨다.
• 성례로서의 교회는 공동체적 예배를 강조한다.
• 전달자로서의 교회는 전도와 설교를 주로 행한다.
• 종으로서의 교회는 사회정의에 헌신한 급진적 공동체이다.

이 중 당신의 교회는 어떤 모습이길 원하는가? 당신은 무엇을 강조하는가?

3. 다음을 어떻게 생각하는가? "제도적 교회가 문화 참여에 관심을 기울일 때 -네 번째이자 마지막 사역 접점- 그것은 주로 신자들의 공동체를 제자화함으로써 이루어진다. 신자들은 유기적 교회로서 일한다. 직업, 피조 세계의 선함, 문화의 중요성, 그리고 안식의 실천 등에 대한 기독교적 교리를 가르침으로써 교인들은 영감과 격려를 받으며 다양한 문화의 채널 속으로 들어간다."
이 전제에 동의하는가? 제도적 교회가 이런 류의 일에 직접적으로 참여할 때 발생하는 위험은 무엇인가? 교회가 신자들을 제자화하여 문화에 참여하게 하는 구체적인 방법은 무엇인가?

05
하나님을 만나도록
연결하라

◇◇◇

두 세대 전에만 해도 아무도 "우리는 어떻게 예배해야 할까요?"라는 질문을 하지 않았다. 특정한 신학적 전통이나 교단의 방침에 따라 예배 스타일은 정해져 있었고, 예배는 전통에 순응하여 이루어졌다. 그런데 오늘날 혼란스러울 정도로 다양한 예배 접근법과 스타일이 같은 교단 안에 있는 교회들에서도 사용되고 있다. 안타깝게도 새로운 다양성은 많은 갈등과 혼란의 원인이 되었다.

"예배 전쟁"에서 가장 흔한 단층선은 현대적 예배와 전통적 예배 사이의 갈등이다. 예배에 대한 책 *Worship by the Book*[1]에서 이 주제를 다룬

바 있다. 수많은 교회들이 1960년대, 70년대 그리고 80년대에 제2차대전 세대(전통 찬송가, 성가대, 그리고 클래식의 기악편성을 선호)와 베이비부머 세대(현대 팝음악에 맞추어진 찬양곡을 선호) 사이에 전쟁이 있었다. 1990년대 중반에 이르러 이 갈등은 베이비부머 세대의 승리로 기우는 듯 했다.

그런데 오늘날의 상황은 훨씬 복잡해졌다. 예배에 대해 두 가지 이상의 접근법이 있을 뿐만 아니라, 이들을 혼합하려는 수많은 헌신된 노력들이 존재한다.[2] 가장 혁신적인 교회들이라도 그들의 예배를 매주 다르게 만들 수는 없기 때문에, 예배의 전통을 유지하는 것은 불가피한 일이다. 미국 교회에서 오늘날 관찰되는 중요한 전통들에 대한 다음의 도표를 보라.

일부 독자들은 "우리가 예배의 형태를 어떻게 선택합니까?"라는 질문에 당황할 수도 있다. 그렇지만 소비자가 느끼는 필요를 맞추기 위해서 사역을 선택하거나 디자인하는 것은 미국의 소비 정신이다.

소비주의가 실제로 이런 질문 뒤에 있을 수도 있다. 질문에 대한 저항 뒤에 있는 가정 또한 미심쩍게 볼 필요가 있다. 많은 사람들은 다양한 예배 형태를 고려하는 것을 기피한다. 그들은 성경적으로 예배하는 방법이 오직 한 가지만 있다고 단순하게 생각하기 때문이다.

기독교의 근간이 문화와 사회로부터 영향을 받은 것이 아니라 탈역사적인 것이라고 생각하는 것은 잘못된 가정이다. 또는 자신의 취향 때문에 이런 질문을 회피할 수도 있다. 어떤 사람들은 단순히 다른 방식으로는 "예배할 수가 없다"면서 특정한 형태들을 옹호한다.

역사적 강조	현대적 강조	융합적 강조
예전적 강조점이 신체와 감각에 있다. 성찬이 중심이다. 고: 영국 성공회 중: 루터교, 미국 성공회 저: 대륙 개혁교회, 감리교	**찬양과 경배** 강조점이 감정에 있다. 찬양 음악이 중심이다. 흑인: AME, 미국 침례교 고전 오순절: 오순절교, 포스퀘어교 등 현대적 찬양과 경배: 갈보 리채플, 비냐드 전통적 찬양 "혼합": 50/50 찬양 음악과 찬송가	**형태와 음악의 융합** 강조점은 신비에 있다. 이야기가 중심이다. 예전적 현대성: 원래 형태는 은사 주의적 가톨릭 및 성공회의 "대중 미사"이다. 이제는 다양하고 구체적인 예전적 전통을 갖고 있다(성 공회, 개혁주의 등). 또는 위대 한 전통의 병합이 있다 - 전통적인 포크, 팝이나 소 프트 록음악, 인디 록, 재 즈, 리듬 앤 블루스와 가스 펠, 힙합, 절충, 기타 등등
전통적 강조점은 정신에 있다. 설교가 중심이다. 자유교회: 청교도와 개혁주의. 많은 독립 교회들. 공동체 교회: 재침례교회, 퀘이커교, 작은 교회들, 예수 운동 부흥주의자: 침례교, 감리교	**구도자 중심 예배** 강조점은 실용에 있다. 테마가 중심이다. 구도자 중심적 예배: 윌로 우크릭 구도자에 민감한 예배: 새 들백	

그러나 "복음 상황화"에서 우리는 모든 인간의 표현 형태들이 어느 정도 문화적으로 형성되는 것임을 보았다. 이는 예배에도 마찬가지로 적용된다. 우리가 고백하며 선포하는 진리는 문화를 초월하는 것이지만, 진리를 표현하거나 구현하는 방식들은 문화를 초월할 수 없다. 고린도전서

9장 19-23절에서 살펴보았듯이, 바울은 다양한 문화를 위해서 교정하는 것임을 이야기한다. "내가 복음을 위해서 모든 것을 행함은 복음에 참여하고자 함이라"(고전 9:23).

이것은 상대주의적 처방전이 아니다. 오히려 바울은 우리에게 모든 문화에는 성경과 충돌하지는 않으면서 동시에 거부받지도, 명령받지도 않는 것들이 많이 있음을 알려 준다. 자비와 겸손으로, 어떤 문화적 특징들은 복음이 불필요하게 낯설어 보이지 않도록 채택되어야 한다. 이것은 설교를 위해서뿐만 아니라 모든 예배를 위해서도 필요하다. 각각은 분명한 성경적 근거가 있고 가장 열매 맺을 수 있는 예배 형태들이 있다고 믿는다. 그러나 어떤 형태의 예배든지 성경적 원리뿐만 아니라 문화적, 기질적 요소들을 반영하고 있음을 인정해야 한다.

여기에서 내 이야기를 하고 싶다. 나는 개혁주의적이고 장로교적인 예배 형태가 하나님의 말씀과 잘 맞으며 나에게 풍성한 만족감을 준다. 그런데 이 전통은 감정의 공개적 표출이나 즉흥적 감정 표현에 있어서는 아무런 여지를 남겨두지 않는다. 왜 그런가? 장로교인들은 모든 것에 "적절하고 질서 있게 하라"(고전 14:40)는 말씀을 인용하기 좋아한다. 그렇지만 이 본문은 아주 비장로교적으로 들리는 예배를 묘사하는 가운데서 나온 것이기도 하다.

이러한 예측 가능성과 질서에 대한 우리의 사랑은 하나님의 임재 앞에서 존경과 예의를 합당하게 표현하려는 데서 연유한 것이지만, 우리의 특정한 예배의 표현은 매우 북유럽적이고 중산층적이며 때로는 절제에 대한 감정적 선호(어쩌면 우상 숭배)에서 비롯된 것일 수도 있다. 요컨대 특정 형태의 예배에 대한 우리의 선호는 전형적으로 원리, 기질, 그리고 문화의 혼합물인 것이다. 이 방식에는 유연성이 있어서 예배의 "규정 원리"를 믿는 -그중에 나도 포함된다- 사람들까지도 포함시킬 수 있다.[3] 역사적 관점의 주장은 성경에 근거가 있지 않다면 모든 공식적인 예배에서 해서는 안 된다는 것이다.

그렇지만 성경적인 예배의 요소들(설교, 성경 읽기, 노래, 기도, 세례, 선언 등)과 상황들(이 요소들을 행하는 특정한 방식들)을 구분한다. 성경은 수많은 실제적인 사안들을 지시하거나 다루지 않고 있다. 성경은 예배의 의례적 수준이나 예측 가능성에 대해서 가르치지 않는다. 예배의 시간이나 각각의 구성요소에 사용하는 시간의 양을 제한하지 않는다. 어떤 종류의 화음, 리듬, 악기 편성을 하라고 지시하지 않는다. 감정 표현의 정도, 또는 예배 순서도 규정하지 않는다.

신약성경에는 레위기에 해당하는 것이 없다. 1560년대 (존 녹스에 의해 제정된) 스코틀랜드 신앙고백은 말한다. "사람이 고안한 어떤 종류의 예배 순서에 관한 정책이든지 모든 종류, 모든 시대, 모든 장소에서 쓰일 수 있다는 것이 아니다."[4]

사람들을 하나님께 연결하는 지도 원리

성경은 예배의 실제적인 많은 이슈들에 대해서 상당한 자유를 우리에게 부여한다. 이 자유를 어떻게 지혜롭게 사용할 것인가? 어떤 접근법을 사용할지 어떻게 결정하는가? 사람들을 하나님께로 예배 가운데 연결하면서 우리가 몇 가지를 마음에 새기는 것이 도움이 될 것이다.

규범적 관점: 성경과 역사를 살핌

예배에 대한 우리의 성경신학이 예배를 결정한다. 이론적으로 예배 신학은 고정 불변해야 한다. 그러나 실제로 우리의 죄성 있는 마음과 풍성한 성경이 증거하는 것은 우리의 예배 신학은 항상 변화한다는 점이다.

우리는 예배에 대해 균형 잡힌 올바른 이해를 하고 있다고 실수하기 쉽다. 그러나 꼭 그렇지만은 않다. 그럼에도 불구하고 지금 여기가 우리가 예배를 이해하는 시작점이다. 성경이 예배에 대해 말씀하시는 것을 충분히 이해하고 그것을 우리의 매주 예배의 설계와 실제에 사용해야 한다.

예배의 역사적 전통이 예배를 형성한다. 오랫동안 그리스도인들은 많은 예배 전통을 형성해 왔다. 전통은 가치 있다. 과거의 성도들과 교회를 연결해 주며, 지난 세대의 검증된 지혜를 활용할 수 있다. 개신교들이 만든 예배 전통으로는 루터교, 영국국교회, 유럽 대륙의 개혁주의, 청교도-자유교회, 재침례교회, 부흥주의, 오순절, 그리고 아프리칸 아메리칸의 흑인 예배가 있다.

얼마 전까지 대부분의 복음주의자들은 비예전적인 전통 예배를 드렸다. 그 후 1970년대 초반부터 계속해서 비예전적이고 현대적인 예배를 향한 큰 운동이 일어났다. 그러나 1990년대에 와서 많은 이들이 방향을 전환했다. 전통적 복음주의 예배는 인지적 성격이 지나치다고 생각하고, 현대적 복음주의 예배는 감정적 성격이 지나치다고 생각한 사람들은 자기들이 전에 버렸던 설교 중심적인 전통 예배보다 더 예전적인 형태로 돌아갔다.[5] 이 흐름에 참여한 많은 사람들은 특정한 예배 전통을 채택하기보다는 다양한 역사적 접근법들을 절충하여 창조하였다.

여기에 주의를 크게 기울이기를 바란다. 앞서 말했듯이, 각각의 예배 전통은 시대, 장소, 문화에 뿌리를 내리고 있으며 그중에 어떤 것도 불변하는 절대적인 것으로 받아들여서는 안 된다. 또한 이제는 역사가 된 많은 전통들도 기존의 오래된 방식에 대한 혁신적인 변화였음이 사실이다. 그렇지만 각기 다른 예배와 영성의 전통들은 신학적 차이에 뿌리 내리고 있음을 주지해야 한다.

그중 어떤 것이 오직 하나뿐인 참된 방식이라고 말할 수는 없다. 그들 사이에 실제적 긴장과 모순들이 존재할 뿐이다.

예를 들어 보다 성례 중심적인 예전적 예배와 말씀이나 성경 중심적인 예배 사이의 차이는 어떻게 하나님이 은혜를 나타내시는지에 대한 서로 다른 이해에 상당 부분 기인한다. 어떻게 영적 성장이 일어나는지, 교리와 체험의 관계가 무엇인지에 대한 관점이 다른 것이다.

마이클 알렌이 지적하듯, 보다 감정적이고 즉흥적인 은사주의적 예배와 고전적인 말씀과 성례 중심의 예배 사이의 차이는 은혜와 본성의 관계에 대한 관점의 차이에 뿌리가 있다. 전자에서는 은혜가 즉각적인 경험과 자연법의 침범을 통해서 역사한다고 보며, 후자에서는 "은혜가 자연을 우회하기보다는 완성한다"[6]는 관점을 갖고 있다.

그러므로 성경 말씀을 조사하고, 신학적 결론을 도출하며, 우리가 결론적으로 가장 잘 맞는다고 생각하는 역사적 전통 속에 거하거나 배우는 것이 최선이라고 생각된다. 그러면서 문화적 적응과 다른 전통들로부터 학습하는 것에 열려 있는 것이 좋다.[7]

상황적 관점: 문화적 및 교회적 환경

존 칼빈은 예배가 단지 신학적, 역사적 고려사항에 의해서만 형성되는 것이 아님을 인정했다. 그는 종종 "덕을 세우는 것이" 행해져야 한다고 말했다. "만일 사랑이 우리의 인도자라면, 모든 것은 안전할 것이다."[8]

다시 말해서 우리의 공동체와 교회 사람들에게 가장 끌리는 것이 무엇인지를 고려하는 것이 중요하다. 다시 이것을 두 양상으로 나누어 보자.

첫째, 우리의 문화적 상황이 예배를 형성한다. 이것은 어떤 사람들 사이에는 논쟁의 주요 원천이 되기는 하지만, 피할 수 없는 부분이다. 예배에 대한 접근법과 인구 통계적 요소들, 예를 들어 연령, 사회 경제적 지위, 출신 인종 등 사이에 강한 상관관계가 있다. 뉴욕 시에서 우리가 관찰하는 몇 가지 예들이 여기 있다.

- 일반적으로 클래식 음악과 예전은 교육받은 사람들에게 끌린다. 고급 문화 형태들을 누리려면 필수적으로 훈련이 필요한 것이다.
- 일반적으로 현대적인 찬양의 예배음악은 훨씬 다양한 인종 그룹에게 끌리는 경향이 있다.
- 일반적으로 젊은 전문직 영미계 백인들은 좀 더 예술적인 성향이

있으며, 예전적이거나 역사적 접근법과 절충적인 음악 형태의 융합에 매우 끌린다.

- 일반적으로 베이비부머 가족들은 구도자 예배에 끌리며, 역사성 없고 감성적인 현대 노래들에 끌린다.

당신이 예배를 디자인할 때, "단지 성경적"이라고 가정할 수만은 없다. 많은 것들이 실제로는 문화적, 개인적 취향적인 것이다. 공동체에 있는 사람들을 생각해 보고, 당신의 성경신학과 역사적 전통이 자유를 주는 모든 영역에서 그들이 있는 곳으로 예배를 이끌고 가라.

둘째, 교회의 모델 및 핵심 가치들이 예배를 형성한다는 것을 기억하라. 모든 교회는 예배, 전도, 교육, 공동체 형성, 봉사를 해야 한다. 그러나 모든 모델들은 이런 요소들을 서로 다른 방식으로 연결한다. 예를 들어, 어떤 교회는 예배 가운데서 전도를 하려고 하지만 모든 교회가 그런 것은 아니다. 예배 전통들은 조금씩 다른 목적들을 가지고 있음을 많은 사람들이 인정한다. 그들은 모두 예배한다. 그들은 모두 하나님을 높이고, 회중을 불러 헌신하게 함으로써 하나님을 영예롭게 하려고 한다.

그렇지만 서로 다른 전통들은 각각 다른 방식으로 이 기본 목적을 추구하였다. 전통적-자유교회의 접근법은 예배자를 교육하는데 더 많은 강조점을 두는 반면, 경배-찬양 접근법은 예배자를 고양시키고 희망을 주는데 강조점을 둔다. 그리고 구도자에게 민감한 교회들은 비그리스도인들을 전도하면서 예배자에게는 희망을 주는 목적을 가진다. 교회의 모델이 우리로 하여금 이런 것 중에 하나를 선택하거나 또는 다른 것들을 결합하도록 영향을 준다.

실존적 관점: 기질과 친화성

마지막으로 개인적 친화성을 생각해야 한다. 목사 또는 예배 인도자로서 자신의 예배 경험 가운데 무엇을 좋아하고 싫어하는지에 관한 것이다.

목표는 개인의 취향을 만족시키려 하지 않되 자신의 강점을 잘 사용하여 회중을 유익하게 하는 것이다. 다른 한편으로는 너무 많은 사역자들이 자신들의 마음에 맞는 예배를 만들어 내고 있다. 이는 신학적으로나 문화적으로 훈련이 덜 된 사람들의 마음에 깊이 있게 다가오지 않는다. 그런 목회자들은 그것이 "성경적"이라고 하거나 "풍성한" 예배라고 주장하거나, 세상 사람들이 예배에서 만족을 추구하기 때문에 그에 맞추어야 한다고 주장하거나, 사람들의 수준을 높여야 한다고 주장하거나, 또는 자신들의 수준을 예배자들에게 맞추어 낮추면 안된다고 주장한다.

그러나 자주 일어나는 또 다른 문제는 목회자가 자신과 일부 성도에게만 영감을 주는 예배를 만들어 낸 것이다. 사도 바울은 우리에게 자신을 기쁘게 하지 말라고 경고했다(롬 15:1-3). 이는 우리가 예배를 준비할 때 모두가 경험할 수 있는 유혹이다.

신학적 논증을 사용해서 우리의 개인적 선호와 취향을 합리화하는 것은 쉬운 일이다. 예를 들어, "대중문화는 예배를 위해 사용될 수 있는 가치가 없다"는 반대 주장이 그렇다. 이러한 반대를 하는 사람들은 오로지 연습과 감상에 노력이 많이 필요한 높은 수준의 클래식 음악만이 예배에 사용될 수 있다고 주장한다.

이런 비판을 하는 사람들은 재즈 음악 예배는 싫어한다. 재즈가 높은 수준의 음악에 해당하며, 록, 가스펠, 또는 팝 음악보다 숙달과 감상에 더 많은 노력이 필요함에도 그러하다. 이런 비판은 비평자들이 단순히 클래식 음악을 좋아하면서, 자신의 취향을 보편화하기 위해 신학적 정당성을 찾고 있는 것이다.

동시에 우리의 마음이 냉랭하게 느끼는 스타일로 예배를 인도할 수 없다. 일단 우리가 취향이나 선호가 어떠한지를 인정하려고 할 때, 실제로 우리 마음이 움직이지 않는다면 예배를 인도할 수 없다.

음악과 노래는 반드시 마음을 만지고 움직여야 한다. 만일 묵상적인 성향을 강하게 가지고 있고, 조용하고 깊은 성찰을 사랑한다면 우리는 매우 은사주의적인 예배에서 하나님께 집중하는데 많은 어려움을 겪을 것이다. 궁극적으로 우리 마음의 용량과 경험적인 기질이 반드시 예배 스타일을 정하고 디자인하고 실행할 때 고려사항이 되어야 한다.

이러한 실존적 요소를 세 번째로 고려하는 이유는 사역자들이 자신의 감수성을 먼저 고려하기 전에 성경과 회중을 고찰하는 훈련을 하는 것이 필요하기 때문이다.

구도자 예배 대 전도적 예배

1980년대에 윌로우크릭교회의 접근법은 엄청난 영향력이 있었다. 그 근본적인 전제 중에 하나는 그리스도인과 비그리스도인을 동일한 모임에서 함께 다룰 수가 없다는 가정이었다. 그래서 윌로우크릭은 주말 "구도자 예배"를 고안했다. 이것은 기독교의 예배 모임으로 의도된 것이 아니었다. 전도 이벤트를 위해 고안된 것이었다. 그리스도인들은 주중 모임에서 예배드리도록 권면했다.

역설적으로 윌로우크릭 스타일의 예배에 가장 적대적인 사람들은 예배에 대한 동일한 가정을 공유하고 있다. 그들은 이런 식으로 논쟁의 틀을 잡는다. "일요일 예배는 누구를 위한 것인가, 비신자인가 아니면 하나님인가?" 물론 그들의 답은 일요일 예배는 순수하게 하나님을 위한 것이다. 그들은 또한 예배는 매우 전도적일 수 없다는 가정을 한다. 나는 이것이 잘못된 전제임을 주장하고 싶다.

매주 예배는 비그리스도인의 전도와 아울러 그리스도인들의 교육에 있어서 모두 효과적일 수 있다. 만일 예배가 둘 중 하나를 목표로 하는 것이 아니라 복음 중심적이며 일상 언어로 이루어진다면 가능한 것이다.

물론 교육, 기도, 공동체를 그리스도인들이 강력하게 경험하며 성장하기 위한 모임도 필요하다. 마찬가지로 비신자들의 질문이 답변되고 문제가 잘 해결될 수 있는 직접적인 전도 목적의 모임과 경험도 필요하다. 이러한 추가적인 경험들이 필요하다는 것을 인정하면서, 나는 매주의 예배가 전도와 교육의 핵심을 모두 채울 수 있다고 믿는다.

전도적 예배의 성경적 근거는 중요한 두 본문을 세밀히 조사할 때 확인된다(고전 14:24-25, 행 2장). 고린도전서에서 바울은 방언의 은사의 오용을 다룬다. 그는 만일 비그리스도인이 예배에 참여해서 사람들이 방언으로 말하는 것을 들으면, 그들이 그리스도인들이 미친 것이라고 생각할 수도 있다고 지적한다(23절). 그는 그리스도인들이 행동을 바꾸어서 예배가 비신자들에게 이해될 수 있게 해야 한다고 주장한다.

만일 배우지 않은 사람, 즉 "알지 못하는 자들이"(아직 입문하지 않은 관심자) 참석하면, 예배의 주된 목적을 교육으로 삼아야 한다. 그러면 비신자가 "모든 사람에게 책망을 들으며 모든 사람에게 판단을 받는다"라고 말한다. 어떻게 가능한가?

"그 마음의 숨은 일들이 드러나게 되므로"(25a절) 가능해진다. 이것이 의미하는 것은 그의 마음이 잘못된 방법으로 비밀스럽게 찾고 있던 것을 그의 주변에 있는 예배자들이 하나님 안에서 발견하고 있다는 것을 그가 깨닫는다는 것이다. 또한 이것은 그의 마음이 실제로 어떻게 작동하고 있었음을 예배를 통해 발견한다는 의미일 수도 있다. 어떤 쪽이든 결과는 분명하다. "엎드리어 하나님께 경배하며 하나님이 참으로 너희 가운데 계시다 전파하리라"(25b절). 이것은 매우 놀라운 구절이다.

바울은 15-17절에서 예배는 교육(덕을 세움)이 되도록 드려져야 한다고 주장한다. 그런데 이제는 전도가 되도록 드려져야 한다고 우리에게 말한다. 우리 중에 많은 이들은 이 사실에서 혼란스러움을 느낀다. 왜냐하면 우리가 이 본문을 방언과 예언이 무엇인지를 파악하기 위해 연구하며 오늘날 그것들이 지속되어야 하는지를 조사하기 때문이다.

이 모든 것이 논쟁적인 부분이기는 하지만, 이 본문에 오해의 여지없이 분명한 시사점이 있다. 사실상 모든 주석은 20-25절에서 바울이 고린도교회 신자들에게 예언을 방언보다 강조하는 것에 두 가지 이유가 있다고 말한다. (1)예언은 신자들을 교육한다. 그리고 (2)예언은 비신자를 깨닫게 하고 회심하게 한다.[9] 다르게 표현하면, 바울은 교인들에게 방언보다 예언을 강조하는데 최소한 예언이 사람들을 거듭나게 하기 때문이다.[10] 그렇지 않다면 그가 왜 비그리스도인이 예배에 와서 깨닫게 되는 (책망을 받는) 것을 자세하게 설명했겠는가?

사도행전 2장에서 우리는 좀 더 강력한 전도적 예배의 예를 찾을 수 있다. 성령님이 다락방에 있는 사람들 위에 임하셨을 때 군중이 모였다. 그들은 "우리의 각 언어로 하나님의 큰 일을 말함을 듣는도다"(11절)라고 말한다. 결과적으로, 그들은 궁금해졌고 관심을 갖게 되었다. "다 놀라며 당황하여 서로 이르되 이 어찌 된 일이냐 하며"(12절). 후에 그들은 깊이 깨닫게 된다. "그들이 이 말을 듣고 마음에 찔려 이르되 형제들아 우리가 어찌할꼬 하거늘"(37절). 다시 한 번 교회의 예배가 외부인의 관심을 끌었다는 것을 발견한다. 이 최초의 호기심과 관심이 궁극적으로 깨달음과 회심으로 이어졌다. 즉, 전도적 예배였던 것이다.

우리는 사도행전 2장과 고린도전서 14장의 상황 사이에 명백한 차이점이 있음을 인정해야 한다. 고린도전서 14장은 회심이 그 자리에서 일어난다. 사도행전 2장에서는 비신자들이 먼저 무관심에서 깨어난 다음에(12절), 베드로가 복음을 설명하고(14-36절) 어떻게 그리스도를 영접하는지를 가르쳐 주었을 때(38-39절) 후속 사건으로 실제적인 회심이 이어진다(37-41절).

두 상황에서 사용된 "방언"이 다른 것을 의미한다고 학자들이 말하기도 한다. 그렇지만 이 본문들이 방언과 예언에 대해서 어떤 것을 가르치든지 상관없이 이 본문들이 예배와 전도에 대해 전반적으로 가르치는 것을 놓쳐서는 안 될 것이다. 우리가 살펴본 것으로부터 우리는 적어도 다음의 세 가지 결론을 내릴 수 있다.

비신자들이 그리스도인의 예배에 참여할 것이 기대된다. 사도행전 2장에서 이것은 입소문으로 이루어졌다. 고린도전서 14장에서 이것은 그리스도인 친구의 개인적인 초청으로 이루어진 결과일 것이다.

예배에 어떻게 오게 되었든지 간에, 바울은 비신자들 및 구도자들이 (문자적 의미로는, 알지 못하는 이들 또는 이해하지 못하는 사람) 모두 예배에 참석할 것을 분명히 기대한다(고전 14:23).

비신자들에게 그리스도인들의 찬양이 이해 가능해야 한다. 사도행전 2장에서, 이러한 이해는 기적적인, 하나님의 개입으로 이루어졌다. 고린도전서 14장에서 이것은 사람의 의도와 노력으로 이루어진다. 그렇지만 다시금 어떻게 이런 이해가 일어나든지 상관없이 우리는 바울이 지역 회중에게 비신자들이 모임에 참석할 것으로 예상했다는 사실을 놓쳐서는 안 된다.

만일 우리가 하나님을 기쁘시게 하기를 추구하든지, 아니면 우리가 비그리스도인들이 어떻게 느끼거나 그들이 예배 가운데 무엇을 생각할지에 관심을 기울이든지 둘 중에서 하나를 선택해야 한다고 주장한다면 그것은 잘못된 이분법이다. 비신자들은 이해 가능한 예배를 통해서 책망을 받거나 회심할 수 있다. 앞에서 살펴보았듯이, 고린도전서 14장에서는 확신과 회심이 예배 중에 일어난다. 그렇지만 사도행전 2장에서는 "모임 후"와 후속 전도 가운데 일어났다.

하나님께서는 세상이 우리가 예배하는 것을 듣기를 원하신다. 하나님께서는 그분의 백성에게 단순히 예배할 뿐만 아니라 "나라들 앞에서" 찬송을 부르라고 하신다. 우리는 단순히 복음을 비신자들을 향한 소통 뿐만 아니라, 그들 앞에서 복음을 의도적으로 높여야 한다.

전도적 예배를 위한 세 가지 실제적 과제

만일 전도적 목적을 우리 예배 가운데 가지는 것이 중요하다면 그 다음 실제적인 질문은 이것이다. 어떻게 그것을 할 것인가? 교회가 전도적 예배를 만들기 위하여 할 수 있는 세 가지 실제적인 방법들을 제시하려고 한다.

둘째, 비신자들을 예배에 포함시키라(여기 번호는 사실 두 번째부터 먼저 일어나야 하기에 앞서 서술한다-역주). 여기의 번호는 실수가 아니다. 이 직무는 사실 두 번째로 일어난다. 그러나 거의 모든 사람은 이것이 첫 번째라고 생각한다! 우리가 전도적 예배를 시작하기 전에 비신자들을 예배에 오게 하는 것이 먼저라고 믿는 것이 자연스럽다. 그러나 사실은 그 반대 순서가 맞다.

예배가 이미 전도적이지 않다면 비신자들은 예배에 들어오지 않는다. 전형적으로 비신자들이 예배에 오는 일은 오직 그리스도인들의 개인적 초청에 의해서 일어난다. 우리가 시편에서 읽는 것처럼 예배에 오라는 초청을 "열방들이" 먼저 받아야 하는 것이다. 예배 경험이 이해 가능하고 수준이 있어야 초청하려는 열정이 만들어진다.

주의를 기울인다면 거의 모든 그리스도인은 그들이 가는 예배 경험이 비신자 친구들에게 끌리는 예배인지 아닌지를 알 수 있다. 그들은 어떤 예배가 그들에게 놀랍게 도움이 된다고 생각하지만, 그들의 믿지 않는 지인들이 와서 부정적으로 반응할 것이라는 것을 알고 있다. 그래서 그들을 데려올 생각 자체를 하지 않는다. 그들이 와서 감명을 받거나 흥미를 가질 것이라고 기대할 수가 없기 때문이다. 그리스도인들이 아무것도 하지 않은 것은 기대감이 없기 때문이다. 즉, 악순환이다.

목회자들은 그리스도인들만 와 있는 것을 본다. 그래서 예배가 외부인들에게 이해 가능하게 하려는 동기부여를 결핍하게 된다. 그러나 목회자들이 필요한 변화를 만들고 상황화하지 않는다면, 외부 사람들은 결코 오지 않을 것이다. 목회자들은 모여 있는 그리스도인 회중에게만 계속 반응한다. 이 순환이 반복된다. 그러므로 그리스도인들이 비신자들을 예배에 오도록 하는 최선의 방법은 마치 수십 명의 회의적인 관찰자들이 있는 것처럼 예배하는 것이다. 마치 그들이 거기 있는 것처럼 예배한다면, 결국 그들이 거기에 있게 될 것이다.

첫째, 비신자들이 이해할 수 있는 예배를 만들라. 대중적인 신념과는 반대로, 우리의 목적은 비신자들이 "편안하게" 느끼도록 만드는 것이 아니다.

결국 고린도전서 14장 24-25절과 사도행전 2장 12, 37절에서, 비신자는 "자신이 죄인인 것을 깨달으며", "마음의 비밀이 밝히 드러나며", "놀라고 두려워하고" 그리고 "마음에 찔려서" 반응하였다.

우리의 목적은 그들이 깨달을 수 있도록 하는 것이다. 우리는 반드시 그들의 마음의 비밀들(고전 14:25)을 다루어야 하며, 믿지 않는 것이 어떤 것인지를 기억해야만 한다. 그럼 어떻게 해야 하는가?

1. 일상 언어로 예배하고 설교하려고 노력하라.

우리의 설교가 얼마나 단절되어 있고 교회스러운지는 아무리 강조해도 지나치지 않는다. 우리는 신자들에게 설득력 있고 감동적인 말들을 종종 하지만, 그것들이 세속적인 사람들은 받아들이지 않는 온갖 전제들 위에 기초하고 있다. 설교자들은 그리스도인 외의 바깥에서는 아무 의미도 갖지 않는 참고 문헌, 용어, 구절들을 종종 사용한다.

그래서 우리는 불필요한 신학적 또는 복음주의적 전문 용어를 피하려고 의도적으로 노력해야 한다. 죄, 찬양, 감사 등의 개념 뒤에 있는 기본적인 신학 개념을 주의 깊게 설명해야 한다. 당신의 설교에서 비신자들이 마음에 묻는 질문들을 언제나 기꺼이 다루려고 해야 한다. 기독교에 대해서 힘들게 생각하는 사람들에게 정중함과 공감하는 태도로써 대화해야 한다.

특히 설교를 준비할 때, 회의적인 비그리스도인들이 의자에 앉아 당신에게 귀를 기울인다고 상상을 해 보라. 그들에게 이해될 수 있는 방식으로 메시지를 소통하기 위해서, 필요하다면, 곁가지 관심 사항, 선행 질문, 그리고 보완 설명을 다루도록 하라. 신앙에 대해 의심과 씨름을 하고 있는 사람들의 귀를 가지라. 그리고 예배에서 들려오는 모든 것들을 주의 깊게 들으라.

2. 예배 흐름에 따라 설명을 제공하라.

여기에는 목회적 목적의 장황함이 따를 위험성도 있다. 진부하지 않은 한두 문장의 표현으로 예배의 각 순서들을 설명하는 방법을 익힐 필요가 있다. 예를 들어, 고백 기도의 시간을 갖기 전에는 이렇게 말할 수 있다. "우리가 죄를 고백할 때, 우리는 죄책감 가운데서 굽실거리는 것이 아닙니다. 우리의 죄 자체를 다루는 것입니다. 만일 우리가 죄를 부인하면, 우리는 결코 그것으로부터 자유로워지지 못합니다."

예배를 시작할 때에 (대개 흑인 교회들에서 하는 관습처럼) 일종의 "묵상 나눔"으로 시작하는 것도 도움이 될 수 있다. 예배의 의미를 짧게 설명하는 말을 하는 것이다. 이렇게 함으로써 우리는 새로운 사람들을 예배 가운데 지속적으로 교육하게 된다.

3. 비신자들을 직접적으로 언급하며 환영하라.

정기적으로 이와 같은 말을 하라 "여러분들 중에 이것을 믿지 않는 분들 또는 무엇을 믿는지 잘 모르겠는 분들에게 말씀드립니다."

반대 질문들을 몇 가지 다루어라. 그들의 언어를 표현하려고 노력하라. 기독교 교리와 삶에 대한 그들의 반대 의견을 할 수 있는 한 정교하게 잘 표현하도록 하라. 그들이 느끼는 어려움을 진지한 공감을 갖고 표현하라. 당신이 그들의 이기심과 불신앙에 대해서 직접적으로 도전할 때도 이와 같이 하라.

(문자적으로 또는 비유적으로) 눈물로 권면하라. 자신들이 이해받고 있다고 비신자들이 느끼는 것이 매우 중요하다. 그들의 반대 의견에 타당한 점이 있다면 언제든지 그 부분을 인정하라.

"저도 전에 해 봤어요. 그러나 잘 되지 않았어요."

"하나님이 사랑하신다는데 내 삶은 왜 이렇게 힘들죠?"

"신앙은 삶에 자유를 빼앗는 것 같습니다."

"내가 좋은 대로 사는 것이 왜 잘못된 것인가요?"

"끝까지 성실하게 믿는 것은 저에게 부담스러워요."

"나는 너무 모자라고 부족합니다. 나는 정말 안될 것 같아요."

"단지 믿어지지가 않습니다."

4. 수준 있는 예술을 예배에서 사용하도록 하라.

좋은 예술의 힘은 사람들을 끌어들여 집중하게 한다. 상상력을 통하여 영혼에 들어가며 이성에 호소하기 시작한다. 음악의 수준, 당신의 설교, 그리고 예배의 시각적인 미적 요소들이, 특히 문화 중심지에서는 전도적 역량에 분명한 영향을 미친다. 많은 교회에서 음악의 수준은 별볼일 없거나 서투르다. 그렇지만 그것이 신자들을 방해하지 않는다.

이것의 의미가 무엇인가? 비록 예술적 표현 수준이 떨어지더라도 신자들의 믿음이 찬송 가사나 노래에 의미를 갖게 한다. 더욱이, 일반적으로 교인들은 음악 연주자와 개인적 친분을 갖고 있다. 그러나 진리에 대해 확신이 없고 연주자와 아무 개인적 친분도 없는 외부인이 들어온다면 음악에 대해 불편해지거나 신경이 거슬릴 것이다.

달리 말해서, 심미적으로 뛰어난 예술은 외부인을 안으로 끌어들인다. 그렇지만 그저그런 수준 정도의 예술은 외부인을 밖에 나가게 한다. 많은 교회에서 낮은 수준의 예술이 보장하는 것은 오직 내부자들만 들어올 것이라는 점이다. 좋은 예술은 비신자들이 교회 안으로 들어오는데 있어 중요한 역할을 한다.

5. 자비와 정의의 실천을 고취하라.

교회에 대한 대중적 인식이 추락하는 시대에 우리는 살고 있다. 많은 외부인들과 질문자들에게 타당성을 인정받는데 있어서 실천은 언어 이상으로 대단히 중요하다(행 4:32-33). 많은 지역 지도자들은 "말뿐인" 교회들을 자신의 지역 사회에 단지 비용으로 여기며, 다른 조직들에 비해 거의 가치가 없는 것으로 간주한다.

효과적인 교회들은 자비와 정의의 사역에 참여함으로써 외부인들이 이렇게 말하게 된다. "우리는 교회들 없이 이 일을 할 수 없다. 교회가 우리 지역에 많은 자원을 흘려보내고 있다. 만일 교회가 지역을 떠난다면 우리는 세금을 더 거두어야 한다."

전도적 예배는 실천 사역을 위한 헌금을 강조하며, 그 사역들을 보고하고 증언하고 기도해야 한다. 자비 사역을 위한 헌금은 일반 헌금과 별개로 드리는 것이 가장 좋다. 또한 교회 역사의 전통을 따라, 성찬식을 할 때 구제헌금을 같이 하는 것도 좋다. 이렇게 연결하는 것은 비그리스도인들에게 복음이 사람들의 마음에 미치는 영향력을 보여 준다(즉, 복음은 우리를 관대하게 만든다). 그리고 세상을 향해 부어지는 삶의 영향력들을 보여 준다.

6. 복음을 분명하게 볼 수 있도록 성례를 시행하라.

세례 시, 특히 성인 세례식은 전도적 예배에서 아주 중요하게 다루어야 한다. 세례 받는 사람이 개인 간증을 하는 기회를 주도록 하라. 그리고 질문들에 답하도록 하라. 세례 받는 사람과 청중에게 감동적이고, 즐겁고, 충만케 하는 경험이 되게 해서 세례의 의미가 분명해지게 하라.

성찬식은 회심으로 이끄시는 주님의 초청 시간으로 사용될 수 있다. 만일 비신자들이 적절한 설명을 듣는다면 그리스도와 함께 걷는 삶과 자기만을 위해서 사는 삶 사이에 분명하고 구체적인 차이점을 보게 될 것이다. 성찬을 통해서 모든 개인들은 이 질문에 부딪히게 된다. "당신은 오늘 하나님과 바른 관계에 있습니까?"

영적인 자기 성찰을 하도록 사람들을 돕는 데 있어서 이보다 더 좋은 방법은 없을 것이다. 미국 교회의 많은 구도자들은 "성찬에 참석할 수 있는 사람을 초청할 때"(fencing the table), 자신이 정말로 그리스도인이 아니라는 것을 발견하게 될 것이다.[11]

7. 은혜를 설교하라.

신자와 비신자가 모두 들어야 하는 메시지는 구원과 하나님의 자녀 됨이 오직 은혜로 된다는 사실이다. 만일 우리가 은혜 지향적인 설교에 대한 강조점에 대해서, "그런 것은 그리스도인들이 지루해 할 겁니다"라는 반응이 증명하듯이 복음에 대한 오해가 있다는 것이다.

값없고 은혜로운 칭의와 입양의 복음은 단지 우리가 그 나라에 들어가는 길에 그치는 것이 아니다. 복음은 우리가 그리스도를 닮아서 성장하는 길이기도 하다. 성화된 삶으로 신자를 인도하는 것은 "오직 은혜"의 근본적인 구원 메시지라고 사도 바울은 말한다. "모든 사람에게 구원을 주시는 하나님의 은혜가 나타나 우리를 양육하시되 경건하지 않은 것과 이 세상 정욕을 다 버리고 신중함과 의로움과 경건함으로 이 세상에 살고 복스러운 소망과 우리의 크신 하나님 구주 예수 그리스도의 영광이 나타나심을 기다리게 하셨으니"(딛 2:11-13).

많은 그리스도인들은 성장 면에서 정체해 있고 실패하고 있다. 왜냐하면 그들이 잘못된 동기로 거룩해지려고 노력하기 때문이다. 유혹 거리를 버리라고 자신에게 다음과 같이 말한다.

"하나님이 심판하실 것이다."
"사람들이 지켜보고 있다."
"정신 차리면 내가 미워질 것이다."
"나의 자존심에 걸맞지 않다."
"다른 사람들에게 상처가 될 것이다."
"이것은 법을 어기는 일이고 들킬지도 모른다."
"내 신념과 어긋나는 일이다."
"이것은 부끄러운 일이다."

이 말들 전부 또는 일부가 맞을 수 있다. 그러나 디도서의 메시지는 이것들이 부적합하다는 것이다. 오직 복음의 논리를 통해서 표현된 하나님의 은혜만이 효과가 있다.

그러므로 그리스도인과 비신자가 모두 반복적으로 들어야 할 한 가지 기본적인 메시지가 있다. 그것은 은혜의 복음이다. 양쪽 그룹 모두에게 직접적으로 그리고 강력하게 적용될 수 있다.

도덕주의적 설교들은 단지 두 그룹 중에 한 그룹에게만 적용될 뿐이다. 그러나 복음의 그리스도 중심적 설교는 신자를 성장하게 하고 비신자를 돌아오게 한다. 그렇다. 만일 우리의 주일예배와 설교가 단지 전도에만 초점을 맞춘다면, 신자들은 결국 시들시들해진다. 만일 우리의 설교가 주로 교육에 초점을 맞춘다면, 비신자들이 지루해하고 혼란스러워하게 된다. 그러나 우리의 예배와 설교가 은혜로 우리를 구원하신 하나님을 높이는 것에 목표를 둘 때, 우리는 신자들과 비신자들 모두를 도전하며 교육할 수 있게 된다.

셋째, 사람들을 결신으로 이끌라.

예배 가운데 비신자들은 두 가지 방식으로 "그리스도와 함께 마무리를 할 수 있다". 어떤 이들은 예배 시간에 그리스도께 돌아온다(고전 14:24-25). 반면에 다른 사람들은 예배 후에 "후속 모임으로" 도움을 받아야 한다. 사람들을 결신으로 이끄는 두 가지 방법을 자세히 살펴보자.

우리는 예배 시간 도중에 사람들이 그리스도께 결단하도록 이끌 수 있다. 사람들이 그리스도를 받아들이도록 초대하는 한 가지 방법은 성찬이 나누어질 때에 초청의 권면을 하는 것이다.

우리 교회에서는 이렇게 말한다. "당신이 오늘 그리스도를 통하여 하나님과 구원의 관계에 머물고 있지 않다면, 빵과 잔을 받지 말기를 바랍니다. 그러나 빵과 잔이 나누어질 때에 그리스도를 받으십시오. 당신이 음식을 받아들이듯이 그리스도를 마음에 받아들이십시오. 그런 직후에는 장로나 직분자에게 당신이 그렇게 했다는 것을 이야기하십시오. 그래서 우리가 다음 성찬식 때에는 여러분을 하나님의 자녀로 받아들일 수 있도록 해 주십시오."

예배 시간에 사람들을 초대하는 또 다른 방법은 설교 후에 침묵의 시간이나 악기 연주 시간을 가지는 것이다. 이렇게 하면 사람들은 설교를 들은 것에 대해서 생각하고, 소화하고, 기도 가운데 하나님께 자신을 드리는 시간을 가진다.

많은 상황에서 모임 후에 사람들을 결신으로 초청하는 것이 가장 좋다. 사도행전 2장은 그 예를 보여 준다. 12절과 13절에서 어떤 사람들은 사도들의 찬양과 설교를 들은 후에 조롱했지만 다른 사람들은 마음이 흔들렸고 "이것이 무슨 의미인가?"라며 물었다.

그 후 베드로는 구체적으로 복음을 설명한다. "우리가 어찌할꼬?"(37절)라는 질문에 대한 응답으로서 어떻게 그리스도인이 되는지를 설명했다. 역사적으로, 많은 설교자들은 전도적 예배 이후에 이러한 모임을 비신자들과 찾는 이들에게 즉각적으로 여는 것이 매우 효과적이라는 것을 발견했다. 깨달은 구도자들은 하나님의 임재를 직전에 경험하였기 때문에 배우려는 태도를 갖고 있고 마음이 열려 있다. "소그룹에 들어오라"고 요구하거나 다음 주일에 다시 오라고 하는 것은 너무 많이 요구하는 것이다. 그들을 "놀라고 당황"했다(행 2:12). 변화가 일어나기에 가장 좋은 상태인 것이다.

이것은 하나님께서 사람들을 틀림없이 구원하신다는 것을 의심한다는 이야기가 아니다(행 13:48; 16:14). 하나님의 주권을 아는 것은 우리가 전도할 때 마음에 평강을 준다. 회심이 우리의 달변에 달려 있지 않다는 것을 알기 때문이다. 그러나 그렇다고 해서 하나님께서 어떻게 일하시는지에 대한 진리를 간과하거나 축소해서는 안 된다.

예를 들어 웨스트민스터 신앙고백은 하나님께서 일반적인 사회적, 심리적 과정을 통해서 일상적으로 일하신다고 가르친다. 그러므로 예배

후에 사람들을 후속 모임에 즉각적으로 초청하는 것은 말씀의 열매를 보존하는데 있어서 매우 도움이 되는 것이다.

후속 모임에 종종 강단 앞에 한 명이나 여러 사람이 기다리는 모습을 띠기도 한다. 그 자리에서 질문을 하기 원하는 구도자들과 대화하고 이를 위해서 기도한다. 다른 방식은 예배가 끝난 후 간단한 질의응답 시간을 설교자가 강단이나 근처에서 가지는 것이다.

또는 비신자들이 기독교 신앙의 내용, 적절성, 신뢰성 등에 대해 던지는 구체적인 질문들을 다루는 한두 번의 강의나 소그룹 경험을 제공하는 것이다. 노련한 평신도 전도자들이 그 자리에 있어서 새신자들에게 보조를 맞춰주어야 한다. 영적인 질문들에 답하고 그들이 다음 단계를 취하도록 안내자가 되어 주어야 한다.

"더 깊고 단단한 가르침은?"

전도적 예배가 그리스도인을 더 깊고 단단한 가르침을 주지 못하는 것이 아니냐는 우려를 끊임없이 들었다. 이 질문으로 어떤 사람들은 신학적인 차이점을 분명하게 하기를 원한다. 특정한 교리적 논쟁에 대해서 다른 교회나 교단과 어떻게 다른 관점을 가졌는지 알기 원한다는 것이다.

그러나 예배에 참석한 많은 사람들이 성경의 권위나 그리스도의 신성을 믿지 않는데 (또는 믿지 않는 것처럼 살고 있는데) 왜 그런 차이점들에 대해 설교하면서 많은 시간을 허비해야 하는가? 설교의 주된 목적은 신자와 비신자 모두에게 복음의 불편함과 위로를 주는 것이 아닌가? 만일 우리가 이것이 일어나게 하려 한다면, 우리의 예배 가운데 다른 교회들이 하는 것과 상당히 다르게 해야할 것이다.

예를 들면, 장로교 목사는 유아세례를 옹호하는 시리즈 설교를 해야 하는가? 나의 침례교 친구들이 그것을 받아들이지 않을 것은 둘째 치고, 이것은 X 및 Y교리에 기초한 Z교리에 해당하는 것이다. X와 Y교리들에는 성경의 권위, 복음의 진리, 제자도의 대가 등이 있다. 우리는 하나님의 모든 말씀을 설교해야 한다. 강해설교를 할 때에 우리는 본문이 가르치는 것을 다룬다. 그러나 일반적으로 우리는 예배 가운데 X 및 Y교리를 반드시 강조해야 하며, 지속적으로 이 교리들을 반복하고, 이들에 기초하여 덜 다루어도 되는 다른 진리들을 설명한다.

우리는 자연스럽게 이러한 접근법이 너무 소심하거나 또는 논쟁을 피하려고 하는 것은 아닌가 묻는다. 그러나 우리의 설교에서 종종 강하게 강조해야 하는 다음의 교리들을 생각해 보라.

- 예수님은 하나님께 가는 유일한 길이다(기독교의 유일성에 대한 변호)
- 성경의 권위와 무오류성
- 삼위일체
- 속죄와 대속
- 전가
- 오직 믿음으로 의롭게 됨

- 오직 믿음으로 거룩하게 됨
- 최후 심판과 지옥의 실재
- 초월적이고 도덕적인 절대 가치들의 실재
- 전적 타락과 도덕적 절대 가치를 이룰 수 없는 무능력
- 마음의 우상 숭배 성향
- 모든 혼외 정사의 죄악성
- 문제와 고난을 포함해서 모든 상황에 대한 하나님의 주권

나는 정기적으로 각각의 주제들을 다룬다. 이것들은 신학적으로 중요할 뿐만 아니라, 논쟁적인 이슈들이다. 그러나 우리는 믿음과 복음의 기본 진리들을 변호하고 옹호한다. 경험적으로 알게 된 것은 사람들이 "단단한" 가르침에 열광할 때 그들이 그리스도인의 확신과 인생에 필요한 교리들의 깊은 내용을 언제나 구하는 것은 아니라는 점이다.

그들은 교회들과 교단들을 서로 분리시키는 주제들에 대해서 더 알고 싶어 한다. (강의가 아니라) 예배의 초점은 비신자들을 포함하도록 준비된 여건에서 이런 종류의 토론들은 도움과는 거리가 형편없이 멀다. 그러므로 이 질문을 하는 사람들에 대한 우리의 조언은 "구체적인 차이점들과 강조점들에 대해서는 강의를 듣고, 소그룹에 참여하고, 목회자 및 다른 그리스도인들과의 개인적인 관계 속에서 배우고 더 깊어지십시오"라고 한다(평신도 사역의 역동성이 여기에 속한다).

다시금 이것은 진리의 담대한 선포를 회피하는 것이 아니다. 오히려 복음으로부터 파생하는 진리가 아닌, 복음 자체의 불편함을 갖고 사람들

을 이끄는 것이다. 물론, 우리의 책임은 다른 조건들 속에서 그 이슈들에 대해 가르치는 것이다. 우리가 복음을 뒤로 제쳐놓는 실수를 범하지 않으면서 말이다.

우리가 반드시 인정해야 할 것은 설교에 대한 어떤 접근법도 그 자체로는 성숙한 제자도를 위한 모든 훈련을 대체할 수는 없다는 점이다. 그리스도인은 설교의 형식으로 배우기 어려운 성경적이고 신학적인 구체적인 것들을 다른 기회를 통해 -교실, 강의실, 소그룹, 일대일 관계- 깊이 들어가서 배워야 한다.

이런 점에서 교회 안에 "설교"와 "강의"를 구분해서 설교자가 하는 것보다는 더 강의 쪽을 선호하는 교인들을 만나게 된다. 그중에 어떤 이들은 결국 강의에 가까운 설교를 하는 설교자가 있는 교회를 찾아가기도 한다. 이런 교회들의 예배는 강의실에 가깝게 느껴진다. 그들은 매우 지적이고 북유럽 문화 스타일에 맥락화되어 있다. 많은 경우, 교육이 예배를 몰아내는 형국이다.

우리는 어떻게 예배 형태를 결정하는가? 어떻게 사람들을 하나님께 연결시키는가? 사람들이 느끼는 결핍을 채우려는 소비자적인 마음과 우리의 취향이 하나님을 만나는 성경적으로 유일한 방법이라는 자기중심적인 성향 사이에서 반드시 중심을 잡아야 한다. 대신, 우리는 성경이 예배에 대해 가르치는 것을 겸손하게 배우는 동시에 구체사항들에 대해서는 하나님께서 우리에게 자유를 주셨음을 인정해야 한다.

우리가 예배에 대하여 빈칸을 채워가면서 반드시 고려해야 하는 것들은 성경이 예배에 대해 가르치는 것, 문화적, 교회적 여건, 그리고 자신의 성향과 선호들이다. 덧붙여서 우리는 전도와 교육이 함께 일어나는 예배를 의도적으로 만들어야 한다. 매주 예배는 비신자들의 전도와 신자들의 양육 모두에 효과적일 수 있다. 만일 우리가 복음 중심적이고, 지역의 일상 언어로 소통한다면 말이다.

다음 장에서 우리는 사람들을 하나님께 연결하는 사역 접점에 이어서 어떻게 선교적 교회들이 사람들을 서로에게 공동체 가운데 연결할지를 살펴볼 것이다.

토론과 성찰을 위한 질문들

1. 다음의 다섯 가지 예배 전통의 범주 가운데 어떤 것이 가장 당신의 개인적인 스타일과 최근의 경험과 일치하는가?
- 예전적 - 물리적인 것에 대한 강조- 전통적 - 정신적인 것에 대한 강조- 찬양과 경배 - 감정적인 것에 대한 강조- 구도자 중심 - 실용적인 것에 대한 강조- 형태와 음악의 융합 - 신비적인 것에 대한 강조각각의 다른 전통의 예배들을 당신은 경험해보았는가? 그 경험들로부터 당신은 무엇을 배웠는가?

2. 다음을 생각해 보라. "또한 많은 이제는 역사가 된 전통들도 기존의 오래된 방식에 대한 혁신적인 변화였음도 사실이다." 당신이 속한 전통의 예전의 역사를 연구해보았는가?(혹은 예전의 부재의 역사?) 당신의 예전 전통은 기존의 어떤 흐름에 대한 반동으로서 형성되었는가? 어떤 신념과 선호들이 그것을 형성하였는가?

3. 예배를 비신자에게 이해될 수 있게 하는 일곱 가지 제안들을 깊이 생각하라. 어떤 것들이 지금 하고 있는 것들인가? 당신의 예배를 외부인에게 이해될 수 있게 하기 위해서 어떤 것들을 시작할 수 있겠는가?

4. 당신의 교회가 "더 깊고 더 단단한 가르침"을 예배 가운데 주어야 한다는 반대의 견들을 듣는가? 당신은 예배 외에 "구체적인 것과 특별한 것들"을 다루는 시간들을 마련했는가? 사람들이 정말로 그것들에 귀를 기울이고 있는가? 당신의 설교에서 "종종 상하게 강조하는" 본질적이며 논쟁적인 이슈들의 목록을 만들 수 있는가?

06

공동체를 만나도록
연결하라

◇◇◇

　복음은 공동체를 창조한다. 복음은 우리 죄를 위해 대신 죽으신 예수 그리스도를 가리키기 때문에 섬김의 관계성을 창조한다. 복음이 공포와 교만을 모두 제거하기 때문에 교회 밖에서는 결코 어울릴 수 없는 사람들도 교회 안에서는 잘 어울릴 수 있다. 복음이 우리를 거룩으로 초대하기 때문에, 하나님의 사람들은 상호 책임과 훈련 속에서 사랑의 연대 가운데 살아간다. 그러므로 복음은 어떤 사회와도 다른 공동체를 창조한다.

　따라서 사람들을 제자화하는 (또는 영적으로 훈련하는) 주된 방법은 공동체 훈련을 통해서이다. 은혜, 지혜, 그리고 성품에서 성장하는 것은 수업과 강의, 그리고 대형 예배 모임, 또는 고독을 통해서 일어나지 않는다. 성장은 깊은 관계와 공동체에서 일어난다. 복음의 의미가 머리로 깨달아지고 삶으로 실현되면서 가능해진다. 이것은 다른 어떤 환경이나 장소가 제공하지 못하는 것이다.

제자가 되는 요체는 구어적으로 표현하면 가장 많은 시간을 보내는 사람들과 닮아가는 것이다. 우리의 삶에서 가장 중요한 교육적 경험이 핵가족 안에서의 경험인 것처럼, 은혜와 거룩 안에서 성장하는 주된 길은 하나님의 가정에 깊이 참여하는 것이다. 그리스도인 공동체는 단순한 지원 그룹이 아니다. 오히려 대안 사회이다. 하나님께서는 교회 공동체를 통해서 우리를 의도하신 대안적인 모습으로 만들어 가신다.

공동체의 기능

흔히 "공동체"를 전도나 교회 밖을 품는 것과 별개의 범주로, 또는 훈련이나 제자도, 또는 기도와 예배와 별개의 범주로 생각하곤 한다. 물론 이것들은 별개의 사역 접점이라고 우리가 이야기했다. 그러나 별개로만 생각한다면 오류에 빠지는 것이다. 공동체는 그 자체로 우리가 전도와 제자도 그리고 하나님과의 경험을 하는 주된 길이다.

공동체와 전도

공동체는 우리의 전도와 선교 참여의 본질을 형성한다. 열매 맺는 효과적인 세계 선교의 진정한 비결은 공동체의 수준에 있다. 개인들의 특별한 성품이 기독교의 실재를 증명하지 못한다. 무신론 또한 다른 많은 종교들과 마찬가지로 정신적으로 특별히 위대한 개인 영웅들을 내놓을 수 있다.

특별한 개인들이 우리에게 영감을 불어넣기도 하지만, 그 사람들이니까 그런 것이라고 결론을 내리기가 쉽다. 특별한 영웅들은 우리 나머지 사람들이 이를 수 없는 특별한 수준들을 갖고 있다. 무신론자와 다른 종교들이 만들어 낼 수 없는 것이 곧 복음이 만드는 사랑의 공동체이다.

사실 예수님은 우리의 깊은 연합을 통해서 아버지께서 그를 보내신 것과 아버지께서 그를 사랑하듯이 우리를 사랑하신 것을 세상이 알 것이라고 하셨다(요 17:23). 그리스도인들이 하나님의 사랑을 발견한 것을 사람들이 알게 되는 주된 길은 그들이 공동체로 함께 사는 삶의 수준을 보는 것이라고 예수님은 말씀하셨다.

계속 살펴보는 것처럼, 교회가 신실하고 효과적이기 위해서는, 반드시 "교제"의 수준을 뛰어넘어 반문화를 구현해야 한다. 복음이 아니라면 결코 함께 하지 않았을 사람들이 복음으로 말미암아 연합하여 사랑하는 것을 세상이 볼 수 있어야 하며, 자기를 주는 방식으로 성, 돈, 그리고 힘을 사용하는 것을 세상이 보아야 한다.

- 성: 세속 사회가 성을 우상화하는 것과 전통 사회가 성을 기피하는 것 모두를 회피해야 한다. 성적 생활 패턴이 우리와 다른 사람들을 향한 적대감이나 공포심 대신에 사랑으로 나타내야 한다.

- 돈: 우리는 관대하게 시간, 돈, 관계, 장소를 사용하도록 헌신해야 한다. 사회 정의와 가난한 자의 결핍과 외국인 노동자, 경제적 신체적 약자를 위해 사용해야 한다. 또한 서로 경제적 나눔을 실천해야 한다. 그래서 "우리 중에 결핍한 사람이 없게" 해야 한다.
- 힘: 그리스도의 몸 바깥에 단절되어 있는 인종과 계급 사이에 힘을 나누며 관계를 형성하는데 헌신해야 한다. 이에 대한 실제적인 증거는 우리가 할 수 있는 한 다양한 출신의 사람들이 함께 하도록 하는 것이다.

서양의 신자들은 보통 개인의 삶을 통해서 그리스도를 닮은 모습을 나타낸다고 생각한다. 그러나 그리스도를 닮은 우리의 모습을 공동체적 삶을 함께하여 나타내는 것도 매우 중요하다.

공동체와 성품

공동체는 우리의 성품을 만든다. "교실 관계에서는" 학생들과 교사들이 서로 지적인 차원에서 주로 접촉한다. 교사와 학생들은 함께 살지 않으며, 같이 식사하지 않으며, 사회적, 감정적, 영적으로 추가적인 것을 함께하지 않는다. 예수님과 그의 제자들 사이는 교실 관계가 아닌 것을 우리는 안다.

제자들도 서로를 그렇게 대하지 않았다. 대신, 예수님은 많은 시간을 함께하면서 진리를 토론하고 대화하고 적용하면서 배우고 실천하는 공동체를 만드셨다. 이 예가 시사하는 것은 우리가 학문적인 상황에서가 아니라, 소그룹과 우정 관계 속에서 가장 잘 배우고 실천할 수 있다는 점이다.

우리의 성품은 일차 공동체에서 주로 형성된다-우리가 함께 먹고 놀고 대화하고 상담하고 공부하는 사람들 속에서. 우리는 성경에 나오는 "서로"에 대한 모든 구절들을 그리스도인 공동체의 측면에 적용할 수 있다. 우리는 서로를 존경하고(롬 12:10), 용납하고(15:7), 참고(엡 4:2; 골 3:13), 용서하고(엡 4:32; 골 3:13), 서로를 위해 기도하고, 서로에게 죄를 고백해야 한다(약 5:16). 우리는 서로를 격려하고 도전하며(히 3:13), 권면하고 직면하며(롬 15:14; 골 3:16; 갈 6:1-6), 경고하며(살전 5:14), 가르쳐야 한다(골 3:16).

우리는 서로에 대한 수군거림과 비방을 그만두어야 하며(갈 5:15), 진실하지 않은 관계를 멈추어야 한다(롬 12:9). 우리는 서로의 짐을 지며(갈 6:2), 소유물을 공유하며(행 4:32), 서로에게 복종해야 한다(엡 5:21). 요컨대 교회 생활과 그리스도인 공동체에 깊이 참여하는 것보다 그리스도인의 성품 형성에 있어 더 중요한 제자도의 수단은 없다.

공동체와 행동

공동체는 우리의 윤리를 형성하며, 행동을 지도하는 명시적이며 암묵적인 규칙들을 형성한다. 성경적 윤리 명령은 개인보다는 공동체에게 훨씬 많이 주어진다. 십계명은 이스라엘 민족을 열방에 빛이 되는 대안 사회로 만들기 위해 시내산에서 주어진다. 로마서 12장 1-2절의 "너희 몸(들)을 거룩한 산 제사(들)로 드리라"는 말씀은 흔히 개인적 헌신의 요청으로 해석된다.

그러나 실제로는 우리가 자신을 공동체적 몸으로서 살며, 더 이상 개별적 삶을 살지 말라는 요구이다. 사실상 로마서 12장 전체는 이 새로운 사회에 대한 설명으로서 읽어야 한다. 동일한 방식으로, 예수님이 제자들에게 "산 위의 도시"가 되라고 하신 것은 (마 5:14) 우리가 산상수훈 전체를 새로운 공동체에 대한 설명으로서 보아야 함을 가르친다.

단순히 개인 신자들에 대한 윤리적 지침서가 아닌 것이다. 성경의 대부분의 윤리적 원리나 규칙들은 단순히 개인들이 따라야할 행위 준칙들이 아니라, 사랑과 거룩의 영적 열매를 맺는 새로운 사회에 대한 설명이다. 이것이 우리에게 놀라운 것이 되어선 안 된다. 이것은 단지 일반 상식이다. 왜 그런가? 우리 모두는 경험상 개인으로서 경건한 삶을 사는 것은 훨씬 힘든 것이라는 점을 알기 때문이다. 만일 우리가 누군가와 책임지는 관계에 있지 않다면, 우리는 반복적으로 미끄러지고 쓰러질 것이다.

더욱이 성경의 많은 윤리적 명령들은 놀라울 정도로 일반적이다. 우리의 특정한 상황에 직접적으로 대입할 만큼 구체적이지 않은 것이다. 그러나 이것은 예수님께서 우리에게 어떻게 그 가르침들을 공동체로서 적용할지를 결정하게 하셨기 때문이다.

예를 들어, 신약성경의 탐욕에 대한 무수한 말씀들을 생각해 보자. 간음은 정의하기가 명확하고 분명하지만, 탐욕은 정의하기가 더 어렵다. 누가 과연 우리가 우리 자신에게 너무 많은 돈을 쓰고 있다고 말하겠는가? 탐욕은 너무나 은밀해서 그리스도인들과 그것에 대해 말하지 않는 한 우리 속에 있는 탐욕을 결코 볼 수가 없다. 이러한 죄의 습관과 우상 숭배적인 감정에 대한 전쟁은 공동체 안에서 제일 잘 수행된다.

사람들이 공동체로서 지혜와 경험을 합하여 사업상의 탐심이나 잔인성 등 성경적인 죄들에 대하여 문화적으로 타당한 표지들을 정리할 수 있을 뿐만 아니라, 공동체는 그 자체로 믿음을 따라 일관성 있는 삶을 살아갈 수 있도록 효과적으로 우리를 붙들어 줄 수 있다.

공동체와 함께 하나님을 더 잘 알아감

공동체는 참된 영성의 열쇠가 된다. 관계성 안에서 서로를 알아가기를 배움으로써 하나님을 알고 성장하는 것이다.

C. S. 루이스는 유명한 어떤 글에서, 자신과 찰스 윌리엄스와 로날드(J. R. R.) 톨키엔 사이의 친밀한 우정을 묘사한다. 찰스 윌리엄스가 죽은 후에 루이스는 다음과 같은 발견을 했다.

> 내 친구들 각각 안에 오직 어떤 친구만이 끄집어낼 수 있는 그런 것이 있다. 나는 나 혼자서 한 사람의 전체를 끌어낼 수 있을 만큼 충분히 크지 않다. 그의 모든 면이 조명되기 위해서는 나의 빛 말고 다른 빛들이 필요하다. 찰스가 죽은 다음에 나는 더 이상 캐롤라인의 농담에 로날드가 하는 반응을 볼 수 없게 되었다. 찰스가 가면서 로날드가 "내게만" 남게 되었는데, 로날드는 더 작게 남았다. 진정한 우정은 사랑을 질투하지 않는다.
>
> 두 친구는 세 번째 친구가 오길 기뻐한다. 셋은 네 번째가 오길 기뻐한다. 우리가 함께 나누는 친구의 수가 늘어날수록 우리는 각각의

친구를 덜 갖는 것이 아니라 더 갖게 된다.[1]

여기서 우정이란 천국을 닮은 영광스러운 가까움을 보여 준다. 모든
영혼에게, 자기 자신의 방식으로 그분을 보는 것은 나머지 모든 이들에
게 독특한 시야를 나누는 것이다. 그래서 옛 작가가 말하기를 이사야의
환상에서 스랍들은 "거룩하다, 거룩하다, 거룩하다"고 서로에게 창화했
던 것이다(사 6:3). 우리 사이에 천국의 떡 되신 분을 더 많이 나눌수록, 우
리들은 더 많이 서로를 갖게 된다.

루이스의 요점은 하물며 인간일지라도 일대일로서 다 알기에는 너무
나 풍부하고 다양한 면이 있다는 것이다. 당신이 누군가를 안다고 생각
하지만, 그 누구도 혼자 힘으로 그 사람 내면에 있는 모든 것을 꺼낼 수가
없다. 당신은 그 사람이 다른 사람들과 함께 있는 것을 볼 필요가 있다.
인간 존재로서 이것이 진실이라면, 주님과는 얼마나 더 그렇겠는가? 당
신은 혼자서는 예수님을 정말로 알 수가 없다.

공동체적 경건과 교회 부흥주의

그러므로 그리스도인 공동체는 우리가 세상에 증거하는 주된 방법이
며 그리스도를 닮은 성품을 기르고 구별된 삶의 스타일을 연습하고 하나
님을 개인적으로 알아가는 주된 길이다.

그러나 우리가 단지 그리스도인들 사이의 비공식적이고 개별적인 관
계들만을 이야기하는 것이 아니라 제도적 교회에 참여하는 것과 회원이

되는 것에 대해서도 분명히 이야기해야 한다.[2]

이는 교회가 말씀의 설교 및 세례와 성찬의 성례 집행을 맡은 지도자들 아래 모여서 이루어지는 것이다. 재능이 있고 준비되고 교회에 의해 인가받은 사람들에 의해 이루어지는 말씀의 설교 및 성찬에 참여하는 것은 -이를 통해 형성되는 모든 자기 조사와 공동체적 책임 관계와 함께- 그리스도인 공동체가 전도, 영적 성장, 그리고 하나님과의 관계를 형성하는데 있어서 결정적이며 대체 불가한 역할을 한다.

그리스도인의 생활, 실천, 그리고 영성을 요약하는 옛 용어로 경건(piety)이라는 단어가 있다. 지난 250년 동안 공동체적 경건으로부터 개인적, 내면적 경건으로 초점이 꾸준히 멀어져 갔다. 우리는 이러한 변동을 《센터처치》시리즈에서 살펴보았다.

공동체적 경건은 공동체적 과정을 강조한다. 세례, 장로와 목사들의 권위를 따르는 것, 교회의 역사적 고백들에 대한 교리 교육, 회원 제도에 대한 순종, 공적인 서약과 신앙고백, 회중 예배, 성경 말씀의 설교를 듣는 것, 성찬을 정기적으로 받는 것, 교회의 교단 기구들을 통해 선교에 참여하는 것이다.

그런데 오늘날 대부분의 복음주의적 교회들은 개인주의적 경건을 강조한다. 이는 내적인 경건과 영적인 훈련, 소그룹 교제, 개인 전도와 봉사활동, 그리고 범복음주의 계열의 행사들과 집회에 참여하는 것이다.

역사가들은 종종 이러한 변동을 18세기와 이후의 부흥과 각성운동 시절로 추적한다. 앞에서 보았듯 부흥주의자들은 세례 받은 교회 회원들이 거듭나지 않을 수 있으며, 구원에 있어 교회 안에서 자기들의 지위를 의존하며 그리스도와 그의 완성된 사역을 의존하지 않을 수 있다는 것을 믿었다.

그래서 그들은 사람들에게 자기 조사와 회개 그리고 회심을 요구했다. 그러나 부흥주의자들이 그런 식으로 말했을 때, 그들은 교회의 필요성을 (마음 속에서) 약화시켰다. 부흥주의자들의 통찰력은 직접적인 경험과 자기 확신에 대한 지나친 강조로 이어졌다. 많은 사람들이 "누가 교회를 필요로 합니까"라고 물었다. "그리스도인인지 아닌지를 결정하는 판정자가 나 자신인데 말입니다." 많은 이들에게 교회는 선택사항과 추가사항이 되었다. 그리스도인의 삶을 어떻게 살아야 하는지에 대한 심장이 아니고 말이다.

일찍 설명한 것처럼 부흥주의적, 개인주의적 경건이 과도하게 되면 진짜 위험한 것이 생기게 된다. 역사가 존 커페이에 따르면 역사적으로 부흥주의는 건전한 신학적 고백주의를 교리적 축소주의로 바꾸었고, 가슴의 경험을 공식적인 교회 회원이 되는 것보다 강조했다.

성례적 절차에 대한 강조를 없애고 위기 앞에서의 신앙 결단이 되었고, 훈련된 사역자의 이상을 대중주의적인 간단한 설교로 수준을 낮추었다. 또한 과거의 지혜에 비추어 주의 깊은 신학적 주해를 하는 것이 아니라 순진한 성경문자주의에 빠졌다.[3] 과거의 부흥에서부터 오늘날의 개인주의적 경건이 나온 것이다. 바르게 하려는 좋은 의도의 노력 가운데 반대편의 극단으로 치우치는 것이 자연스러운 일이기는 하다.

《센터처치》시리즈 1권 2장에서 말한 것처럼 19세기 프린스턴 개혁주의 신학자들이 -아치볼드 알렉산더와 찰스 핫지 등이- 이 문제에 대해서 균형 잡힌 접근을 했다고 나는 믿는다. 한편으로 그들은 부흥주의의 위험성을 날카롭게 인식하고 있었고, 공동체적 경건의 중요성을 강조했다. 다른 한편으론 핫지는 또한 존 윌리암슨 네빈(John Williamson Nevin)에게 비판적이었다. 네빈은 성례를 특히 강조하면서, 부흥주의에 예민하게 반응했다.[4]

알렉산더의 《종교적 경험에 대한 생각》 및 핫지의 《생명의 길》에서 볼 수 있는 것처럼, 그들은 부흥주의의 기본적 통찰을 수용했다. 조나단 에드워즈가 참된 종교적 경험을 어떻게 분별할 것인지에 대해 쓴 글들을 따랐다. 그렇지만 그들은 이들은 교회를 그리스도인의 성장 및 생활의 중심에 놓았다.[5] 나는 알렉산더와 핫지가 제안한 균형을 설명하기 위해 "교회 부흥주의"(Ecclesial Revivalism)라는 만들어 사용해 왔다. 우리가 오늘날 어떻게 부흥주의의 통찰과 교회 사역 안에 있는 교회의 사역을 결합할 수 있을까?

첫째, 회심을 위해 설교하되 기존의 성도들을 존중하라.

프린스턴 신학자들이 균형을 유지했던 방법들 중에 한 가지는 그들이 회심을 위해 설교하면서 동시에 기존의 성도들의 상태를 존중했다. 프린스턴 사역자들은 사람들이 죄와 은혜의 교리를 머리로는 고백하면서도 마음으로는 신뢰하지 않으며 회심하지 않았을 수 있다고 설교했다. 그들의 관점에서 회심이란 언제나 공로 의(works-righteousness) 죄에 대한 확신을 수반하며, 제시된 은혜의 복음 -의롭게 하는 믿음- 에 대한 반응으로서 마음의 기쁨을 수반한다. 그들은 만일 그리스도인들이 회심과 구원얻는 믿음의 경험이 없다면 교회에 구성원으로 받아들여지거나 세례 받은 아이들이 성찬에 참여하는 것을 반대했다. 또한 기존의 성도들에게 스스로를 조사할 것을 요구했다.

그러나 개별 성도들이 이단에 빠지거나 도덕적으로 타락하여 치리를 받지 않는 한 그들이 거듭나지 않았다고 선언하지는 않았다. 만일 교회가 한 사람을 구성원으로 받아들였다면 어떤 교인이든지 반대 선언할 수는 없었다.

이것은 중요한 균형이다. 프린스턴 신학자들은 성찬을 받는 등록 교인들로 하여금, 복음의 분명한 설교 아래에서, 그들이 그리스도를 구원 얻는 믿음으로 신뢰한 것이 아니라, "죽은 공로"로 가득 찼었을 뿐이라는 것을 깨달을 수 있다는 것을 알게 했다. 그런데, 어떤 부흥주의자들과는 달리 그들은 이미 성찬을 받는 교인에게 다시 세례를 받게 하지는 않았다. 그것은 너무나 주관적이고 개인주의적이라고 그들은 생각했던 것이다.

그들은 이렇게 물었을 것이다. "당신은 영적으로 내리막길을 갈 때가 있습니다. 그리고 미래에 더 큰 영적 부흥을 경험할 수도 있습니다. 당신은 그럼 세 번째로 세례를 받겠습니까?" 그들은 신자들이 자신의 확신을 그들의 경험 및 교회 공동체와 성찬에 참여하는 두 가지에 근거하게끔 했다.

그들은 이렇게 말한 것이다. "당신은 세례를 받았습니다. 이제 당신은 회심을 경험하는 것입니다. 당신 안에 성령의 열매가 자라는 표지들이 보인다면, 당신이 주님의 소유임을 당신은 확신할 수 있습니다."

등록 교인이 되기 위한 후보들을 조사하라. 우리가 형식주의와 부흥주의 같은 극단들을 피하면서 그리스도인으로서의 경험에 관하여 사람들을 조사할 수 있을까? (1)모든 사람이 회심한 시기나 순간을 확인할 수 있다고 주장하거나, (2)모든 사람이 특정한 양상을 따라 회심한다고 주장하거나, 또는 (3)모든 사람이 동일한 수준의 경험적, 감정적 강도로 회심을 해야한다고 생각하지 말라. 이것은 너무나 열광주의적인 부흥주의자들이 하는 실수이다.

더욱이 겉으로 표현된 신앙고백만 보아선 안 된다. 대신, "영적인 조명"을 발하는 복음의 고백을 찾아서 이해하고 포착해야 한다. 그들은 단지 행동의 죄를 넘어서 자신들의 죄를 이해하고 있으며, 우상 숭배, 자기의, 그리고 마음과 동기의 다른 죄들을 인정하고 있는가? 그들은 구원이 자신의 공로가 아니라 그리스도의 공로에 의해서 되는 것이라는 사실을 더욱 분명하게 마음에 깨닫는 시간을 가졌는가?

둘째, 영적인 "삶의 전반의 효과"를 살피라.

단순히 교리적인 추종과 윤리적인 동조를 넘어선 무엇이 있어야만 한다. 마음에 평안과 기쁨의 감각이 있어야만 한다.

그럼에도 우리는 그들이 복음적 신앙을 사려깊게 표현하고 복음적 삶을 약속하는 사람들을 배제하지 않아야 한다. 설령 그들의 기질이 큰 감정적 변화를 보이지 않더라도 말이다. 우리는 다른 문화의 사람들이 반드시 우리의 양상대로 해야한다고 우기는 것을 경계해야 한다.

이러한 경계는 초기 프린스턴 신학자들에게서 보이는데, 그들이 유아세례 받은 어린이들을 대할 때에 나타난다. 이 신학자들은 세례 받은 어린이들이 (1)그들의 부모의 신앙고백을 통해서 교회에 연합되었으며 그러므로 그리스도인으로서 살아갈 책임이 있으며, (2)성례를 통해서 가족의 삶 가운데 하나님의 은혜를 받는다고 이해했다.

그러나 그들은 어린이들이 그리스도를 믿도록 권면했으며, 회심이 어떤 것인지 가르쳤다. 아치볼드 알렉산더는 교회 안에서 자라는 어린이들이 수년 동안 일종의 "종교적 감화"를 받도록 가르쳤다. 그리고 어떤 것이 영적 준비이며, 어떤 것이 회심이며, 어떤 것이 더 깊은 성장과 헌신인지 구별하기가 어려웠다.

그러나 그들은 아이들에게 성찬에 참여하기 위해서는 죄와 은혜의 확신이 필요하다고 가르쳤다.[6] 그들은 교회 교육을 이수한 아이들을 단순히 다 받아들이기 보다는, 신뢰할만 한 신앙고백을 찾았다.

셋째, 교리교육을 회복하라.

사도적 전통에서는 히폴리투스에 의하면, 초대 교회에서는 회심을 여러 단계의 여정으로 보았다.

1. 찾는 이들이 교리교육 과정에서 배우는 것이 허용되었다. 그들은 기본적인 기독교 세계관과 윤리를 일주일에 여러 차례씩 교육을 통해 배웠다.

2. 질문자가 신자가 되었을 때, 그들은 세례 후보생이 되며 공개적 세례를 받기 위한 새로운 학습 과정에 들어갔다. 그들은 아직 공동체에 허입되지는 않은 신자로 인식되었다. 세례교육은 정통 신학과 교회와 사역의 이해에 초점이 있었다.

3. 세례 이후에 새 회원은 세상 속에서 그리스도인으로서 살아가고 일하는 실제적인 이슈들에 대하여 추가적인 교육을 받았다.

이러한 교회적, 공동체적 접근법은 영적 성장을 공적, 공동체적인 이정표로 보았으며 물, 음식, 음료, 음악, 기쁨 등이 수반되었다. 그러한 이정표에는 세례, 성찬, 결혼, 장례식이 있었다. 현대의 개인주의적인 음악 모델은 단기 행사와 집중 강의와 프로그램을 강조하지만, 교리교육은 달랐다.

그것은 훨씬 공동체적, 참여적, 신체적으로 구현된다. 찾는 이들은 서로 정기적으로 만나며, 그리스도인 강사와 함께 만난다. 세례 후보생들은 서로 만나며 그리스도인 교사와 후원자들과 함께 만난다. 성경 암송이 이 과정을 천천히 수반하며, 교회의 신학과 실천을 "배우게" 한다. 현대의 많은 세미나와 프로그램들이 하는 것보다 훨씬 더 큰 삶의 변화 그리고 더 든든한 교회 참여를 가능하게 했다.

개리 패럿과 J. I. 패커는 《복음에 뿌리를 내려라》라는 저서에서 현대 그리스도인들이 교리교육을 교회 생활에서 회복할 것을 촉구한다.[7] 고대의 신앙고백들을 -사도신경(신앙), 십계명(실천), 주기도문(체험)- 사용해서 사람들을 훈련할 것을 주장한다. 그들은 단기간의 압축된 과정보다는 긴 과정을 거쳐야 한다고 주장한다. 단순히 공식적인 강의실 교육뿐 아니라 비공식적이고 무형식의 교육을 옹호한다.

즉, 성숙한 교회 회원들과의 개인적 관계를 형성하는 기회들을 많이 포함해야할 뿐만 아니라 실천적인 경험들을 포함해야 한다는 것이다. 무엇보다 중요한 것은 교리교육이 공적 예배와 전반적인 교회 생활과 아울러 강의와 제자도를 포함한다. 고대에는 찾는 이들, 교리교육 이수생, 세례준비자, 그리고 새 회원들이 공예배에서 모두 인정되었고 기도를 받왔다.

넷째, 찾는 이들은 과정을 필요로 한다는 것을 인정하라. 알파코스 및 기독교 탐구(Christianity Explored) 등 유사한 다른 과정들의 성공은 20세기 중반의 주된 전도방법이 변화되어야 할 필요성을 크게 부각시켰다. CCC전도법과 다양한 개인전도 방법들(예를 들면, CCC의 사영리를 이용한 라이프 훈련, 전도 폭발)은 공동체적이지도 않고, 과정적이지도 않은 접근법들이다.

그들은 그리스도인 신앙에 대한 배경지식을 어느 정도 가정했다. 알파코스는 보다 교리교육적 접근법인데, 서양 사회가 이제 비기독교 사회화됨에 따라 전도가 초대 교회의 양상을 따라야 함을 보여 주고 있다. 오늘날 찾는 이들은 내용도 알아야 하지만 또한 기독교가 개인과 공동체 안에서 어떻게 구현되는지를 보아야 한다. 그들은 질문하고 또한 (이제는 낯선 것이 되어 버린) 기독교의 복음과 세계관을 이해하며 세우기 위해 긴 시간이 필요하다.

앞에서 내가 주장하였듯이, 오늘날 대부분의 문화에서 예배 자체가 비신자들이 와서 자신들의 관심과 믿음이 채워지고 성장하는 과정으로 작용할 수 있다. 사실, 부흥주의자와 교회주의자의 관점들을 통합하는 것이 매우 중요하다. 대부분의 교회주의적 교회들은 그들의 공동체적 예배가 전도적이라고 생각하지 않는다. 반면, 대부분의 구도자 중심적 교회들은 그들의 구도자 예배들이 신학적으로 풍성하고 영적으로 그리스도인들을 양육할 수 있다고 생각하지 않는다.

우리에게는 교육이 같이 일어나는 전도적 설교, 전도가 같이 일어나는 교육적 설교가 다 필요하다. 전도적 예배를 보완하는 것이 다양한 그룹들, 모임들, 과정들로서 이를 통하여 비그리스도인들이 기독교 신앙으로 들어오게 된다.

다섯째, 세례 교육과 등록 교인 허입은 훨씬 교육적이며 훨씬 중요한 예배의 일부임을 깨달으라.

현대인은 짧고 강렬한 절차를 기대한다. 그것이 급변하는 자신의 스케줄에 부합하기 때문이다. 그렇지만 성인 세례에 도달하기 전에 상당한 분량의 교육이 꼭 있어야 한다. 모든 세례 후보자에게 사도신경, 주기도문, 그리고 십계명에 대한 교리적 강좌를 수강하도록 요구하는 것을 고려하라.

또한, 세례 후보자들이 공적으로 확인될 수 있는 방법들을 찾으라(초대 교회가 그러했던 것처럼). 세례를 위해 교육을 받으며 준비하는 새로운 회심자들에게서 삶이 변화된 고백들을 들을 기회를 가지라. 그들이 아직 세례를 받지 않았을 때에도 가능하다. 그렇게 하는 것은 회중에게 과정의 중요성을 부각시키며 또한 회중 안에 있는 찾는 이들에게 "그리스도와 가까워지도록" 동기부여를 한다.

만일 당신의 교회가 유아세례를 주거나 갓난아이의 헌아식을 한다면, 예식을 받기 전에 가정의 영적 성장과 제자도를 배우는 훨씬 폭넓은 훈련 과정을 만드는 것을 고려하라. 일반적으로 세례 및 등록 교인 허입이 회중의 영적 여정에 어떻게 중요한 이정표가 되는지에 대해서 회중을 훨씬 잘 교육시킬 수 있다.

여섯째, 성찬에 대한 기대를 영적 준비를 위한 도약대로 사용하라. 성찬을 매주 시행하지 않는 교회에서는 짧고 집중적인 영적 준비를 하는 시기를 성찬을 준비하며 갖도록 회중에게 요청할 수 있다.

나는 버지니아 호프웰의 교회에서 사역할 때 이 방식을 사용했었다. 거기에서는 성찬을 단지 계절에 한 번씩만 시행했었는데, 1-2주 전에 설교 가운데 교회에게 그리스도의 삶의 핵심 영역을 살피도록 했다.

예를 들어, 우리는 관계성에 대해서 생각했으며 –용서와 화해의 필요성에 대해서– 그리고 성찬을 하는 주일까지 이어갔다. 모든 사람들은 어떻게 마태복음 5장 23-24절 또는 마태복음 18장 15-17절의 과정을 따라서 누군가와 화해를 해야 할지를 생각하도록 도전을 받았다. 장로들과 목사들은 종종 성찬 시즌에 맞추어 가정 방문을 하곤 했다.

분명히 가정 심방은 이동이 많은 대도시 교회에서는 현실적이지는 않다. 대도시 회중에게는 강의를 개설하거나 소그룹이 특정 주제를 다루면서 자기 조사를 하게 할 수 있다. 때때로 교회는 성찬을 갖기 전에 언약 갱신의 때를 가질 수도 있다.

다양한 가능성들이 있다. 그러나 결국 중요한 것은 부흥주의적 설교와 목양을 교회 생활의 공동체적 패턴으로 결합하는 교회들은 많지 않다는 것이다. 사실, 대부분의 사람들은 자신이 갖고 있는 강점으로 자기를 정의하면서 다른 그리스도인들과 구별짓기 때문에, 건강한 방식으로 양자의 통찰을 통합하는 것이 더 어렵다.

복음과 공동체

공동체를 만드는 것은 오늘날 우리가 당면한 문화적 현실에서 더 이상 자연스럽지도 않고 쉽지도 않은 일이다. 우리 선조들이 했던 것보다 훨씬 큰 의도적 노력이 필요하다. 또한 우리 대부분에게 불편한 일이기도 하다. 그러나 우리의 무기는 복음 그 자체다.

본회퍼는 그의 고전적인 책《신도의 공동생활》에서 그리스도인의 교제의 근거는 믿음에 의한 칭의의 복음임을 분명히 밝히고 있다.

> 종교개혁가들은 이렇게 표현했다. 우리의 의는 "외부적 의"(alien righteousness)이다. 우리의 바깥에서 오는 의이다.
>
> 하나님께서는 [그리스도인들에게] 함께 만나서 공동체를 이루게 허용하셨다. 그들의 교제는 온전히 예수 그리스도 위에 세워진다. 이것이 "외부적 의"이다. 우리가 말할 수 있는 전부는, 그러므로 그리스도인의 공동체는 오직 사람이, 오직 은혜로 말미암아 의롭게 되는 성경적이고 개혁주의적인 메시지에서 솟아나는 것이다. 이것만이 그리스도인이 서로를 사모하는 근거가 된다.
>
> 그리스도가 없이 우리는 우리의 형제를 몰랐을 것이고, 형제와 만날 일도 없었을 것이다. 그 길은 우리의 자아에 의해서 막혀있는 것이다.[8]

어떻게 이 일이 일어나는가? 죄 아래서 우리의 자연적 조건은 "영광을 갈망하는" 것이다. 존귀, 영예, 존중감에 목마른 것이다. 죄는 우리를 우월감과 자신감 과잉에 빠지게 하며(왜냐하면 우리가 고귀한 존재라는 것을 자신과 타인에게 증명하려고 시도하기 때문이다) 열등감과 자신감 결핍에 빠지게 한다(왜냐하면 마음 깊은 곳에서는 우리가 죄책감을 느끼고 불안정하기 때문이다).

어떤 사람들의 영광에 대한 굶주림은 주로 허세와 자랑의 형태로 명백히 드러난다. 또 다른 사람들에게는 자기 비하와 자기에 대한 혐오의 형태로 나타난다. 우리 대부분은 양쪽의 충격으로 괴로워한다. 어느 쪽이든 복음이 우리를 변화시키기 전까지 우리는 인간관계 속에서 사람들을 이용한다. 우리는 일을 위해서 일을 하는 것이 아니며, 사람을 위해서 사람과 교류하는 것이 아니다.

오히려 우리가 일하고 만나는 이유는 우리의 자기 이미지를 향상시키기 위해서이다. 본질적으로 다른 사람들로부터 자기 이미지를 얻으려고 하는 것이다. 투명하고 사랑하고 서로 봉사하는 길이 "우리 자신의 자아로 말미암아 막혀있음"을 본회퍼는 우리에게 상기시킨다.

그러나 복음이 우리를 변화시킬 때, 우리는 그들을 위하여 만나기 시작할 수 있다. 복음은 누구 앞에서나 겸손하게 하며, 우리가 오직 은혜로 구원받은 죄인임을 기억하게 해준다. 그러나 복음은 또한 우리를 누구 앞에서나 당당하게 하며, 우리가 온 우주에서 중요한 유일하신 분의 눈앞에 사랑받으며 존중받는 존재임을 기억하게 한다.

그래서 우리는 사람들을 그들의 모습 그대로 즐겁게 받아들일 수 있는 참된 해방을 누릴 수 있다. 그들이 우리를 어떻게 느끼게 해 주는지가 더 이상 중요하지 않은 것이다. 우리의 자아 이미지는 더 이상 다른 사람들과의 비교에 근거하지 않게 된 것이다(갈 5:26; 6:3-5). 우리의 존재감을 사람들로부터 얻는 가치나 사람들 위에 군림하는 힘을 통해서 회득하지 않는다. 우리는 사람들의 인정을 지나치게 의지하지 않는다.

또 반대로, 우리는 사람들에게 마음을 주거나 연결되는 것도 두려워하지 않는다. 복음은 자신고양도 아니며 자기비하도 아닌, 당당함과 겸손이 함께 커지는 경험을 우리에게 가능하게 한다.

강한 공동체는 강력한 공통 경험을 통해 형성된다. 사람들이 홍수를 함께 이겨낸다든지 전쟁에서 함께 싸운다든지 할 때처럼 말이다. 그들이 다른 쪽으로 함께 건너갔을 때, 그들이 공유한 경험은 깊고 영속적인 연대의 기초가 된다. 이는 피보다 진하다. 그 경험이 더 강렬할수록 그 유대도 더 강렬해진다. 우리가 회개와 믿음을 통해 그리스도의 근원적인 은혜를 경험할 때, 그것은 가장 강렬하고, 근원적인 삶의 경험이 된다.

이제 우리가 동일한 은혜를 경험한 다른 문화, 인종, 사회계급의 사람을 만날 때, 우리는 동일한 생사의 경험을 함께했음을 보게 된다. 그리스도 안에서, 우리는 영적으로 죽었다가 새생명으로 일으키심을 받았다(롬 6:4-6; 엡 2:1-6). 구출받은 공통 경험 때문에, 우리는 가족, 인종, 문화보다 더 우리를 강하게 묶는, 상실될 수 없는 신분증을 공유하게 되는 것이다.

베드로는 교회에게 "사람에게는 버린 바가 되었으나 하나님께는 택하심을 입은 보배로운 산 돌이신 예수께 나아가 너희도 산 돌 같이 신령한 집으로 세워지고"(벧전 2:4-5)라고 편지하였다.

돌이 석공에 의해서 완벽하게 다듬어지듯, 건축자는 각각의 돌을 다른 돌 옆에 위치시키며, 그들을 견고하고 아름다운 성전으로 만든다. 우리가 하나님의 은혜를 아는 다른 사람들에 대해 말할 때, 우리는 그들의 신분이나 집안이나 계층이 아니라 그리스도 안에 더 깊이 뿌리내리고 있다는 것을 알게 된다. 결과적으로, 그리스도께서는 우리의 관계에서 전에는 극복할 수 없었던 장벽들을 뛰어넘는 연결성을 창조하신 것이다.

우리는 종종 공동체를 우리가 해야 할 또 하나의 규범으로 생각한다. "좋다. 성경을 읽어야 하고, 기도하고, 성적으로 순결해야 한다. 그리고 모임에 나가야 한다."

그러나 공동체는 우리가 세상에서 그리스도께서 하라고 하신 모든 것을 이루는 방법으로 이해하는 것이 제일 합당하다. 공동체는 단순히 복음 설교의 결과 이상이다.

오히려 공동체 자체가 복음의 선언이며 표현이다. 공동체는 그리스도 안에 있는 자유의 복음을 선언하는 것인데, 우리의 변화된 삶과 함께하는 공동체성의 분명한 드러남을 통해 표출된다. 공동체 자체가 복음의 일부이며, 그 복음은 바로 이것이다. 그리스도께서 십자가에서 당신을 위하여 성취하신 것이며 - 하나님의 백성과 함께 사는 새로운 삶이다. 전에는 사람들과 멀리 떨어져 있었으나 이제는 가까워진 것이다.

토론과 성찰을 위한 질문들

1. 다음을 어떻게 생각하는가? "제자가 되는 요체는 구어적으로 표현하면, 가장 많이 어울리는 사람들처럼 닮아가는 것이다." 이것은 당신의 경험인가? 당신이 속했던 공동체는 그리스도인으로서 당신의 성장에 어떻게 영향을 끼쳤으며, 어떤 방향으로 지도를 했는가? 당신은 누구와 더 많이 어울려야 하겠는가?

2. 다음을 어떻게 생각하는가? "개인들의 특별한 성품이 기독교의 실재를 증명하지 못한다. 무신론자와 다른 종교들이 만들어 낼 수 없는 것이 곧 복음이 만드는 사랑의 공동체이다." 그리스도인으로서 당신의 증거를 공동체로서 생각해 보라. 당신의 교회 공동체가 그리스도인의 구별되는 방식으로서 서로서로를 대하며 관계하며 살아가는 것은 어떤 모습으로 나타나고 있는가? 당신은 주변 문화에 어떤 모습으로 증인이 되고 있는가?

3. 다음을 어떻게 생각하는가? "공동체적 경건은 공동체적 과정을 강조한다 -세례, 장로와 목사들의 권위를 따르는 것, 교회의 역사적 고백들에 대한 교리교육 …에 참여하는 것이다. 그런데 오늘날 대부분의 복음주의적 교회들이 개인주의적 경건을 강조한다. 이는 내적인 경건과 영적인 훈련, 소그룹 교제 (장로의 지도가 거의 또는 전혀 없음), 개인전도와 봉사활동, 그리고 범복음주의 계열의 행사들과 집회에 참여하는 것이다." 당신의 교회에서 어떤 경건의 버전들이 가장 흔한가? 균형 잡힌 "공동체적 부흥주의"를 위한 어떤 제안이 당신에게 가장 도움이 되는가?- 회심을 위해 설교하되, 성찬을 받는 교인들의 상태를 존중하라. 등록 교인 후보를 조사하기 위한 방법을 개

발하라 - 1.교리교육을 회복하여 공동체적이고 참여적이고 신체적으로 참여하게끔 하라. 2.찾는 이들에게 전도적인 동시에 신학적으로 교육적인 과정이 필요하다는 것을 깨달으라. 3.세례 준비 과정과 등록 교인 교육을 제자도를 세우는 목적으로 사용하라. 4.성찬을 준비하는 시간을 갖게 하고, 그 시간이 언약 갱신에 초점을 둔 영적 준비의 디딤돌이 되게 하라.

07
지역 사회를 만나도록
연결하라

◇◇◇

복음은 사람들을 서로에게 연결할 뿐만 아니라 우리를 도시에 사는 사람들에게 연결한다. 하나님을 아직 알지 못하며 우리가 도울 수 있는 결핍이 있는 사람들을 정의와 자비의 사역을 통해서 만나게 된다.

서구에서 두 종류의 사역적 관심사는 -말씀을 강조하느냐 실천을 강조하느냐, 선포냐 봉사냐- 거의 1세기 동안 정치적 경쟁이나 교단적 분열 관계에서 서로 단절되어 있었다. "보수적" 사역단체는 개인적 도덕성의 중요성을 강조했고 전도와 복음 설교를 통해 사람들을 회심하도록 요청하는 것을 귀중하게 여겼다. "자유주의적" 사역단체들은 사회정의를 강조했고 사람들을 회심시키려는 권면과 요구를 등한했다.

그러나 예수님은 제자들에게 복음의 메시지를 나누며(사람들이 회개하며 복음을 믿도록 설득하는 복음 소통 사역, gospel messaging) 동시에, 복음으로 이웃이 되는 사역을 하도록 부르셨다(신앙 여부를 따지지 않고, 주변 사람들의 필요를 희생적으로 채우는 복음 친화 사역, gospel neighboring). 두 가지 관심사는 항상 같이 가야 한다. 왜 그런지 살펴보자.[1]

첫째, 말씀과 실천은 신학적으로 함께 가는 것이다. 예수님의 부활이 보여 주는 것은 하나님께서 육체와 영혼을 창조하셨을 뿐만 아니라 육체와 영혼을 모두 구속하신다는 점이다. 예수님이 우리에게 궁극적으로 충만하게 주시는 구원은 죄의 모든 영향들로부터 구출하는 것이다(단지 영적인 결과만이 아니라 육체적, 물질적인 결과도 있다).

예수님께서는 세상에 오셔서 말씀을 가르치실 뿐만 아니라 치유하고 먹이셨다. 마지막 왕국은 모든 사람을 위한 정의의 나라가 될 것이다. 그리스도인들은 말씀과 자비와 정의의 행동이라는 두 가지를 통해서 복음을 신실하게 선포할 수 있다. 우리는 복음을 전하며 동시에 주위에 있는 사람들의 물질적인 필요를 채울 수 있다.

이러한 관심사들의 신학적인 조화 외에도 말씀과 실천은 실제적으로도 함께 가는 것이다. 어떤 면에서 복음으로 이웃되는 것 자체가 복음을 전하는 것이다. 사람의 배경이나 종교를 따지지 않고 사랑의 봉사를 실천하는 것은 언제나 복음의 진리성과 동기부여 능력에 대한 매력적인 증거가 된다. 빈민에 대한 교회의 사역은 복음 설교에 있어서 중요한 "타당성 구조"로서 그리고 그리스도의 변혁적 사랑을 아는 공동체에 대한 단체적 증거로서 큰 의미가 있다.

자비와 정의 사역들에 대한 성경적 근거

이러한 종류의 사역에 대한 신학적 근거들을 깊이 조사하기 위하여, 세 가지 중요한 성경적 개념을 살펴보자(이웃, 봉사, 정의).

첫째, 그리스도인들은 이웃을 사랑해야 한다. 우리 이웃을 사회적으로 같은 계급과 경제를 가진 사람들로 생각하는 것이 일반적이다(눅 14:12). 그런데 구약성경은 이스라엘에게 외국인 이민자, 한 부모 가정, 그리고 빈민을 이웃으로 생각하라고 요구했다.

비록 그들이 다른 국적이나 인종이라 할지라도 이웃에 해당된다(레 19:34). 누가복음 10장 25-37절에서 예수님은 이것을 더 진전시키셨다. 당신의 이웃은 당신이 만나는 누구든지 간에 자원이 결핍한 사람이다. 심지어 미워하는 민족이나 종교적 신념을 가진 사람이라도 말이다.

이웃들에 대한 우리의 책임에는 사랑과 정의가 포함된다. 성경은 이 두 가지를 긴밀하게 연결한다. 하나님께서 "네 이웃 사랑하기를 네 자신과 같이 사랑하라"(레 19:18)고 말씀하실 때, 여기에는 사기치지 말며, 정의를 왜곡하지 말며, 가난한 사람을 차별하지 말며, 힘있는 사람이라고 편애하지 말며, 또는 이웃의 삶을 위험하게 하는 어떤 것도 하지 말라는 말씀들이 포함된다(13-17절). 예수님에 의하면, 하나님은 정의의 하나님이며, 또한 하나님을 안다고 하는 누구든지 하나님처럼 정의에 관심을 갖게 된다(눅 18:1-8).

둘째, 그리스도인들은 봉사의 부르심을 받았다. 헬라어로 디아코네오(diakoneo)가 의미하는 것은 겸손히 가장 기본적이며 단순한 궁핍을 실천을 통해 채운다는 것이다. 이 단어의 어근적 의미는 "식탁을 섬기며 공급한다"라는 것이다. 누가는 이 예를 마르다가 예수님의 식사를 준비하는 모습을 통해서 보여 준다(눅 10:40).

한 무리의 여성 제자들이 예수님과 사도들을 따르면서 음식과 기타 필요한 물품을 공급했다. 이 사역을 디아코니아라고 부른다(마 27:55; 눅 8:3). 다락방에서 예수님은 질문을 던지셨다. "누가 큰 사람이냐? 테이블에 앉아 있는 사람이냐, 아니면 섬기는 사람(diakonon)이냐?"(눅 22:27)

이 질문은 특별하다. 왜냐하면 당시 문화의 가치 체계에서 다른 사람을 섬기는 것은 모멸적인 것으로 여겨졌기 때문이다. 이런 배경에서 예수님은 그리스도인의 위대함은 세상 가치의 정 반대편에 있다고 놀라운 선언을 하신 것이다. "나는 섬기는 자로 너희 중에 있노라"(눅 22:27).

섬기는 자! 식탁 치우는 일을 하는 사람! 이것이 그리스도인의 위대함의 패턴이며, 그리스도의 사역 패턴을 직접적으로 따르는 것이다. 다른 사람들을 향한 봉사의 행동들은 하나님의 사랑이 우리 삶 가운데 일하고 계시다는 증거가 된다. "누가 이 세상의 재물을 갖고 형제의 궁핍함을 보고도 도와 줄 마음을 닫으면 하나님의 사랑이 어찌 그 속에 거하겠느냐 자녀들아 우리가 말과 혀로만 사랑하지 말고 행함과 진실함으로 하자"(요일 3:17-18).

셋째, 그리스도인들은 "정의를 행하고" 또는 "바르게 살도록" 명령받았다. 복음주의자들은 이 구절을(미 6:8) "공의를 행하며"라고 번역하는 경향이 있었다. 이는 그리스도인이 하나님의 말씀에 순종한다는 폭넓은 의미를 띄거나 또는 단지 어떤 지독한 죄들을 피하는 결단을 뜻했다. 이런 이해는 매우 부적합하다. 우리가 구약에서 이 단어의 용법을 연구하면 더욱 분명하다.

그렇다면 정의를 행한다는 것은 성경에서 무엇을 의미하는가? 구약 학자 브루스 월키는 놀라운 방식으로 정의한다. "의인들은 공동체의 이익을 추구하기 위해서 자신이 손해를 감수하려는 사람들이다. 악한 사람들은 자기의 이익을 추구하기 위해서 공동체에 손해를 끼치려는 사람들이다."[2]

대부분의 사람들은 '악함'을 십계명에 불순종하는 것으로 생각한다. 거짓말하거나 간음을 함으로써 율법을 적극적으로 어기는 것이다. 물론, 그런 것들은 악하다!

그러나 거짓말과 간음은 악한 빙산 중에서 보이는 일부분에 불과하다고 이해하는 것이 가장 타당하다. 수면 아래가 잘 보이지 않을 뿐, 현실이 덜 악한 것은 아니다. 수면 아래에는 이런 것들이 있다. 우리가 힘이 있는데도 가난한 사람들을 먹이지 않는 것, 또는 우리가 소유한 사업체에서 너무 많은 임금을 가져가서 종업원들에게 돈을 조금 주는 것, 또는 우리 집 앞 눈을 치우면서 노인들만 사는 집을 위해서 같은 일을 할 생각을 안 하는 것. 이런 모든 것들 속에서 우리는 우리의 이익을 추구함으로써 남들에게 손해를 끼치는 것이다.

이러한 이해를 갖는다면, 정의란 날마다 우리가 하는 행동과 관련된다는 것을 알게 된다. 정의는 사법부나 입법부에서만 추구할 것이 아니다.

바르게 산다는 것은 우리에 대한 공동체의 요구를 항상 인식하면서 산다는 것을 의미한다. 그것은 다른 사람들을 유리하게 하기 위해서 우리 자신을 불리하게 하는 것을 의미한다. 이것은 그 자체로 삶의 모든 영역에서 드러난다. 우리의 가정, 성적 관계, 직업과 직장, 재산과 소유물의 사용, 시민의 권리, 여가의 사용, 어떻게 기업 이익을 추구하고 사용하는가, 어떻게 우정을 이루고 사용하는가.

이것은 법적인 요구 사항 이상을 행하는 것을 의미한다. 욥처럼 "정의가 나의 옷"이라고 기꺼이 말할 수 있는 CEO라면 단지 자신의 주주 이익만을 생각할 수는 없으며, 종업원들과 그 사업체가 위치한 지역 사회의 공공선을 생각해야만 한다.

은행 경영자가 법적으로 하는 많은 일들이 성경에 따르면 불의하다. 구약성경에서 하나님의 정의란, 궁핍한 사람들에게 음식, 공간, 생활의 다른 필수품을 나누는 것을 의미한다(사 58:6-10).

성경에서 인간의 기본적 궁핍을 채우는 행동은 단지 자비의 행동이라고 불리지 않는다(눅 10:37 참조). 자비가 자격이 부족한 사람에 대한 동정심을 의미한다면, 어떤 행동들은 정의의 행동으로 이해된다.

왜 그런가? 우리는 누구나 동일한 특권과 자산을 갖고 시작하지 않는다. 예를 들어, 빈민가 아이들은 자기 잘못이 아님에도 학습에 매우 파괴적인 영향을 주는 환경에서 자라기도 있다. 사람들은 이 상황에서 누가 주된 문제인지 논쟁할 수도 있다. 부모, 문화, 정부, 대기업, 인종차별 등등. 그러나 아무도 그 아이의 잘못이라고 말하지 않는다.

아이들과 관련되는 한 그들의 곤경은 이 세상의 깊은 불의 때문이라는 것을 모든 사람이 인정해야 한다. 이는 타락의 결과 중에 하나이다. 우리는 이를 개선시킬 의무를 갖고 있다. 불의의 치유에 기여하기 원하는 것과 그것을 지혜롭게 하는 것은 별개의 일이다. 이것이 특별히 어려운 주된 이유들 중에 하나는 균형 없는 정치적 이데올로기와 비성경적인 환원주의가 오늘의 문화에 만연하기 때문이다.

많은 보수주의자들은 가난한 사람들을 돕기 원하는데, 단지 자비에만 근거해서 그렇게 하려고 한다. 이는 가난은 거의 전적으로 개인의 무책임의 문제라고 보는 신념에 근거한 것이다. 그러나 이 관점은 종종 "가진 사람들"이 그 자리에 있는 이유가 출생 시에 받은 기회와 자원의 불균등한 분포에 매우 기인한다는 점을 간과한다.

그리스도인으로서 우리는 우리가 가지는 모든 물질적 축복이 하나님으로부터 온 선물임을 안다. 만일 우리에게 주어진 물질적 복들을 나누지 않거나 또는 가난한 사람들에 대해서 참을성이 없거나 거칠게 대한다면, 우리는 단지 자비 부족의 죄만이 아니라, 불의의 죄가 있는 것이다.

다른 한편으로, 많은 자유주의자들은 불의에 대한 분노 의식의 발로에서 가난한 사람들을 도우려는 동기를 갖고 있다. 그러나 이 관점도 중요한 진리를 간과한다. 즉, 반복되는 가난으로부터 탈피하도록 돕는 데 있어서 개인의 책임은 많은 관련이 있다는 사실이다.

그러므로 보수주의자들은 "긍휼과 책임에 근거한" 해법을 옹호하는데, 이는 가부장적이며 심지어는 내려다보는 듯한 경향이 있으며, 가난의 문제에 기여하는 사회문화적인 많은 요인들을 무시하는 것이다. 자유주의적 경향은 "체계적 불의"에 대해 반대하는데, 이는 분노, 원한, 분열로 연결될 수 있다. 양자 모두, 역설적이게도, 자기 의에 빠진다. 한 쪽은 모든 것에 대해 가난한 사람들을 비난하고, 다른 쪽은 모든 것에 대해 부자들을 비난한다. 한 쪽은 개인의 책임을 과다하게 부각시키고, 다른 쪽은 과다하게 축소한다.

그리스도인들은 은혜에 대한 반응으로서 올바르게 살아간다. 언뜻 보기에는 오직 은혜로 이루어지는 그리스도의 구원이 우리로 하여금 정의를 행하게 이끈다는 것이 논리적이지 않아 보인다. 그러나 성경은 반드시 그런 것임을 제시한다. 구약성경에서 하나님은 이스라엘에게 말씀하신다. "너희와 함께 있는 거류민을 너희 중에서 낳은 자 같이 여기며 자기 같이 사랑하라 너희도 애굽 땅에서 거류민이 되었느니라 나는 너희의 하나님 여호와이니라"(레 19:34).

이스라엘 사람들은 애굽에서 외국인이었고 억압받는 노예였다. 그들은 스스로 자유롭게 될 능력이 없었다. 하나님께서 그의 자비와 능력으로 그들을 자유롭게 하셨다. 이제 그들은 힘이 약하고 재산이 적은 모든 사람들을 이웃으로 대해야 한다. 그들에게 사랑과 정의를 나타내야 한다. 그러므로 정의를 행하는 신학적 근거와 동기부여는 바로 은혜에 의한 구원이다!

야고보서 2장 14절은 우리가 공로가 아닌 믿음에 의해 구원 받은 것이지만, 그리스도 안에 있는 진정한 믿음은 우리로 하여금 봉사의 행동을 하게 한다고 기록한다. 야고보는 그러한 행동들의 모습을 묘사한다.

만일 형제나 자매가 헐벗고 일용할 양식이 없는데 너희 중에 누구든지 그에게 이르되 평안히 가라, 덥게 하라, 배부르게 하라 하며 그 몸에 쓸 것을 주지 아니하면 무슨 유익이 있으리요 이와 같이 행함이 없는 믿음은 그 자체가 죽은 것이라(약 2:15-17).

야고보서 전체의 상황을 보며 읽을 때 이것이 하나님께서 레위기 19장 34절에서 사용하신 것과 동일한 논리임을 알 수 있다. 은혜를 경험한 마음에서 가난한 사람들을 도우려는 동기가 일어나는 것이다. 어떤 특정 계층의 사람들을 향해 가진 우월감을 내려놓은 마음에서 나오는 것이다.

자비 및 정의 사역의 실제적인 방법들

앞에서 왜 교회가 자비와 정의의 사역에 참여해야 하는지에 대한 질문에 답을 살폈다면, 여기서는 그것을 어떻게 할 것인지에 대한 질문을 반드시 다루어야 한다. 폭넓은 이 질문 안에는 수십 개의 현실적인 질문들이 포함되어 있다.

우리가 이것을 토론할 때 가난한 사람들에 대한 다양한 수준의 지원을 고려해야 하며, 교회의 적절한 역할은 무엇이야 할지에 대한 생각이 필요하다. 첫 번째 고려할 수준은 구제(relief)이다. 직접적인 도움을 제공하여 신체적, 물질적, 사회적 필요를 채우는 것이다.

구제를 제공하는 일반적인 방법은 노숙자에게 일시 거처를 제공하거나, 궁핍한 사람들에게 음식과 의복을 제공하는 것, 그리고 의료 봉사 및 위기 상담 등이 포함된다. 어려움에 처한 사람들이 법률 자문을 얻게 하거나, 집을 구하는 것을 돕거나, 또는 다른 종류의 지원을 얻도록 돕는 것도 구제의 모습이다. 그러나 구제 프로그램은 다른 종류의 지원과 결합되지 않으면 언제나 의존 양상을 만들어낸다.

두 번째 종류의 도움은 개발(development)의 수준이다. 사람이나 공동체가 자족 자급할 수 있도록 이끄는 것이다. 구약성경에서 노예의 채무가 면제되고 그가 풀려날 때, 하나님께서는 그의 전 주인이 곡식, 도구, 그리고 재물을 그에게 주어서 내보내어 자급할 수 있는 경제생활을 새로 시작할 수 있게 했다(신 15:13-14).

개인을 위한 개발에는 교육, 직장 창출, 훈련 등이 포함된다. 이웃이나 지역에 대한 개발은 사회 재정적 자본을 사회 시스템에 투입하는 것을 의미한다 - 주택 개발, 주택 소유 그리고 여러 자본 투자를 의미한다.

세 번째, 가장 넓은 의미에서의 형태로 개혁(reform)이 있다. 사회적 개혁은 즉각적 필요를 채우는 구제와 의존성 문제를 해결하는 개발의 차원을 넘어 의존성 문제를 만들거나 악화시키는 사회적 조건과 구조를 변화시키려고 시도하는 것이다.

욥은 "불의한 자의 턱뼈를 부수고 노획한 물건을 그 잇새에서 빼내었느니라"(욥 29:17)고 말한다. 모세는 부자와 영향력 있는 사람들에게 특혜를 주는 법률 체계에 대한 하나님의 반대 입장을 말했다(레 19:15; 신 24:17). 또한 사람들의 근소한 수입을 쥐어짜는 대금업 시스템에 대한 반대를 표명했다(출 22:25-27; 레 19:35-37; 25:37). 선지자들은 불공정한 임금을 책망하고(렘 22:13) 타락한 사업 관행을 심판했다(암 8:2, 6). 다니엘은 빈곤층에 대한 자비 결여를 해결하도록 비기독교 국가에 요구했다(단 4:27).

우리가 성경을 읽을 때, 그리스도인들은 특정 공동체 내에서 더 나은 정치적 보호, 더 공의롭고 공평한 은행 관행, 균형 있는 지역 발전, 그리고 더 나은 법들을 만들어야 함을 알게 된다.

그러나 우리는 이것이 그리스도인들이 추구할 중요한 목표임에 동의하더라도(그들은 진정으로 동의한다!), 여전히 어떻게 제도적 교회가 참여될 것인지에 대해서 말하지 않았다. 신학적 및 실제적 이유로 지역 교회가 첫 번째 수준의 도움(구제)에 집중해야 하며, 두 번째 수준(개발)에 어느 정도 헌신해야 한다고 본다.[3]

두 번째와 세 번째 수준에서 지역 개발의 영역, 사회 개혁, 그리고 사회구조와 관련된 수준에서 그리스도인들은 지역 교회를 통한 것보다는 협회와 조직을 통해서 일하는 것이 가장 좋다고 보았다.

왜 이런 차이가 있는가? 한 가지 관건은 희소한 재정 자원의 분배에 대한 것이다. 많은 사람은 두 번째 그리고 세 번째 수준들은 비용이 많이 들고 말씀사역에서 재정을 앗아갈 수 있다고 주장한다. 이것이 극복 못할 문제라고 생각하지는 않지만, 개발 및 개혁 노력은 교회 운영을 통해서 공급되는 것 이상의 상당한 재원이 필요한 것이 사실이다.

리더십 역량과 집중력도 또 다른 희소 자원이다. 정의와 자비에 관련된 이슈들은 아주 복합적이어서 그것을 다루기 위한 적절한 기술과 시간을 장로들과 목회자들이 갖지 못한 경우가 많다.

또 다른 이유는 독립성과 관련된다. 많은 사람이 주장하는 것은 (그리고 나도 동의하는 것은) 이러한 노력이 정치 활동과 긴밀히 결부되어 있어서 교회가 특정 정당과 연대되는 결과가 나오기 쉽다. 이는 교회의 전도, 독립성, 그리고 권위를 저하시킬 수 있다.

결국, 가난한 사람들을 돌보는데 깊이 참여한 많은 미국 교회들이 발견한 것은 비영리 조직을 분리하여 지역 개발과 사회 구조 개혁을 하는 것이 가장 지혜롭다는 점이었다. 이 방식이 목사와 장로들의 감독 아래 지역 회중을 통해서 직접 추구하는 것보다 낫다는 것이다.[4]

이러한 지원 수준들을 염두에 두고, 통합적 사역의 양상에 대한 철학에 대해 몇 가지 실제적인 이슈들을 살펴보기로 하자. 동일한 기본 관점을 가진 사람들도 종종 의견이 다르다. 그러므로 일치에 이르기 위해서는 많은 노력이 필요하다.

1. 우선순위의 수준: 얼마나 도와야 하는가?

이런 종류의 사역은 비용이 많이 든다. 다른 사역과 관련하여 얼마나 높은 우선순위를 가져야 하는가? 교회에 사람이 더 많이 모이고 재정적으로 더 안정될 때까지 기다려야 하는가? 필요가 끝이 없는데, 교회의 에너지와 돈에서 몇 퍼센트를 여기에 사용해야 하는가?

여기에 출발점이 있다. 실천 또는 섬기는 사역은 특히 교회 내부의 사람들에 대해서는, 사도행전 6장 1-7절과 여러 곳에서 처방되어 있다. 그러므로 교회 안에 사람들의 물질적 결핍과 현실적 필요를 채우는 일에 헌신하는 사람들이 세워져야 한다. 사역이 얼마나 포괄적이든지 간에 상관없이 이런 사람들을 세우는 것은 목회자가 헌신해야 하는 부분이다.

2. "가난한 사람"에 대한 정의: 누구를 도와야 하는가?

필요를 어떻게 정의해야 우리가 마땅히 도와야 할 사람들을 돕고 있다는 것을 확신할 수 있을까? 얼마나 필요가 있어야 도울 것인가? 만일 당신 교회의 사람들이 "왜 우리가 그 사람을 돕는거죠? 그는 그렇게 어렵지 않습니다!"라고 말한다면? 여기에서 지침을 생각해 보자.

조나단 에드워즈는 "네 이웃을 네 자신과 같이 사랑하라"는 원리를 이 질문에 적용했다. 당신은 당신의 여건을 변화시키기 위하여, 절대빈곤에 이를 때까지 아무 것도 하지 않고 마냥 기다리지는 않는다. 그렇다면 당신은 주변의 절대빈곤층만 도우려고 해서는 안 된다. "가난한 사람"을 정의할 때 너무 좁게 생각하지 말라.

3. 조건적인가 무조건적인가: 언제, 어떤 조건에서 도와야 하는가?

우리가 돕는 사람들에게 무엇을 요구해야 하는가? 어떤 것을? 사람들이 당신의 교회에 출석하고 사역에 참여할 것을 요구할 것인가? 교인이 아닌 사람보다는 교인을 더 도와야 할 것인가? 여기에 지침이 되는 것은 갈라디아서 6장 10절이다. "그러므로 우리는 기회 있는 대로 모든 이에게 착한 일을 하되 더욱 믿음의 가정들에게 할지니라."

이로 볼 때, 우리의 교회 안에 있는 형제와 자매들에게 우선순위를 주어야 한다는 것이 분명하다. 그러나 이것은 교인이 아닌 사람들을 돕지 않아야 한다는 것이 아니라 교회와 어떤 관련이 있는 사람들을 돕는다는 것이다(직접적인 이웃이든지, 안에 있는 믿는 사람들과 관련성이 있는 사람들이든지).

4. 구제, 개발, 개혁: 어떤 방법으로 도와야 하는가?

정의 사역이 단순한 구제를 통하여 개인들을 돕는 것으로 이루어질 수도 있다. 그러나 불의한 사회 시스템을 다루는 것을 의미할 수도 있다.

교회가 가난한 사람을 먹이는 일을 고수해야 하는가? 아니면 정치에 개입해야 하는가? 구제, 개발, 그리고 개혁에 대해 우리가 한 토론을 염두에 두라.

궁극적으로 말씀과 실천의 사역을 분리하는 것은 불가능하다. 왜냐하면 인간 존재는 영혼과 육체가 모두 통합된 존재이기 때문이다. 자비의 사역이 사람의 결핍을 채우는 가운데 말씀을 섬긴다. 그리고 복음 소통의 사역을 하면서 만나는 사람들의 실질적인 결핍에 대한 동정심을 가지는 것은 필요할 뿐만 아니라 자연스러운 것이다. 통합적 사역이란 말씀의 사역과 행동의 사역을 하나의 실에 최대한 꿰는 것이다.

예수님께서 나인 성 과부의 죽은 아들을 살리셨을 때, 위로의 말씀을 주셨다(눅 7:13). 예수님께서 눈먼 사람을 고치셨을 때, 복음의 명령도 함께 주셨다(요 9:35-38).

이 두 가지는 손에 손을 잡고 함께 가는 것이다. 사도행전 2장에서 폭발적인 신자 수의 증가가 가난한 사람들과의 혁명적인 나눔으로 이어졌다(44-45절). 사도행전 4장에서, 교회 안에서의 경제적 공유가 교회 바깥에서 부활에 대한 강력한 설교로 함께했다(32-35절).

결핍에 처한 사람들을 위한 그리스도인들의 실제적인 행동들은 복음의 진리와 능력을 증명하는 것이다. 로마 황제 줄리안은 기독교의 대적자였지만, 빈민을 향한 신자들의 관대함은 아주 매력적이라고 인정했다.

어찌하여 우리는 낯선 사람들에 대한 그들의 [그리스도인들의] 관대함을 관찰하고 있는가. 그리고 그들의 삶의 고의적인 경건함이 무신론

[기독교]의 증가에 기여하는 것을 보지 않았는가. 아무 유대인도 구걸하지 않으며, 이 불경건한 갈릴리 사람들이 그들의 빈자뿐만 아니라 우리의 사람들까지 돌본다는 것은 수치스러운 일이다. 우리의 사람들이 우리에게 도움을 받지 못한다는 것을 모두가 보고 있다.[5]

토론과 성찰을 위한 질문들

1. 이웃이 된다는 것, 다른 이들을 섬긴다는 것, 그리고 정의를 행한다는 것은 성경적으로 무엇을 의미하는가? 이 용어들에 대한 우리의 정의가 당신이 이해하고 있던 것과 어떻게 비교되는가?

2. 구제, 개발, 그리고 개혁 사이의 차이점에 대해 토론을 해보라. 이것들 중에 어떤 부분에 당신이나 당신의 교회가 참여해왔는가? 당신은 지역 교회가 개발과 개혁의 일에 참여해야 한다고 믿는가? 왜 그래야 한다고 생각하는가 또는 왜 하지 말아야 한다고 생각하는가?

3. 다음을 생각해 보라. "궁극적으로, 말씀의 사역과 행동의 사역을 분리하는 것은 불가능하다. 왜냐하면 인간 존재는 영혼과 육체가 모두 통합된 존재이기 때문이다. 자비의 사역이 인간의 결핍을 채우는 가운데 말씀을 섬기며, 복음 소통의 사역이 또한 만나는 사람들의 실질적인 결핍에 대한 동정심을 가지는 것은 필요할 뿐만 아니라 자연스러운 것이다. 통합적 사역이란 말씀의 사역과 행동의 사역을 할 수 있는 대로 한 줄에 함께 꿰는 것이다." 당신과 당신의 교회는 사역의 두 가지 국면을 어떻게 하나로 통합하는 노력을 하고 있는가?

08
일터를 만나도록
연결하라

◇◇◇

서구 기독교 국가 시대의 교회는 신자의 제자도와 훈련을 기도, 성경 공부, 전도에 국한해도 괜찮았다. 왜냐하면 대부분의 그리스도인들은 직장과 이웃과 학교에서 비기독교적 가치들을 대면하지 않았기 때문이다. 예를 들어 그들은 사업, 예술, 정치, 지역의 자원 사용, 인종 관계 등등에 대해서 기독교적 접근법을 깊이 생각할 필요가 없었다(또는 그런 접근법이 필요하다고 생각하지 않았다).

그런데 오늘날 선교적 교회에는 신자들이 현저하게 비기독교적인 문화에 둘러싸여 있다. 그들은 모든 공적 생활과 사생활에 대해 "그리스도인으로서 생각하는" 것에 더 많은 준비와 교육이 필요하다. 그리고 어떻게 그리스도인의 구별성을 갖고 일을 할 것인지에 대해서 그러하다. 그런데 이런 확신조차도 반문화적이다. 서구 문화는 계몽주의의 "사실-가치 구별"을 여전히 소중히 생각한다. 즉, 오직 과학적으로 증명될 수 있는 것만이 사실이며, 그러므로 공적인 일을 위한 유일한 정당한 근거로 작용한다는 것이다. 역으로 종교적이며 초월적이며 또는 주관적인 모든 것은 가치의 영역에 귀속되므로 사적인 영역에 머물러야 한다는 것이다.

믿는 사람들에게 이것이 의미하는 것은 신자들의 종교적 신념은 직장에 들어와서는 안 된다는 것이다. 금융, 연극, 교육, 정책이든 간에 말이다. 점점 더 세속적이고 탈기독교적인 문화 가운데, 신자들에게 자신의 신앙적 신념을 그들이 직업을 수행하는 방식과 단절시키는 것이 일상이 되었다.

이를 거부하는 소수는 그들의 개인적 신앙을 고백하는 것으로써 표현을 다한 것으로 생각한다. 복음이 실제로 그들이 연기하고, 사업하고, 공직에 종사하고, 미디어에서 일하고 또는 학문을 탐구하는 것에 영향을 끼치게 하지는 않는다. 각각의 그리스도인들이 문화에 참여하여 탁월성, 구별성, 그리고 책임성을 갖고 직장에서 일할 때 교회는 지지하고 격려하는 본질적인 역할만 맡는다.

복음은 우리의 직업에 영향을 끼친다

이원론은 영적이며 거룩한 것을 나머지 삶과 분리하는 철학이다. 이것은 원래 헬레니즘 사고에 뿌리가 있다. 물질 세계는 악하고 영적 세계는 선한 것으로 보았다. 계몽주의가 "객관적 사실"의 공공 세계와 "주관적 가치"와 영성의 사적 세계를 날카롭게 분리한 것은 이원론의 후손다운 일이었다(이것은 앞에서 본 것과 같이 "보수주의적"인 말씀사역과 "자유주의적"인 실천사역의 이원론이 근거 없는 것과 마찬가지다).

이러한 분리는 사람들이 자기들의 신앙을 이해하고 표현하는 방식에 계속 영향을 미쳤다. 그래서 교회와 그 활동은 선하고 순수한 것이며, 세속 세계는 악하고 오염된 것으로 보는 이원론이 만연하였다. 이 관점에서는 하나님을 진정으로 섬기는 최상의 방법은 설교, 전도, 제자 훈련 등 직접적 형태의 사역을 하는 것이다. 기독교가 현실에 대한 포괄적인 관점을 제공하며, 삶의 모든 활동에 영향을 미치는 것으로 이해하는 것이 아니라, 개인적인 평안과 힘을 얻기 위한 수단으로 대할 뿐이다.

지난 몇 세대 동안, 사역과 삶에 대한 이원론적 접근법으로 말미암아 실제로 수많은 그리스도인들이 문화적 봉사와 영향력의 장소들을 떠났다. 센터처치의 신학적 비전은 교회 사역과 문화 참여를 위한 근거로서 복음의 중심성을 높이는 것이다. 앞서 우리가 제시하려고 노력한 바와 같이 복음 중심적인 교회들은 자신이 하는 모든 것들을 은혜의 복음의 관점에서 조사한다. 그러나 이것은 율법주의적 기독교가 이원론적 기독교를 직면하는 것 이상이다.

왜 그럴까? 두 가지는 사실상 연결되어 있기 때문이다 율법주의적 기독교는 이원론적 기독교로 귀결된다. 사람들이 은혜의 복음을 깨닫지 못할 때, 그들은 바리새인처럼 전례적 경건이나 정결에 집착하는 경향이 생긴다. 만일 우리가 우리 삶의 정결함이나 의로움에 의해 구원된다고 가정한다면, 우리는 교회 담 안에 머물러야 할 동기부여가 생긴다. 비신자들과 그 생각들을 접하지 않아도 되는 사람들과 분위기 속에 머물고 싶은 자극을 받는다.

더욱이 율법주의의 흑백논리적 사고방식은 깊이와 사려심이 있는 그리스도인의 성찰과 창의성을 저해하며, 직업에 필요한 유연성 및 불확실성에 대한 수용을 방해한다. 예를 들어 성경은 교회가 어떻게 운영되어야 하는지에 대해 많은 것을 말하는 반면, 우리가 사업체를 기독교적 방식으로 어떻게 운영해야 하는지에 대해 구체적인 세부사항을 말하지 않는다. 그것은 사려깊은 방식으로 세상의 생각들과 연관을 갖는 것이 필요한데 여기에서 이원론으로 빠지기가 쉽다.

이원론의 반대가 곧 기독교 세계관이다. 기독교는 우리가 신봉해서 영혼 구원을 성취할 수 있는 신념의 집합 체계 이상이다. 또한 세상의 모든 것을 해석하며 이해하는 독특한 방식이다. 인간 본성, 옳고 그름, 정의, 아름다움, 목적, 과학적 발견, 기술, 그리고 일에 대한 구별된 관점을 제시한다.

인격적이고 삼위일체이고 창조자이신 하나님께서 우주와 나를 창조하고 관여하고 구원하시는 것을 믿는다면 -단지 우주가 우연히 발생했다고 믿는 대신에- 그렇다면 나는 이러한 모든 근본적인 이슈들에 대해 구별되는 관점을 갖게 될 것이다. 이러한 관점들은 내가 일상의 삶을 어떻게 살아가는지를 결정한다.

성경은 우리의 모든 일이 하나님에게 중요하다는 것을 가르친다.

16세기 개신교 개혁주의자들은 "세속" 직업이 그리스도인 사역만큼이나 중요하며 하나님을 영화롭게 하는 것이라고 믿었다. 우리가 은사를 직업 가운데 사용할 때 -옷을 만들거나, 기계나 소프트웨어를 다루거나, 법에 종사하거나, 들판을 경작하거나, 고장 난 신체를 고치거나, 아이들을 양육하거나- 우리는 인간 공동체를 섬기라는 하나님의 명령에 응답하고 있는 것이다. 그러므로 우리의 일은 그것이 무엇이든 하나님께 매우 중요한 것이다.

하나님께서 우리의 모든 일에 중요하다고 말씀하시는 것도 동일한 사실이다. 즉, 복음이 직업 가운데 우리의 동기, 태도, 그리고 방법에 영향을 준다는 것을 우리는 믿는다. 그러면, 복음의 중심성을 강조하는 교회가 붙드는 직업에 대한 비전은 무엇인가?

우리는 그리스도인들이 그들의 신앙을 일로부터 분리하여 사유화하는 것을 원하지 않는다. 또한 그것을 하위 문화의 형태로 표현하기를 원하지도 않는다. 오히려 우리는 그리스도인들이 성숙하고 발전하는 것을 보기 원한다. 직업에서 탁월성 및 그리스도인의 구별성을 갖고 일하며, 신자들이 살아가는 문화에 맛을 더하고 유익하게 하기를 원한다.

교회들은 반드시 그리스도인들이 어떻게 복음이 우리의 삶을 형성하며 지도하는지를 적어도 다음의 네 가지 면에서 알아야 한다.

첫째, 우리의 믿음은 일에 대한 우리의 동기를 변화시킨다. 과로하기 쉽고 긴장하기 쉬운 전문직들과 직장인들에게 있어 복음은 우리의 중요성과 정체성을 돈과 성공에서 찾지 않도록 돕는다. 바울이 말하는 것처럼 "눈가림"(골 3:22)과 단조로움의 노예가 되기 쉬운 근로계층에게 있어 우리의 믿음은 "마음을 다하여 주를 섬기듯이 일할"(골 3:23) 동기부여를 일으킨다.

둘째, 우리의 믿음은 일에 대한 개념을 변화시킨다. 창조에 대한 건강한 신학은 -그리고 피조 세계에 대한 하나님의 사랑과 돌보심에 대한 신학은- 우리로 하여금 가장 단순한 작업인 구두를 만든다든지, 치과 보조사로 일한다든지, 또는 웅덩이를 파는 일들도 하나님을 섬기며 인간 공동체를 섬기는 일환임을 알려 준다. 우리의 문화적 작업은 하나님을 영화롭게 하고 인간의 번영을 촉진하는 방향으로 물질세계의 재편을 이루게 된다. 일에 대한 좋은 신학은 더 많은 돈과 지위를 얻기 위해서 전문성을 강조하는 현대세계의 경향을 거부한다.

셋째, 우리의 믿음은 일터의 그리스도인들에게 높은 윤리 수준을 제공한다. 많은 것들이 세부사항은 법적으로는 문제가 없지만, 성경적으로 부도덕하며 지혜롭지 못하며 그러므로 신자의 선택 범위 바깥에 있는 것들이다. 그리스도인의 삶에서 윤리적 기준은, 은혜의 복음에 근거하여, 언제나 직장에서 높은 수준의 온정성을 갖고 일할 수 있도록 이끌어야 한다.

넷째, 우리의 믿음은 우리가 하는 일이 이루어지는 방식을 새롭게 만드는 기초를 제공한다. 모든 공동체는 무엇이 가장 중요한지에 대해 집단이 공유하고 있는 정신적 지도 위에서 움직인다. 만일 하나님과 그 은혜가 문화의 중심에 있지 않다면, 다른 것들이 궁극적 가치를 대신 차지한다. 그러므로 모든 직업 영역이 우상 숭배로 왜곡된다.

그리스도인 의사라면, 어떤 진료 관행들이 돈을 더 많이 벌어 주지만 환자의 생명에 가치를 더하지는 않는다는 것을 알게 된다. 그리스도인 마케팅 전문가들은, 현실을 왜곡하고 감정을 조작하고 또는 인간 마음의 최악의 측면에 소구하는 광고홍보가 허용되는 것을 본다.

그리스도인 사업가들은 단기적 금융 이익을 추구하면서 회사의 장기적 건강을 희생시키거나 또는 종업원, 소비자, 여러 관계자들의 이익보다 재무적 이익을 우선하는 경향들을 분별할 수 있다. 그리스도인 예술가들은 자아도취적인 자기표현이 궁극적 가치인 문화 속에서 살며 일한다.

대부분의 직업 영역에서, 신자들은 무자비하고 경쟁적인 행동이 규범이 된 일터를 경험한다. 기독교 세계관은 신자들의 분야를 지배하는 철학과 관행들을 해석할 길을 제시하며 그것들을 새롭게 하고 개혁할 수 있게 한다.[1]

교회가 어떻게 도울 수 있을까?

그러므로 우리는 문화에 대해 무관심이나 분리를 충고하는 접근법들을 거부해야 한다. 그런 교회들은 교인들에게 전도하거나 제자를 삼거나 또는 최소한, 십일조를 많이 냄으로써 헌신된 교인들이 사역을 통해 하나님께 영광을 돌린다고 가르친다. 이런 종류의 교회들에서는 그리스도인들의 "세상" 일에 대한 지지나 인정이 거의 또는 전무하다.

다른 한편으로 회개, 회심, 그리고 거룩에 대한 요구는 제외시키고 사회 정의와 문화 참여만을 강조하는 접근법도 거부해야 한다. 우리는 문화적 적대 또는 동화라는 너무나 단순한 접근법들이 아니라, 문화 갱신의 대리인이 되기를 원한다. 우리는 사람들이 기독교 세계관을 갖고 세상에서 일하는 제자도를 세우기 원한다.

나는 교회가 사람들이 세 가지 구체적인 방식으로 일하도록 도와야 할 필요가 있다고 믿는다. 책임성 있게, 구별성 있게, 그리고 탁월성 있게.

책임감을 갖고 일하기: 직업에 관련된 영적 성장

기본적인 "은혜의 수단들"을 공급할 필요가 있다. 기도, 상호-동료간 사역과 상호책임, 공동체 안에서 배우기, 감독과 돌봄. 이는 특정 직업에 있는 사람들의 삶의 이슈들을 다루는데 유용하며, 일하는 시간 패턴에 부합한다.

두 가지 보편적인 문제를 다루어야 한다. 첫째, 도시 문화의 직장과 경력은 전통적인 "주 42시간제 근무 및 주말 휴무" 패턴과 점점 더 맞지 않는다. 그들은 빈번한 여행, 계절적 변동, 그리고 잦은 이사를 경험한다. 또한 주중에 장시간 일하고 낮밤 없이 일한다. 결과적으로, 경력이 위로 올라갈수록 영적 성장에 필요한 일상적인 시간들을 내기가 어려워진다. 일요일 예배와 주중 저녁에 하는 소그룹에 참여하기가 어려워진다.

그러므로 양육을 제공하는 창조적인 방법들을 고안할 필요가 있다. 이러한 질문들을 고려해야 한다. 어떤 그룹들은 월간으로 직접 모이고 주중에는 온라인으로 모이는 것은 어떤가? 어떤 교회 사역자들은 1대 3

목양과 제자 훈련을 더 많이 하도록 시간을 주는 것은 어떤가?

두 번째 역동적인 부분은 이것이다. 각각의 직업은 많은 영적 도덕적 이슈, 윤리적 난제, 유혹, 실망 거리, 그리스도인들이 직업에서 겪는 온갖 어려움들을 포함하고 있다. 그런데 일반적으로 교회에서 대개의 목양이 아주 일반적이며 보편적인 문제들만을 다루며 내면 세계만을 다루고 있다는 점이다.

우리는 주중 시간의 대부분을 직장에서 보낸다. 우리는 다른 그리스도인들이 일상에서 접하는 똑같은 문제들을 어떻게 다루었는지를 들을 필요가 있다. 어떤 직업들은 너무나 거칠어서 만일 적절한 격려와 지지를 받지 못한다면 그리스도인들이 빠져나오고 말 것이다. 그러므로 같은 직업에 있는 그리스도인들은 서로를 보살피고 지지할 필요가 있다.[2]

리디머교회에서는 책임성 있게 일하는 것이 "직업별 교제모임"의 형태로 이루어진다. 이는 같은 직업을 가진 그리스도인들이 함께 모여서 위에 언급한 방식으로 서로에게 사역하는 모임이다. 어떤 직업의 교제모임은 정기적으로 모여서 연관된 계통에서 사람들을 만나고, 강의를 듣고, 구체적인 주제로 토론을 한다. 또 다른 그룹들은 매월 또는 매주 소그룹으로 모인다. 중간 규모 그룹의 경우 지리적 위치보다는 직업적 공통성을 토대로 모이기도 한다. 예를 들어, 월간 또는 격주 간격으로 예술가 그룹이 모일 수 있다. 직업관련 모임들이 상호책임과 격려를 나누기도 하지만, 또한 흥미로운 전도적 계기가 될 수도 있다.

믿는다고 말하지 않는 사람들 중에서 어떤 사람들은 자기가 존경하는 그리스도인들이 모이는 사려깊고 격려가 되는 모임에 이끌릴 수 있다.

구별성을 갖고 일하기: 세계관 형성과 훈련

우리들 중에 많은 사람들에게 있어 기독교 메시지를 전하기 위해 은 사를 사용할 때 그것이 주님을 위해 일하는 것임은 분명한 일이다.

그러나 기독교의 문화적, 직업적 사역이 아닐 때는 어떻게 주님을 위하여 구별성 있게 일해야 하는지를 늘 알지는 못한다. 그리스도인 가수가 헨델의 메시아를 부를 때 그리스도를 위해 재능을 사용하고 있다고 느끼기는 쉬운 일이다.

그러나 복음이 어떻게 그의 나머지 일들을 구별되게 하는가? 단지 종교가 그리스도인인 가수일 뿐인가? 아니면 그의 예술이 복음에 의해 매주 날마다 형성되는 완전한 그리스도인 가수인가?

그의 예술 작업은 인간 본성, 하나님, 삶의 의미에 대해 전혀 다른 관점을 가진 사람과 어떻게 달라야 하는가? 유일한 차이점이라는 것은 그가 동료 아티스트와 성관계를 갖지 않거나 종교적 음악만 연주하는 것이겠는가?

직업적 성공이 그가 무엇을 하는 궁극적인 동기인가, 아니면 탁월한 예술을 통해 삶의 의미와 피조 세계의 아름다움을 의식적으로 증거하고 있는가? 그의 예술적 기교와 헌신은 -가장 회의적인 사람에게도- 이 세상은 우연이 아니며, 일관성 있고 아름다우며, 우리는 목적을 위해 창조받았음을 항상 증거하고 있는가?

유사하게 경영학 MBA 소지자가 자선 비영리단체의 이사나 교회의 위원회에서 일할 때는 그리스도를 위하여 재능을 사용하고 있다고 느끼기가 쉽다. 그러나 복음이 그녀의 나머지 일들을 어떻게 구별되게 하는가?

그녀는 인간 본성, 하나님, 인생의 의미에 대해 다른 신앙을 가진 사람들과 기업의 이익에 대해 같은 관점을 가질 것인가? 그녀는 모든 인간은 하나님의 형상으로 지어졌다는(각각의 사람이 너무나 귀중하기 때문에 하나님께서 그의 아들을 주셨다는) 의식을 갖고 모든 사업 거래를 진행하고 있는가?

교회에 던지는 질문은 이것이다. 만일 우리가 예수님이 삶의 모든 영역에서 주님이시라고 믿는다면, 그럼 어떻게 우리의 사람들이 주님의 주재권을 실행하도록 가르칠 것인가?

일반적으로 이러한 실천은 의도적인 학습 공동체에서 흘러나와야 하는데, 세 가지 상이한 사람들의 그룹들을 한데 연결해야 한다. (1)나이 있고 성취한 그리스도인들 (2)젊고 시작하는 그리스도인들 (3)성경, 신학, 교회사에 정통한 교사들.

이 세 그룹이 함께 일해서 바른 질문들이 다루어질 뿐만 아니라, 성경적이며 실천적인 답들이 만들어지도록 해야 한다. 어떤 종류의 질문들을 던져야 하는가? 최소한 이 그룹들은 세 가지 질문을 각각의 직업에 대해 물어야 한다("당신의 직업 뒤에 있는 세계관" 관련 글을 보라).

1. 우리 분야의 어떤 관행들이 일반 은총에 근거한 것이며 수용될 수 있는 것들인가?
2. 어떤 관행들이 복음에 반대되며 반드시 거부되어야 하는가?
3. 어떤 관행들이 중립적이며 수용되거나 수정될 수 있는가?

리디머교회에서는 구별해서 일하는 것이 직업별 교제 모임에서(위에 묘사한 것처럼) 이루어지며, 고담 펠로우 프로그램을 통해서 이루어진다(역주 - 고담(Gotham)은 뉴욕 시의 옛 명칭이다).

이는 대학을 졸업한지 5년 이내이며 첫 직장에서 일하는 젊은이들을 위한 훈련 프로그램이다. 이 프로그램에 참여하는 사람들은 자신의 분야에 종사하는 멘토를 만나며, 신학적 훈련, 세계관 성찰, 공동체적 영성 훈련에 시간을 많이 투자한다.

탁월성 있게 일하기: 멘토링 및 문화 갱신

책임성 있게 일하기와 구별성 있게 일하기에 발 맞추어, 그리스도인들은 자신의 일을 탁월하게, 성실과 혁신을 갖고 하기 위해 서로를 지지하며 도와야 한다. 어떤 영역들에서는 이러한 지지가 멘토링 관계를 통해 이루어질 수 있다. 분야에서 더 많은 경험과 성취를 이룬 사람들이 믿음을 새로 시작했거나 경력을 새로 시작한 사람들에게 자신의 시간을 내어주도록 복음에 의한 감동이 있어야 한다.

어떤 직업 영역에서는 이것이 협력적 사업을 통해서 이루어질 수 있다. 새로운 회사나 비영리 기업을 시작하는 것, 예술 프로젝트를 실행하는 것, 새로운 신문이나 잡지를 시작하는 것, 아트 갤러리를 만드는 것, 또는 자원봉사 프로그램을 주도하는 것 등이 있다.

이런 종류의 제자도는 리디머교회에서 다양한 형태로 나타나고 있다. 한 가지 예를 들자면, 창업가 포럼이 있는데, 이는 교회가 매년 사업 계획서 경진대회를 열어서 영리 및 비영리 프로젝트에 기금을 제공하는 것이다. 계획서를 제안하는 사람들은 어떻게 복음이 신앙과 일을 통합하는지를 제시해야 한다. 나는 탁월성 요소를 맨 마지막에 두었는데, 이는 만일 처음 두 가지 요소들이 무시된다면, 그 결과는 형편없어질 것임을 상기시키기 위해서이다.

우리는 종종 '기독교 회사'라고 하면 거듭난 그리스도인들을 고용하거나 또는 회사에서 성경공부를 하는 것을 떠올린다. 회사의 사명, 재무 원칙, 그리고 인사 원칙을 신학적으로 사려깊게 생각해서 만들어 낸 사업체를 만나기는 드문 일이다.

많은 '기독교 예술'은 사실상 예술가들을 세상에서 끄집어내서 기독교 하위 문화로 모아 놓은 것이다. 일반적으로 문화 창출에 협력한다는 것은 신자들끼리 모여서 악한 세상을 등지는 것이 아니라, 오히려 심지어 비신자들과 함께 일하여서 세상을 섬기는 것이어야 한다. 이러한 협력은 더 많은 수의 그리스도인들이 덜 이원론적인 신앙이해를 더 붙잡으려고 할 때까지는 이루어지지 않는다.

앞서 살펴보았듯, 그리스도인들은 직업 분야의 우상들을 다룸에 있어서 두 가지 상반되는 실수들을 한다. 한편으로는, 그들은 믿음을 일에서 분리하는 실수를 한다. 다른 모든 사람이 가진 동일한 가치와 관행을 따라서 일하는 것이다.

다른 한편으로는 그들의 기독교 신앙을 동료들에게 시끄럽고 형편없게 선포하는 것이다. 그들이 직업에서 만나는 사람들에게 어떤 종류의 은혜나 지혜도 표현하지 않으면서 말이다.

교회의 통합적 사역의 핵심적인 영역은 신자들이 복음이 예술, 사업,

정부, 미디어, 여가, 그리고 학문에 끼치는 의미를 끝까지 생각하도록 돕는 것이다. 우리는 신자들이 다른 신자들에게 책임성 있게 살아갈 수 있도록, 그들이 고백하는 신앙에 책임성 있게 살아가도록 영적 공급을 하는 창조적인 방법들을 제공해야 한다.

우리는 업무에서의 탁월성이 우리의 신앙에 대한 신뢰성을 획득하는 데 있어서 결정적으로 중요한 요소라는 것을 가르쳐야 한다. 만일 우리의 일이 형편없다면, 말로 하는 전도는 듣는 사람으로 하여금 우리의 신앙을 단지 경멸하게 할 뿐이다.

만일 그리스도인들이 주요 문화 중심 지역 속에 살면서 그들의 일을 탁월하게도 구별된 방식으로 한다면, 궁극적으로 우리가 지금 살고 있는 문화와는 다른 문화를 만들어 낼 것이다.

"그리스도인들이 문화를 형성하는데 참여해야 합니까?"라는 질문을 종종 받는다. 나의 답은 "우리는 문화를 형성하는데 참여하지 않을 수가 없습니다"이다. 그러나 나는 "문화 형성"이나 "문화 변혁"이라는 말보다 "문화 갱신"이라는 용어를 더 선호한다. 가능한 예로서, 중세의 수도사들을 생각해 보자. 그들은 중세 유럽 내내 아카데미, 대학, 병원을 고안했고 설립했다. 그들은 새로운 기구들을 통해 지역 경제를 변혁시켰고, 약자를 돌보았다.

복음으로 말미암아 어떻게 일하는지가 달라진 것이다. 자기를 위해서 일하지 않고 다른 사람들을 위해 일하는 것을 의미한다. 오늘날 그리스도인들은 이 동일한 종류의 역동성을 살아내는 공동체가 되기를 힘써야 한다. 그러면 동일한 종류의 결과를 얻을 것이다.

토론과 성찰을 위한 질문들

1. 당신의 사역에서, 이원론의 영향은 어떻게 나타나며, 당신이 경험한 것은 무엇인가? 세속 단체들이 종교 단체들과 분리되는 지점들은 어디인가? 어떻게 이원론은 당신이 공적인 삶 및 다른 사람들과의 관계로부터 분리되도록 이끌었는가? 당신의 교회가 무의식적으로 문화와 단절하고 있는 지점은 어디인가? 사적/공적 이분법의 전제를 받아들이고 있는 영역은 어디인가?

2. 당신이 지금 전임 사역을 하고 있다면, 이전에 기독교 사역 이외의 일을 한 적이 있었는가? 만일 그렇다면 당신이 일했던 경험을 통해서, 당신은 회중이 하나님을 경외하는 직업인으로 준비되도록 하는데 어떤 도움을 주었는가? 다른 일에 종사해 본 적이 없다면, 직장에서의 성경적 윤리와 통합을 강력하게 주장하는데 있어서 부족함을 느껴보았는가?

3. 이 장에서는 복음이 어떻게 일에 대해서 가르치고 영향을 미치는지 교회가 그리스도인들을 도울 수 있는 네 가지 길을 제시한다.

• 우리의 믿음이 일에 대한 동기부여를 바꾼다.
• 우리의 믿음이 일에 대한 개념을 바꾼다.
• 우리의 믿음이 직장에서 그리스도인의 높은 윤리를 가능하게 한다.
• 우리의 믿음이 우리가 일하는 방식들을 새롭게 생각할 수 있는 근거를 제공한다.

이중에 어떤 것이 지금 당신에게 가장 의미 있는가? 믿음을 일에 연결시키는 네 가지 방법들을 신자들에게 가르치고 제자도를 세우기 위해서 당신은 무엇을 시작할 수 있겠는가?

4. 다음을 어떻게 생각하는가? "각각의 직업은 많은 영적 도덕적 이슈, 윤리적 난제, 유혹, 실망 거리, 그리스도인들이 직업에서 겪는 온갖 어려움들을 포함하고 있다. 그런데, 일반적으로 교회에서 대개의 목양이 아주 일반적이며 보편적인 문제들만을 다루며 내면 세계만을 다루고 있다는 점이다. 우리는 주중 시간의 대부분을 직장에서 보낸다. 우리는 다른 그리스도인들이 일상에서 접하는 똑같은 문제들을 어떻게 다루었는지를 들을 필요가 있다."
당신의 교회와 공동체에 있는 여러 가지 직업들을 생각해 보라. 그들의 직업 가운데 책임성 있게 일하도록 어떻게 신자들을 격려하며 양육할 수 있겠는가?

'통합적 사역'에 대한
논평

다니엘 몽고메리 & 마이크 코스퍼

복음주의의 지형이 20세기 말에 바뀐 것을 기억하는 독자들이 있을 것이다. 그 당시에 우리는 25세(다니엘)와 19세(마이크)였다. 켄터키 주 루이빌에서 소전커뮤니티교회(Sojourn Community Church)를 개척할 준비를 하고 있었다. 우리가 아는 교회 문화는 급속하게 바뀌고 있었다.

포스트모더니즘에 대한 담론이 대화를 지배했다. 교회 개척은 이제 닻을 올리고 출범하는 경험이었다. 좋은 쪽이든 나쁜 쪽이든 우리는 감독자가 없었다. 이 새로운 교회, 소전커뮤니티교회를 우리가 보는 최선의 방향은 새로운 문화와 삶을 만들 자유가 있다는 점이었다.

금새 우리는 우리만 이 여정을 나선 것이 아니라는 것을 발견했다. 많은 사람들이 교회론과 포스트모더니즘에 대해 질문하고 있었다. 그 질문들은 북미 기독교의 다음 10년을 극적으로 형성하였다. 몇 년 지나지 않아서, 구도자 중심의 사역은 -이것은 1980년대와 90년대에 가장 큰 유행이었는데- 모두 사라지고 말았다. 새로운 유행어는 '이머징, 유기적, 그리고 총체적'이었다. 사람들은 '새로운 칼빈주의'와 '새로운 예전'에 대해서 말했다.

젊은 지도자들로서 우리는 많은 안내를 받지 못했다. 우리는 닥치는 대로 읽고 사역의 보배를 찾아 나섰다. 우리는 바깥 어딘가에 우리에게 중심을 잡아 주고 능력을 부여할 수 있는 책이나 목회자나 전략이 있으리라고 믿었다. 교회를 개척하는 아주 혼란스러운 일을 이해할 수 있는 어떤 정체성이나 사역 조직화 방법에 대한 것이다. 이런저런 방법으로 우리는 십 수 개의 다른 흐름들에 끌리기도 하고, 배우기도 하고, 초대받기도 했다.

우리는 마치 핀볼 게임에서 장애물을 만나면 공이 튀듯이, 이 모델 저 모델에 이끌리고 움직이면서 다음의 의견들을 마주하게 되었다.

- "어쩌면 주중 직업을 가져야 할 것 같아. 그리고 소전커뮤니티교회를 가정 교회 네트웍으로 바꾸어야 할 것 같아."
- "또는 어쩌면 17세기 침례교들처럼 등록 교인 제도를 가져야할 것 같아. 마크 데버의 9 Marks 방식으로 말이야."
- "묵상 기도를 돕는 비디오를 틀자. 누마(Nooma) 같은 것 말이야."

- "분명히 우리는 리처드 백스터의 "참된 목자"를 읽을 필요가 있어."
- "그리고 우리는 예배 때 향을 뿌리는 것이 좋겠어."
- "내 기타 앰프 소리 좀 키울 수 있어?"

우리의 탐색 결과로 이런 흐름들을 통과하게 되었다. 교회의 계절이 바뀌어 감에 따라 여러 가지 시도들을 했다. 교회의 비전 선언문의 변천을 보면 이러한 영향이 반영되어 있다.

> 2000: 우리의 비전은 공동체에서 그를 즐거워함으로써 하나님을 영화롭게 하는 것이다(존 파이퍼 식으로 우리는 시작했다).
>
> 2001: 하나님에 대해 "no"라고 말하는 사람들을 도전해서 삶의 모든 단계와 단면에서 하나님께 "yes"라고 말하게 하는 것
>
> 2002: 공동체를 위해서 지음을 받다(여기에서 우리는 분명성을 시적인 언어로 바꾸었다. 이때에 우리의 보수적인 친구들은 우리를 "이머징"이라고 분류하기 시작했다. 그런 이름은 소전커뮤니티교회의 실제 모습을 전혀 반영하지 않지만 말이다).
>
> 2003: 그리스도께서 당신 안에 형성될 때까지(이때는 소전커뮤니티교회에서 달라스 윌라드의 영향이 시작되는 때였다. 그는 오랫동안 우리 교회의 사표가 되었고 지금도 그를 여전히 사랑하고 존경한다).
>
> 2007: 복음이 모든 것을 변화시키는 것을 보자. 우리 개인부터 시작해서 우리 교회 공동체로 확산되고 밖으로는 도시와 세상까지.

2007년의 표어는 팀 켈러의 책을 읽은 사람들과 익숙하게 들릴 것이다. 그에게 직접 받은 것이 아니라 할지라도, 그에게 영감을 받은 것임에 분명하다. 2007년에 이 변화는 교회의 전체적인 재조직화로 표현되었다. 하나님의 은혜로, 복음은 단지 기독교인이 되는 입구로만 작용하는 것이 아니라 모든 것의 중심이라는 것을 발견했다. 기독교인은 결코 복음에서 졸업하지 않는다. 우리는 복음 안에서, 복음을 통해서 성장한다.[1] 오늘날 분명한 것이지만, 이것은 그때의 우리에게는 새로운 계시와도 같았다. 우리가 사는 대부분 동안, 복음은 하나님과 "시작하는" 것이었을 뿐이다. 그리고 우리의 사역적 정체성의 지속적인 씨름은 그 다음의 것을 어떻게 설명하느냐 하는 끝없는 생각이었다.

수 년 동안, 그리고 그 이후에도 팀 켈러와 다른 이들이 우리에게 복음을 볼 수 있게 도와주었다. 복음은 출발점일 뿐만 아니라 재집결점이기도 하다 -신자와 비신자 모두 다시 또 다시 집결하도록 부름 받는 자리이다. 이것을 통해 우리는 지금까지 사역을 어떻게 해 왔는지 되돌아보게 됐다- 설교, 예배, 상담, 멤버 돌봄, 공동체 그룹, 그리고 자비 사역. 켈러의 글들은 -특별히 《팀 켈러의 센터처치》의 많은 장들이 기초하고 있는 《리디머 처치 플랜터 매뉴얼》이 우리의 선언문이 되었다.[2]

켈러의 복음 이해는 복음의 메시지가 종합적이며 다층위적이라는 것이다. 그래서 우리로 하여금 많은 다양한 방식으로 선교를 수행하게끔 한다. 많은 이머징의 목소리들처럼, 켈러도 상황화에 대한 관심을 공유한다. 신 칼빈주의자들처럼, 그는 십자가의 중심성에 대한 관심을 공유한다. 당신이 폭넓고 다양한 기독교 전통들이 애호하는 기치들을 살펴본다면- 영성 개발, 빈민 사역, 전도, 그리고 변증 등- 당신은 켈러가 이 모든 것을 언젠가 한번씩은 강조했다는 것을 발견하게 될 것이다. 리디머 교회는 이 모든 것들이 표현될 수 있는 방식들을 찾아왔다.

《팀 켈러의 센터처치》에서 켈러는 기록한다. "복음에는 더 이상 단순화할 수 없는 복잡성이 있다. 물론 그렇다고 복음이 단순하게 그리고 간단하게 제시될 수 없다고 말하는 것은 아니다. 나는 보수적인 복음주의자들 사이에서 복음을 단순화하고, 어디서나 사용하는 만병통치약처럼 똑같은 복음 제시를 하려는 경향 -그것을 정통성의 시금석으로 여기는- 에 저항하고자 한다."[3] 그리고 사역에 대한 그의 비전은 복음에 대한 이러한 이해로부터 만들어진 것이다.

종합적 복음에 대한 반응으로서의 통합적 사역

그러면 복음에 대한 "종합적인" 이해는 어떻게 사역에 대한 접근법에 연결되는가? 기독교인들이 복음을 소통하는 한 가지, 교회들과 운동들도 교회가 무엇을 해야 하며 무엇이어야 하는지에 대한 한 가지 혹은 한두 가지 이해 방식을 고수하는 경향이 있다. 그리고는 모든 사역을 그것 중심으로 형성한다. 켈러는 복음 그 자체가 우리에게 어떤 단일 사역의 초점보다도 훨씬 넓은 폭을 가지도록 요구한다고 상기시킨다. "복음은 말씀을 통해서만 세상에 선포되는 것이 아니라 실천과 공동체를 통해서도 선포되기 때문에, 우리가 가르침의 사역과 사람들의 결핍을 해결하는 실용적인 사역 사이에서 선택해야 하는 것은 아니다. 복음은 개인을 새롭게 할 뿐만 아니라 공동체와 문화도 갱신하기 때문에, 교회는 사람들이 개인적 회심을 하도록 제자 훈련을 할 뿐만 아니라 깊은 기독교인 공동체, 사회 정의, 도시에서의 문화 갱신을 위해서도 제자 훈련을 해야 한다. 이러한 사역 영역들은 독립적이거나 선택사항인 것이 아니라 상호의존적이며 완전히 성경적인 것이다"(165쪽).

통합적이고 다면적인 사역에 미치지 않는 것은 복음의 종합성을 정확히 반영하지 못하는 것이다. 켈러는 이렇게 쓴다. "만일 우리가 이 모든 것을 함께 행하려는 강한 노력을 기울이지 않는다면 실제로 어떤 것도 제대로 행하지 못하게 된다. 다시 말해서, 센터처치 사역은 통합적이어야 한다"(166쪽). 우리가 다양하고 통합적인 접근법을 할 때에만 "성경이 기독교인들에게 해야 한다고 말하는 모든 것을 실제로 행하는"(167쪽) 기독교인이 되는 것이다.

켈러는 교회의 일을 주로 부르심의 언어를 통해서 정의한다. 그는 에드먼드 클라우니를 인용한다. 하나님의 성도와 교회를 향한 부르심은 한 가지 부르심이다(172쪽). 이것이 의미하는 바는 교회가 사역하고 봉사하는 다양한 방법들이 결코 서로 분리될 수 없다는 것이다. 켈러는 사역을 하는 네 가지 통합적인 길을 제시한다(170-171쪽): (1)사람들을 하나님께 연결하는 것(전도와 예배를 통해서); (2)사람들을 서로서로에게 연결하는 것(공동체와 제자도를 통해서); (3)사람들을 도시에 연결하는 것(자비와 정의를 통해서); (4)사람들을 문화에 연결하는 것(신앙과 직업의 통합을 통해서).

이것은 비전에 중심을 둔 설명들이다. 사람들을 하나님께 연결하는 것은 다음의 질문에 대한 답이다. "무엇이 전도와 예배의 목적인가?" 다른 세 범주에도 동일하게 적용된다. 사역들은 이유가 있어서 존재한다. 교회를 사명에 대하여 전진시키는 것이다.

통합적 사역과 교회론

우리는 켈러의 통합적인 사역과 그레그 앨리슨의 책 《나그네와 행인》에 나오는 여러 가지 교회론적 접근법을 비교하는 것이 도움이 된다는 것을 발견했다. 켈러가 말하는 대부분은 앨리슨이 "기능적 교회론"이라고 정의하는 것과 비슷하다. 이는 교회를 "활동, 역할, 사역들"에 근거해서 정의하는 것이다. 이것은 주로 교회가 무엇을 '하느냐'에 근거한 교회론이다. 선교적 교회 전문가인 크레이그 밴 겔더를 인용해서, 앨리슨은 여섯 가지 다른 종류의 기능적 교회론 제시한다. 여기에는 구도자 교회 모델, 목적이 이끄는 모델 등이 포함된다. 이것들 중에서 여섯 번째가 켈러의 통합적 사역 모델에 부합한다. "21세기를 위한 교회로서 '다양한 필요의 빈틈을 채우는데 전문화하는 사역들의 중심이 되는 교회의 발전을 강조한다."[4]

그렇지만 통합적 사역에 대한 켈러의 비전은 앨리슨이 교회론의 "목적론적(teleological) 접근법"이라고 부르는 것의 요소들도 갖고 있다. 이것은 교회를 주로 목적, 목표, 또는 비전에 의해서 정의하는 접근법이다. 교회의 구조는 교회가 무엇을 '위하여' 존재하는지에 근거한다. 여기에서 앨리슨은 조나단 윌슨의 교회에 대한 텔로스 정의를 사용한다. "예수 그리스도의 나라와 지식 안에서 사는 삶."[5] 교회의 역할들은 그 자체로 목적이 아니며, 더 큰 목적을 향한 방법들이다. 이 장들에서 우리는 어떻게 통합적 사역에 대한 켈러의 비전이 이러한 목적론적 교회론의 요소들을 안고 있는지 살펴볼 수 있다. 예를 들어, 각각의 사역은(예를 들어 전도와 예배) 보다 큰 비전 진술문과 연결되어 있다(예를 들어 사람들을 하나님께 연결하는 것).

제3의 길: 교회론에 대한 존재론적 접근

목적론적 접근법이 기능적 접근법보다 우위를 갖기는 하지만, 앨리슨은 전혀 다른 세 번째 길을 주장한다- 존재론적 접근법이다. 존재론적 접근법이란 "교회를 그 속성과 성격에 따라 정의하고 토론하려고 한다. 이러한 접근법의 예로는 사도신경에서 인정된 초대 교회의 역사적인 모습을 생각할 수 있다. '나는 하나의 거룩하고, 보편적이며 사도적인 교회를 믿습니다.' 연합, 거룩, 보편성(또는 우주성), 그리고 사도성은 초기 기독교인들에 의해서, 교회의 본질에 대한 고백과 토론 속에, 인정된 네 가지 구체적인 특성이었다. 열쇠는 초대 교회 교회론이 분명한 존재론적 지향성을 갖고 있었다는 점이다."[6]

다시 말해서, "교회의 정체성 표시자"[7]를 이해하는데 우선순위를 두어야만 한다. 앨리슨은 이 질문의 긴급성을 보게 해 주는 사이먼 챈의 탁월한 질문을 인용한다. "교회는 창조 가운데 나타난 하나님의 목적을 이루기 위한 수단으로 보아야 하는가? 아니면, **교회는 하나님의 궁극적인 창조 목적 그 자체가 표현된 것인가?**"[8]

달리 표현해서 교회는 수단인가 또는 목적인가? 우리는 교회가 '행하는' 무엇에 우선순위를 두는가? 아니면 교회의 '존재인' 누구에 우선순위를 두는가? 가장 중요한 질문이 교회의 '활동들'에 있는가? 아니면 **교회의 '본질'에 있는가?** 교회가 행동을 통해 자신을 만드는가? 아니면 그리스도가 그의 사랑하는 백성을 새 창조로 만드는 것인가? 앨리슨의 주장은 우선순위가 교회의 본질과 정체성에 있어야 한다는 것이다. 그 본질과 정체성은 하나님의 은혜에 의해 만들어지는 것이며 선교와 사역에 선행한다.

존재론적 접근법은 복음이 교회의 촉매재임을 정당하게 강조한다. 복음은 사람(교회)을 변화시킨다. 그리고 복음에 대한 그들의 반응이 교회의 기능적 사역들이다. 우리가 무엇을 하는지는 우리가 누구인지에서 흘러나온다 복음이 우리를 만드는 것이다. 교회에 대한 존재론적 이해는 복음의 사역에 우선순위를 둔다. 복음의 사역이 교회의 사역이라는 결과로 나타난다.

이것을 염두에 둘 때, 켈러 자신의 복음 설명에 일어서 교회를 기능적 방식으로, 이 장에서 하듯이, 정의하는 것은 일관성이 없는 것 같다. 기능적 교회론는 "행하라"고 말한다. 그리고 "존재하기 위해 위해서 행하라"고 한다. 그러나 종교가(또는 율법이) "행하라"고 말할 때, 복음은 "행해졌다"고 말한다. 우리가 교회를 무엇을 하는지로 정의하면, 우리는 복음의 중심성을 미묘하게 저해한다. 하나님의 은혜로운 행동에 의해 교회를 정의하는 것이 아니라, 교회에 대한 하나님의 기대에 맞추어 살기 위한 우리의 능력에 의해 정의하는 것이다.

존재론적 교회론은 "다 이루었다"는 선언과 함께 시작된다. 일이 행해졌기 때문에, 남은 것은 요구 사항이 아니라('교회가 되려면 이것들을 행해라'), 우리가 누구인지에 대한 초대장이다('당신이 교회이기 때문에 당신은 이제 자유롭게 이것을 할 수 있다'). 복음이 교회를 형성한다. 교회는 신약에 기술된 모든 방식으로 복음을 살아낸다.

여기에서 차이점은 매우 미묘할 수 있다. 그러나 이는 우리가 어떻게 사역을 접근하며 교회의 일부로서 우리 자신을 어떻게 이해할지를 결정하게 된다. 이는 특별히 목회적으로 유익하다. 우리가 교회를 기능적으로 정의하면, 교회의 사역들은 우리가 도달해야 할 목표가 되는 경향이 있다. 존재론적으로 정의하면, 교회의 사역들은 그리스도 안에서 정체성을 살아내라는 초청이 된다.

존재론과 예배

이것을 보다 구체적으로 살피기 위해서, 켈러가 교회의 예배와 설교 사역에 대해 말하는 것을 조사해 보자. 여기에서 예배와 관련된 논쟁들을 풀어나가는 능력과 통찰은 완전히 뛰어나다. 이 장은 교회의 예배에 대해서 생각하는 목회자들에게 유익하고, 분명하고, 실제적인 가이드이다. 켈러가 전도적 예배를 기술하고 또한 처방하는 내용들은 모든 목회자, 예배 인도자, 그리고 예배 기획자가 반드시 읽어야 할 내용이다.

마찬가지로 켈러가 목회자들이 자신의 문화적 기호에 대해 권계하는 내용에는 평소 듣기 어려운 것을 담고 있다. "너무 많은 사역자들이 자신들의 마음에 맞는 예배를 만들어 내며, 신학적으로나 문화적으로 덜 훈련된 많은 사람들의 마음에 연결되어 있지 않다. 그런 목회자들이 말하기를 이것이 '성경적'이라고 하거나 '풍성한' 예배라고 주장한다. 그리고 우리 문화의 사람들은 단지 즐거운 예배를 원하므로, 사람들의 수준을 높여야 한다고 주장한다. 그러나 우리의 수준을 그들에게 맞추어 낮추어야 한다고는 하지 않는다. 하지만 자주 일어나는 다른 문제는 목회자가 자신과 일부 성도에게만 영감을 주는 예배를 만들어 내는 것이다"(185쪽).

이 장은 아주 유익하다. 그러나 여기에서 우리는 비판에 초점을 맞추려고 한다. 켈러가 예배를 기능적 사역 관점에서 접근하기 때문에, 신약 성경이 말하는 "모든 삶"의 예배 실제와(요 4:1-26; 롬 12:1; 골 3:17을 보라) 공동체 예배를 연결하는 기회를 놓치고 있다. 해롤드 베스트(Harold Best)가 잘 묘사하였듯이, "우리는 예배하기 위해 교회 가는 것이 아니다. 그러나 우리는 계속적인 예배자로서 함께 모여서 예배를 계속한다. 이제는 형제들과 자매들의 모임으로 함께."[9]

베스트의 관점에서, 예배는 우리가 켰다 컸다 하는 무엇이 아니다. 우리 삶의 모든 것이 "계속적인 부어 주심"에 의해 특징된다. 어떤 대상을 향한 지속적인 찬양을 끊임없이 드리는 것이다-그것은 하나님, 자아, 어떤 피조물이든지 해당된다. 그리스도 안에서 이 부어 주심을 통해 하나로 모아지고 거룩해진다. 그는 -아주 문자적으로- 우리의 예배 리더이다 (히 8:1-2). 우리가 믿음에 의해서 그분과의 관계에 들어갈 때, 우리 삶의 모든 것이 모아지고 그리스도 안에서 완전해진다(빌 3:9).

그러므로 예배를 우리들 바깥에 서 있는 기능으로 보기보다는(즉, 의무나 소명), 우리는 복음이 만들어 내는 삶의 현실에 예배가 깊이 유동적으로 연결된 것으로 보는 법을 배워야 한다. 복음은 우리를 (참된) 예배자로 만든다. 우리는 언제나 그리스도 앞에서 예배한다. 비록 우리 예배의 대상과 수준은 질문의 여지가 있기는 하더라도 말이다. 그러나 그리스도 안에서, 우리의 종합적인 삶이 모아지고 향기롭게 된다. 교회에 대한 존재론적 이해가 예배에 대한 우리의 대화를 이끌어 간다. 우리가 무엇을 하는 것은 우리가 누구인가에서 흘러나온다.

기능적 정의와 존재론적 정의 사이에 구별을 하는 것이 예배 인도에 있어서 목회적인 습관에 중대한 영향을 끼친다. 처음 시작하는 이들에게는 "사람들을 하나님께로 연결하기"라는 표현에 질문이 갈 수 있다. 예배는 쉬지 않는 예배의 관점에서 보면, 사람들을 하나님께로 실제로 연결하는 것은 아니다. 우리가 순수하게 전도의 용어로 말하는 것이 아니라면 말이다(켈러는 전도만을 의미하지 않는다). 베스트가 쓴 것처럼, "기독교인들은 예배에 대한 오직 한 가지 부르심을 들으며 오직 한 가지 반응을 드린다."[10] 기독교인은 이미 하나님께 연결된 채로 예배 장소에 도착한다. 그러나 아직 하나님의 세계에 완전히 들어온 것은 아니다.

이것은 '왜' 교회가 모임을 계속하도록 권면을 받았는지에 대한 질문을 제기한다(히 10:25).[11] 완전한 답을 하려면 책 한 권이 다 필요하겠지만, 고대 교회의 '렉스 오란디, 렉스 크레덴디' 법칙 이상을 넘어갈 필요는 없다. 기도의 법칙이 믿음의 법칙이다. 일상어로 바꾸어 말한다면, "기도한 대로 믿습니다." 이 원리는 우리가 예배에 대해 너무나 망각하기 쉬운 원리를 조명한다. 대부분의 사람들이 신학이 예배 원리를 형성하도록 많은 헌신을 바치고 있지만, 그 반대 또한 사실이다. 우리가 기도하는 것이(우리가 노래하거나 기도, 신앙고백, 그리고 공동 기도문 형태로 드리는 것들이) 우리의 신앙을 깊이 형성한다. 이것이 의미하는 바는 우리의 모임들이 회중의 영적 성장을 위한 핵심적 공간이라는 것이다.

이것은 켈러가 상황화와 전도적 예배에 대해 말하는 것과 일관된다. 사실, 이해가 능한 예배의 필요성에 대한 켈러의 생각은 외부인들 뿐만 아니라 내부인들에게도 적용된다. 전도적으로 생각하는 것을 통해 목회자들과 예배 인도자들은 기독교 내부 언어를 사용하는 것을 피할 수 있다-진부하고, 뻔하고, 상황화 되지 않은 언어를 사용한다는 것은 사실상 생각의 불편함 없이 기계적으로 움직이는 것이다(신선한 표현과 상황화 된 비유를 사용하는 사용하는 이런 종류의 설교에는 팀 켈러보다 더 나은 예는 없다는 것은 말할 가치가 있다).

그러나 이러한 이해가능한 명확성이 (신자의 경우에) 늘 하나님께로 연결되는 것은 아닐지라도, 그들을 양육하기 위해서는 말씀, 기도, 성례를 통해 복음의 이야기로 그들을 잠기게 한다. 그리하여 그들이 하나님 나라의 삶을 살아가도록 지속적으로 방향을 새롭게 한다. 예배는 단지 이따금 행하는 기능이 아니다; 예배는 우리가 누구인가라는 본질에 연결되어 있다. 복음은 우리를 (참된) 예배자로 만든다. 우리가 교회와 함께 모일 때, 우리가 예배하는 것이 우리의 전 삶이 된다.

존재론과 공동체

이것의 예시를 들기 위해서 지금까지 살펴보았다. 켈러는 존재론적으로 읽일 수 있는 문장으로 시작한다. "복음은 공동체를 창조한다"(207쪽). 그러나 그는 어떻게 공동체가 만들어지고 유지되는지에 대한 비전을 제시하지는 않는다. 대신 우리는 무엇이 공동체이며 어떤 기능을 하는지에 대하여 설명했다. "공동체"는 켈러에 의하면 "우리가 세상에서 그리스도께서 하라고 하신 모든 것을 이루는 방법으로 이해하는 것이 제일 합당하다"(228쪽). 심지어 그는 공동체 안에서 일어나는 사역을 설명할 때 "기능"이라는 표현을 사용한다(208쪽).

공동체에 대한 존재론적 정의는 복음으로부터 출발해야 한다. 그리고 복음의 결과를 묘사하고 복음의 열매로서 맺어져가는 사역들을 이해할 필요가 있다. 켈러는 공동체의 기능들을 전도, 성품, 행동들로 설명한다. 이는 그의 관점에서는 매우 당연하게 공동체가 '행하는' 모든 요소들이다. 그러나 우리는 좀더 나아가야 한다. "어떻게 우리가 이런 종류의 공동체를 형성하고 유지하는가?"

바울이 골로새 교회에게 편지를 보내면서, 교회 안에서 있는 공동체를 묘사할 때 그는 존재론적으로 접근하였다. "거기는 헬라인과 유대인이나 할례당과 무할례당이나 야인이나 스구디아인이나 종이나 자유인이 분별이 있을 수 없나니 오직 그리스도는 만유시요 만유 안에 계시니라. 그러므로 너희는 하나님의 택하신 거룩하고 사랑하신 자처럼 긍휼과 자비와 겸손과 온유와 오래 참음을 옷입고 누가 뉘게 혐의가 있거든 서로 용납하여 피차 용서하되 주께서 너희를 용서하신 것과 같이 너희도 그리하고"(골 3:11-13).

교회가 '행하는' 것은(서로 사랑하는 것, 용서하는 것, 서로의 짐을 지는 것 등) 교회가 '누구인가'에서 흘러나오는 것이다. 그리스도 안에서 새로운 인류가 만들어지고 연합한다. 예수님은 이 점을 생생하게 예시하셨다. "손을 내밀어 제자들을 가리켜 가라사대 '나의 모친과 나의 동생들을 보라. 누구든지 하늘에 계신 내 아버지의 뜻대로 하는 자가 내 형제요 자매요 모친이니라' 하시더라"(마 12:49-50).

분명 이것은 켈러가 공동체에 대해 말하는 유익한 방식에서 하나도 떨어져 있지 않다. 우리의 비판은 내용 자체에 있는 것이 아니라, 그 내용이 구조화되고 제시되는 방식에 있다. 공동체에 대한 기능적인 서술이 공동체 형성에 대해 말할 수 있는 최선의 방법인가?

어떤 점에서 대부분의 기독교인들은 자신의 공동체에 좌절감을 느낀다. 교회들이 분파와 파당으로 분열한다. 사람들은 사회경제적, 인종적, 정치적 이유들로 등한시 된다. 개인들은 자신들의 문화적, 심리적, 감정적 이유들 때문에 편안한 느낌을 얻기 위해 애쓴다. 제자들이 보여주듯이, 공동체는 강력할 수 있다(눅 10:1-24), 그러나 한심할 수도 있다(막 10:35-45).

분열들이 생겨날 때, 우리의 정의는 문제 진단과 접근에 도움이 된다. 공동체에 대한 기능적 정의는 공동체에게 "더 열심히 해"라는 메시지를 내포한다. 다른 한편으로 존재론적인 정의는 우리가 복음을 적용함에 있어서 뭐가 잘못 됐다는 것을 말해 준다.

교회가 공동체에 대한 기능적 이해 위에서 작동할 때 인종적 분열에 대해, 사람들을 한데 모으는 전략을 세우고, 다른 문화권 사람들에게 더 전도하고, 대화를 위한 기회를 창출하는 방식으로 대응할 것이다. 이 모든 것들은 선하고 필요한 반응이기는 하겠지만, 여기에는 진정한 변화를 이루는 에너지가 빠져 있다. 만일 그들이 복음에 연결되어 있지 않다면 말이다. 복음은 우리가 그리스도 안에서 "한 새로운 공동체"임을 말한다 (엡 2:15).

공동체는 우리가 하는 무엇이 아니다; 공동체는 예수님이 요한복음 17장에서 우리를 위해 기도하신 하나됨이다. 그의 완성된 사역 속에서 성취되었다. 성령을 보내셔서 그의 약속을 우리에게 영원히 이루신다. 우리 교회들은 결코 "공동체 문제가"를 갖고 있는 것이 아니다. 공동체의 문제들은 복음에 대한 우리의 이해와 적용에 있는 것이다.

루이빌에서 켈러의 비전을 적용하기

글을 시작하면서 언급했듯이, 켈러의 사역은 우리가 공동체 교회에서 사역을 접근하는 방식에 심대한 영향을 끼쳤다. 켈러가 제시한 복음에 대한 균형 있는 정의와 사역에 대한 통합적 비전이 우리의 사역 철학에 영감을 불어넣었다. 그러나 우리 교회에 그의 비전을 적용하는 것에는 몇 가지 장애물들이 있었다. 첫째, 위에서도 비쳤지만, 켈러가 복음을 묘사할 때 동원하는 종합성의 범위가 문제였다. 둘째, 교회론에 관한 "기능적 대 존재론적" 접근법의 차이가 있었다. 우리는 이러한 관심사들이 어떻게 예배와 공동체 사역에 영향을 미치는지를 다루었다. 다음에서,

독자는 자비의 사역과 문화 참여의 사역에 있어서 우리의 접근법이 어떻게 다른지를 보게 될 것이다.

일단 복음의 중심성에 대해 확신하게 된 후에 우리의 모든 사역들을 "복음 중심적"으로 재조정하기 위해 길을 찾아나섰다. 켈러처럼 우리도 "복음이란 무엇인가?" 물어야만 한다.

켈러는 이 질문에 대해서 먼저 복음의 더 이상 단순화할 수 없는 복합성을 인정한다. 그는 두 가지 방법론, 세 가지 주제, 그리고 복음의 세 가지 측면을 제시함으로써 그의 답변의 틀을 마련한다. 물론 다른 많은 주제들과 측면들이 존재한다는 것을 인정한다.

이 접근법에 대해 언급되어야 할 한 가지 중요한 점은 이 방식이 '성경적'이라는 것이다. 켈러의 접근법은 성경이 여러 가지 문학적 장르들로 구성되어 있다는 것을 존중한다. 그 의미들에는 층위가 있고 상호 연결되어 있다. 복음을 오직 속죄로, 또는 오직 하나님 나라의 메시지로, 또는 오직 어떤 빈칸으로 협소하게 정의한다면, 그것은 성경과 복음 모두에 등 돌리는 것이다. 켈러는 예수님의 속죄 사역의 우선성을 강조하면서 동시에 복음에 수반하는 폭넓은 적용점들이 복음의 의미와 목적에 가지는 핵심성도 견지하는 뛰어난 작업을 했다.

우리의 질문은 성격상 훨씬 목회적이다. 이것이 사람들이 복음을 더 잘 깨닫고, 복음을 삶에 적용하고, 다른 이들에게 복음을 선포하도록 하도록 도움이 될 수 있는 도구들 중에서 가장 나은 방법인가? 달리 표현하자면, 켈러의 방법은 복제될 수 있는가?

우리에게 켈러가 한 것은 미적분과 흡사하다. 많은 사람들이 미적분을 사랑하기는 하겠지만, 우리들은 둘 다 고등학교를 졸업한 이래 수학 수업을 들어본 적이 없다. 우리는 켈러의 종합적인 복음 접근법이 중요하다고 믿는다. 그러나 사람들에게 복음에 대한 단순하고 넓은 관점을 주는 것도 지혜이다. 평균적인 교인들이 붙잡을 수 있고 복제할 수 있지만, 복음의 깊은 모든 층위에 들어갈 수 있는 진입로를 열어 줄 수 있어야 한다.

켈러가 수고한 것을 우리의 출발점으로 삼으면서, 우리는 세 가지 강조점 위에 세워진 사역의 비전을 개발했다. 온전한 복음으로 온전한 교회를 온전한 세상에.[12]

온전한 복음

우리는 복음의 이해와 표현에 있어서 포괄적이면서 동시에 적절한 의미 전달을 하기 원했다. 온전한 복음은 세 가지 측면이 있는 복음이다. 하나님의 나라, 하나님의 십자가, 그리고 하나님의 은혜. 나라에 초점을 맞춤으로써, 우리는 구속사의 이야기 속으로 들어갈 수 있는 진입로를 갖게 된다. 십자가에 초점을 맞춤으로써, 우리는 죄, 속죄, 그리고 개인 구원에 대한 이야기를 할 수 있다. 하나님의 은혜에 초점을 가짐으로써, 우리는 보다 친밀하고 관계적인 복음의 역동성에 대해 이야기할 수 있다-하나님의 조건 없는 사랑, 입양의 교리 등.

우리는 복음에 대한 삼중적 이해가 기억할 수 있을 정도의 단순함을 부여하고, 다양한 측면에서 복음을 이야기할 관문을 열어줄 정도의 깊이를 제공함을 보게 되었다. 우리가 '믿음의 지도 그리기'에서 인정하듯, 우리는 켈러로부터 이러한 것들을 많이 받게 되었다.

켈러는 복음에는 세 가지 틀, 또는 렌즈, 혹은 측면이 있다고 주장한다.복음을 이해하는 세 가지 방식은 기독교인이 그 여정 가운데 모두 참되고 모두 중요하다.

1. 그리스도의 복음은 예수님에 대한 역사적 사실이다. 그는 사셨고, 죽으셨고, 부활하셨으며, 우리의 죄에 대한 값을 삶으로 대신 지불하셨다.

2. 아들됨의 복음은 하나님의 급진적이고, 변혁적이고, 입양하시는 은혜에 대한 것이다. 하나님이 우리를 용납하신 것은 그가 예수님을 받으셨기 때문이다. 우리가 행한 어떤 것 때문이 아니다.

3. 나라의 복음은 하나님의 나라에 대한 것이다. 그의 나라는 예수님을 통해 그리고 교회를 통해 지상에 임한다. 이것은 예수님에 의해서 출범된 바 피조 세계의 회복, 만물을 새롭게 함, 그리고 우주적인 구원 프로젝트에 대한 것이다.

켈러가 주장하듯, 이러한 경향은 한 가지를 고수하면서 다른 것들을 배제하는 것이다. 우리가 율법주의적 도덕주의를 문제로 인식한다면, 우리는 양자됨의 복음을 "정서적 자유에 초점을 두고" 접근하게 될 것이라고 켈러는 말한다. 마찬가지로 우리가 기독교인들이 너무나 상대주의적이고 하나님의 법을 제대로 준수하지 않아서 문제라고 생각한다면, 그리스도의 복음을 생각할 때에 예수님의 몸에서 우리의 죄를 더 많이 보일 것이다.[13]

온전한 교회

이제 우리는 거기로부터 이 메시지가 어떻게 우리의 교회에 대한 이해를 형성하는지 조사하기 시작했다. 우리는 다음의 질문들을 던졌다:

만일 "교회"의 모든 외적인 정의로부터 시작하는 대신, 우리가 교회의 내적인 정의로부터 시작하면 어떻게 될까? 교회가 복음으로 형성되는 사람들이라면? 만일 대화가 거기에서 시작해서 바깥으로 흘러간다면? 만일 우리가 교회로서 내리는 결정들이 모두 이 단순하고 깊은 메시지의 중심성으로 돌아온다면?[14]

이 기초 위에 작업하면서, 우리는 교회의 존재론-그리스도 안에 있는 정체성-이라는 측면에서 교회가 된다는 것이 어떤 의미를 이야기했다. 성경에 나오는 많은 이미지들과 행동들을 탐구한 후에, 우리는 다섯 가지 중요한 정체성을 강조하게 되었다. 그래서 우리는 복음이 우리를 다음과 같이 만든다고 말한다:

- 예배자- 우리는 백성들과 함께 모여서 하나님을 영화롭게 하고, 흩어져서 모든 삶을 통해 하나님을 영화롭게 한다.
- 가족- 그리스도 안에서 새로운 공동체로 연합한다.
- 제자- 예수님이 이곳에 계시다면 살아가실 삶을 배운다.[15]
- 종- 하나님의 종이며 모든 사람의 종이다.
- 증인- 하나님의 나라, 십자가, 은혜에 대해 보고 들은 것을 증언

한다.[16]

그러므로 우리가 무엇을 하는지는, 우리가 누구인지에서 흘러나온
다. 기능 대신에 사역들이, 이러한 정체성들로부터 흘러나온다. 마찬가
지로, 기독교인들은 (그리고 교회는) 그 정체성을 종합적인 삶 가운데 살아
낸다. 도전은 "성취하는" 것에 있지 않고 "우리 자신의 모습대로 사는 것,
즉 그리스도께서 만드신 모습이 되는 것"에 있다."

온전한 세상

우리가 "당신의 모습이 되라"고 말하는 것처럼, 우리는 "당신이 있는
곳에 있으라"고 말한다. 우리는 모이고 흩어지는 교회이며, 온전한 삶이
란 우리의 정체성이 발현되는 모든 곳들을 의미한다. 이야기를 풀어가면
서 다섯 개의 차원이 세상에 있음을 확인한다.

- 장소- 내가 가족과 함께하는 곳
- 직업- 내가 일하는 곳
- 여가- 내가 쉬고 노는 곳
- 회복- 결핍이 있는 곳
- 배가 복음이 들려져야 하는 곳[17]

통합적 사역에 대한 장들에서 켈러는 교회가 어떻게 도시와 문화에

참여해야 하는지를 탁월하게 기술했다. 그가 도시를 위해 내리는 처방과 우리가 회복, 문화, 직업이라고 부르는 것 사이에는 상당한 교차점이 있다. 우리는 여기에 배가를 추가한다. 이는 교회의 전도적 사역을 가리키는데, 개인 전도, 교회 개척, 세계 선교를 망라하는 의미다. 배가는 켈러의 글에 모두 배어 있다. 그리고 우리는 교회에서 일어나는 영성 개발이 가족 생활에도 적용된다는 것을 주지하려고 한다. 마찬가지로, 복음은 우리에게 급진적으로 대항문화적인 재창조를 하도록 초청한다. 교회는 우리 문화에서 잊혀진 미덕인 휴식을 포함하는 재창조의 차원을 가지고 있다. 복음은 우리에게 새로운 정체성을 부여한다. 우리는 일에서 정체성을 찾는 일에서 해방된다. 시장이든, 교회든, 교육이든, 또는 전업 부모든 간에. 우리는 재창조하며 휴식한다. 그러므로 나란히 비교해 보자.

	켈러	몽고메리/코스퍼
복음	• "복음 미적분" 두 가지 방법: 조직신학, 내러티브 • 세 가지 주요 주제(집/귀향, 여호와/언약, 하나님 나라) • 세 가지 측면: 성육신과 "위에서 아래로 임하는" 측면, "속죄와 "안에서 바깥으로 임하는" 측면", 부활과 "미래를 앞서 경험하는" 측면	하나님나라 십자가 은혜

교회	1. 사람들을 하나님께 연결하기(전도와 예배를 통해서) 2. 사람들을 서로에게 연결하기(공동체와 제자도를 통해서)	예배자 제자 가족 종 증인
세상	3. 사람들을 도시에 연결하기(자비와 정의를 통해서) 4. 사람들을 문화에 연결하기(신앙과 직업의 통합을 통해서)	장소 직업 여가 회복 배가

이 표는 켈러가 통합적 사역을 통해 무엇을 의미하는지 정확히 이해하는데 도움이 된다. 교회 사역은 교회 내부의 사역을 넘어서야 한다. 통합적 사역이 의미하는 것은 자비의 사역과 신앙과 직업 사역을 교회 모임과 동일한 플랫폼으로 보는 것이다. 둘 다 큰 단위와 (설교와 예배에서) 그리고 작은 단위에서 (공동체) 일어난다. 시사점을 생각하면 놀랍다. 대부분은 설교나 예배 사역들이 없다면 신실하게 복음을 설교할 수 없다고 동의한다. 그러나 켈러는 자비의 사역과 신앙과 직업 사역에 어느 정도 참여하지 않으면서 복음을 신실하게 가르칠 수 없다고 시사하는 것이다. 많은 사역델들에게 도전을 제공한다. 그리고 켈러가 설교하는 복음에 대한 섬세하고 다층적인 이해를 반영한다.

우리의 모델이 추구하는 것은 이러한 동일한 개념들을 전달하되, 우리의 정체성들이 교회의 기능으로서뿐만 아니라 종합적 삶을 살아가는 방식으로 보는 것이다. 우리는 세상에서 어디에서 살든지 간에 정체성을 지키며 살아간다. 이 모든 것은 교회에 대한 존재론적 이해에 달려 있다.

팀 켈러를 논평하는 것이 마치 호빗들이 간달프를 비평하는 것처럼 느껴졌다. 그가 호빗들을 꾸짖으면서 "마법사는 결코 늦는 법이 없다"고 말하는 것처럼, 우리가 확신하건대, 켈러 박사는 결코 교회의 존재론에 대해 확신이 없지 않을 것이다.

그러므로 우리가 겸손하게 논평을 제출하면서, 켈러의 책에서 통합적 사역에 대해 읽은 그 비전을 흐리지 않으면서 설명을 기하길 바란다. 이 장들은 우리의 사역을 형성하는 데 있어서 말할 수 없이 유익했고 중요했다. 독자가 이 장들을 주의 깊게 읽는다면 모든 사역의 중심에 복음을 둠에 있어서 심오하게 실제적이리라 믿는다.

다니엘 몽고메리 & 마이크 코스퍼에 대한
답변

팀 켈러

리디머교회는 한 가지 사역 영역을 다른 것들 위에 우위를 주지 않으
려고 주의를 기울인다. 예배, 전도, 공동체 형성, 교육과 훈련, 선교, 자비
와 정의 등 어떤 것이든지 또한 각 사역들이 다른 사역들에게 서로 연결
되고 상호의존적으로 사역하도록 많은 격려를 한다. 그래서 리디머교회
는 단지 "사회 정의 사역"을 하는 교회로 알려지거나, "전도"를 많이 하는
교회나 또는 "공동체 사역을 하는" 교회로 특화되어 알려져 있지 않다.
나는 다니엘 몽고메리와 마이크 코스퍼가 그들의 논평에서 이 점을 언급
한 것에 감사한다. "당신이 폭넓고 다양한 기독교 전통들이 애호하는 가

치들을 살펴본다면- 영성 개발, 빈민 사역, 전도, 그리고 변증 등 리디머 교회는 이 모든 것들이 표현될 수 있는 방식들을 찾아왔다"(266쪽). 이것이 나에게는 아주 높은 찬사이기에 감사를 표한다.

통합적 사역에 대한 이 장들은 어떻게 교회의 사역이 통합될 수 있는지에 관한 일련의 사례 이야기들을 포함하고 있다. 첫 번째로, "사람들을 하나님께 연결하기"는 예배와 전도가 일관성 있게 이루어질 수 있음을 보여 준다. 두 번째, "사람들을 서로에게 연결하기"는 교제가 영성 개발을 가르침에 있어서 얼마나 중요한 것인지를 보여 준다. 마찬가지로, "사람들을 도시에 연결하기"와 "사람들을 문화에 연결하기"는 전도와 빈민 사역이 전 교회에 어떻게 스며들며 다른 사역들에 관통되며 연계되는지를 보여 준다. 여기에는 일에 대한 제자도와 문화 창조가 포함된다.

이 장들이 주로 사례 연구들이기 때문에, 나는 성경적- 신학적 토대에 관하여는 많은 것을 제시하지 않으려고 했다. 여기에서 나의 의도는 사역에 대한 '정의'가 아니라 사역에 대한 '서술'이다. 4장에서 나의 접근법에 대한 기초를 제시했다. "다음의 것은 예배, 공동체, 구제 사역, 공적 제자도에 관한 철저한 신학이 아니라는 것을 말하는 것이 중요하다. 이것은 사역 방법론에 대한 균형 잡힌 서베이도 아니다. 오히려 각각의 사역 영역들이 다른 사역들과 상호작용하며 연결될 수 있는지를 보여 주는 일련의 관찰들이다."

그렇지만 나의 요점을 훌륭한 대화 파트너인 다니엘과 마이크에게 잘 전달했는지는 잘 모르겠다. 왜냐하면 그들이 다음과 같이 결론지었기 때문이다. "켈러가 말하는 대부분은 앨리슨이 '기능적 교회론'이라고 정의하는 것과 비슷하다"(279쪽). 앨리슨의 '교회론 책은 교회론을 세 가지 방식으로 분류하고 있다. 기능적(교회가 무엇을 하는지로 정의하는 것. 예, 교회의 사역들), 목적론적(교회가 무엇을 위하여 존재하는지로 정의하는 것. 예, 사명과 비전), 그리고 존재론적(교회가 무엇인지로 정의하는 것. 즉, 정체성의 표지). 이러한 도식을 사용하여 통합적 사역에 대한 이 장들을 평가하면서, 이들은 내가 주로 "기능적 방식으로 교회를 정의한다"고 결론지었다.

두 가지 측면에서 나는 다니엘과 마이크와 동의하지 않는다.

통합적 사역을 위한 교회론적 기초

첫째, 내가 기능들의 관점에서 교회를 주로 정의한다는 것에 동의하지 않는다. 이 장들은 무엇보다도 실제적인 수준에서 어떻게 교회의 다양한 사역들이 서로 통합될 수 있는지를 보여 주는 것이다. 교회론에 대해 간단한 언급을 하는 것이 좋을 것 같다. 기능적 교회론 라벨이 나에게나 리디머교회에 맞지 않다는 결론을 내릴 수 있기에 충분히 도움이 될 것이다.

4장에서(167-169쪽) 나는 교회에 대한 성경적 비유를 다루는 부분을 넣었다. 이는 교회에 대한 성경적 신학을 형성하는데 아주 중요한 자원이다. 가장 압도적인 이미지는 하나님의 백성, 그리스도의 나라와 몸, 그리고 성령님의 교제이다. 더 많은 것들이 있다-신부, 제사장, 나라, (제자들의) 학교, 양무리, 포도나무, 밭, 성전, 그리고 집.

에드먼드 클라우니는 그의 저서 《교회》와 《그리스도의 교회 안에서 사는 삶》에서 각각의 비유들이 교회가 무엇'인지'와 동시에 여러 특정한 사역들에 대해서 -교회가 무엇을 '하는지'에 대해서- 중요한 기여를 한다고 주장했다. 예를 들어, 그리스도의 몸으로서의 이미지에서 생각하는 전도의 개념은 다른 이미지에서의 전도 개념과 다르다. 하나님의 나라가 되는 것은 성령의 교제의 이미지만큼 연합이나 공동체에 대한 것을 제시하지는 않는다. 만일 우리가 한 가지 비유가 우리의 상상력과 교회 생활을 지배하게 한다면 -가르침, 예배, 공동체 관계성, 전도적 선포, 사회 정의 또는 다른 무엇- 우리는 통합적 사역의 비전을 약화시키게 될 것이다. 교회는 단지 몸이거나 나라이거나 교제이거나 또는 어떤 다른 이미지의 한 가지가 아니기 때문에, 교회의 기능들이나 사역들은 통합적이어야 한다. 교회가 무엇인가에 대한 완전한 성경적 이해는 반드시 교회가 무엇을 하는지에 대한 환원주의적 접근법을 피해야 한다. 그리고 이 부분에서 내 생각에 나는 몽고메리와 코스퍼와 동의한다.

그렇지만 교회의 존재와 사역의 모든 것은 한 문장으로 서술될 수 있다. 10장("교회는 조직화된 유기체다")에서 나는 베드로전서 2장 9절을 가리켰다. "그러나 너희는 택하신 족속이요 왕 같은 제사장들이요 거룩한 나라요 그의 소유가 된 백성이니 이는 너희를 어두운 데서 불러내어 그의 기이한 빛에 들어가게 하신 이의 아름다운 덕을 선포하게 하려 하심이라." 여기에는 교회의 풍부하고 다채로운 성격을 전하는 여러 비유들이 등장한다. 그러나 거기에는 기본적으로 한 가지 사명이 있다. "덕을 선포하는 것"이다.

클라우니가 이 구절을 주해하는 것이 통찰력이 있다. 그는 교회의 모든 사역들은 본질적으로 이 부르심에 반응하는 것이라고 했다. 첫째, 우리는 하나님이 '하나님 되심'을 선포하는 것이다. 이것을 예배라고 부른다. 예배는 하나님을 높인다. 둘째, 우리는 하나님을 '다른 사람들에게' 선포한다. 이것을 교육, 가르침, 상담, 공동체 형성이라고 부른다. 이것은 '우리'를 도전한다(우리가 누구인지를 바꾸는 유일한 길은 우리가 사랑하는 것을 바꾸는 것, 우리가 흠모하는 것을 바꾸는 것뿐이다). 마지막으로 우리는 하나님을 '세상에' 선포한다. 이것은 세상에 그의 영광을 보여 주는 것이다. 우리의 이야기들을 통하여(전도) 그리고 우리의 행동들을 통하여(자비와 정의 사역, 신앙과 직업의 통합). 그러므로 주님을 높이는 이 한 가지 사역에는 많은 측면들이 있다. 이것들을 우리는 예배, 설교, 공동체 형성, 교육, 전도, 자비, 그리고 정의라고 부른다. 이것들이 다이아몬드의 한 단면들에 불과하므로, 이것들을 통합적으로 보아야 한다. 서로에게 상호 연결되어야 한다. 서로 상호 의존해야 한다.

내가 동의하지 않는 첫 번째는 이것이다. 비록 이것이 이 장들의 주안점이 아니기는 하지만, 나는 실제적인 관찰내용들을 교회의 성경적 비유 위에 기초해서 살펴보았다. 그리고 균형 잡힌 교회론이 균형 잡히고 통합적인 사역에 이르는 것을 전제로 한다. 《팀 켈러의 센터처치》는 클라우니의 저서들에 등장하는 교회론에 대한 풍부한 강해를 전제로 한다. 이것은 그의 책들에 나오는 "기능적 교회론"을 닮는 것과는 아무 상관이 없다.

실천과 존재의 교회론

내가 동의하지 않는 두 번째는 보다 폭넓은 주제이다. 나는 간단하게 언급하려고 한다. 어느 지점에서, 몽고메리와 코스퍼는 이런 질문을 한다. "우리는 교회가 '행하는' 무엇에 우선순위를 두는가? 아니면 교회의 '존재인' 누구에 우선순위를 두는가? 가장 중요한 질문이 교회의 '활동들'에 있는가? 아니면 교회의 '본질'에 있는가?"(279쪽) 시사하는 바는 교회가 무엇'인가' 하는 것이 무엇을 '하느냐'보다 중요하다는 것이다. 그렇지만 내 마음 속에서는 교회의 행동들을 더 중요하게 여기는 것만큼이나 이것은 문제적이라고 생각한다.

우리가 보았듯이, 베드로전서 2장 9절은 우리에게 교회가 무엇이며 또한 무엇을 하는지를 사실상 한 문장으로 말한다. 우리는 백성이며, 나라이며, 제사장으로서 하나님께 속하고 하나님께서 귀하게 여기시며, 우리를 구원하신 한 분을 찬양하도록 부르심을 받은 존재다. 우리가 누구이며, 우리가 무엇을 해야 하는지는 분리될 수 없는 한 가지이다. 하나님께서 우리에게 무엇을 하라고 말씀하시는 것으로 우리가 누구인지가 드러난다. 또한, 하나님께서 우리가 누구인지 말씀하시는 것으로 우리가 무엇을 해야 하는지 드러난다. 하나님이 교회에게 무엇을 하기 원하시는지 교회가 이해하지 못한다면 우리는 교회가 어떤 존재되기를 하나님이 원하는지를 이해할 수 없다. 그 반대 방향도 마찬가지이다.

이 두 가지 영역에 대한 이견을 잘 보여 주는 예를 들려고 한다. 몽고메리와 코스퍼는 내가 "사람들을 하나님께 연결하기"로서 예배를 표현한 것이 "기능적 교회론"에 신세를 지고 있는 것이라고 생각한다. 그들의 주장에 의하면, "사람들을 하나님께 연결하는 것"이 우리의 노력을 통해서 성취되는 어떤 것이라는 인상을 준다는 것이다. 교회의 정체성에 대하여, 이미 그리스도 안에서 하나님께 연결되어 있는 바, 신학적 진리를 무엇인가 놓치는 것처럼 보인다는 것이다. 이들이 시사하는 것은 기능주의적 접근법 가운데 내가 예배의 풍성한 신학에 대해 예민하지 못했다는 것과 그리스도 안에서 예배가 "모든 삶"을 드리는 것이라는 성경적 가르침을 간과하고 있다는 것이다. 그러므로 우리가 주일에 모일 때, 우리는 하나님께 연결하기 위해 모이는 것이 아니라, 성도들 교육하고, 그들을 하나님의 말씀에 잠기게 하여 그들이 하나님의 나라에서 삶을 살아가도록 재정립하는 것이라고 하는 것이다.

나의 반응은 첫째, 《팀 켈러의 센터처치》에서 "사람들을 하나님께 연결하기"라는 표현은 예배를 기술하기 위한 의도가 아니다. 오히려 이것은 어떻게 전도와 예배가 공존할 수 있는지를 주장하기 위해 이름 붙인 것이다(전도는 당연히 이전까지 하나님에 단절되어 있던 사람들을 하나님께 연결하는 것이 포함된다).

앞서 말했듯 둘째, 이 페이지들에서 나는 예배의 신학을 제공하지 않는다. 만일 그렇게 한다면, 나는 몽고메리와 코스퍼가 주장하는 것에 완전히 동의하지는 않을 것이다. 이들이 인용하는 데이비드 피터슨 및 다른 저자들이 주장하는 이유는 그리스도의 오심 이래 삶의 모든 것이 예배이기 때문에 주일에 일어나는 것들이 나머지 주중에 일어나는 일보다 더 "예배"인 것은 아니라는 것이다. 이것은 주일예배가 교육과 훈련의 시간이 되게 한다.

D. A. 카슨은 《성경적인 예배》라는 책의 도입 글에서 이 접근법을 다루며 아쉬운 부분을 기록하고 있다.[1] 예수님의 구원으로 말미암아 예배에 일어난 변화의 중요성을 충분히 인정하기는 하면서, 카슨의 결론은 공적인 예배 가운데 사람들을 하나님께 연결하는 무엇이 일어난다는 것이다. 다른 방식으로는 일어나지 않는 어떤 일이 생기는 것이다. 그렇다. 존재론적으로 우리는, 그리스도 안에 있으며, 하나님의 임재 안에 있다. 그러나 우리는 하나님의 임재를 꼭 불변하는 방식으로 경험하는 것은 아니다(시편의 언어들은 두 가지 실제를 지지한다. 하나님은 언제나 우리의 손을 붙잡고 계시다. 또한 우리는 언제나 하나님 앞에서 살아간다. 그렇지만 우리는 하나님으로부터 멀리 떨어질 수 있으면 그의 얼굴을 구해야 한다). 공예배는 우리가 가장 깊은 방식으로 이미 하나님과 연결되어 있음을 전제로 한다. 그러나 여전히 우리는 개인적으로 경험적으로 그분과 연결되어야 할 필요가 늘 있다.

몽고메리와 코스퍼가 가정하는 예배 신학이, 전반적으로 맞기는 하지만, 내 생각에는 어느 정도 환원주의적이라고 여겨진다. 그래서 주일 예배 가운데 "수직적인 느낌의 상실로 이어질 수 있다. 나는 지금 그 주제를 다룰 지면을 갖고 있지 않다. 그러나 내가 이것을 언급하는 이유가 있다. 내가 예배를 "하나님께 연결하는 것"이라고 말하는 까닭은 내가 기능주의적 모델을 지지하거나 예배에 대한 성경적 신학을 간과해서가 아니다. 나는 예배에 대한 조금 다른 신학을 가지고 있다. 그것은 우리가 서로에게 예배 가운데 어떻게 연결되느냐와는 별개로, 하나님과 우리의 관계에 또한 특별한 일이 공적인 예배 가운데 일어난다는 것이다.

나는 다니엘 몽고메리와 마이크 코스퍼에게 깊이 감사한다. 그들이 이 논평에서 리디머교회와 나를 향해 보여 준 지지에 감사드린다. 나는 또한 지난 수년간 이들이 많은 도움을 받았음에 기쁘다. 이들의 비판은 나로 하여금 이러한 것들을 내가 어떻게 전달해야 할지에 대해서 뿐만 아니라 내가 무엇을 믿는지를 다시금 생각하도록 도움을 주었다. 이 점에 대해서 진심으로 감사하는 마음이다. 나의 유일한 희망은 여기에서 그들이 이 책을 오해했다고 생각한 부분에 대해 내가 제공한 설명이 그들에게 도움이 되고 또한 미래에 다른 독자들에게 유익이 되는 것이다.

하나님 나라의
운동에 참여하라

09
교회,
운동인가 제도인가?

◇◇◇

19세기 선교 사업은 '효과적인 운동'의 특징들을 살펴보는 데 있어서 중요한 통찰을 제공한다. 초반에 서구 선교사들에 의해 세워진 비서구 세계의 새로운 교회들은 대다수가 지나치게 의존적이며 건강하지 않은 양상을 보였다.

그 교회들과 교단들은 참된 교회의 전통적 표지들을 가지고 있었다. 그들은 하나님의 말씀을 충성스럽게 전했고, 성례도 바르게 행했으며, 치리 제도 또한 제대로 지켰다.[1] 또한 건전한 교리를 붙들기 위해 애썼고, 지역민 중에서 목회자와 지도자를 세웠다. 그렇지만 교회들은 자발적으로 전도를 하거나 재정적으로 자립하지는 못했다. 그 결과 서양 선교사들과 그들의 재정에 한없이 의존적인 상태가 되었다.

이후로 선교에 대한 대안적 접근법이 시도되었다. 이는 존 네비우스, 허드슨 테일러, 로랜드 알렌 등이 선구적으로 앞장서서 추진한 것으로 그들은 처음부터 자립하는 교회를 세우려고 했다. 그들의 목표는 국외로부터 지원되는 인위적인 '생명 유지 장치' 없이 자연적으로 성장하는 회중을 세우는 것이었다. 문화 내에서 회심자를 얻을 뿐만 아니라, 현지 교회가 계속해서 재생산할 수 있는 토박이 지도자들을 성장시키는 것이었다. 요컨대 그들은 교회가 외부의 돈이나 지도자 유입이라는 지원 없이도 내부에서부터 성장할 수 있는 역동성을 갖기를 원했다. 또한 교회가 단순히 건전한 기관이라는 수준을 넘어서 생명력과 역동성을 가진 하나의 운동이 되기 원했다.

로랜드 알렌의 책, 《교회의 자연적 성장》이라는 제목 자체가 이러한 의도를 보여 준다.[2] 그는 자연 연소, 곧 외부의 점화 없이도 연소가 되는 이미지를 떠올렸다. 운동 역동성(movement dynamic)이 있는 교회는 그 자체로 회심자, 아이디어, 지도자, 자원을 내부에서 충족한다. 그리하여 도시와 문화를 위한 교회가 되는 비전을 실현할 수 있다.

만일 극단적으로 적대적인 환경(심각한 박해, 전쟁, 경제 몰락 등)이 아니라면, 교회는 수적 부흥과 영적 성숙을 이룰 수 있다. 그런 교회는 선교학적 용어로 '자전(自傳), 자치, 자립'하는 교회이다. 이들은 동일한 이유로 다른 교회들이 재생산하도록 이끈다.

운동 역동성은 더 많은 아이디어들과 지도자들, 자원들이 모이고 사용될수록 더 강해지며 눈덩이처럼 점차 커지게 된다. 재생산하는 교회들이 일관된 비전을 유지하는 한, 운동은 더욱 추진력을 갖게 되고 기하급수적으로 성장하게 된다.

운동 역동성이 없는 교회들은 생명 유지 장치가 없는 사람과 같다. 교회가 운동 역동성 없이 생존하는 세 가지 방식은 다음과 같다.

1. 교회들이 교단 또는 선교회를 통해 재정 보조를 받는다.

2. 교회들이 상당한 재산을 보유하고 있거나, 주민을 위한 지역 센터로 사용할 수 있는 건물을 갖고 있다. 이런 상황에서는 외부의 재정적 지원이나 리더십이 단기적으로는 필요하지 않지만 교회가 회심과 신자들의 영적 성장을 통해서 성장할 수 있는 여력이 없고, 추가적인 재정 유입도 없다.

이런 교회는 본질적으로 잘 운영되는 사업체처럼 운영된다. 재정은 기금을 잘 운영해서 충당하거나, 임대료나 수수료, 적은 기부금 등을 통해 충당한다. 많은 교회들이 이런 식으로 자체 유지를 하고 있다.

3. 일부 교회들은 크고 정체된 조직 안에 소수의 과로하는 핵심 인물들을 통해 유지된다. 회중들은 전혀 운동 역동성이 없지만, 내부에서 열심히 섬기는 사람들을 통해 유지된다. 몇 안 되는 소수의 사람들이 상당한 양의 시간과 돈을 희생해서 정체되거나 기울어지는 교회를 유지되게 한다.

이러한 개인들은 영적으로 생명력 있는 그리스도인일 수도 있지만, 그러한 생명력을 교회 전반에 퍼뜨리지는 못한다. 어쩌면 그들은 단지 교회에 깊이 뿌리내리고 있어서, 또는 희생적인 충성심을 가지고 있어서 열심히 일하는 사람들이다.

그러나 이러한 해결책은 순간 일뿐이다. 어떤 지점에선가, 희생적인 헌금을 통해 교회를 연명하게 하던 소수의 사람들이 너무나 지쳐서 더 이상 버틸 수 없는 때가 온다. 그때가 오면 교회는 재생산하는 능력이 없기 때문에 결국 쓰러지고 만다.

운동과 제도의 차이점

나는 단순히 '운동은 좋고 제도는 나쁘다'라고 주장하는 것이 아니다. 오히려 조직은 제도적 성격과 운동 역동성을 모두 가지고 있어야 한다고 생각한다. 물론 이 균형에 약간의 긴장과 갈등이 존재한다. 제도는 규칙과 정책을 통해서 안정적인 행동 패턴들을 만들어 낸다. 규칙과 정책은 천천히 변화되며, 사람들의 선택과 행동에 제한을 두거나 영향을 끼친다.[3] 하지만 이런 계획적 제한을 통해 건강해 지기도 한다.

식료품점을 예로 들어 보자. 소비자들은 일반적으로 어떻게 장을 보아야 할지 알고 있다. 어느 쪽으로 가서 어떤 물건을 고를지, 줄을 서서, 얼마나 기다릴지 이미 알고 있다. 그들은 줄 앞에서 무엇을 해야 하는지도 안다. 만일 당신이 물건을 지불하는 방법이 매주 급격하게 바뀐다면 어떻겠는가? 아마 큰 혼란이 생길 것이다.

제도화(institutionalization)는 매일 수백만 명의 사람들이 식료품 가게에서 필요한 물품을 안정적으로 구입하도록 한다. 제도적 관행 중에 어떤 것들은 공식적이다(지불 방식 등). 반면 어떤 것들은 비공식적이다(사람들이 줄을 서서 얼마나 기다릴 것인가 등).

만일 당신이 식료품 가게에서 물건 값을 금괴로 지불하려 한다면, 그것은 불가능할 것이다. 만일 고객들이 한 시간 동안 줄을 서야 한다면, 불평과 불만을 듣게 될 것이다. 왜 그런가? 한 시간을 기다린다는 것은 너무 과하다는 것을 모든 사람이 알기 때문이다. 식료품 가게는 당신이 그렇게 기다리지 않도록 할 (비공식적인) 의무가 있는 것이다. 만일 이런 신뢰가 깨지면, 아마도 당신은 다시는 그곳을 찾지 않을 것이다. 당신의 기대와 행동은 이런 제도에 의해서 제한되고, 유도되고, 형성되어 온 것이다. 만일 제도화가 없다면 아무도 식료품점에 가서 효과적으로 장을 볼 수 없다.

휴 헤클로(Hugh Heclo)는 제도를 이렇게 정의한다. "제도는 규칙들과 도덕적 의무들을 동반하는 가치 있게 평가된 목적들의 유산이다."[4] 이 규칙과 의무들은 권위를 가진 이들에 의해서 수호된다. 이것은 추상적이고 학문적인 설명이지만, 우리에게 유용한 방향을 제시한다. 제도는 기존 권위에 대한 순종에 의하여 움직인다. 기성 권위는 과거의 가치와 목적들을 보존한다. 제도는 유용하면서도 필요한 것이며, 요구들이 이루어지도록 안정되고 신뢰 가능한 시스템과 틀을 제공한다.

헤클로는 이렇게 적고 있다. "제도에 등을 돌리는 문화에서 산다는 것은 뼈대 없는 신체로 살려고 하는 것과 같고, 문법 없는 언어를 사용하는 것과 같다."[5] 제도는 인간의 번성과 문명화된 사회에 필요한 많은 조건들을 수립하고 우리 삶에 질서를 부여한다.

한편, 운동이라는 것은 개인의 선호를 주장하고 미래의 실재를 제시하는 것과 더 많은 관련이 있다. 운동의 네 가지 핵심 성격을 정의하자면 비전, 희생, 화합 안에서의 유연성, 그리고 자발성이라 할 수 있다.

첫째, 운동에서 가장 중요한 것은 강력한 비전이다. 비전은 그 운동의 지도자들이 만들기 원하는 매력적이고, 생생하며, 분명한 미래에 대한 그림으로 구성된다. 운동은 이렇게 말한다. "만일 이곳이 당신이 가려는 곳이라면 우리와 함께 가자."

미래에 대한 그림에는 각 운동이 헌신하는 강력한 가치나 신념의 집합들이 있다. 이 내용은 반드시 표현되어야 하며, 그로 인해 사람들이 손쉽게 비전을 이해할 수 있다. 비전은 결코 난해하거나 어려워서는 안 되며 소수의 사람만이 표현할 수 있는 것이어서도 안 된다.

비전의 내용은 설득력 있게 표현되어 다른 사람들이 자신의 공동체에서 중앙 집중적인 감독이나 지원 없이도 배울 수 있고 실행할 수 있는 것이어야 한다. 예를 들면 알콜중독자협회의 '12단계 그룹'의 변화 콘셉트는 모두가 납득할 수 있게 많은 책으로 표현되고 적용되었다. 이 때문에 이 그룹을 통해 삶을 변화시키고 싶은 비전을 가진 사람은 누구든지 책을 집어들고 시작할 수 있다. 그들은 누군가의 허락이나 재정적 지원을 필요로 하지 않으며, 여러 가지 방법을 통해 훌륭한 훈련을 받을 수 있다.

또 하나 덜 건강한 예를 든다면 '알카에다'이다. 그 운동이 효과적이었던 한 가지 이유는 그들의 세계관을 넓고 분명하게 배포했다는 점이다. 사람들은 그것을 흡수하고 자습한다. 많은 사람들이 테러리스트 셀 그룹을 만들어서 중앙 지시 또는 소통이 없이도 활동하고 있다. 어떤 경우에는 더 효과적인 테러리스트가 되기 위해 알카에다 훈련 캠프로 간다. 그 후에는 대개 지역 전략을 수행하도록 위임을 받는다.

이 예들의 요점은 알콜중독자협회와 알카에다가 중앙 집중적인 제도라기보다는 활력 있고, 계속 성장하는 운동이라는 점이다. 그들이 효과적일 수 있는 이유가 여기에 있다. 그들은 상대적으로 작은 재원을 가지고 성장할 수 있는 비결을 가지고 있다. 비전이 성공하려면 단순하고 접근성이 좋아야 한다. 이는 종종 비전을 전달하고 적용하는 형태에 달려 있다.

이와 대조적으로, 제도는 거의 언제나 문장으로 기록된 사명문을 갖고 있지만 (학교는 교육하기 위해서, 사업체는 제품을 만들기 위해, 병원은 환자를 고치기 위해), 제도를 한데 묶는 것은 규칙과 규정, 그리고 절차이다. 운동에서는 공유된 비전이 일상적 선택을 이끈다. 그러나 제도에서는 규칙과 수립된 패턴이 삶을 이끈다.

둘째, 운동에서 연합시키는 비전은 아주 강력해서 희생적인 헌신과 내재적인 보상의 문화를 형성하게 된다. 개인들은 자신의 이익과 편안함보다 비전을 앞세운다. 초창기에는 어느 운동이든지 주된 행위자들이 보상 없이도 일하며, 끊임없이 파산의 위기 속에서 살아간다. 그들의 주된 보상은 실현된 목표에 대한 만족감이다. 어떤 사람들은 이를 '내재적 보상'이라고 부른다. 자신이 기여했다는 것을 아는 데서 내면적이고 개인적인 성취감이 생기는 것이다.

그런데 제도에서는 모든 직위가 잘 정의된 권리와 권한을 가지며, 분명한 보상과 복리후생도 갖추고 있다. 제도에서 주된 동기부여는 '외적인 보상'을 중심으로 이루어진다. 제도의 구성원은 직무를 수행해야 한다는 것을 분명히 알지만, 직무 결과는 보상에 맞추어 주의 깊게 조절된다.

당신의 교회가 운동 역동성을 가졌는지 아닌지 알 수 있는 가장 효과적인 지표는 희생하는 문화가 있느냐 하는 것이다. 만일 교회의 상위 지도자들만 희생하고 있다면, 그것은 운동성의 문화가 없는 것이다.

셋째, 운동은 구성원들 바깥에 있는 조직들과 사람들에 대해 너그러운 유연성을 갖추고 있어야 한다. 운동에서 가장 중요시해야 하는 것은 어떻게 일을 하는지, 또는 누가 일하는지 보다 무엇이 성취되어야 하는가이다. 비전은 구성원으로 하여금 희생을 감수하게 하며, 운동의 구성원들은 같은 비전을 가진 사람이라면 누구와도 연대하고 협력해야 한다.

반면 제도화된 조직들은 물려받은 관행이나 바른 절차, 그리고 공인된 인물의 중요성에 더 헌신한다. 그들은 종종 강하게 원하는 결과라 할지라도, 그것을 성취하지 않는 쪽을 선택한다. 규정된 절차에 따라 이루어지지 않거나 적절한 신용장을 가진 당사자가 없다면 그렇다.

우리가 운동에서 발견하는 유연성의 정신은 상당한 수준의 화합을 의미한다. 이것은 운동 내부 및 외부 조직과의 관계에서 발견된다. 제도는 일반적으로 이런 종류의 화합을 내부적으로도 권장하지 않는다. 그들은 자리를 지키려는 폐쇄적 마인드를 가지는 경향이 있다. 전체의 유익보다는 자신만의 복지에 더 큰 관심을 가진다. 종종 제도는 조직간 화합이 결여되며 다른 조직에 대해 서로 적대적이기도 하다.

넷째, 운동은 새로운 아이디어와 지도자를 자발적으로 산출하며 내부로부터 성장한다. 제도는 그 본질상 장기적 내구성과 안정성을 위해 구조화되며 새롭고 위험한 생각을 거부하는 경향이 있다. 그러나 운동은 새로운 위험을 감수하려고 한다. 그 멤버들이 이미 희생하여 일의 일부가 되었기 때문이다.

운동은 또한 결과를 만드는 지도자들을 끌어들이며 보상하는 경향이 있다. 또 다시 그 이유는 비전을 성취하는 것이 너무나 중요하기 때문이다. 반면 제도는 안정성과 전통성을 너무나 중시하기 때문에 재임 기간 및 요구 조건, 자격증의 충족에 따라 지도자에게 보상하는 경향이 있다. 운동과 제도 사이의 중요한 차이점들을 강하게 부각시켜 요약하는 것은 그 차이점을 분명히 이해하는 데 도움이 된다(다음에 나오는 표를 참조).

우리가 이들의 대조적인 성격들을 살펴볼 때, 왜 운동이 자발적으로 생겨나는지를 더 잘 이해할 수 있다. 운동은 새로운 생각들을 발전시킬 수 있다. 사람들로 하여금 창조적인 집단 사고를 격려하며 실험에 열려 있으며 새로운 의견을 실행하려고 하기 때문이다.

운동은 '더 평평한' 조직체로 일할 수 있다. 그것은 제도보다 덜 위계적이고 덜 폐쇄적이다. 그래서 새로운 생각들이 훨씬 빨리 추진력을 받을 수 있다. 운동은 또한 새로운 지도자를 더 잘 일으킬 수 있다. 가장 포부가 크고 창의적인 사람들을 유입할 수 있기 때문이다. 그들은 좋은 결과를 내려 하기 때문에 떠오르는 지도자를 빠르게 발굴해서 발전시킬 수 있다. 운동이 빠르게 성장하는 것은 새로운 생각을 실험하면서 환경의 변화에 더 잘 적응하기 때문이다.

제도	운동
규칙과 절차에 의해 단결한다	공통 목적과 비전에 의해 단결한다
권리와 할당제의 문화; 책임과 보상의 균형	희생적 헌신의 문화
보수, '외재적 보상'에 대한 강조	인정, '내재적 보상'에 대한 강조
정책 변화는 긴 과정이며, 모든 부서가 관여하고, 많은 저항과 타협이 수반됨	비전은 매력적인 지도자에게서 나오며, 충성심으로 수용됨
의사결정이 절차적으로, 천천히 이루어짐	의사결정이 관계적으로, 빠르게 이루어짐
혁신이 위에서 아래로 지시됨, 실행에는 부서 간 폐쇄성이 작동함	혁신은 모든 구성원으로부터 용솟음침, 전체에 의해 실행됨
자리에 집착하는 작은 대리인 또는 부서들의 짜깁기 같은 느낌이 듦	통일된 전체라는 느낌이 듦
가치: 안전, 예측 가능성	가치: 위험 감수, 뜻밖의 재미
변화에 느리고 안정 추구	변화에 빠르고 역동성 추구
전통, 과거, 관습을 강조. 미래의 변화에 대해 두려워하고 거부함	현재와 미래를 강조. 과거에 대해 덜 강조
직무가 자격 요건 및 연공을 갖춘 사람들에게 주어짐	직무가 최고의 결과를 만드는 사람들에게 주어짐

어떻게 운동과 제도가 합류하는가

젊은 교회 지도자들은 운동에 대해 열광하면서, 제도적 교회의 무지와 무감각에 대해 계속해서 소리를 높여 질타한다. 하버드대학 교수인 데이비드 허스트(David Hurst)는 운동이 어떻게 제도가 되는지를 멋지게 요약하고 있다. 비전은 전략이 되고, 역할은 의무가 되며, 팀은 구조가 되고, 네트워크는 조직이 되고, 인정은 보상이 되어 버린다.[6]

하지만 두 형태 사이에 너무 분명한 선을 긋는 것은 잘못임을 기억해야 한다. 또한 실제 예를 보게 될 때, 둘을 완전히 대립적으로 생각하는 것도 잘못이다. 기독교 운동 저서들에서 제도주의를 매우 비판적으로 보는 것이 타당한 면들도 있지만, 이것은 결국 모든 권위나 중앙 관할, 공식적 절차 등이 사역에 나쁜 것이라는 인상만을 남긴다.

그러나 현실은 훨씬 복잡하다. 새로운 교회와 사역 단체들이 비공식적이고 법제화되지 않은 자치적인 모습으로 남으려 노력하지만, 제도화는 불가피한 것이다. 우리가 무언가(새로운 정책, 행정 구조, 가치와 신념의 수렴 등)를 선택하는 순간, 그리고 그것을 실행에 옮겨서 사람들이 일하는 절차, 기대, 허용되는 선호 가치들이 형성되는 때, 우리는 그 가치 또는 신념을 제도화 하기 시작한다.

물론 어떤 제도화는 사실 바람직하다. 앞서 언급했듯이, 통일된 비전은 -운동의 모든 사람들이 그것에 의해 결집한다- 운동 역동성에 매우 필수적이다. 그러나 이 비전은 날마다 바뀔 수 없고, 심지어 매년 바뀔 수도 없다. 만일 그렇게 된다면 운동에 혼란이 초래될 것이며 성장에도 심각한 저해 요소가 될 것이다.

역설적으로 이것은 비전 자체가 어떤 법제화와 관리가 필요하다는 것을 의미한다. 다시 말해서 운동 역동성의 엔진을 유지하는 것은 -통일된 비전을 갖추는 것- 어떤 면에서 제도의 특성을 수용하는 것을 필요로 한다. 비전은 말하자면, 그 운동이 지키고 전수하는 '전통'이 된다.

더욱이 운동은 구성원들의 희생적인 헌신에 의해 크게 좌우된다. 특히 처음 시작할 때는 더욱 그렇다. 초기 상태에서는 구성원들이 일을 성취시키기 위해 자신들의 신용카드를 최대치로 쓰기도 하고 저축을 깨뜨리기도 한다. 그러나 이런 식의 삶이 지속 가능하지는 않다. 아무리 설득력 있는 비전이라 하더라도 장기적인 유지를 위한 노력이 필요하다.

예를 들어 설립자들은 신용카드 부채를 해결하고, 자립된 생활을 하고 가족을 부양할 충분한 수입을 보장할 수 있는 노력을 해야 한다. 다시 말해 운동은 결국 안정된 운영 모델로 이어져야 하며, 비용을 충당하기에 충분한 재원을 개발해야 한다. 만일 이 일에 실패한다면 결국 최고의 사람들이 탈진하게 되어 비전을 향해 더 이상 전진할 수 없게 된다.

그러므로 강하고 역동적인 운동은 중심에 이런 어렵고 힘든 지점들이 있다. 곧 자유분방한 유기체와 견실한 조직체 사이의 긴장과 균형을 이루는 지점이다. 조직체적 특성(권위, 전통, 신념의 통일, 품질 관리)을 거부하는 운동은 분열되고 해산될 것이다. 그리고 완전한 제도화를 향한 불가피한 경향성을 거부하지 못하는 운동은 결국 생명력과 효과성을 상실하게 될 것이다. 운동의 이끄는 자들의 직무는 이 두 가지 위험 사이에서 그들이 탄 배를 안전하게 운행하는 것이다.

토론과 성찰을 위한 질문들

1. 만일 당신의 단체가 갑자기 건물을 떠나야 하고, 교단의 지원 구조가 끊기고, 재산과 은행 잔고를 빼앗기고, 선임 지도자들을 잃게 되는 경험을 한다면 어떤 일이 발생하겠는가? 회복 탄력성이 있는 제도로 남아서 스스로 정신을 차리고, 하나님의 은혜로 새로 시작하고, 내부로부터 새 지도자들을 일으키겠는가? 만일 아니라면, 세 가지 종류의 정체된 구조 중에 어떤 것이 당신의 회중이나 조직을 가장 잘 묘사하는가?(외부에서 보조를 받거나, 생명 유지 장치에 의해 관리되거나, 또는 소수의 과로하는 핵심 멤버에 의해 지탱되는 것)

2. 이 장은 운동의 네 가지 핵심 특성을 제시한다. 비전, 희생, 화합 안에서의 유연성, 그리고 자발성에 대해 알려 준다. 당신의 사역이나 교회 상황에서 어떤 것을 경험했는가? 각각의 특성들 중에 어떤 것이 운동의 역동성에 기여했는가?

3. 제도와 운동을 대조하는 표를 다시 살펴보라. 당신의 교회를 생각할 때, 운동의 어떤 특성들이 보이는가? 제도의 어떤 특성들이 있는가? 당신의 교회에서 운동 역동성을 추가하기 위해 무엇을 하겠는가?

10

교회는 조직화된 유기체다

◇◇◇

앞에 제도와 운동 간의 차이점을 알아보았다. 분명 교회는 제도여야
한다.[1] 하지만 교회는 동시에 '운동'이어야만 한다. 지난 세기를 통해 본
것처럼 교회가 교리적, 제도적 표준에 부합하면서도 여전히 사회에 그들
의 믿음을 보여 주는 데 효과적이지 않을 수도 있다.

이 지점에서 우리는 자연스럽게 다음과 같은 질문을 던지게 된다. 제
도와 운동 사이에 이런 차이와 균형을 눈여겨보아야 할 성경적 근거가
있는가? 나는 있다고 믿는다. 성경은 교회가 유기체(organism)이면서 동시
에 조직체(organization)라고 제시한다. 단순하게 말해서 교회는 조직화된

유기체(organized organism)이다.

사도행전은 교회의 삶을 유기체적 언어로 설명한다. 우리는 종종 교회나 제자들의 수가 늘어나거나, 성장하거나, 퍼졌다는 이야기를 듣는다(4:4; 6:1, 7절; 9:31; 16:5). 또한 하나님의 말씀이 전파되었거나, 증가했거나, 성장했다는 이야기도 듣는다(6:7; 12:24; 19:20). 사도행전 9장 20절은 말씀이 흥왕했다고 말한다. 마치 하나님의 말씀, 그리스도의 복음은 생명이 있어서 그 자체로 힘을 가진 것처럼 말이다(롬 1:16-17을 참조). 바울은 계속적으로 복음이 "열매를 맺어 자란(성장)다"라고 말한다(골 1:6).

교회가 성장하긴 하지만 다른 인간 조직체(회사, 스포츠 리그, 정부 기구, 온라인 운동)처럼 자라나는 것은 아니다. 교회는 하나님의 말씀이 성령의 능력을 통해 사람들에게 임했을 때 수적으로 성장했다(행 10-11장 참조). 이런 성경적인 언어가 제시하는 것은 교회 안에 유기적, 자생적, 역동적 능력이 일하고 있다는 것이다. 사도행전에서 보면 그 능력은 사실상 스스로 일하고 있다. 제도적 지지나 구현 없이, 전략 계획도 없이, 지도자의 지휘나 관리자의 감독 없이 말이다.

이처럼 자발적으로 역사하는 이 힘은 하나님의 말씀이 새로운 교회를 만들 때 주로 일어나는 것임을 확인하게 된다. 바울은 여러 도시를 떠나기에 앞서(행 14:23 참조) 언제나 신중하게 장로들을(권위가 있는 지도자들)을 세웠다. 그의 모습을 보면서 이런 궁금증이 생긴다.

어떻게 바울은 쉽고 빠르게 능력 있는 리더십을 가진 사람들을 새로운 회심자들 가운데서 찾아낼 수 있었을까? 새신자들로 구성된 새 몸이, 권한 구조를 가지기 이전에, 몇 년간 자라도록 기다리는 것이 -단지 함께 모여서 배우고 서로 사랑하고 섬기도록 하는 것- 낫지 않았을까?

바울을 통해 이렇게 역동적이고, 자생적으로 성장하는 교회들에서 구성원들이 사도들에게 전수받은 가르침과 목적을 구체화할 수 있도록 확실히 하는 수단으로 권위 구조가 중요함을 알 수 있다.

처음부터 교회는 제도인 동시에 운동이었다. 교회의 이러한 이중 본질은 성령의 사역에 근거하고 있다. 성령님은 교회를 생명력 있는 유기체이면서 동시에 구조화된 조직체로 만드신다.[2] 이 균형을 이해하는 한 가지 유용한 방법은 예수님의 사역이 교회 가운데 일반적 의미에서 모든 신자를 통해 그리고 특별한 역할을 통해서 이루어짐을 살펴보는 것이다. 특별한 역할에는 일반 직분(general office)과 특별 직분(special office)이 있다.

일반 직분과 특별 직분

예수 그리스도는 모든 능력과 사역의 역할을 분명히 알고 계신다. 그분은 진리를 말하며 모든 남녀들이 하나님을 위해 일하도록 선지자적 사역을 수행하신다. 그분은 궁극적으로 선지자이며, 하나님의 성품과 구원하시는 목적과 우리 삶을 향한 하나님의 뜻을(말씀과 삶을 통해서) 아주 분명하게 나타내신다. 동시에 그분은 제사장적 사역을 하신다. 선지자 사역이 사람들 앞에서 하나님을 위한 옹호자로 서는 것이라면, 제사장은 자비와 긍휼의 사역을 통해 하나님의 임재 앞에서 백성을 대변하는 것이다. 그리고 예수님은 궁극적인 제사장이셨다. 그분은 우리 대신 하셨고 우리 짐과 죄를 희생적으로 치루셨으며, 우리를 하나님의 임재 속으로 이끄신다. 마지막으로 예수님은 왕의 사역을 하신다. 궁극적으로 왕이시다. 계시된 그의 말씀을 통해 백성들의 삶에 질서를 주신다.

신자들의 일반 직분

각각의 신자는 성령님을 통해 다음의 세 가지 방식으로 서로에게 사역한다. 첫째, 성경은 모든 신자를 선지자로서 언급한다.

민수기 11장 29절에서 모세는 "그의 모든 백성에게 주사 다 선지자가 되게 하시기를 원하노라"고 말했다. 그리고 요엘 2장 28-29절에서는 이 축복이 메시아 시대를 위해서 예언되고 있다. 사도행전 2장 16-21절에서 베드로는 교회 안에서 이 예언이 성취되었다고 선언한다. 모든 신자는 성령님의 인도하심을 받아 진리를 분별할 수 있다(요일 2:20, 27). 그리고 모든 신자는 그리스도의 말씀으로 서로 권면할 뿐만 아니라(골 3:16), 다른 신자들을 가르치고(롬 15:14) 격려하도록(히 3:13) 인도함을 받는다.

또한 그리스도인들은 그들의 믿지 않는 친구들과 이웃들 앞에서 진리에 대한 증인으로 부름을 받았다. 사도행전 8장 4절에서 모든 그리스도인들은 예루살렘 바깥으로 "흩어진 사람들이 두루 다니며 복음의 말씀을 전했다." 데살로니가전서 1장 8절에서 바울은 마게도니아와 아가야의 새 신자들로부터 "주님의 말씀이 … 각처에 퍼졌다"는 소식을 전한다.

그리고 그는 고린도 교인들에게 자신의 모든 삶이 모쪼록 사람들을 구원으로 이끄는 데 도움이 되는 삶이기를 바란다고 말한다(고전 9:19-23; 10:31-11:1). 골로새서 4장 5-6절에서는 모든 그리스도인들에게 각각의 비신자에게 지혜와 은혜로 대답하라고 말한다. 베드로전서 3장 15절에서는 모든 신자들이 비그리스도인들에게 그들의 믿음에 대한 설득력 있는 이유를 설명하라고 명한다.

이 모든 권면들 뒤에는 말씀이 모든 그리스도인들 안에 풍성히 거한다는(골 3:16) 전제가 있다. 곧 모든 신자는 하나님의 말씀을 읽고, 생각하고, 사랑해야 한다. 그리스도인들은 자신들이 가지는 질문과 이웃들의 필요에 따라 성경을 적절하게 해석할 수 있어야 한다.

둘째, 성경은 모든 신자들을 제사장이라고 지칭한다.

"너희는 … 왕 같은 제사장들이요"(벧전 2:9). 모든 신자가 선지자의 역할을 하여 하나님의 말씀 곧 예수님께서 오신 것을 이해하는 것처럼 모든 신자는 제사장의 역할을 하여 대제사장 되신 그리스도의 이름으로 하나님의 임재 가운데 들어갈 수 있다(히 4:14-16). 그러므로 신자들은 날마다 자신을 살아 있는 제물로 드리는(롬 12:1-2) 제사를 수행하는 제사장적 사역을 한다. 그리고 하나님께 자비와 선을 행하고 서로 나누어 주는 실천의 제사 및 찬송의 제사를 드린다(히 13:15-16).

만인제사장이라는 것은 모든 사람이 기쁜 공적 예배에 적극적으로 참여할 수 있다는 것을(고전 14:26) 의미할 뿐 아니라, "선을 행함과 서로 나누어 주기"에 대한 제사장적 부르심을 가졌다는 것을 의미한다(히 13:16). 그리스도인들은 선지자로서 이웃이 회개하도록 하며, 제사장으로서 공감과 사랑의 섬김을 통해 그들의 필요를 채워 준다. 이것이 예수님이 우리에게 착한 행실을 통해 외부인들이 하나님께 영광을 돌리게 하라고 하신 이유이다(마 5:16).[3]

셋째, 성경은 모든 신자를 왕이라고 지칭한다.

모든 신자들은 왕과 제사장으로서(계 1:5-6) 그리스도와 함께 다스리며 통치한다(엡 2:6). 비록 장로들과 지도자들이 교회 관리와 치리에 책임을 지고 있지만, "모든 신자의 왕 됨"이 의미하는 것은 신자들이 서로서로를 치리할 권리와 책임을 가지고 있다는 것이다.

그리스도인들은 그들의 죄를 목회자에게만 아니라 서로에게 고해야 하며 서로를 위해 기도하도록 부름을 받았다(약 5:16). 그들은 장로들의 치리에만 의존하는 것이 아니라, 서로를 권면함으로써 죄로 인해 마음이 완고해지지 않도록 해야 한다(히 3:13). 건전한 교리를 분별하는 것은 장로와 사역자뿐만 아니라 모든 신자들이 성령께서 진리를 분별하도록 주시는 기름 부으심에 의존해야 한다(요일 2:20, 27).

왕으로서의 직분은 이성의 직분으로서, 역사적으로 많은 교단들은 지도자와 직분자를 선출하는 권한을 회중에게 부여하여, 기존 지도자들을 인준하게 했다(행 6:1-6). 다시 말해 교회를 통치하는 권한이 사람들에게 있는 것이다. 비록 목사와 교사들이 몸을 영적으로 성숙하게 이끌고 책임지는 부르심을 받았지만(엡 4:11-13), 모든 그리스도인은 서로에게 "사랑 가운데 진리를 말함"으로써 몸이 성숙하도록 돕는 부르심을 받은 것이다(엡 4:15). 모든 신자의 왕 됨은 또한 신자들이 세상, 육신, 마귀와 싸우고 이기는 권한을 가졌다는 것을 의미한다(엡 6:11-18; 약 4:7; 요일 2:27; 4:4; 5:4).

이 모든 사역의 양상들은 베드로전서 2장 9절에서 하나로 모인다. 여기에서 우리는 그리스도를 따르는 사람들은 왕과 제사장으로 부름 받았다는 말씀을 듣는다. "왕 같은 제사장." 그래서 "너희를 어두운 데서 불러내어 그의 기이한 빛에 들어가게 하신 이의 아름다운 덕을 선포하게 하려" 하신 것이다. 이것이 선지자의 직분이다.

성령님은 모든 신자가 진리를 나타내는 선지자가 되며, 공감적으로 섬기는 제사장이 되며, 사람들이 책임감 있는 사랑을 하도록 부르는 왕이 되도록 훈련하신다. 이것은 신자들이 직분이나 전임 사역을 위한 특별한 은사가 없더라도 적용된다.

모든 신자가 선지자, 제사장, 왕이 되도록 부르시고 은사를 주시는 성령의 구비 사역은 '일반 직분'이라고 부른다. 이러한 일반 직분에 대한 이해가 있을 때 교회는 상명하복 식의 보수적이고 혁신 거부적인 관료주의가 되지 않을 수 있다.

교회는 열정 넘치는 풀뿌리 운동으로서 지도자들의 위계질서 관리와 계획에 의존하지 않고 사람들의 삶을 바꾸고 세계를 바꾸는 사역이다.

사역자의 특별 직분

성령께서는 모든 그리스도인들에게 사역을 위한 성령의 은사들을 주셔서(고전 12-14) 그리스도를 섬기는 일이 교회의 풀뿌리에서 지속적으로 일어나게 하신다. 하지만 또한 성령님은 '특별 직분'이라는 은사도 주셨다. 이것은 대개 권위를 갖고, 교회 안에서 특정 사역을 수행하는 역할을 말한다. 우리에게 자발적이고, 폭발적인 사역과 성장을 일으키시는 바로 그 성령께서 사도나 선지자, 목사와 교사(엡 4:11) 및 다스리는 은사를 수여하시는 것이다.

이러한 은사들이 사용되기 위해서는 회중에 의해 공적으로 인정되어야 하는데, 그러려면 어느 정도의 조직을 필요로 한다. 제도화된 구조(선거, 정관, 서임, 인증 기준 등) 없이는 다스림의 은사(롬 12:8)를 집행할 방법이 없다. 교회가 누군가에게 권위를 주고 그 권위를 어떻게 정당하게 사용할지에 대해 어느 정도 동의하지 않는다면 아무도 다스릴 수가 없다. 그러므로 자발적인 사역의 발전과 번성은 어떠한 제도적 요소들이 제자리에 있느냐에 달려 있다.

특별 직분은 예수님께서 성령으로 교회를 지도하고 다스리는 방법을 나타낸다. 예수님께서는 교회 지도자들에게 은사를 나누어 주시는 것을 통해 그 권위를 위임하신다. 그래서 우리가 교회 지도자들을 선택할 때 단순히 그들 안에 있는 주님의 부르심과 은사를 확인하는 것과 같다.

당신의 교회를 위한 분명한 청사진(하나님이 원하시는 사역의 양상)은 다름 아닌 예수님께서 지도자들과 구성원들에게 나누어 주신 은사에 의해 형성된다. 왜 어떤 교회는 다른 사람들보다 특정한 종류의 사람들을 품어 전도하는 데 더 효과적인가? 하나님이 그들에게 특정한 패턴의 은사들을 주셨기 때문에 특정한 패턴의 사역을 하는 것이다.

특별 직분이 의미하는 것은 성령께서 어떤 사람들을 모든 양상의 일반 직분을 위한 지도자와 선두주자로 부르셨다는 것이다. 모든 그리스도인들이 가르치고 전도해야 하지만, 성령께서는 어떤 사람들을 교사와 전도자로 부르신다(엡 4:11). 모든 그리스도인들이 자신의 것을 궁핍한 사람들과 나누어야 하지만, 교회는 어떤 지도자들을 집사로 세우고 그들이 자비의 사역을 이끌도록 한다(행 6:1-6; 딤전 3:8-13).

모든 그리스도인들이 서로 살피며 서로에게 책임을 지는 삶을 살아야 하지만(갈 6:1-2; 히 3:13), 모든 모임에는 더 큰 책임을 가진 장로들이 있다(행 14:23; 딛 1:5). 그들의 직무는 목자가 양을 돌보듯 사람들을 돌아보는 것이다(행 20:28-31; 벧전 5:1-4). 신자들은 지도자의 권위에 승복해야 한다(살전 5:12; 히 13:7, 17). 지도자들이 그들의 은사를 집행하는 것이 그리스도의 사역을 집행하는 것이다.

역사적 전통에 단단한 뿌리를 둔 교회들은 보통 특별 직분의 중요성에 대해 강한 선호를 지니고 있다. 그들은 반드시 일반 직분의 역동성과 유연성을 높이 평가하는 문화를 만들기 위해 적극적으로 노력해야 한다. 이렇게 하는 한 가지 방법은 안수받지 않은 일반 성도들을 지도자와 간부로 위임하는 것이다. 그들로 전통적으로 안수 받은 지도자들과 함께 일하도록 하는 것이다. 이렇게 함으로써 교회들은 성령의 역동적인 사역과 조직적인 사역 모두를 수용할 수 있다.

성령께서는 교회를 유기체인 동시에 조직체로 만드신다. 자발적인 영적 생명과 사역이 가득한 가마솥인 동시에 질서와 체계가 있고 규칙과 권위가 있는 공동체가 되는 것이다. 만일 하나님이 모든 신자들에게 은사를 주시기만 할 뿐 그들을 권위가 있는 곳으로 불러 모으지 않는다면, 교회는 단지 유기적이며 자연발생적인 운동으로서 제도적 구조가 사실상 전혀 없을 것이다. 만일 하나님이 '특별 직분자들'(안수 받은 목사들)에게만 은사를 주신다면, 교회는 배타적이고, 상명하복적이고, 명령-관리만 있는 제도가 될 것이다.

그러나 하나님의 영은 일반 직분과 특별 직분 모두를 만드셨다. 그래서 우리는 (운동을 창조하시는) 성령의 열정(ardor) 그리고 (제도를 창조하시는)

성령의 질서(order)에 대해 모두 이야기한다. 성령 사역의 이 역동적인 균형이야말로 교회를 (인간적인 관점에서) 지속 가능하게 만드는 것이다.

베드로전서 2장 4-5절에는 이러한 역동성이 생생하게 어우러져 나타난다. 베드로는 그리스도인들을 새로운 성전의 '산돌'(living stones)이라고 묘사한다. 건물에서 돌은 비유기적 이미지이다. 그러나 베드로는 우리에게 이 성전의 돌들이 살아 있다고 말한다. 사실상 성전은 "성장한다"(엡 2:21 참조). 이것이 의미하는 바는 우리가 교회를 (자연스럽게 성장하는) 유기체이면서 동시에 (구조와 질서가 있는) 조직체로 보아야 한다는 것이다.

교회의 두 가지 특성을 모두 만드신 분이 성령이심을 인정하는 것이 중요하다. 회심자들이 많고 그들의 삶이 급격하게 변화되는 것을 자주 볼 수 있는 사역 단체들이 행정과 지속적인 프로그램이 있는 교회들보다 (교회 통치 구조, 교회 치리, 교회 관리, 운영 규칙, 재정, 청지기 정신, 건물 관리 등) 더 영적으로 보이는 일들이 종종 있다. 이것은 납득이 되는 실수이다.

수백 년 동안의 경험을 통해서 우리는 질서와 열정을 모두 함께 유지하는 것이 참으로 어렵다는 것을 알고 있다.[4] 질서 옹호자들은 안정적인 제도의 장점들만 보고 동시에 자발적 운동의 단점들만 보는 경향이 있다. 그들은 급진적 새 운동 속에 나타나는 교만함과 거만함을 보면서 그들이 불안정하며, 근시안적이며, 자만심이 강하다고 지적한다. 그들은 종종 옳지만 틀리기도 하다.

반면 더 역동적이고 덜 위계적인 운동의 옹호자들은 제도의 단점만을 보는 경향이 있다. 그들은 제도가 자기 이득에만 관심 있고, 경직된 관료주의이며 우상이라고 본다. 따라서 제도는 이미 죽었거나 죽고 있는 것으로 간주한다. 때때로 그들의 말은 옳지만 또한 못지않게 틀리다. 교회는 조직되어 있으면서 유기적일 때 가장 건강하다. 성령은 두 가지 관점 모두의 저자이시기 때문에, 이 두 가지가 피차 조화 가운데 존재할 수 있어야 한다.

지역 교회에서의 운동 역동성

앞 장에서 우리는 운동의 네 가지 특성을 살펴보았다. 비전, 희생, 화합 안에서의 유연성, 그리고 자발성이다. 지역 교회와 개별적인 사역에 이러한 특성들이 존재한다면 어떤 모습이겠는가? 그리고 지역 교회에 제도적 역동성과 성경적 균형을 이루는 운동 역동성을 어떻게 격려할 수 있겠는가?

비전과 신념이 하나 됨을 만든다

운동 역동성이 있는 교회는 어떤 분명한 미래 현실에 대한 비전에 의해 이끌린다. 비전은 미래의 구체적 그림에 생기를 불어넣는 강력한 신념의 집합이다. 한 가지 강력한 비전을 예로 들자면 한 도시 안에서 복음주의적 교회 수를 한 세대 안에 열 배로 늘리는 것이다(이런 숫자는 미국에서는 터무니없어 보일 수 있지만, 서유럽에서는 제법 가능하다).

이런 경우에 구체적인 그림은 열 배의 증가인데, 한 세대 안에 도시 안에 교회가 확장됨으로써 도시가 어떻게 달라질 것인가에 대한 그림인 것이다. 이 비전은 강력한 신념과 결합되어 있는데 부흥주의자들과 개혁주의의 전형적인 선교 복음이기도 하다.

상황화는 교회 비전의 소통과 깊은 관계가 있다. 실제로 설득력 있게 표현된 교회 비전은 복음과 교회 사역에 대한 성경적 가르침을 어떻게 상황화하여 표현할 것이냐에 대한 것이다. 예를 들어, 어떤 교회는 "도시의 평화와 번영을 추구하는 것"이 그들의 비전일 수 있고, 그것이 무엇을 의미하는지를 분명하게 제시할 수 있다. 이 비전은 예레미야 29장과 로마서 12장에 나타난 하나님의 백성에 대한 성경적 부르심을 표현한다.

또 다른 교회는 "복음으로 삶을 변화시키자"라고 비전을 표현할 수 있다. 그리고 이 변화된 삶이 어떤 것인지를 명확하고 매력적으로 제시할 수 있다. 이 비전은 말씀과 성령의 능력으로 제자를 삼으라고 교회에 주신 성경적 부르심을 표현하는 것이다.

이러한 각각의 비전 선언문들은, 비록 성경적 부르심의 다양한 국면을 강조하기는 하지만, 그 내용들이 특정 문화의 사람들에게 명확하고 설득력 있는 방식으로 표현된다면 사람들에게 자극을 줄 것이다.

개인이나 집단보다 하나님 나라에 대한 헌신이 희생을 가능하게 한다

운동 역동성을 가진 사람들은 자기의 이익이나 필요보다 비전을 앞세운다. 구성원들이나 스태프들에게 중요한 것은 개인적인 이익이나 권력, 또는 비 금전적 혜택이 아니다. 그들은 자신들을 통해서 비전이 성취되기를 원한다. 그리고 이러한 만족이 그들의 주된 보상이다. 운동이 되느냐, 제도가 되느냐를 구분하는 실제적인 핵심 지표는 아마도 일하는 사람들과 멤버들 안에 기꺼이 희생하려는 마음들이 있느냐 하는 것이다.

운동 역동성을 가진 교회의 멤버들은 자체적으로 동기부여가 되며 누군가의 감독을 받을 필요가 없다. 그들은 자기 주도적으로 움직인다.

어떻게 이런 일이 일어날까? 사심 없는 헌신은 지도자가 만들 수 있는 것이 아니다. 사실 헌신을 직접적으로 요구하는 것은 위험성을 지닌 '감정적 조종'이 된다. 오직 비전과 헌신을 가진 지도자들만이 다른 사람들 속에 희생적 정신을 불붙일 수 있다.

역동적인 기독교 운동은 사람들 안에 하나님의 구원에 매우 중요하고 실제적인 방식으로 참여하고 있다는 확신을 진실하게 심어 준다. 운동에 참여하는 사람들은 "주님과 사람들에게 이보다 더 유용한 것은 없습니다"라고 말한다. 운동-중심적 교회들의 모임 안에는 "중요한 것을 더 중요하게 다루는" 깊은 영적인 것이 있다. 곧 십자가, 성령, 예수님의 은혜 등이다. 사람들은 예배와 기도에 더 많은 시간을 사용한다.

화합에 대한 강조가 협력을 창조한다

또 다른 중요한 요소는 협력에 대한 개방성이다. 운동의 구성원들은 비전이 성취되는 것을 보기 원하기 때문에 기꺼이 비전에 헌신한 사람들과 함께 일하려고 한다. 선호, 기질, 이차적 신념에 있어서는 다르더라도 일차적 신념을 공유하는 사람 및 타 조직에 속한 사람들과 기꺼이 동역하려고 한다. 제도는 결과나 성과보다는 절차와 규칙에 더 초점을 맞추기 때문에, 구성원들은 똑같은 방식으로 일하지 않는 사람들이나 그룹들을 의심의 눈으로 쳐다보는 경향이 있다. 기독교 세계에서 화합이 의미하는 바는 운동 역동성을 가진 그룹이 공통 목표를 이루기 위해 교단 및 조직적인 경계를 뛰어넘어 협력한다는 것이다.

운동 중심적인 교회들은 도시를 전도하려는 생각을 하는데 비해, 제도화된 교회들은 교회의 특정한 사역 방식이나 교단을 성장시키는 데 강조를 둔다. 일반적으로 운동 역동성이 있는 교회의 지도자들은 모호성과 조직의 어수선함에 대해 높은 수준의 관용을 보인다. 가장 중요한 것은 사람들이 복음을 듣고 회심하여 제자가 되는 것이다. 이런 이유로 자신의 소속을 뛰어넘어 외부에서 온 사람들과 협력하며 그들에게 배운다.

언제나 그런 것 같이 균형이 핵심이다. 분파주의적이며 매우 제도화된 교회나 기관들은 모든 신념을, 2차적, 3차적 신념까지 공유하지 않으면 협력하려고 하지 않을 것이다. 우리는 이런 태도가 운동과는 반대되는 것이기 때문에 비판한다.

그 반대의 태도에 대해서도 마찬가지다. 사역 동반자들이 진리에 대한 확고한 태도를 상실할 때는 교리적으로 깨어 있는 자들이 중요한 신학 진리를 위해서 정중한 태도로 기꺼이 싸우려는 태도가 필요하다. 비겁하게 사랑 가운데 진리 말하기를 거부하는 것은 협력하는 것도 아니고 사랑하는 것도 아니다. 사역 동반자들이 반드시 공통적으로 고백해야 하는 결정적인 진리들은 분명하게 진술되어야 한다.

운동이 진리에서 멀어진다면, 그에 대한 분명한 대화가 있어야 한다. 그러나 연합에 파괴적이지 않은 방식으로 어떻게 교리적 차이에 대해서 이야기해야 할 것인가?

상명하복 없는 자발성이 성장을 가능하게 한다

운동 역동성이 있는 교회나 조직은 영적 자발성이 있다. 그 안에는 새로운 아이디어나 지도자들, 일의 발화점들이 끊임없이 만들어진다. 단지 위에서 지시 내리거나 바깥에서 명령하는 것에 의존하지 않는다. 이미 언급했듯이, 자연 연소는 외부가 아닌 내부에서 점화가 일어난다. 그런데 매우 제도화된 교회나 조직은 개인이, 먼저 요청이나 허가를 받지 않는 한, 의견을 내거나 프로젝트를 제안할 수 없는 구조로 되어 있다.

그러나 운동 역동성이 있는 교회는 풀뿌리에서 의견이 나오고, 지도자가 길러지고, 주도적 일들이 생겨난다. 아이디어들은 공식적인 회의에서 나오기보다는 편안한 비공식적인 대화 가운데서 더 많이 생겨난다. 일에 대한 동기 부여가 보상이나 자기 이익이 아니라, 전염성 있는 비전을 향해 기꺼이 함께하는 희생에서 나온다. 이런 교회들은 자연적으로 구성원들과 스태프 사이에 우애가 깊어진다. 이런 우정은 더 공식적이고 조직화된 모임들 및 이벤트들과 더불어, 교회에 추진력을 공급하는 미니 엔진들이 된다.

자생적 역동성의 또 다른 측면은 지도자들의 자연적 성장이다. 이것은 교회가 공식적인 훈련 프로그램을 가지지 말아야 한다는 것이 아니다. 오히려 이것이 의미하는 바는 (1)운동의 비전이 (그 내용이 전파됨에 따라) 리더십 자질을 가진 사람들을 유입하게 한다. (2)그들이 일을 수행하면서, 실생활 경험을 통해 자연스럽게 차기 리더들이 드러나고 다음 리더십으로 준비된다.

한 예로 개혁주의 대학생 선교회(Reformed University Fellowship, RUF)은

PCA(미국장로회) 교단의 대학생 사역 단체이다. RUF는 갓 졸업한 대학생들을 캠퍼스 인턴으로 선발한다. 그들 중에 많은 이들이 전임 캠퍼스 사역자들이 된다.[5] 그들은 캠퍼스에서 일하면서 전도자로 훈련되며, 문화의 새로운 경향들을 다룰 수 있게 되고, 유연하고 틀에 얽매이지 않은 사역을 할 수 있게 된다.

이 모든 것을 통해서 RUF를 떠나는 캠퍼스 사역자들은 기존 교회에서 청빙을 받는 것에 그치는 것이 아니라, 새로운 교회를 수월하게 개척할 수 있는 사람으로 성장한다. 그 결과 RUF를 통해서 역동적이며 열매 맺는 교회 개척자들이 지속적으로 배출되었고, 대학을 졸업한 청년 그리스도인들이 탁월한 핵심 그룹으로서 교회 개척에 참여하게 되었다.

RUF는 역동적 운동의 전형적인 예이다. RUF는 본래 교회 개척자를 키우기 위해 창설된 것이 아니었다. 하지만 탁월한 캠퍼스 사역의 자연적 열매로 인해, 강력한 '교회 개척자 개발'이라는 역동성이 자생적으로 이루어졌다. 물론 대부분의 교단들은 교회 개척자들을 선발하고 훈련하기 위해 제도화된 기관들을 만든다. 그렇지만 대개는 RUF와 같이 유기적인 지도자 개발 파이프라인이 훨씬 효과적이다.

하나님이 주시는 이런 선물을 경험할 때, 교단들은 그들을 인정하고 지지하기 위해 일해야 한다. 목을 죄지 말고 살리는 일을 해야 한다. 많은 교회들은 생각이 너무나 제도화되어 있어서 그렇게 하는 것을 매우 어려워한다.[6]

창조적 긴장

성경은 교회들이 운동이나 제도 가운데 하나를 선택할 수 없다고 말한다. 교회는 둘 다여야 한다. 그렇지만 우리는 이 책에서 제도적인 것보다는 운동적인 것을 강조하고 있다. 왜냐하면 운동은 시간이 지남에 따라 불가피하게 제도가 되기 때문이다. 그러므로 교회는 의도적으로 건강한 운동을 만드는 역동성을 만들어야 한다.

이 과정은 운동 역동성이 조직의 관성과 충돌하기 때문에 어렵고, 운동 역동성이 서로 긴장 관계에 놓일 수 있기 때문에 또한 어렵다. 우리가 앞에서 본 비전과 자발성이라는 두 가지 운동 역동성을 생각해 보자. 한편으로 모든 사람이 자기 소견에 옳은 대로 비전을 정의하려고 하면(삿 17:6; 21:25) 운동은 무너진다. 비전과 신념은 반드시 지켜지고 새롭게 정리되어야 하는 접착제이다.

비전은 발전하기도 하고 보다 정교해지기도 하지만, 대개는 최고 지도자들에 의해서 점진적으로 그렇게 된다. 비전은 성문화되고, 외부에 노출되어야 한다. 지도자들은 반드시 어떤 방식으로든 비전에 충성해야 한다. 그러므로 화합에 대한 요구는 항상 운동이 구조를 갖추는 쪽으로 밀어붙인다.

그런데 자발성의 다이내믹은 새로운 주도권과 창조적 사고를 의미한다. 그것은 일치된 비전을 추구하며 모든 곳에서 발생해야 한다. 사람들로 하여금 오랫동안 '본부 명령'을 기다리게 하는 것은 그들의 공로를 억누를 뿐이다. 그러면 많은 운동 에너지가 소실된다. 자발성의 다이내믹은 조직이 점점 공식적이고 성문화되면서 억압되는 경향이 있다.

연합과 자발성의 추구는 운동이 수적으로 성장하면서 변화하게 된다. 만일 교회 안에 네 명의 장로가 있다면 의사결정은 수평적이고 협력적인 모습으로 이루어질 것이다. 장로들은 많은 시간을 들여 안건을 토의하고 합의에 이를 것이다. 그러나 교회가 성장하여 스무 명의 장로들이 있다면 어떻게 할 것인가? 당회는 끝나지 않고, 안건이 합의에 이르려면 몇 달이 걸릴 수도 있다.

이럴 때는 교회가 장로들을 그룹으로 나누어 의사결정을 하도록 하고, 추후에 전체 당회에서 인정하는 절차를 갖는 것이 자연스럽다. 이것은 위원회 구조와 비슷해 보이며, 많은 기독교 운동 문헌에서는 건강하지 않은 형태의 제도화라고 보는 경향이 있다. 그러나 다른 관점에서 보면, 이것은 신뢰의 형태이기도 하다. 모든 것을 중앙에서 관리하려는 욕망을 피하는 것이다. 그러므로 위임은 제도화의 표지라기보다는 운동 역동성의 표지가 될 수 있다.

이런 역동성의 균형을 유지하는 것은 정말 어려운 일이다. 교회들, 일반 신도들, 그리고 사역자들은 균형 없는 교회에서 나쁜 경험을 하고는 또 다른 극단으로 피해간다. 그 결과는 동일하게 균형을 잃은 사역의 모습이다. 일반 성도에 의한 사역이 궤도를 벗어날 때, 그 피해자들은 더 심각한 권위주의, 조이고 관리하는 사역으로 도망가는 경향이 있다. 반면 '상명하복' 교회를 떠나 온 망명자들은 종종 그 반대의 교회로 가기도 한다. 각각의 불균형 모두 교회의 운동성을 질식시킨다.

표면적으로 교회와 교회 사역을 운동으로 묘사하는 것은 교회의 제도적 양상에 집중하는 묘사보다 훨씬 매력적으로 보인다. 운동에서는 구조가 분명하게 목적을 섬기지만, 제도에서는 목적이 구조를 섬긴다. 궁극적으로는 우리는 이 운동이 어떻게 이루어져야 하는가 생각해야 한다.

어떤 교회나 사역의 구조는 직접적으로 성경적이긴 하지만(그래서 타협불가능이지만), 인간적으로 만들어져 있다(그래서 타협가능하다). 성경은 교회가 장로들을 세울 것을 말했지만, 어떻게 당회가 조직되어야 하는지에 대해서는 사실상 아무것도 말하지 않고 있다. 성경의 창조적 긴장을 잘 운영하는 열쇠는 인간적으로 만들어진 구조가 우상이 되지 않게 하는 것이다. 상대적이고 유한한 것들에 의문을 제기할 수 없는 신성한 권위를 부여하면 안 되는 것이다.

운동이 운동으로 남아 있기 위해서는, '조직화된 유기체'로서의 균형을 만들고 유지시켜야 한다. 아래의 수평선에서, 운동-중심적인 교회의 X좌표는 오른쪽에 위치해야 한다. 교회들은 제도화를 향해 가려는 경향이 있으므로, 종종 운동 역동성을 향해서 제자리를 되찾아야 한다.

제도   운동

|---------------------------✖---------------|

조직화된 유기체를 유지하는 실제적인 열쇠는 교회나 조직에서 부흥의 계절을 직접 경험하는 것이다. 이것은 개인이 영적 부흥을 경험하는 것과 유사하다. 성경이 말하는 '언약 갱신'의 시기들이 반드시 있어야

한다.

이스라엘은 출애굽기 19-20장 시내 산에서 하나님과 원래의 언약 관계 속으로 들어갔다. 그리고 하나님의 백성으로 세워졌고 세상 속에서 특정한 방식으로 살도록 부르심을 받았다. 이스라엘이 그 여정에서 중요한 장을 새롭게 마주할 때마다. 그들은 새로운 계절의 언약 갱신을 해야 했다. 여호수아 24장은 그들이 약속 받은 땅에 들어가기 전이고, 사무엘상 12장은 그들이 왕을 받기 전이며, 느헤미야 8-9장은 그들이 바벨론 유수에서 돌아온 때였다.

이러한 언약 갱신의 때에는 언제나 세 가지 구성 요소가 있었다. (1) 사람들은 하나님이 그들을 부르시고 명하신 것들을 기억하기 위해서 성경 말씀으로 돌아왔다. (2)그들은 자신들이 마주한 새로운 도전에 대해 다음 단계를 고대했다. (3)그들은 여정의 다음 단계를 위해 자신들의 삶과 자원을 하나님께 바쳤다.

이러한 부흥은 교회가 조직화된 유기체로서 유지되기 위해서 반드시 자주 일어나야 한다. 이는 또한 교회가 도시에서 활발하고 넉넉한 운동 다양성을 가질 수 있도록 준비시킨다.

토론과 성찰을 위한 질문들

1. 일반 직분과 특별 직분의 차이를 설명하라. 일반 직분 가운데 모든 신자들이 하는 세 가지 양상의 사역은 무엇인가? 특별 직분에 주어진 역할과 기능들은 무엇인가? 이 두 가지에 대한 구분이 생명력 있는 유기체로서의 교회와 구조화된 조직체로서의 교회를 구분하는 데 어떤 도움을 주는가?

2. 다음을 생각해 보라. "운동이 되느냐, 제도가 되느냐를 구분 짓는 실제적인 핵심 지표는 아마도 일하는 사람들과 멤버들 안에 기꺼이 희생하려는 마음들이 있느냐 하는 것이다."
당신의 자원 봉사 온도계는 몇 도를 가리키는가? 교회 명부를 살펴보면서, 그들이 얼마나 적극적으로 섬기고 있는지 자문해 보라. 그 대답은 운동을 나타내는가? 아니면 제도화되었는가? 그것은 당신 교회의 비전에 어떻게 연결되는가? 또는 비전의 결여와 어떻게 관련되는가?

3. 다음을 생각해 보라. "교회들, 일반 신도들, 그리고 사역자들은 균형 없는 교회에서 나쁜 경험을 하고는 또 다른 극단으로 피해간다."
이 문장에 비추어 볼 때, 당신의 교회에 어떤 갈등이나 역기능을 더 잘 이해하게 되는 일이 있는가?

11
운동 역동성이 나타나는
교회 개척 사역

◇◇◇

교회는 조직화된 유기체로서 내부에서뿐 아니라 외부에서도 운동 역동성이 나타난다. 그리하여 자연스럽게 교회 개척에 참여하게 된다. 교회 개척(church-planting)은 신약성경의 여러 곳에서 언급된다. 예를 들어 바울은 아볼로와 함께 교회를 심고 ('plants'는 개척한다는 의미-역주), 물을 주는 사역을 했다(고전 3:6-7).

성경에서 교회 개척에 대해 배울 수 있는 주된 책은 사도행전이다. 모든 정통적인 그리스도인들은 성경의 지시적인 진술들이 우리에게 규범적인 것임을 인정한다. 그렇지만 구약성경과 신약성경의 서술적 역사들은 좋은 예와 나쁜 예를 모두 가지고 있다. 그렇다면 우리는 항상 옳고 그름을 확신할 수 있는가?

가장 안전한 접근법은 사도행전에 나타난 바울의 교회 개척 사역을 진지하게 살펴보는 것이다. 물론 성경이 교회 개척의 모든 시기, 장소, 맥락에 대해서 고정된 규칙을 제공하는 것은 아니다. 그러므로 구체적인 실행 방법이나 규칙보다는 일반적인 원리들을 살펴보는 것이 제일 좋다.[1]

자연스러운 교회 개척

사도행전에서 교회를 개척하는 것은 상처가 되거나 부자연스러운 사건이 아니다. 교회 개척은 사역의 기본 요소이며, 꾸준히 그리고 정상적으로 일어난다. 바울은 전도하거나 제자를 키울 때 반드시 교회를 세웠다. 수십 년 동안 성경 강해자들은 사역의 기본 요소들을 사도행전에서 찾았다(성경 교육, 전도, 교제, 제자도, 예배 등).

사도행전에는 교회가 하는 다른 모든 사역과 더불어 교회 개척에 대해서도 제대로 나와 있다. 그러나 이 사역이 꾸준히 무시되어 왔다는 점이 내게는 항상 의아했다. 수상하고 암묵적인 사역 중단론이 있는 것 같다. 거의 무의식적으로, 사도행전의 독자들은 말했다. "네, 그때는 그랬습니다. 지금 우리는 그것을 필요로 하지 않습니다."

나는 이런 결론이 건강한 교회의 핵심적인 모습을 놓치는 것이라 생각한다. 곧 교회 개척은 상처가 되거나 일회적인 것이 아니라 자연스럽고, 습관적으로 이루어져야 한다.

바울의 정상적 사역은 사도행전 14장에서 쉽게 살펴보듯이 세 단계를 거친다. 첫 번째는 '전도'이다. 사도행전 14장 21절은 "[바울과 바나바가] 복음을 전했다"라고 기록한다. 그러나 훨씬 일반적인 단어인 "설교하다"를 쓰지 않고, 보다 포괄적인 단어를 썼다. 그들은 복음 전도(euangelizo)를 하거나 도시를 복음화했다. 이 헬라어 단어는 단순히 설교를 했다는 것 이상의 의미를 가진다. 사도행전은 바울이 회당 예배에서의 설교와 소그룹 성경 공부에서의 나눔, 일터에서의 대화, 임대 강의실에서의 토론, 그리고 사람들과의 단순한 일대일 대화를 통해서 복음을 전했음을 알려 준다.

바울 사역의 두 번째 국면에서, 우리는 공동체가 세워지는 모습을 분명히 보게 된다. 도시를 '복음화'한 다음에 바울은 즉시 회심자들을 찾아가서 믿음을 북돋고 격려했다(행 14:22). 이 두 동사들(episterizo와 parakaleo)은 사도행전 9장 31절과 15장 32절에서 함께 쓰였다. 존 스토트는 이 동사들에 대해서 새 신자 양육을 가리키는 거의 '전문 용어'라고 말했다.[2]

바울은 어떻게 이것을 했는가? 그는 그들에게 "믿음"을 가르쳤다(행 14:22). 이것은 신앙과 신학의 요체를 가르쳤다는 것이다. 그렇지만 그는 또한 그들을 '회중화'(congregated)했다. 새신자들은 전에 살던 대로 살지 않았고, 정기적으로 모이는 새로운 공동체로 세워져 갔다.

마지막으로 세 번째 국면에서는 지도자 개발(leadership development)이 이루어진다. 바울은 방문하는 곳마다 장로들을 선발했다. 회심자들 가운데서 복수의 장로들을 세워서 사람들을 가르치고 믿음으로 목양하는 직무를 하게 했다. 정기적으로 회심자들을 교회로 세워갔던 것이다. 다시 말하면 바울은 일상적으로 회심자들을 교회로 조직으로 세웠다.

이는 바울의 지도 아래 느슨하게 모이는 교제 모임 이상의 것이었다. 그 교회들은 그들의 지도자와 구조가 있었다. 바울이 그들과 만나기 시작했을 때, 그들은 "제자들"(행 14:22)이라고 불렸다. 그러나 그가 떠났을 때, 그들은 "교회들"이 되어 있었다(행 14:23). 간단히 말해서 사도행전에서 교회의 증식은 개인의 회심만큼이나 자연스러웠던 것이다.

팀 체스터(Tim Chester)가 그의 글 "교회 개척: 신학적 관점"에서 지적하듯이, 사도행전에서 교회를 출범시키는 데는 두 가지 기본적인 요소들이 있다.[3] 바울과 그의 동료들의 사역에서 첫 번째 요소를 보게 된다. 곧 선구적 교회 개척이다. 안디옥 교회의 파송을 받은 바울은 교회에 자신의 교리와 행동에 대해서 책임 보고를 해야 했지만(행 13:1-3), 정의상 그의 사역은 모든 도시에서 선구자적 사역이었다. 바울은 방문하는 도시마다. 다른 교회들의 도움 없이, 터를 닦는 전도를 했다.

다른 형태는 교회가 교회를 개척하는 것이다. 신약성경에는 이에 대한 암시적 예시들이 등장한다. 우리는 교회라는 단어가 본문에 나타날 때 시대착오적으로 생각해서 이 방법을 열외로 두는 경향이 있다. 하지만 바울이 심은 교회들은(사실상 초기 거의 이백 년 동안 모든 기독교 교회들은) 가정(household) 교회들이었다.

예를 들어 루디아의 회심은 즉각적으로 가족 회심으로 가는 다리가 되었다. 그녀의 집은 빌립보 최초의 교회가 되었다. 사도행전 16장 40절에서 바울과 실라는 루디아의 집으로 가서 형제들을 만난다. 똑같은 일이 사도행전 18장에서 그리스보의 집에도 일어난다.

이것은 무엇을 의미하는가? 그것은 빌립보, 고린도, 그리고 모든 곳에서 교회는 새로운 회중 즉 가정 교회들을 증식함으로써 자연적으로 성장했다는 것이다. 바울은 고린도에 있는 "교회"에 (단수)편지를 쓰지만, 편지의 끝에서 많은 가정 교회들을 언급하고 있다. 글로에, 스데바나 등. 초대 교회에서 교회 개척 운동의 기본 단위가 가정 교회였기 때문에, 교회 개척은 교회의 본성과도 같은 것이었다. 교회들은 오직 장로들의 지도 아래 모이는 그리스도인들의 새로운 가정 모임을 증식함으로써만 성장할 수 있었다. 마찬가지로 오늘도 이러한 두 개의 기본적 접근법들이 여전히 교회 개척을 위한 기본 접근법이다(표를 참조하라).

선구자에 의한 교회 개척	교회에 의한 교회 개척
목회자는 지도자들이 보통 스스로 시작한다.	교회 지도자들이 회중에 의해 선택되기도 하나, 교회가 불러서 파송하기도 한다.
핵심 멤버 없이 시작한다. 선구자가 사람들과의 연결 및 전도를 통해 핵심 멤버를 얻는다.	멤버들은 ⑴셀 그룹들을 묶어주는 것과 ⑵멀리 사는 교인들을 파송함으로써 형성된다.
재정은 ⑴선교 기관, ⑵친구들과 교회들을 통한 개인적인 재정 모집, ⑶자비량 - 자영업, 또는 ⑷이들 중에 몇 가지 통로를 통해서 충당한다.	재정은 ⑴핵심 그룹의 헌신, ⑵모교회의 선물 - 보조, ⑶멀리 있는 교회들이나 개인들의 외부 지원, 또는 ⑷이들 중에 몇 가지 통로를 통해서 충당된다.

코치는 멀리 있는 목회자 또는 지도자이며, 가끔씩 본다. 또는 책으로 읽는 코치이다(돌아가신 분 또는 멀리 있는 분).	근처에 있는 코치와 정기적으로 모임을 한다. 종종 동료에 의한 상호 코칭이 가능하다.
모델은 종종 혁신적이다. 새로운 모델을 만들거나 멀리 있는 모델을 모방한다.	모델은 모교회와 비슷하다. 물론 쌍둥이는 아니다.

자연스럽게 교회 개척하기

자연스러운 교회 개척 정신이 의미하는 것은 교회 지도자들이 교회 개척을 교회가 늘 행하는 당연한 일로 인식한다는 것이다. 교회 개척은 건물을 세우는 것처럼 단회적이고 거대한 사건이거나 끝나고 나면 깊은 안도의 한숨을 내쉬는 그런 종류여서는 안 된다. 바울은 지속적으로 전도, 제자도, 그리고 교회 개척에 헌신하였다.

사실 나는 교회 개척이 7부에서 살펴본 통합적 사역의 네 가지 측면과 병행되어야 하는 다섯 번째는 '사역 접점'이라고 믿는다. 앞에서 우리는 모든 교회가 사람들을 하나님께 연결하고(예배와 전도), 서로에게 연결하고(제자도와 공동체), 도시의 결핍에 연결하고(정의와 자비), 그리고 문화에 연결해야(믿음과 직업의 통합) 한다고 말했다. 그러나 다섯 번째 사역 접점은 교회를 증식하여 또 다른 사역 접점을 가진 새로운 교회들을 만드는 것이다. 교회 개척은 예배, 전도, 교제, 교육, 봉사처럼 반드시 지속적이며 자연스러운 사역이어야 한다.

자연적 교회 개척의 정신은 다음의 세 가지 마음가짐의 변화로 설명할 수 있다. 불편한 진실은 당신과 당신의 팀이 이러한 마음의 변화를 하지 않으면, 자연스럽고 효과적으로 교회들을 세우기는 매우 어렵다는 점이다.

첫째, 당신은 기꺼이 자원을 보내고 돈, 사람, 지도자들에 대한 통제를 내려놓아야 한다. 진부한 표현을 쓰고 싶지는 않지만, 이 경우에는 이것이 사실이다. 바울은 새로운 지도자들에게 '권한을 위임'했다. 그는 그들에게 소유권을 주었고, 그러면서 많은 지배권을 내려놓았다.

많은 교회들은 핵심 지도자들이 떠나거나 재정적으로 기여하는 가정이 나가거나, 또는 친한 사람들이 가는 것을 견디지 못한다. 사역자들은 또한 자신들의 영광을 나누려고 하지 않는다. 만일 당신의 교회에 정착하는 사람들이 늘고, 성경 공부와 새로운 사역에 참여하는 사람들이 늘어난다면, 당신은 수적인 증가와 더불어 지배권과 영광을 모두 갖게된다.

그러나 당신이 새로운 사람들을 새로운 교회로 조직한다면, 돈과 사람들, 교인 수, 지도자, 통제권을 잃게 되는 것이다. 하지만 이것이 바로 바울이 했던 일이다! 부가적으로 우리가 이 모든 것들을 떠나보낼 때, 직접적인 통제권도 잃어버리지만, 일어나는 문제들에 대한 책임을 회피할 수도 없다. 이것은 마치 성인 자녀의 부모 역할과 조금 비슷하다. 우리는 그들에게 무엇을 하라고 직접 말하기는 어렵지만 문제가 생길 경우 정리하는 것을 도와주어야 한다.

우리 지역의 한 복음주의 교회는 작지만 유서 깊은 건물을 소유하고 있다. 그들은 4년간 백 명 정도의 교인들로 가득 찼지만 교회 개척은 거부했다. 그것이 돈과 사람의 상실로 이어질까 두려워했던 것이다. 마침내 그들은 50명을 다른 지역에 보내어 새로운 교회를 형성하게 했다. 그후 2년밖에 지나지 않았는데 지금은 350명 가까운 사람들이 개척된 교회에 참석하고 있다. 그 사이 모 교회는 다시 한 번 모든 좌석이 채워졌다. 그것도 단 3주 만에!

그들은 이내 자신들을 질책하게 되었다. 그 시간 동안 세 개의 다른 교회를 개척할 수 있었다는 것을 깨달은 것이다. 만약 그랬다면 교회 가족 안에 천 명이 넘는 사람들이 예배하며, 선교하고, 청소년 사역을 하며, 다른 많은 것을 시작할 수 있었을 것이다. 그들에게 필요한 것은 자연스러운 교회 성장의 마음가짐을 가지는 것이었다.

둘째, 당신은 사역의 형태에 대해 통제권을 어느 정도 포기해야 한다. 그렇게 하는 것은 특히 성경적 진리의 보존에 깊은 관심을 가진 우리와 같은 사람들에게는 두려운 일이다. 그러나 새로운 교회는 기존 교회와 같은 모양일 수 없다는 것은 아주 명료한 사실이다. 그들은 자기만의 목소리와 강조점을 표현하기 마련이다.

한편, 당신은 그 차이점이 너무 크지 않도록 심혈을 기울여야 한다. 그렇지 않다면 교제와 협력이 삐걱거릴 것이다. 사도행전이 '믿음'에 대해 이야기한다는 것을 잊어선 안 된다. 기독교의 심장에는 참된 교리 안에서 한 몸이 존재한다.

다른 한편으로, 만일 당신이 새 교회가 복사판 교회가 되어야 한다고 주장한다면, 당신은 성경적 의미에서 적응하고 성육신하는 상황화의 실제를 받아들이려고 하지 않는 것이다. 다른 세대와 문화는 다른 종류의 교회를 만들기 마련이다. 이것은 모교회의 건강함을 저해하는 것이 아니라 오히려 증명하는 것이다.

위에서 언급한 것처럼, 바울은 각 교회에 장로들을 임명하되 그들에게 일정한 독립성을 부여했다. 바울이 이렇게 할 수 있었던 것은 자연스러운 교회 개척 정신은 새로운 지도자들을 믿고 맡기는 문제가 아니라 하나님을 믿고 맡기는 문제이기 때문이다.

바울은 새로운 교회들이 홀로 고군분투하게 내버려두거나 다른 사람에게 권한을 위임한 것이 아니었다. 그는 주께 그들을 위탁했다(행 14:23). 바울의 마음과 성품은 이러했다. 그는 자신이 통제하지 않고 하나님이 교회에서 시작한 일을 지속하실 것을 믿었다. 자연적 교회 개척 정신은 높은 수준의 영적 성숙과 하나님의 섭리에 대한 신뢰를 필요로 한다.

셋째, 당신의 개별적 교회보다 하나님의 나라를 더 위해야 한다. 우리는 이것이 바울이 아볼로에 대해 언급할 때 나타나는 것을 본다. 바울은 자신의 제자가 아니었지만 아볼로를 인정했다(행 18:24-28). 비록 아볼로의 제자들은 스스로를 다른 계파로 생각했지만(고전 1:12; 3:4), 바울은 그를 가장 따뜻한 말로 언급한다(고전 3:6; 4:6; 16:12).

또한 우리는 바울이 자신이 세운 교회들에서 기꺼이 손을 떼는 모습에서도 이를 발견한다(행 16:40을 보라. "가니라"; NIV성경은 "Then they left"라고 표현한다-역주). 바울은 자신의 권한이나 자기 세력의 권한에 대해 관심이 없었으며(그 당시 다른 사도들은 자신들의 지지자들과 강조점들이 있었다), 전체로서의 하나님 나라에만 관심을 가졌다.

지역에서 새 교회들은 보통 기존 교회들이 하나님 나라에 대해 다시 돌아보도록 이끈다. 새 교회의 새 교인들은 대개 기존에 교회에 다니지 않던 사람들이지만, 기존 교회에서도 어느 정도 이끌려서 온다. 전에는 전혀 교회에 다니지 않던 1백 명의 사람들이 새 교회로 형성될 때 우리 교회에서 두세 가정이 그곳으로 가게 되는 상황이라면 어떤 선택을 해야 할까? 이럴 때는 스스로에게 물어야 한다. "우리는 새 교회를 통해서 하나님 나라에 들어온 새로운 사람들을 기뻐할 것인가? 아니면 우리가 그 교회에 보낸 몇 가정 때문에 슬퍼하고 분개할 것인가?"

새 교회가 형성될 때 보이는 우리의 태도를 통해서 우리가 제도적 이익에 연연하는지, 아니면 도시 가운데 하나님 나라의 전반적인 건강과 융성을 위하는지가 드러난다. 어떤 교회든지 하나님 나라의 전진을 기뻐하는 대신 작은 상실을 슬퍼한다면 자신들의 편협한 마음을 드러내는 것이다. 새로운 교회를 시작하는 것은 오래된 회중에게 큰 영향을 끼칠 수 있다. 물론 그 이익이 처음에는 명백하지 않을 수 있지만 말이다.[4]

우리는 사도행전을 교회 개척의 규정집으로 읽어서는 안 된다는 경고를 다루었다. 그러나 우리의 세속적이고, 도시화되고, 국제화된 현대 세계는 그리스-로마 세계와 어떤 점에서 놀라울 정도로 닮아 있다. 천오백 년 만에 처음으로 모든 사회 가운데 다양하고, 활발한 종교 신앙 공동체들과 대안들이 (진정한 의미에서의 이교와 더불어) 공존하고 있다. 전통적이며, 세속적이며, 이교도적인 세계관을 가진 공동체들이 우리와 나란히 살고 있다.

도시들은 다시금 그리스-로마 시대에 그랬던 것처럼, 중요한 문화 중심지가 되었다. 로마의 평화 시대에, 도시들은 놀라울 정도로 다민족 사회였으며, 국제적으로 연결되어 있었다. 우리가 다시금 기독교 왕국 시대가 아니라 사도행전 시대와 비슷한 시대에 살고 있기 때문에 교회 개척은 과거와 마찬가지로 필연적으로 세상을 복음화하는 중심 전략이 되어야 한다.

궁극적으로 우리는 교회 개척을 배우기 위해 바울에게 의지하는 것이 아니라, 예수님 자신에게 의지한다. 예수님은 궁극적인 교회 개척자이다. 그분은 당신의 교회를 세우시고(마 16:18), 모든 사역을 매우 효과적으로 이루신다. 그리고 지도자들을 일으키시며, 그들에게 하나님 나라의 열쇠를 주신다(마 16:19). 지옥의 권세가 교회를 이기지 못할 것이다.

예수님은 베드로의 고백 위에 -즉 하나님의 말씀 위에(마 16:18)- 회심자들을 세우신다. 우리가 교회를 세울 때, 우리는 하나님께서 일에 참여하는 것이다. 우리가 어떤 성공이라도 한다면, 그것은 "하나님이 자라게 하시기" 때문이다. "나는 심었고 아볼로는 물을 주었으되 오직 하나님께서 자라나게 하셨나니 그런즉 심는 이나 물 주는 이는 아무것도 아니로되 오직 자라게 하시는 이는 하나님뿐이니라"(고전 3:6-7).

질문들에 대한 답변

우리가 여기에서 제시한 것처럼 사도행전을 읽는 데 대한 일반적인 반대 의견들이 있다. "그것은 그때 일이죠! 이제는 적어도 북미와 유럽에서는, 어디에나 교회가 있습니다. 우리는 새로운 교회를 시작해야 하는 것이 아니라, 기존의 교회들을 부흥시켜야 합니다."

몇 가지 흔한 이런 질문들에 대해서 답변해 보도록 하겠다.

온전히 전도적인 교회들

도시를 전도하는 방법은 부분적인 프로그램을 통해서가 아니라 온전히 전도적인 교회들을 통해서이다. 전도 프로그램들은 사람들이 그리스도를 따르도록 결정한다는 목표가 있다. 그런데 그 많은 '결정'들이 사라지고, 변화된 삶에 도달하지 못하는 것을 우리는 경험적으로 안다. 왜 그런가? 많은 결정들이 진정한 영적 회심이 아니었던 것이다.

그 결심들은 단지 하나님을 찾는 여정의 시작에 불과하다. 물론 어떤 결단들은 분명히 거듭남의 순간을 가리키기도 한다. 그러나 이것은 사람마다 다르다. 많은 사람들은 자잘한 결정들을 통해 온전한 믿음에 도달하게 된다.

확신컨대, 지속적으로 예배하며 공동체의 목양을 받는 가운데 복음을 듣는 사람만이 생명력 있는 구원의 믿음에 마침내 도달할 수 있다. 질문자들과 의심자들을 품고 지지하지 않는 교회나 단순히 추가된 전도 프로그램들로는 이런 일이 일어나지 않는다. 도시에 필요한 것은 더 많은 전도 프로그램들이 아니라 훨씬 더 전도적인 교회들이다.

도시 안에 교회 수 늘리기

도시의 그리스도인들을 증가시키는 주된 방법은 교회 부흥이 아니라 교회 개척을 통해서다. 정체된 교회들이 부흥의 국면에 들어가서 성장할 때, 대개는 다른 교회들로부터의 수평 이동에 의존한다. 형편없는 설교,

형편없는 제자도, 또는 건강하지 못한 제자도에 시달리던 신자들은 강력한 프로그램에 이끌린다.

역사가 있고 부흥한 교회들이 새로운 교회만큼 비신자들을 품지는 못한다. 미국 교회에 대한 여러 연구 결과에 의하면, 새로 시작한 교회들의 교인은 삼분의 일 내지 이가 전에는 교회에 안 다니던 사람들이다. 이에 비해 10-15년 이상 된 교회들에 등록하는 새 교인들은 80-90퍼센트가 이미 다른 교회에 다니던 사람들이다.[5]

그러므로 평균적인 새 교회들은 같은 규모의 오래된 교회들보다 여섯 내지 여덟 배 높은 비율로 새로운 사람들을 그리스도의 생명으로 이끌고 있는 것이다. 왜 이런 일이 생기는가?

교회의 연차가 올라감에 따라 강력한 내부적, 제도적 구심력이 생겨서 교회의 자원과 에너지의 대부분이 교회 바깥에 있는 사람들을 향해서가 아니라, 교인들과 교회 중심부 사람들의 관심사에 배당되게 된다. 이것은 자연스럽게 일어나는 일이고 어느 정도 바람직한 일이다.

오래된 교회들은 안정성과 꾸준함이 있어서 많은 사람들이 (특히 장기 거주자들이) 그 안에서 잘하고 있고 또 그럴 필요도 있다. 그들은 또한 지역 사회에 대해 신뢰하는 마음이 있다. 오래된 교회들은 필연적으로 지역에 오래 살고 있는 집단에 의해 더 많은 영향을 받는다. 그들은 지역에서 새롭게 부상하는 집단(새로운 계층 그룹, 새로운 세대 등)에 그다지 열려 있지 않으며 지도자의 자리를 내주지도 않는다. 결과적으로 지역 사회에 깊은 뿌리를 내리고 있고 안정과 존경을 내세울 수 있는 교회들만이 많은 사람들을 전도할 수 있게 된다.

이 역동성 원리는 왜 30-40년 이상 된 대부분의 교회들이 수적 감소를 경험하는지를 잘 설명해 주기도 한다. 오래된 교회들은 필연적으로 교회에 다니는 오래된 주민들의 필요와 감수성에 초점을 맞추어야 한다. 이는 교회에 안 다니는 사람들이나 새로운 계층의 사람들에 대한 기회 상실임에도 불구하고 일어난다.

이와 대조적으로 새로운 교회들은 반드시 존중하거나 고수해야 할 조직적인 전통이 없다. 일반적으로 그들은 새로 시작하는 비교인들이 신앙적으로 발을 내딛게 하는 데 초점을 맞추어야 한다. 오랜 기간 또는 수십 년간 몸담은 교인들이 없기 때문에, 새로운 그리스도인들과 새로운 교인들은 자신들의 의견을 표현할 수 있다. 이것은 오래된 교회에서는 일어나기 어려운 일이다. 이렇기 때문에 새로운 교회들이 전도에 있어서 훨씬 뛰어난 것이다.

그러므로 한 도시에서 그리스도인들의 수를 확실하게 늘리는 유일한 방법은 새로운 교회의 숫자를 확실하게 늘리는 것이다. 예를 들어 A, B, C라는 세 도시가 있는데, 인구가 같고, 각각 일백 개의 교회가 있다고 하자. A도시에는 모든 교회들이 20년 이상이며, 비록 네다섯 개의 교회들이 물결을 타고 수적으로 증가한다 하더라도, 실제로 교회에 오는 사람들의 전반적인 숫자는 줄어든다. 이에 대한 가장 확실한 이유는 그 교회들이 다른 교회들로부터 그리스도인들을 끌어오기 때문이다. 대부분의 교회들은 감소하며, 부흥한 교회들도 그리스도인들을 유지할 뿐, 비교인들을 전도하지는 못한다. 전반적으로 지역의 그리스도인 숫자는 꾸준히 줄어든다.

B도시에는 백 개의 교회 중에서 열 개가 10년이 안 되었다고 하자. 해마다 대략 한 개의 교회가 세워진다. 단지 1퍼센트의 비율이다. 이 교회들은 비교인들을 교회에 들어오게 하는 데 있어서 3-5배 정도 더 효과적이다. 그리고 갱신된 오래된 교회들도 새로운 사람들을 그리스도에게 이끈다. 그러나 여기에서 경험되는 성장은 대부분 오래된 교회들의 일반적인 쇠퇴를 겨우 보충하는 수준이다. 그래서 B도시에 활동적인 그리스도인 교인들의 숫자는 비슷하게 유지되거나 천천히 감소하게 될 것이다.

마지막으로 C도시에는 일백 개의 교회 중에서 25개가 10년 이내의 교회라고 하자. 다시 말해 새로운 회중들이 해마다 기존 교회 대비 2-3퍼센트의 비율로 세워지는 것이다. 이 도시에서는 활동적인 그리스도인들의 증가 속도가 한 세대 안에 50퍼센트까지 올라간다.

기존 교회의 갱신

도시의 기존 교회들을 갱신하는 방법은 새로운 교회들을 세우는 것이다. 새 교회 개척에 관한 토론이라면 어디서든 다음의 질문이 항상 나온다. "그러면 이 도시의 기존 교회들은 어떻게 됩니까? 그들을 부흥하게 하고 갱신하기 위해 일해야 하지 않습니까?" 답은 많은 새로운 교회를 세우는 것이야말로 기존 교회들을 갱신하는 최고의 방법 중에 하나라는 것이다.

먼저, 새로운 교회들은 몸 전체에 새로운 생각들을 불러일으킨다. 이들은 혁신을 일으킬 자유가 있다. 그래서 도시 안에 있는 전체 교회를 위한 연구 개발(R&D) 센터가 된다. 종종 오래 된 회중들은 특정한 방식을 채택하지 못할 정도로 겁이 많아서, "그것은 여기서는 절대 안 됩니다" 라고 확신하는 경우들이 있다. 그러나 새로운 교회가 새로운 접근법으로 성공하면 다른 교회들이 주의해서 새로운 방법을 시도할 용기를 갖게 된다.

둘째, 새로운 교회들은 새롭고 창의적인 기독교 지도자들을 도시에 일으킨다. 오래된 교회들이 끌어들이는 지도자들은 전통을 지지하고, 연차가 오래되고, 기존 방법을 높이 평가하고, 친족 연결망을 가진 이들이다. 새로운 교회는 이와 달리 높은 모험심을 가진 사람들, 곧 창의성, 위험, 혁신을 높이 평가하는 이들을 끌어들인다.

오래된 교회들은 전통적 환경에서 일하는 것이 편안하지 않은 강력한 지도자들을 종종 배제하기도 한다. 새로운 교회들은 도시에서 아직 그들의 재능이 제대로 사용되지 않은 많은 사람들을 끌어들이며 일할 수 있게 한다.

셋째, 새로운 교회들은 다른 교회들에게 스스로를 돌아보도록 도전을 던진다. 때때로 오래된 교회들은 새로운 교회들과의 대조 가운데 자신의 비전, 전문성, 그리고 정체성을 마침내 확인하기도 한다. 종종 새로운 회중 가운데 이루어진 성장은 패배주의적이고 비관적인 태도에 겸손과 회개를 가져온다.

사실 자(아들)교회가 너무나 잘해서 모(어머니)교회가 자 교회의 영향력, 자원, 열정, 비전을 통해서 오히려 갱신되기도 한다. 좋은 친구들과 은사를 갖춘 지도자들이 새 교회를 개척하기 위해 떠나는 것은 고통이 수반되는 일이기도 하다. 그렇지만 모 교회는 이를 통해 높은 자부심을 가지게 되고 결과적으로 새로운 열정적 지도자들과 구성원들이 유입된다. 새로운 지도자들, 사역들, 추가적인 구성원들, 그리고 재정이 여러 가지 방식으로 모 교회 안에 채워짐으로써 모 교회는 더 강해지고 새로워진다.

넷째, 새로운 교회들은 지역 전체에 전도자를 공급하는 근원이 될 수 있다. 새로운 교회들은 종종 많은 회심자들을 얻는데 그들이 여러 가지 이유로 오래된 교회로 옮겨 정착하기도 한다. 때때로 새 교회들은 흥미진진하고 외부지향적이지만, 또한 불안정하거나 지도층이 미성숙한 경우들이 있다. 어떤 회심자들은 새 교회들에서 종종 발생하는 역동적인 변화를 잘 견디지 못해서 기존 교회로 옮겨간다.

그리스도께 인도된 새 회심자가 새로운 교회의 사회경제적 구조에 잘 맞지 않는다는 것을 발견하고 본인의 관습과 문화에 보다 익숙한 교회로 옮겨가기도 한다. 일반적으로 도시의 새 교회들이 새로운 신자를 얻는 것은 자신들뿐만 아니라 오래된 교회들을 위한 일이 된다.

요컨대 활발한 교회 개척은 도시의 기존 교회들을 갱신하는 최고의 방법 가운데 하나이다. 그리고 도시에서 그리스도의 모든 몸을 성장시키는 가장 탁월한 방법이기도 하다.

다양성에 대하여

도시의 다양한 사람들을 전도하는 길은 새로운 교회들을 세우는 것이다.

새 교회들은 (1)새로운 세대, (2)새로운 거주민들, 그리고 (3)새로운 집단의 사람들을 전도하는 가장 좋은 방법이다. 젊은 청년들은 언제나 새로운 교회에 압도적으로 많이 있다. 오래된 기성 교회들은 전통을 발전시킨다(예를 들어 예배 시간, 예배의 길이, 정서적 반응, 설교 주제, 리더십 스타일, 정서적 분위기, 그리고 수십 가지의 작은 관습들과 풍습들이 해당된다). 그 전통은 교회 생활을 통제하는 영향력과 자원을 가진 오래된 지도자들의 감수성을 반영하는 것들이다. 그들의 감수성은 젊은 세대에 다가서지 못하는 경우가 종종 있다.

뿐만 아니라 새로운 거주민들은 일반적으로 새 교회에 접근하기가 더 용이하다. 오래된 교회들에서는 영향력 있는 자리에 오르려면 상당한 시간을 도시에서 살았어야 한다. 그러나 새 교회에서는 새로운 주민이 오래된 거주민들과 동등한 권력을 가질 수 있다.

마지막으로 새로운 사회문화적 그룹들에게도 일반적으로 더 잘 접근한다. 예를 들어 오랫동안 농업 인구가 많았던 지역에 사무직 종사자들이 이사 온다면 새로운 교회는 새 주민들의 다양한 필요에 더 민감하게 대응할 수 있을 것이다. 오래된 교회들은 계속해서 원래의 사회 집단에 초점을 맞출 것이다. 시작부터 의도적으로 다인종을 추구하는 새 교회는 지역의 새 인종 집단을 훨씬 잘 전도할 수 있다.

예를 들어 백인들만 살던 지역에 33퍼센트의 중남미계 사람들이 들어온다면, 의도적으로 이중 인종을 추구하는 교회가 새로운 거주민들에게 '문화적 공간'을 훨씬 잘 만들어 낼 것이다. 새로운 이민자 집단은 보통 그 언어로 목양하는 교회에 접근하기가 더 쉽다.

만일 새 집단이 미국 문화에 충분히 동화되어 교회로 오기를 바란다면, 그들을 전도하지 못한 채 수년을 기다려야 할 것이다. 우리가 기억할 것은 새로운 사람들을 위한 새로운 회중이 기존 교회 안에 세워질 수 있다는 것이다. 새로운 시간대에 주일예배를 열 수도 있고 기존 회중에 연결된 새로운 가정 교회 형태로 세워질 수도 있다. 엄밀히 따져서 새로운 독립적 회중은 아니지만, 동일한 기능을 수행할 수 있다.

교회 개척은 그리스도인을 만들기 위해서 우리가 돕는 개척 지역이나 이교 사회에서만 필요한 것이 아니다. 교회화된 사회는 단순히 유지를 위해서라도 활발한 규모의 교회 개척을 필요로 한다. 하나의 교회는, 그것이 아무리 크다 할지라도, 다양하고 큰 도시의 필요를 다 채울 능력이 없다. 크고 작은 수백 개의 교회들이 움직일 때 문자적으로 도시의 모든 이웃과 집단들을 뚫고 들어갈 수 있다.

자립하는 사역

도시에서 자립하며 모든 사역 단체들을 위한 기초가 되는 사역을 만드는 방법은 새로운 교회를 세우는 것이다.

도시는 많은 사역들을 필요로 한다. 청소년 사역, 기독교 학교, 새로운 집단들에 대한 전도 등. 이 모든 것들은 재정 지원을 필요로 하는 사역들이다. 이들은 그리스도인 기부자들의 헌금을 무기한 필요로 한다.

그런데 새 교회는 처음에 개척할 외부 자금만 있으면 된다. 몇 년이 안 되어, 교회는 기부를 필요로 하는 대상이 아니라, 사역 단체들에 기부를 하는 원천으로 성장한다. 새 교회들은 많은 수의 비교인들을 전도하게 되는데, 교회 개척은 도시 안에서 하나님 나라의 일에 헌금을 하는 사람들을 증가시키는 가장 빠른 방법이다.

새로운 교회 개척은 도시의 다른 모든 다양한 사역 단체들이 번영하고 성장하도록 돕는다. 이 사역 단체들은 끊임없이 새로운 자원봉사자, 근무자, 기부자를 필요로 하는데, 새 교회는 이러한 사람들을 배출하는 수원지가 된다.

도시는 얼마나 많은 교회를 필요로 하는가?
당신이 생각하는 것보다 훨씬 많이!

그럼 당신의 도시는 얼마나 많은 교회를 필요로 하는가? 현실은 교회들이 제도라는 것이다. 그들 중에 얼마는 지속적으로 생명력을 받아서 유지가 된다. 그러나 모든 교회들은 어느 정도 유연성을 상실한다. 많은 교회들은 열정의 시기가 지난 후 오랫동안 정체되며, 일정 비율로 매년 사라진다. 따라서 지속적인 쇠퇴를 막으려면 평범한 수준의 교회 개척이 계속 있어야 한다. 모든 몸이 성장하려면 공격적인 수준의 교회 개척이 필요하다. 즉, 백 개의 기존 교회당 일이십 개의 새로운 교회들이 있어야 한다.

그렇지만 이런 식으로 질문에 답하는 것에는 문제가 있다. 특정 지역에서 기독교의 '종교 점유율'을 유지하는 것이 목표가 되어서는 안 된다. 도시 전체를 섬기고, 전도하고, 영향력을 끼치는 것이 목적이라야 한다.

어떻게 이것이 이루어질 수 있을까? 연구와 경험의 결과로 보면 1만

명당 하나의 교회가 있을 때 인구의 약 1퍼센트가 교회에 간다. 반면 1천 명당 하나의 비율로 있으면, 도시 인구의 15-20퍼센트가 교회에 간다. 만일 이 숫자가 5백 명당 하나로 바뀐다면, 40퍼센트 또는 그 이상으로 올라갈 것이다. 교회의 수와 교회에 오는 사람들의 수 사이의 상관관계는 선형적이 아니라 기하급수적이다.[6]

그러므로 우리는 도시나 사회에서 교회의 전통적인 자리를 유지하려는 목표를 가져서는 안 된다. 우리는 기독교가 회심이나 교회, 도시에서 영향력을 가지고 기하급수적으로 성장하기를 원한다. 이러한 결과를 성취하기 위해서는 많은 종류의 사역들이 필요하지만, 과감한 교회 개척은 이 모든 것을 촉발시키는 사역이다.

교회 개척의 단계들

이번 장의 마지막 부분은 교회 개척 여정에 대한 실제적인 조언을 제공하려고 한다. 새 교회 개척을 준비하는 과정에서 어떤 단계를 거치는가? 당신은 배우고, 사랑하고, 연결하고, 그리고 출범시켜야 한다.

배우라

첫째, 가장 필요한 것은 당신이 교회를 개척하려는 지역 사람들에 대해서 할 수 있는 한 많이 배우는 것이다. 당신이 섬길 사람들과 당신이 살고 있는 문화를 복음만큼이나 잘 알 수 있도록 배우기를 힘쓰라.

그들의 내면세계에 대한 프로필을 만들어라. 어떤 것이 그들의 가장 큰 소망이며 강점이고 열망과 즐거움인가? 어떤 것이 그들의 약점과 두려움, 우상, 그리고 편견인가? 사람들과의 개인적 면담으로부터 시작하여 정기간행물과 사회학적 연구를 사용하라.[7] '삶의 맥락'에 대한 프로필을 만드는 것도 필요하다. 당신 지역에는 어떤 집단의 사람들이 살고 있는가? 어떤 집단이 감소 추세에 있으며, 어떤 집단이 증가하고 있는가? 인구 통계학적 연구를 살펴보면서, 당신의 지역에 살고 있는 경제적 그룹들, 사회 구조의 모습, 사람들 사이에 눈에 띄는 권력 관계, 그리고 교육적, 심리적 특성들을 파악하라.[8]

그리고 지역 사람들이 가지고 있는 보편적인 세계관에 대한 개관을 만드는 것이 좋다. 그들은 진리의 어떤 측면에 대해서(일반 은총을 통해) 어느 정도 이해를 하고 있는가? 그들이 거부하거나 간과하는 측면은 없는가? 어떤 상징이나 신화가 깊이 작동하고 있는가? 그들의 관점 가운데 모순 또는 갈등은 어디에서 발생하는가? 그 집단의 이야기와 정체성은 무엇인가? 그들은 자신들을 어떻게 보는가?(어디에서 와서 어디로 가는 존재인지) 사람들이 갖고 있는 공통적인 세계관을 이해하는 것은 변증을 위한 원자재를 확보하는 데 도움이 된다.

당신은 또한 2권(복음의 상황화)에서 제시한 상황화 과정과 관련된 질문들을 묻고 싶을 것이다.

- 무엇이 기독교의 '반박 신념들'(defeater beliefs)인가?
- 무엇이 그들의 반박신념 가운데 있는 모순-갈등인가?(그들이 가진 기준에 못 미치는 영역은 어디인가)

- 무엇이 'A'교리(그들이 이미 참이라고 받아들이는 것과 유사한 성경적 신념)인가? 무엇이 'B'교리(그들이 거부하지만 A교리와 연결되어 있는 성경적 진리)인가?

마지막으로 당신이 전도하려고 하는 지역 사람들과 관련된 다양한 종교 기관들을 대략적으로 정리하는 것도 좋을 것이다. 이 사람들 안에 있는 종교 기관들과 교회들은 어떻게 하고 있는가? 그들은 어떻게 조직되어 있는가? 어떤 사역 모델이 가장 효과적인 것 같은가? 성공적인 교회 개척은 당신이 전도하려는 사람들에 대해 할 수 있는 한 많이 배우는 것에서 시작한다.

사랑하라

교회 개척 과정의 두 번째 단계는 건강한 영성을 유지하는 법을 배움으로써 하나님께 대한 당신의 사랑이 계속해서 성장하도록 하는 것이다. 교회를 개척하려면 건강한 영적 훈련을 적극적으로 실행하는 것이 필수적이다. 당신은 전도와 사명에 대한 전략을 수행하면서 균형을 유지해야 한다. 복음을 자신에게 정기적으로 적용하라. 그리하여 당신의 우상들을 깨뜨림으로써 성장하라.

이웃과 지역 사람들에게 복음을 나누기 시작하라. 그리고 영적으로 그들을 지도하라. 지역 봉사를 통해서, 그리고 당신의 가정생활을 통해서 복음의 모델을 보여 주라. 당신의 요구를 하나님께 가져가서 복음 안에서 기도하라. 그들과 우정을 쌓아 가면서 공동체 가운데 있는 깊은 복음을 경험하라.

연결하라

세 번째 단계는 당신이 사람들에게 다가가기 위한 상황화된 전략에 대한 통찰을 복음의 메시지와 연결하는 것이다. 이 단계의 목적은 사람들의 모순, 두려움, 그리고 희망에 도전을 던지면서(복음 메시지), 동시에 사람들의 특정한 필요를 채우기 위한(복음 구체화) 전략을 수립하는 것이다.

어떻게 하면 사람들 마음에 복음을 효과적으로 연결할 것인지 주의 깊게 생각하라. 어떤 식으로 그리스도의 이야기를 사람들의 이야기 안으로 가져갈 것인가? 그 문화에서 통용되는 소통 방식을 생각해 보라. 그들은 이성적인가, 직관적인가, 또는 구체적-관계적인가? 소통 과정의 각 단계에서 어떻게 요점을 제시할지도 고려하라. 익숙한 것에서 시작해서 문화의 강점을 이야기한 다음, 도전하는 과정을 거쳐, 약점들을 뒤흔든 후 복음으로 위로하라.

복음을 구체화하는 것은 직접적 소통을 넘어서 복음을 지역 사회에 가장 잘 연결하는 방법에 대한 분별을 필요로 한다. 당신은 이웃의 공공선을 위해 어떻게 일할 것인가? 지역 사람들은 당신이 어떻게 할 때 당신의 존재를 기뻐하겠는가?

지역의 개인들과 지도자들을 만나서 지역에 어떤 필요가 있는지 듣기 시작하라. 지역 사람들이 그리스도인이 되면 어떤 모습이 될지 반드시 보여 주도록 하라. 당신의 리더십 구조와 내부적인 공동체 구조, 그리고 음악이 그 문화 안에서 성육신되도록 하라.

출범하라

마침내 당신은 교회를 출범할 준비가 되었다. 진도를 확인할 수 있는 기준점이 될 실행 계획과 목표를 세우는 것으로 시작하라. 당신이 계획할 때, 하나님의 섭리에 민감하도록 하라. 중요한 것은 최종적인 상세 계획 자체가 아니라 계획하는 실제적인 과정이다. 현실적으로 계획은 항상 수정될 수 있다.

그러나 계획하는 과정을 통해서 당신의 모델과 비전과 부합하는 방식으로 새로운 현실과 예상치 못한 일들에 대처하게 될 것이다. 구체적인 실행 계획 속에는 다음의 기본 사항들이 포함되어야 한다.

- 재정에 대한 목표들과 그것을 어떻게 이룰 것인지에 대한 계획
- 구체적인 사역-프로그램에 대한 목표들과 그것을 어떻게 이룰 것 인지에 대한 계획
- 지도자 개발을 위한 목표들과 그것을 어떻게 이룰 것인지에 대한 계획

마침내 개척 교회를 출범하게 되었을 때, 당신은 일반적으로 두 가지 접근법을 택할 수 있다. 위에서 아래로의 접근법과 아래에서 위로의 접근법이다. 각각은 장점과 단점이 있으며, 이는 개척자의 맥락과 은사에 따라 달라진다. 당신의 상황에서 최선의 접근법이 무엇일지 생각하라.

그리고 당신의 출범 전략에서 두 가지 접근법의 가장 좋은 면을 적용하도록 머리를 맞대라.

위에서 아래로의 접근법은 보통 공식적인 예배(회중 찬양, 설교)로부터 시작한다. 이것은 모 교회로부터 상당히 많은 수의 그룹이 자 교회를 형성할 때 효과적이다. 또한 교회 개척자가 강력한 단상 전달자일 때 잘 작동한다. 만일 균형을 놓칠 경우, 이 접근법은 배우고 연결하는 단계를 생략하고 단순히 모 교회를 재생산하는 데만 초점을 맞추려는 유혹에 빠지기도 한다.

아래에서 위로의 접근법은 교회 개척자가 지역에 살면서 전도 활동을 하는 것으로 시작한다. 그는 회심자들을 얻고 그들을 중간 규모의 목양 그룹(15-16명 정도) 또는 소그룹(4-10명)으로 모이게 한다. 몇 개의 소그룹이나 두세 개의 중간 규모 그룹으로 성장하면서, 교회는 주일예배를 시작할 수 있다.

이 접근법은 교회 개척자가 대인관계 기술이 좋고, 사람들을 잘 세우고, 전도의 은사를 가질 때 효과적이다. 만일 균형을 놓칠 경우, 이 접근법은 "무언가 변화가 생기는" 것을 보기 원하는 사람들을 모으는 데 실패할 수 있다. 종종 회중이 사역을 지원할 재정을 만들지 못하면 교회 개척자는 상당한 경제적 부담을 느낄 수 있다.

—

새로운 교회 개척은 도시의 신자 수를 증가시키는 가장 좋은 방법이다. 그리고 교회라는 전체 몸을 갱신하는 가장 좋은 방법 가운데 하나이다. 이것에 대한 증거는 강력하다. 성경적으로, 사회적으로, 역사적으로. 어떤 것도 역동적이고 광범위한 교회 개척만큼 꾸준한 효과가 있는 것은 없다.

이것은 우리가 해야 할 다른 모든 일들(교회 갱신, 신학 교육, 정의와 자비, 문화 참여, 그리고 다른 많은 종류의 사역과 사명들)을 격하시키자는 말이 아니다. 이 모든 것들이 어떻게 긴밀하게 연결되어 있는지를 보기 위해서 이제 마지막 장의 이야기를 하려고 한다. 도시 안에 있는 그리스도의 몸의 각 부분들이 어떻게 운동 역동성을 나타낼 수 있는지를 살펴보도록 하자.

토론과 성찰을 위한 질문들

1. 이 장은 건강한 교회 안에서 "교회 개척은 상처가 되거나 일회적인 것이 아니라 자연스럽고, 습관적으로 이루어져야 한다"라고 주장한다. 교회 개척이 훨씬 자연스러운 사역이 되기 위해서, 다음의 세 가지 질문에 솔직하게 답해 보라.

- 자원: 당신은 자원을 나누어 줄 수 있고, 돈이나 교인, 리더들에 대한 통제권을 기꺼이 내려놓을 수 있는가?
- 통제: 당신은 사역의 형태에 대한 통제권을 포기할 준비가 되어 있는가?
- 두려움: 당신은 하나님 나라에 더 관심이 있는가, 아니면 당신 집단의 의견에 관심이 더 많은가?

이 세 가지 영역 가운데 어떤 것이 현재 사역 팀에서 교회 개척의 가장 큰 장애물이 되는가? 당신이 교회를 개척하려고 준비한다면, 어떻게 처음부터 이러한 요소들을 교회 사역에 포함시킬 수 있겠는가?

2. 다음의 반대 질문에 어떻게 답변하겠는가? "우리는 새 교회를 시작할 필요가 없습니다. 오히려 우리는 기존 교회를 강하게 하고 채워야 합니다." 이 장에서 제시하는 답이 당신에게 설득력이 있는가? 왜 그런가, 또는 왜 그렇지 않은가?

3. 다음에 대해 어떻게 생각하는가? "한 도시에서 그리스도인들의 수를 확실하게 늘리는 유일한 방법은 새로운 교회를 확실하게 늘리는 것이다." 이 장에서 A, B, C 도시의 비교 이야기에서 어떤 통찰을 발견하였는가? 하나님 나라의 수학을 생각할 때, 당신은 확신이 드는가? 당신의 도시는 A, B, C 도시 중에서 어디에 더 가까운가?

4. 교회 개척의 '배우라' 단계에 묘사된 목록들을 살펴보라(내적 생활, 삶의 맥락, 반박 신념과 관련된 공통 세계관, A, B교리들, 지역의 종교 기관들). 이 과정에서 당신은 무엇을 배울 수 있는가? 당신이 현재 교회 개척에 참여하고 있는지 아닌지에 상관없이 이러한 개관이 당신이 새롭게 무엇을 배우려고 할 때 어떤 도움이 되겠는가?

12
도시 속에 복음의
생태계를 만들라

◇◇◇

어떻게 하면 도시의 교회들이 복음 운동이 될 만큼 충분히 연합할 수 있을까? 나아가 이 운동들이 또 다른 운동이 될 수 있을까? 교회들은 도시 전반의 교회 및 사역 단체들의 운동의 일부가 되어야 한다. 그리고 협력적이고 상호 자극이 되는 관계로 존재해야 한다.

이러한 생각 뒤에 있는 중요한 가정은 한 종류의 교회가 -어떤 교회 모델이나 신학 전통이 되었든- 도시 전체를 전도할 수 없다는 것이다. 도시를 전도하려면 다른 교회들과 기꺼이 협력하는 자세가 요구된다. 비록 다른 신념과 관습을 가진 교회들이라 할지라도 말이다. 이런 관점을 '범 교회성'(catholicity)이라고 부른다.

많은 복음주의자들은 사도신경의 '거룩한 공회'(holy catholic church)라는 표현에 대해 움찔하는 경향이 있었다. 헬라어 katholikos는 신약성경에서 교회를 설명하는 데 사용되지 않았다. 그러나 에드먼드 클라우니가 말하듯 이 말은 "전체 교회는 지역 교회보다 큰 것이다"[1]라고 하는 성경적 가르침을 분명히 표현하고 있다.

사도행전에서는 신자들의 다양한 지역 모임들을 항상 '교회'라고 불렀다. "그리하여 온 유대와 갈릴리와 사마리아 교회가 평안하여 든든히 서 가고 주를 경외함과 성령의 위로로 진행하여 수가 더 많아지니라"(행 9:31; 11:22; 15:3을 보라). 사도행전 1장 8절에서는 북 왕국과 남 왕국의 오랜 균열을 치유할 과제가 주어진다(6:7; 12:24; 19:20). 그리고 28장 31절에 주어진 요약은 9장 31절에 설명된 '평안'으로 나타난다.

이 모든 것이 가리키는 것은 1장 6절에서 나타난 회복된 왕국이 로마로 행진하여 들어가는 것이다. 하나님의 백성이 연합하여 복음을 가지고 세상의 끝까지, 로마까지도 가도록 성령께서 사용하시는 것이다(1:8; 사 8:9; 48:20; 44:6; 62:11 참조). 다시 말해서 연합은 성령의 사역일 뿐만 아니라 성령께서 일하시는 주된 도구인 것이다. 이것이 왜 성령의 하나 되게 하신 것을 힘써 지켜야 하는지에 대한 이유이다(엡 4:3; 빌 2:1-4).

보편성을 부인하는 분파주의는 불필요한 분열을 일으킨다. 두 교회가 세례와 성찬에 대한 신념과 관습에서 다르면, 두 개의 다른 교회로 존재하면 된다. 다르다고 해서 협력할 수 없다는 의미를 뜻하지는 않는다. '틀린' 교단에 소속된 다른 참된 신자들과 사역에서 멀어지는 것은 그리스도께서 용납하신 이들을 우리가 받아들이지 않는 우를 범하는 것이다.

운동은 다른 기질과 관점을 가진 사람들을 격려해서 공통의 비전과 목표를 중심으로 나아가게 하는 협력의 역동성을 필요로 한다. 사실상 운동의 역동성이 일어날 때 우리는 머리를 맞대고 '서로 논쟁한' 후에 새롭고 창의적인 안건들을 만들어내는 사람들을 본다. 이는 그들이 교단, 기질, 인성 등에서는 아주 다르지만, 같은 비전을 공유하기 때문이다. 만일 협력을 향한 이러한 편향이 당신의 도시에 없다면, 운동 역동성은 보통 멈추거나 사라진다.

범 교회성을 부인하는 인종주의는 문화적 유연성과 겸손한 복음의 부재를 반영한다. 인종과 문화가 다른 사람들을 끌어안으려면 교회 안에 있는 각각의 문화 그룹들이 타인을 섬기듯 몸을 구부려야 한다. 문화적 차이들은 사소한 것에서(예를 들어 시간을 지키는 것), 큰 것까지(예를 들어 음악 형태, 설교할 때의 표현이나 예시, 적용 등) 다양하다.

범 교회성과 비 분파주의는 또 다른 이유에서도 중요하다. 기독교 시대에는 자신들이 그리스도인 그룹들 중에서 어떤 강점을 가졌는지 부각시키는 것이 중요했지만, 오늘날의 교회들은 비그리스도인 문화와 비교하여 장점을 부각시키는 것이 필요하다.

앞에서 말했듯이, 우리가 다른 종류의 교회들을 깎아내리거나 비판한다면, 모든 그리스도인들은 관용이 없다는 보편적인 비판에 빠지게 된다. 만일 우리가 연합하지 않는다면, 세상은 우리를 실패한 이들로 볼 것이다.

요한복음 17장 23절에 나오는 예수님의 대제사장적 기도에 비추어 볼 때("그들로 온전함을 이루어 하나가 되게 하려 함은 아버지께서 나를 보내신 것과 또

나를 사랑하심 같이 그들도 사랑하신 것을 세상으로 알게 하려 함이로소이다"), 그들이 그러는 것이 타당하기도 하다! 우리는 신학적 특징을 공유하는 교단들과 지속적으로 함께하려고 애써야 하지만, 지역 수준에서 다른 교회들과도 협력하는 방향으로 일해야 한다.

이러한 신념 때문에 리디머교회는 수년 동안 다른 교단이 교회를 개척할 때 그곳에 재정과 자원을 보냈다. 우리는 장로교교회뿐만 아니라 오순절교회, 침례교교회, 성공회교회가 개척되는 것을 도왔다. 우리의 노력에 대해 사람들은 날카로운 비판과 놀라움에 찬 시선을 보냈다. 이것이 범 교회성을 실현하는 한 가지 분명한 방법이라고 믿는다. 이것은 분열된 그리스도인 교회들과 교단들을 도시 운동으로 바꿀 수 있는 방법이기도 하다.

교회 모델들과 운동들

성경적으로 또는 문화적으로 올바른 교회 모델이 한 가지만 있는 것은 아니다. 성경이 교회로 행하라고 명하는 것은 -전도하고, 가난한 자를 섬기고, 말씀을 전하고, 사람들을 제자로 삼고, 예배하는- 너무나 풍성하고 다양한 측면이 있다.

따라서 그 모든 것을 언제나 동등하게 잘할 수 있는 교회는 없다. 이는 단순히 어떤 교회도 모든 성령의 은사들을 동등한 비율로 가지지 않기 때문이다. 어떤 교회든지 하나님의 모든 부르심을 그만두려고 해서는 안 되지만, 어떤 교회도 그 역할들을 완벽하게 이행할 수도 없다.

그렇기 때문에 도시는 전반적으로 모든 종류의 교회들을 다 필요로 한다. 다양한 교회 모델이 존재한다는 사실을 알 때 우리는 겸손하게 된다. 그리고 우리가 모든 사람에게 모든 것이 될 수 없다는 것을 알게 된다. 또한 다른 교회들과 협력할 수 있도록 격려를 받는다.

앞서 균형 잡힌 사역 접점의 필요성에 대해 토론할 때, 우리는 애버리 덜레스가 제안한 다섯 개의 교회 모델들을 살펴보았다. '제도로서의 교회'(교리로 움직이는 교회), '신비적 성찬으로서의 교회'(예배로 움직이는 교회), '성례로서의 교회'(공동체로 움직이는 교회), '전달자로서의 교회'(전도로 움직이는 교회), '종으로서의 교회'(자비와 정의로 움직이는 교회)이다.

덜레스는 책의 개정판에서 '제자 공동체로서의 교회'라고 하는 모델을 추가했다. 여기에서 그는 모든 요소들을 적절한 균형 가운데 결합하는 교회를 그리고 있다.[2] 나는 당연히 모든 좋은 교회들은 이러한 다섯 가지 요소들과 강조점들을 어느 정도씩은 갖고 있다는 데 동의한다.

각 모델의 건강한 예들은 그들만의 중요 요소를 강조하는 동시에 다른 모델의 강조점들을 어느 정도 수긍한다. 반면 각 모델의 건강하지 않은 버전들은 이러한 측면들의 한두 가지만 강조하며 다른 측면들은 사실상 무시한다. 무엇보다도 교회는 그들만의 은사 조합과 상황을 통해 어떤 사역에서 어떤 계절에 무엇을 가장 잘할 수 있는지 결정된다.

도시 운동에서 모든 모델의 필요성을 보는 눈을 확대하는 것도 중요하지만 당신이 현재 섬기고 있는 교회 모델의 특성들을 확인하는 것도 매우 중요하다. 만일 우리가 처한 모델과 전혀 다른 모델을 추구하고 있다면 많은 문제들이 생기게 된다.

대학과 신학교에 다닐 때 나는 교리 중심적 모델에 매우 가까운, 꽤 건강한 교회들에 참여했다. 그들은 탁월한 가르침과 설교, 그리고 강도 높은 성경공부를 강조했다. 반면 신학교를 졸업한 후에 내가 섬겼던 첫 교회는 남부의 작은 공장 지역에 있었다. 그 당시 교인들 중에 대학을 나온 사람은 아무도 없었고, 오래된 교인들의 대부분은 고등학교도 마치지 않은 사람들이었다. 그곳은 30년 동안 백명에서 1백 50명 정도가 모이는 교회였으며 상대적으로 건강하지 않았다.

목회자로서 건강하지 않고 정체되어 있는 교회와 건강하고 갱신된 교회 사이의 차이에 대해 강한 인식은 있었지만, 다른 교회 모델에 대한 개념도 없었다. 내가 갖고 있었던 건강한 교회의 모델은 교수들과 학생들로 가득 찬 대학가에서 유효했던 특정한 모델이 전부였다. 이 교회의 부흥을 위한 나의 비전은 훌륭한 성경 강해, 세미나, 기독교적 주제에 대한 강의, 그리고 강도 높은 소그룹 성경 공부였다.

몇 년 후 나는 이 회중 안에 집사로서의 은사들이 가득하다는 것을 발견하게 되었다(그것은 제사장적 은사였다. 강의, 지식, 전도의 선지자적 은사가 아니었다). 그것은 근본적으로 공동체에 의해 움직이는 모델이었다. 이것을 깨닫는 것은 느리고 고된 과정이었다.

그때를 돌아보면 나의 강조점들이 그 교회에 어느 정도 도움이 되긴 했다. 그들의 공동체 모델에 더 나은 (그러나 결코 뛰어나지는 않은) 강의와 교육, 그리고 전도를 제공하여 균형을 기할 수 있었기 때문이다. 마침내 나는 무언가를 강요하기보다는 그 교회를 있는 모습 그대로 받아들이기 시작했다. 나는 매우 느리고 고집이 셌지만, 마침내 다른 사람들이 나에게 인내심을 잃기 전에 먼저 항복을 했다. 이 과정의 열쇠는 그 교회에서 보낸 9년이라는 시간에 있었다.

내가 그 교회를 떠나고 몇 년이 지난 후, 회중들은 나의 목사 안수 25주년을 기념하여 우리 부부를 위한 연회를 열어 주었다. 축하의 순서 어디쯤에서 몇몇 사람들이 내가 그곳에 있을 때 했던 말 중에 기억나는 것을 한 가지씩을 이야기했다. 나에게 충격이 되었던 것은 단 한 사람도 내가 설교에서 한 말을 인용하지 않았다는 것이다. 모든 사람들은 내가 그들과 일대일로 만났을 때 했던 말을 나누었다.

이 경험은 교회 모델에 있어서 차이점을 선명하게 보여 준다. 뉴욕 시에서는 그들이 나의 설교를 인정하기 때문에 내가 그들을 목양할 수 있다. 버지니아 호프웰에서는, 그들이 나의 목양을 인정하기 때문에 내가 그들에게 설교할 수 있다. 공동체가 이끄는 모델에서는 목양이 설교를 위한 기초가 된다. 목양을 통해서 설교할 수 있는 권한을 얻는 것이다. 뉴욕의 리디머교회처럼 교리가 이끄는 모델에서는 설교가 목양을 위한 기초가 되며, 심지어 지도력의 기초가 된다. 만약 당신이 소통에서 전문성을 보여 준다면 그들도 당신을 자신들의 삶에 들어오게 하며 당신을 따를 것이다.

교회 모델들을 이해하는 것이 도시 교회들이 연합하여 일하는 것을 실현시키는 데 있어 왜 중요한가? 이러한 이해가 없다면 당신의 도시에 그 어떤 범 교회성도 없을 것이기 때문이다. 단 하나의 배타적인 성경적 교회가 존재하지 않는다는 사실을 당신이 받아들이지 않는다면, 다른 교단 및 다른 네트워크를 가진 교회들과 교제하고 연결되어야 할 그 어떤 필요도 느끼지 못할 것이다. 다른 교단과 네트워크들은 대개 다른 강조점과 강점들을 가지고 있으며 당신의 모델이 가진 특성들과도 다르다. 더욱이 당신의 교회 안에 있는 범 교회성, 교단, 또는 운동도 없을 것이다.

다양한 성경적 교회 모델들을 수용하지 않으면, 당신의 운동과 네트워크는 이웃에 복제 교회들을 개척할 수밖에 없을 것이다. 거기에는 이쪽 모델이 부합하지 않거나 리더들의 은사가 맞지 않을 수도 있다. 당신의 운동은 너무 동질적으로 될 위험이 있으며, 오직 한 가지 종류의 이웃 또는 한 종류의 사람들만을 전도할 수 있거나, 당신의 교회에 하나님이 명하신 사람들의 다양성이 나타나지 않을 수도 있다.

우리는 대부분의 사람들이 우리가 특정한 유의 그리스도인이 되길 원할 거라고 믿고 있지만, 사실 그렇지 않다. 서로 다른 많은 교단들이 역동적인 작은 운동들이 되지 않는 이상 그 도시를 얻을 수 없다.

복음 도시 운동들과 복음 생태계

우리는 교회들과 사역자들이 복음 도시 운동(gospel city movement)에 기여하기 위한 전제 조건들을 살펴보았다. 여기에는 다양한 교회 모델들에 대한 이해와 존중이 포함되며, 교리적으로 탄탄하면서도 민감한 사안인 범 교회성이라는 정신이 포함된다. 그렇다면 도대체 도시에서의 복음 운동이란 정확하게 무엇인가?

교회나 교회 네트워크가 도시에서 빠르게 성장할 때, 사역을 하는 사람들은 자연스럽게 하나님이 거기에서 무엇인가를 하고 계신다고 느낀다. 그런데 실제로는 그 일이 '그리스도인들의 재배치'인 경우가 종종 있다. 교회들이 성장할 때, 그들은 보통 활력이 떨어진 교회들로부터 신자들이 이동함으로써 성장한다. 만일 성장하는 교회의 신자들이 보다 나은 제자가 되고 그들의 은사들을 더 효과적으로 사용하게 된다면, 그것은 좋은 일일 수도 있다.

그러나 만일 역동성의 핵심이 수평이동뿐이라면, 전반적으로 그리스도의 몸은 도시 안에서 전혀 성장하지 못한 채 단순히 재배치되고 있을 뿐인 것이다. 도시 전체가 복음으로 변화되려면, 도시 안에 효과적인 몇몇 교회가 있는 것 이상이 필요하다. 단순히 부흥의 에너지를 터뜨리고 새로운 회심자가 생기는 것 이상이 필요하다. 복음으로 도시를 변화시키려면 운동성이 필요하다.

복음 도시 운동이 일어날 때는 그리스도의 몸 자체가 인구 성장보다 빠르게 성장해서 도시의 그리스도인 비율이 상승하게 된다. 우리가 이것을 운동이라고 부르는 것은, 이것이 여러 교단들과 네트워크들의 경계를 뛰어넘는 에너지로 이루어지기 때문이다. 운동은 어떤 한 교회에 머물거나 특정 집단의 지도자들이나 특정한 지휘 본부에서 멈추지 않는다. 그 추진력은 특정 조직에 의존하지 않는다. 운동은 유기적이며 자발적으로 형성된다. 또한 상호작용하면서 서로를 지지하고, 유지시키며, 자극하는 일련의 힘의 역학이다.

우리는 이것은 복음 생태계(gospel ecosystem)라고 부를 수 있다. 생물학적 생태계가 상호의존적인 유기체들과 시스템, 자연의 힘으로 구성되는 것과 마찬가지로, 복음 생태계는 상호의존적인 조직들, 개인들, 사상들,

그리고 영적 힘과 인간의 힘으로 구성된다. 생태계의 모든 요소들이 제자리에 있고 균형을 이룰 때, 전체 시스템은 전체와 개체로서 모두 건강하게 성장할 수 있다.[3]

우리가 복음 도시 운동을 만들 수 있는가? 아니다. 운동은 두 개의 광범위한 요인들이 빚어낸 결과이다. 다시금 원예의 비유를 언급하려고 한다(고전 3:6-8). 정원이 무성해지는 것은 원예사의 기술과 근면 그리고 땅의 상태와 기후 때문이다.

첫 번째 요인들(원예)의 집합은 우리가 인간적으로 운동에 기여할 수 있는 것이다. 여기에는 자립하고 자연적으로 성장하는 사역들과 네트워크들이 있는데 아래에서 상세히 살펴볼 것이다.

운동에서 두 번째 요소들(조건들)의 집합은 철저하게 하나님께 속해 있다. 그분은 주권적인 선택하에서 어떤 규모의 사람들이든지, 개인들의 마음(토양)을 말씀(씨앗)에 열게 하실 수 있다. 그리고 복음에 대한 전반적인 문화(날씨) 또한 좌우하실 수 있다.

하나님은 어떻게 이 일을 하실까? 때로는 지배적 문화 가운데 신앙의 위기들을 일으키신다. 위대한 그리스도인 운동들 중에 두 가지(2-3세기의 초대 교회와 20-21세기의 중국 교회)가 사회 안에 만연했던 신념의 위기에 의해서 촉발되었다.

로마 신들에 대한 믿음(중국에서는 정통 마르크스주의에 대한 신념)이 세계관으로서의 타당성을 잃고 무너지기 시작했다. 사회 전반에 내재되었던 오래된 '신앙들'에 대한 광범위한 이반이 일어난 것이다. 이런 문화 위기 그리고 오래된 신념 체계에 대한 대중의 환멸이 합해져서 기독교 운동이 극대화되었다. 그래서 기독교에 대해 무관심한 (아니면 적대적인) 문화에서 일어나는 것보다 훨씬 큰 정도로 기독교 운동에 힘이 실렸다. 또 하나는 그 문화의 사람들이 영적인 원천을 찾게끔 만드는 재앙이 있을 수도 있다. 1905년 이후 일본의 한국 지배는 당시에 많은 사람들이 기독교로 회심하는 배경이 되었다. 요컨대 우리는 성령님의 섭리 없이는 복음 운동을 만들 수 없다. 운동은 하나님의 영에 의해서 힘을 받고 복을 받는 생태계와 같다.[4]

그렇다면 성령께서 사용하셔서 복음 도시 운동을 일으키는 생태계는 어떤 것인가? 나는 이것을 다음과 같은 세 개의 동심원으로 그렸다.

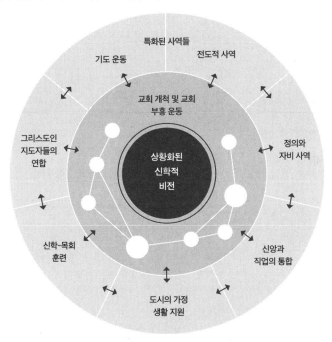

도시를 위한 복음 에코시스템

첫 번째 원: 상황화된 신학적 비전

생태계의 가장 안쪽에 있는 것은 복음을 소통하고 구체화하는 방법에 대한 것이다. 도시의 문화에 상황화되며, 도시민들을 회심과 제자도로 이끄는 데 있어 열매를 맺으며, 특정 시대, 특정 공간에서 복음을 소통하는 것에 대한 공통의 헌신이다.

도시에서 복음 운동을 촉진시키는 교회들이 모두 동일한 예배 스타일을 공유하는 것은 아니며, 같은 교단에 소속되거나 동일한 인구 집단을 전도하는 것도 아니다. 그렇지만 이 교회들은 일반적으로 동일한 'DNA'들을 상당 부분 공유한다. 그들은 복음 중심적이며, 문화에 귀를 기울이며, 균형이 있으며, 선교적-전도적이며, 성장하며, 자기 복제를 한다.

요컨대 그들은 센터처치의 신학적 비전에 상대적인 공감대를 가지고 있다. 신학적 비전은 성경에 근거하며 상황에 맞는 전략적 입장과 강조점들로서, 특정 문화적 순간 안에 살아가는 사람들에게 건전한 교리를 적용하는 데 도움을 주는 것이다.

두 번째 원: 교회 개척과 교회 갱신 운동들

두 번째 층은 일단의 성장하는 새 교회들을 만들어 내는 교회 개척 운동들이다. 각각은 그들의 상이한 교단과 전통들 안에서 효과적인 사역 방법들을 사용한다.

많은 이들은 도시를 보면서 거기에 많은 교회들이 있다는 것을 안다. 그들은 대개 건물을 소유하고 있지만, 거의 비어 있다. "우리가 해야 할 첫 번째 일은 기존 교회를 복음으로 갱신시키는 것이다"라고 생각하는 것이 자연스럽다. 사실 2권(복음 부흥)의 전부가 이것이 어떻게 일어날 수 있는지에 할애되어 있다. 그러나 우리가 앞 장에서 살펴보았듯이, 오래된 교회들을 갱신하는 열쇠는 새 교회들을 도시에 세우는 것이다.

새 교회들은 새 생각을 도입하고, 교회에 안 다니던 사람들과 비신자들을 오래된 교회들보다 훨씬 높은 비율로 그리스도께 이끌어온다. 새 교회들은 수십 년 동안 도시를 전도하고 갱신하기 위해 힘겹게 일해 온 그리스도인 공동체와 네트워크에 영적인 산소를 공급한다. 새 교회들은 제자도와 신자의 증가를 위한 주요 공간이 될 뿐 아니라 사역을 시작하는 데 있어 재정적 원천이 되기도 한다.

세 번째 원: 특화된 사역들

교회 안에 근거지를 두었지만 교회를 자극하고 유지하는 기능을 하는 이 세 번째 원은 특화된 사역들, 기관들, 네트워크들, 그리고 관계들의 복합체로 구성된다. 최소한 일곱 가지 요소가 세 번째 원에 존재한다.

1. 도시를 위한 중보에서 서로의 전통을 뛰어넘어 교회들을 하나로 묶어 주는 기도 운동. 부흥의 역사는 중보기도의 결정적 중요성을 보여 준다. 이런 기도는 공동체적이고 광범위하며, 비전을 가졌고, 도시와 그리스도의 몸을 위하는 특성이 있다.

당신의 도시를 위해 기도하는 것은 성경적인 명령이다(렘 29:4-7). 함께 모여 기도하는 것은 다양한 범주의 신자들이 할 수 있는 것이다. 기도하는 데는 많은 협상이나 신학적인 주해가 필요하지 않다. 기도는 사람들을 한데 모은다. 바로 이 활동이 교단과 조직적 경계를 뛰어넘어 친목과 관계 형성을 돕는 결정적 역할을 한다. 자신과 비슷하면서도 차이가 있는 그리스도인들과 협력하는 것은 성장과 혁신을 일으킨다.

2. 특정 그룹들(기업인, 어머니들, 소수 민족 등)을 전도하는 특화된 복음 사역. 이 중에서 특히 중요한 것은 효과적인 캠퍼스 사역과 청소년 사역들이다. 대부분 도시 교회의 미래 회원과 지도자들은 대학과 학교에 가장 많다. 대학 도시에서 대학을 졸업하는 학생들은 직업을 얻기 위해 지역을 떠나지만, 도시에서 대학을 졸업하는 학생들은 그렇지 않다. 그리스도를 만나 도시 비전을 받은 학생들은 대학 시절 다니던 교회에 남아 그리스도의 몸 가운데 지도자로서 점차 세워진다. 도시의 청소년들을 얻는 것은 문화를 잘 이해하는 도시인을 얻는 것이다.

3. 모든 가능한 사회적 문제와 이웃 문제를 다루는 일련의 정의와 자비 사역. 복음주의자들이 1830년대에 지도력을 행사했듯이, 오늘날에도 그리스도인들의 '구제사역 연대'가 필요하다. 다양한 비영리 조직과 자원봉사 조직들은 서로 연합하여 도시의 필요를 다루어야 한다. 도시의 그리스도인들은 반드시 그 이웃에 대한 돌봄으로 세상에 알려져야 한다. 이것이 예수께서 사람들에게 알려진 핵심적인 방법들 중에 하나이기 때문이다.

4. 같은 직종의 그리스도인들이 도시 전역에서 함께 모여 만드는 신앙 교제 및 직업 모임. 사업, 미디어, 예술, 정부, 학계 등에서 일하고 있는 그리스도인들의 네트워크가 형성되어 그들이 책임성과 탁월성, 그리스도인으로서의 구별성을 가지고 일할 수 있도록 서로 도와야 한다.

5. 특히 학교와 상담 서비스에서 도시 내 가족을 지원하는 단체들. 도시에 있는 많은 공동체들(유대인 및 가톨릭 신자들)이 오랫동안 자신들의 학교, 여가 및 문화 센터, 그리고 자녀 양육을 위해 제공되는 서비스의 중요성을 경험해 왔다.

6. 도시 교회 및 사역 단체의 지도자들을 모으고, 개발하고, 훈련하는 시스템. 훈련하는 것에는 보통 좋은 신학 교육이 포함된다. 그러나 역동적인 도시 리더십 시스템은 추가적인 요소들, 예를 들어 잘 개발된 인턴십 프로그램과 대학가 사역과의 연계성 등을 필요로 한다.

7. 그리스도인 도시 지도자들의 색다른 연합. 교회 및 운동 지도자들, 기관 대표들, 사업 리더들, 학자들은 서로에 대해 잘 알아야 하며 도시 전체를 위한 비전과 방향을 제시해야 한다. 그들은 단지 자신의 단체나 왕국을 성장시키는 것이 아니라 도시 전체를 전도하며 그리스도의 전체 몸이 성장하는 데 더욱 관심을 가져야 한다.

이 모든 생태계 요인들이 튼튼하게 제자리를 잡고 있을 때, 그들은 서로서로를 자극하면서 발전하고, 운동 또한 자립하게 된다. 이런 일이 어떻게 일어나는지, 그리고 그 결과는 무엇인지가 우리의 마지막 주제이다.

변화를 이끌어 내는 티핑 포인트들

티핑 포인트(tipping point)는 작은 변화들이 일정 기간 동안 축적되어, 이제 작은 변화가 하나만 더 일어나도 갑자기 큰 영향을 초래하는 시점을 말한다. 따로 떨어진 사건들과 개별적인 주체들이 결정체를 이루고 성장하여 티핑 포인트에 이르게 되면 운동은 자립하게 되고 운동이 일으키는 변화는 더 이상 멈출 수 없게 된다. 이처럼 티핑 포인트는 '임계 질량, 문턱, 끓는 점'과 같은 사회학적 용어이다.[5]

예를 들어 지역 사회는 새로운 종류의 거주민들이(더 부유하든지, 더 가난하든지, 또는 문화적으로 나머지와 다르든지) 인구의 5퍼센트를 차지하기 전에는 전반적으로 큰 변화 없이 그대로이다. 하지만 새로운 거주민들의 비율이 5-25퍼센트에 도달하게 되면(문화에 따라 다르다), 전체 지역은 이들로 인해 움직이기 시작하며, 빠르고 의미 있는 변화를 경험하게 된다.

도시 생태계가 티핑 포인트에 도달하게 되는 시점은 생태계 요소들이 제자리를 잡고 있고 많은 교회들이 5-6년 안에 다른 교회들을 개척할 수 있는 활력과 지도자들과 정신을 갖고 있을 때이다. 하나님이 복을 주신다면 이 시점에 운동이 자립하게 된다. 충분한 새 신자들, 지도자들, 회중들, 그리고 사역들이 자연적으로 형성되어 운동이 어느 통제탑 없이도 성장할 수 있게 된다. 도시에서 그리스도의 몸은 주로 재정을 공급하고, 지도자들을 생산하고, 훈련을 담당하게 된다. 이때는 충분한 수의 역동적인 지도자들이 일어나고 그리스도인들과 교회들의 숫자가 7-10년마다 두 배로 늘어난다.

운동이 더욱 진보하게 되는 다음 번 문턱은 도시 전체가 변화가 가능해지는 지점에 이르렀을 때다. 이것은 복음으로 변화된 그리스도인들의 숫자가 도시 가운데 충분히 많아져서 그리스도인의 영향력이 도시의 공공 및 사회생활 가운데(문화 자체에 대해) 눈에 띄게 드러나고 인정할 만한 수준이 되는 때다.

뉴욕 시의 경우 소수 집단들이(민족적이든, 문화적이든, 라이프스타일에서든 간에) 삶의 방식에서 감지할 만한 영향력을 가지는 것은 그들의 숫자가 최소 5-10퍼센트이면서 동시에 구성원들이 공공 생활에 적극적으로 나설 때이다. 내가 들은 바로는 감옥 안에 그리스도를 따르는 수감자들의 수가 10퍼센트에 도달하면, 감옥의 집단생활과 문화 자체가 변화된다고 한다.

도시의 티핑 포인트를 정확하게 알아내는 과학적인 방법이 있는 것은 아니지만 그 지점은 복음이 도시 생활과 문화에 가시적인 영향을 끼치기 시작하는 때이다. 우리는 뉴욕 시에서 도심 인구의 10퍼센트가 복음 중심적인 교회에 참여하는 때가 오기를 위해 기도하며 사역하고 있다. 이 수치는 맨해튼에서 약십만 명에 해당하는 것이다.

오늘날 맨해튼과 같은 곳에서는 상당수의 거주민들이 정통 기독교 신자를 알지 못한다(최소한 자신의 영적 정체성을 알려주는 사람을 모른다). 결과적으로 그들은 신자들에 대해 부정적인 고정관념을 가지기가 아주 쉽다. 도시 거주민에게 있어서 복음주의적인 그리스도인들은 이상하고 좋아하기 힘든 사람들로 비친다. 이는 게이들이 이전에 대부분의 미국인들에게 그랬던 것과 비슷하다. 결과적으로 대부분의 도심 거주민들에게 기독교는 하나의 삶의 방법으로서 가능성 있는 대안에 끼지도 않는다.

그러나 상상해 보라. 만일 맨해튼과 같은 곳에 많은 신자들이 있어서, 대부분의 뉴요커들이 자기가 존경하는 한 명의 그리스도인을 실제로 안다면 어떤 일이 일어나겠는가? 많은 도시 거주민들을 기독교의 메시지로부터 방해하는 강력한 장벽들이 제거되는 것이다. 그렇게 되면 수만 명의 영혼들이 구원받을 수 있게 된다.

어떻게 도시의 복음 운동이 그렇게 강력하게 성장해서 도시 전반의 티핑 포인트에 도달할 수 있을까? 우리는 이것이 하나님의 은혜를 통해 일어날 수 있음을 안다. 역사는 우리에게 많은 예들을 제시한다. 우리는 기독교의 기하급수적 증가가 로마 제국을 처음 3세기 동안 어떻게 바꾸었는지를 알고 있다. 그리고 이교도였던 북유럽이 AD 500-1500년 사이에 어떻게 변화되었는지도 알고 있다. 또한 18세기의 복음주의적 각성 운동이 어떻게 19세기 영국 사회를 변화시켰는지도 알고 있다.

하지만 우리는 오늘날 세계 문화를 형성하는 큰 국제도시들 중에서 하나의 도시가 복음을 믿는 10퍼센트 (또는 그 이상)의 그리스도인들을 통해서 어떤 일을 하게 될지는 알지 못한다. 도시의 그리스도인들이 예술, 과학, 학문, 기업 등에서 핵심 역할들을 수행할 때 그리고 동시에 그들이 가진 권력, 재물, 영향력을 사회의 주변부에 있는 사람들의 선을 위해 사용할 때 과연 어떤 일이 벌어지겠는가?

세계의 모든 도시들이 예수 그리스도를 필요로 한다. 그러나 우리의 도시들은 단지 좀 더 많은 교회들과 사역 단체들이 필요한 것이 아니다. 우리의 도시들은 도시 전반의 티핑 포인트로 이어지는 복음 도시 운동을 필요로 한다. 따라서 도시 사역자들은 열정적으로 자신의 삶을 이 목적을 위해 헌신하고 있다. 비록 그들이 자신의 생애 안에 그 완성을 못 본다 하더라도 말이다. 우리가 확실한 기대와 신실한 인내를 갖고 그날을 기다리듯이, 우리는 또한 지금 여기에서 도시들이 그리스도의 영광을 위해 복음화되고 사랑받게 되는 우리의 비전을 계속해서 추구한다.

토론과 성찰을 위한 질문들

1. 다음을 어떻게 생각하는가? "도시를 전도하려면 다른 교회들과 기꺼이 협력하는 자세가 요구된다. 비록 다른 신념과 관습을 가진 교회들이라 할지라도 말이다. 이런 관점을 '범 교회성'이라고 부른다." 당신은 역사적 전통이나 신학적 독특성이 상이한 교회들과 어떻게 협력했는가? 무엇 때문에 그들과 협력하게 되었는가?

2. '복음 논쟁'에 대한 박스 글은 우리와 다른 사람들과 토론할 때 몇 가지 지침을 제공한다. 어떤 가이드라인이 당신에게 가장 도움이 되는가? 당신이 다른 사람들과 토론할 때 가장 씨름하는 것은 무엇인가?

3. 당신 지역의 복음 생태계는 현재 어떤 모습이며, 앞으로 어떤 모습이어야 하는지 잠시 그려보도록 하라. 가장 강한 요소들과 가장 약한 요소들은 어떤 것들인가? 어떻게 하면 과거에 가졌던 사역 연대를 넘어설 수 있겠는가? 어떤 핵심 지도자들, 회중들, 그리고 조직들이 생태계에 들어올 필요가 있는가?

'운동 역동성'에 대한
논평

앨런 허쉬

팀 켈러는 우리 시대의 걸출한 선교 운동 지도자 중에 한 사람이다. 그는 교회 부흥에 심대하게 기여했을 뿐만 아니라 실제로 (다른 곳도 아니고 뉴욕에서) 교회를 지도하였다. 그 교회는 그의 지도력 아래 폭발하는 전세계적인 교회 개척 운동으로 발전하였다. 그 자신이 말하듯이, 그의 사역에 있어서 핵심은 하나님의 백성들이 복음의 중심성을 재발견하도록 이끄는 것이며, 그리고 복음 중심성을 전달할 수 있도록 조직화된 운동을 일으키는 것이다.

진심으로 나는 동의한다. 나의 사역과 저술을 통하여, 나는 선교적(사도적) 운동들의 역동적인 형상을 깊이 통찰하려고 노력해 왔다.[1] 특별히 서구권에서 기독교의 미래 생명력은 교회의 존재 방식으로서, 세상을 변화시키는 사도적 운동의 능력을 재발견하는 것에 달려 있다는 확신을 갖게 되었다. 각각의 개별 교회의 운명은 이것에 의해 달라질 것이다‘어떻게 해서든’.

운동들은 곧 우리들이다

시작에 앞서 말해야 할 것은 운동이란 본질적으로 대안적 모델이라기보다는 사고방식, 패러다임이다. 그러므로 운동에 대한 생각은 신약성경이 에클레시아-곧 우리가 ‘교회’라고 부르는 것에 대한 탁월한 이해를 수반한다. 이런 생각은 초대 교회의 최초의 사고방식을 밀접하게 반영한다. 왜냐하면 초대 교회는 운동이었기 때문이다. 모든 신약 교회론은 본질적으로 운동적이었다. 그렇지만 오랜 시간에 걸쳐서 기독교인들은 이 부분에 대해 성경을 어느 정도 시대착오적으로 읽어 왔다. 후기의 보다 공식화되고 제도화된 교회론을 초대 교회에 대입해서 읽어 온 것이다. 우리 모두는 성경은 어떤 특정한 렌즈를 가지고 읽는다. 그리고 이 경우에 우리의 시야를 흐리는 렌즈는 교회의 공식 구조이다. 그것은 기독교 제국의 출현 이후에 따라온 것이다.

그러나 신약성경에서 펼쳐지는 바 사도적 운동들은 교회와 선교에 관한 통념과는 다른 방식으로 전개된다. 오늘날 대부분의 사도적 운동들은 명시적 또는 암묵적으로 그들이 발생했던 (또는 쫓겨났던) 교회 조직에 대한 비판을 담고 있다. 내가 이것을 언급하는 이유는 이러한 제도화된 사고방식이 우리의 교회들에 얼마나 뿌리 깊이 박혀 있는지를 결코 과소평가해서는 안 되기 때문이다. 또한 그것은 교회에 관한 우리의 많은 생각을 무의식적으로 지배하고 있기 때문이다. 만일 독자가 비기독교인에게 오늘의 교회에 대해 묻는다면, 많은 이들은 교회란 주로 건물 안에서 운영되고 성직자라는 전문 집단에 의해 운영되는 종교 단체라고 대답할 것이다.

새로운 운동들은 전형적으로 기존 제도가 어떤 점에서 결핍이 있는지를 짚어 낸다. 그리고 복음 메시지를 더 전파하기 위해 그 결핍을 채우는 새로운 교회 방식들을 강조한다. 이러한 운동들은 가장자리에 있는 교회들에서 생겨난다. 이들은 의미 있는 방식으로 메시지를 확산하려는 데 헌신되어 있다. 이 때문에 운동들은 종종 창조적이고, 에너지가 넘치며 발생시키고, 하나님 나라를 표출에 있어서 모험심이 강하다. 켈러가 조언하듯 그들은 격려되어야 하고 배양되어야 한다. 이들은 교회가 직면하는 긴박한 질문들에 대해 매우 필요한 대답들을 제공한다. 뿐만 아니라, 그들은 종종 교회가 문화에 영향을 확장하는 촉매로서 사용된다.

"그렇지 않다고 사람들이 아는 것들"

로버트 피어시그(Robert Pirsig)는 《선과 모터사이클 관리술》에서 이렇게 쓰고 있다. "만일 공장이 부서진다 하더라도, 공장을 만들었던 이성이 여전히 건재하다면, 그 이성이 또 다른 공장을 만들 수 있다. 만일 혁명이 체계적인 정부를 파괴한다고 하더라도, 그 정부를 만들었던 시스템화된 생각의 양상이 파괴되지 않고 건재하다면, 그렇다면 그 양상이 다시 반복될 것이다. 시스템에 대한 이야기는 아주 많다. 그러나 생각에 대한 이야기는 적다."[2]

서구는 제도화된 기성 교회들이 지배하는 풍경 속에서 패러다임의 전환이 필요하다. 우리가 사고방식의 회심을 경험하지 않는다면, 우리가 만들고 있는 운동들은 살아남지 못할 것이다. 패러다임들이 무엇을 보아야 할지를 고통스럽게 가로막고 있다. 그러나 우리가 보기 시작하면, 그때는 "안 보는" 것이 불가능해진다. 성경 메시지(복음)의 논리와 영향력을 진정으로 확장하기 위하여, 우리는 신약 교회를 원래의 디자인 그대로 보아야 할 필요가 있다. 교회는 복음을 전달하는 주된 기관이다. 다시 말해서, 운동이 되기 위해서 우리는 먼저 운동처럼 생각할 필요가 있다.

어떻게 우리는 패러다임 전환에 참여할 수 있을까? 여기에 몇 가지 제안사항이 있다:

1. 도전(부르심)을 가슴으로부터 느끼라.

이 모든 것은 가슴에서 시작해야 한다. 지도자들은 거룩한 불만을 형성하도록 해야만 한다. 문제가 무엇인지를 정의하고 사람들로 하여금 해답을 살아내도록 하는 긴급한 의식을 만들어야 한다. 이렇게 함으로써, 지도자는 교회 안에 내재한 잠재력을 활성화할 수 있다. 운동, 또는 운동의 가능성은 하나님의 모든 백성 안에 잠재하고 있다. 왜냐하면 하나님께서 우리를 그렇게 만드셨기 때문이다! 우리는 오래되고- 새로운 상상력을 일깨워야 하며 사용해야 한다.

2. 비유를 바꾸라. 게임을 바꾸라.

우리는 안정과 기조 유지 중심으로 되어 있는 비유들로부터 멀어져야 한다. 보다 유동적으로 교회를 이해하는 이미지로 움직여야 한다(예를 들어 몸, 살아 있는 성전, 순례자, 씨앗, 나무 등). 데이브 퍼거슨에 동의하면서 다음을 제안한다:

> 비유가 강력한 이유는 그들이 현실을 단순한 방식으로 정리하고 정의하기 때문이다(예를 들어, "리처드는 사자 같다", "뇌는 컴퓨터이다", 또는 "조직은 기계다"). 아메바, 벌집, 요새, 쿠키 틀 같은 단순한 말들을 통해 사람들이 조직과의 관계를 어떻게 이해하고 경험하는지에 대한 패러다임을 알 수 있다. 예를 들어, 내가 어떤 교회가 코끼리 같다고 말한다면, 어떤 이미지가 마음에 떠오르는가? 만일 내가 '불가사리'라는 단어를 사용한다면? 각각의 비유는 생산 역량, 이동성, 강점, 지혜, 개성, 용기 등등에 대해 다른 정보를 제공한다. 어떤 비유를 쓰는지에 따라, 패러다임 전환에 있어 우리의 노력을 어디에 집중해야 할지에 대한 중요한 단서를 제공한다.[3]

이에 대한 요점을 제시하기 위해 비유를 사용하도록 하자. 데브(Dev)와 나는 로스앤젤레스에 살고 있다. 우리는 거기에서 7년 동안 살아왔으며 세 개의 다른 지역에서 거주했다. 상당수의 시간 동안, LA는 하나의 도시나 지역 사회로서 이해가 되지 않았다. LA에 정착했다는 느낌을 결코 못 가질 것 같았다. 이 도시는 약 1천 7백만 명이 사는 도시이다. 그렇지만 하나의 중심부가 있거나 분명한 시 경계가 있는 것이 아니다. 어떤 통일성 있는 미적 기준이 있는 것이 아니고, 각 지역은 다른 지역을 부정하며, 자신이 "진짜 LA"라고 주장한다. 다운타운이 실제 LA이다라고 생각하는 사람은 거의 없다. 물론 다운타운 사는 사람들은 그렇게 생각할 수 있겠지만.

이것에 대해 작년에 궁금해 할 때, 내가 이 지역 사회를 이해하기 위해서 잘못된 비유를 사용하고 있었다는 것을 깨닫게 되었다. 나는 LA를 도시로 이해하려고 노력했다. 솔직히, 도시로서는 이해가 안되었다. 대신 나는 LA를 한 나라로 보기 시작했다(45개의 다른 도시들이 있는 나라). 갑자기 LA가 "보였다." 내가 한 작은 나라로 LA를 생각하자 LA가 이해되기 시작했다. 사실, 나의 모국인 호주와 인구와 인구가 같다. 나의 도시를 이해하는 데 있어서 이 작은 비유의 전환이 얼마나 차이를 만들어 냈는가.

이제 이것을 교회에 적용해 보자. 내가 사람들에게 교회는 "제도"라고 말할 때, 그것이 교회에 대한 당신의 생각과 이해에 어떤 영향을 끼치는가? 그리고 내가 교회는 "선교적 운동체"라고 말할 때 어떻게 다르게 보이는가? 우리가 사용하는 비유가 우리가 생각하는 것과 우리가 경험하는 것에 영향을 끼친다. 비유를 바꾸러. 그러면 당신이 교회를 보고 경험하는 방식이 바뀌게 될 것이다.

3. 다른 이야기를 말하라.

호주 철학자 이반 일리치(Ivan Illich)는 다음의 말을 했다. "혁명도, 개혁도 사회를 궁극적으로 바꿀 수 없다. 그렇지만 당신은 새롭고 강력한 이야기를 해야 한다. 오래된 신화를 날려버릴 정도로 설득력 있는 이야기, 우리의 과거와 우리의 현재를 한데 모아 일관된 전체를 만들 수 있는 포괄적인 이야기, 미래에 빛을 비추어 우리로 하여금 다음 행동을 할 수 있게 하는 이야기 … 당신이 사회를 변화시키기 원한다면, 당신은 대안적인 이야기를 말해야만 한다."[4]

나는 그가 옳다고 확신한다. 사람들과 사회는 일들이 그 모습일까를 설명하는 이야기들을 만들어 냄으로써 자신을 이해해 왔다. 정의를 주는 이야기들(또는 통제하는 이야기들)이 우리에게 우리가 누구이며 어떻게 여기까지 왔는지를 이야기한다. 우리가 여기 도달하기 전에 어떤 일들이 있었는지를 이야기해 준다. 이야기는 삶의 중요한 질문들을 다룬다. '나는 누구인가? 나는 어디로 가고 있는가?' '누가 나와 함께 가는가?' 다른 이야기들처럼, 이러한 서사들은 사건을 정의하는 정보, 현재 존재하는 갈등, 직면해야 하는 도전들, 그리고 조직이(또는 개인이) 반드시 해결해야 하는 문제들을 직면하게 한다. 촉발하는 이유들은 전체 이야기가 풀어 가는 주제를 제공한다.

나치가 권력을 잡았을 때의 이야기를 생각해 보라. 어떻게 그들이 독일의 이야기를 이해하였는가? 또는 스티브 잡스가 말한 이야기는 어떤가? 그가 한 모든 것 뒤에 있는 독선적 이야기들은 그들이 행한 것들을 정당화하는가? 좋든 나쁘든, 이야기들은 우리로 하여금 현재 상황에서 자신을 발견하게 하며 우리의 행동에 대한 의미를 부여한다—좋든 나쁘든.

우리가 복음서들에서 읽은 이야기를 생각해 보자. 어떻게 그 이야기들이 우리에게 영향을 끼치는가? 누가가 사도행전에서 이야기하는 것을 들어보라. 예수님과의 개인적인 만나를 통해서, 우리는 이제 옛 삶을 뒤로 버리고 예수님의 이야기에 들어오라는 초청을 받았다(고후 5:17).

당신이 교회에 대한 근원적인 이야기를 바꾼다면. 당신은 교회를 바꾸기 시작하는 것이다. 공동체로서 우리는 예수께서 말씀하신 대로(왕을 위해 살고, 다른 사람들을 사랑하고, 섬기는) "선한 삶"에 대한 이야기에 의해서 정의되는가? 아니면 "선한 삶"이 무엇으로 구성되는지 우리에게 말해 주는 지배적인 문화적 대사들에 의해 유지되고 있는가(교육, 부, 부촌 거주, 소비 등등)? 우리의 인종적, 민족적 정체성들을 부여하는 국가적 이야기들은 어떠한가(아프리칸 아메리칸, 앵글로-색슨, 유대인, 등등)? 이러한 이야기들은 필연적으로 우리가 하나님의 이야기에 의해 형성된 존재가 아니라고 정의를 내린다. 교회의 이야기는 하나님의 나라가 펼쳐지는 서사이며, 하나님께서 우리를 부르사 예수 우리 주를 통해서 당신과 언약적 관계 안에서 살기를 바라시는 것이다. 이 이야기를 얼마나 우리가 잘 알고 지지하는지는 우리가 교회를 어떻게 보며 그 기능을 어떻게 이해하는지에 근본적인 영향을 끼친다. 그러므로 고려하라. '당신의' 교회를 한데 묶어주는 이야기는 무엇인가?"

4. 한계성을 경험하라.

한계성이란 비정형성, 주변성, 그리고 방향 상실, 심지어는 위험에 대한 감각이다. 한계성을 경험하는 것이 필요하다. 만일 우리가 위기의식을 개발하고 이야기를 바꾸려면 말이다. 한계성으로부터 우리는 새로운 비유를 발견할 창조적인 상상력을 찾을 수 있다. 이는 우리가 교회가 미선을 수행하도록 하는데 필요한 것이다. 켈러가 우리에게 상기시키듯, 어떤 조건들의 한계성은 우리가 교회의 보다 활력 있는 표현형들을 찾아 내는데 있어서 아주 긴요한 도움이 된다.[5]

이것을 다른 방식으로 말하자면, '운동은 이해되는 것일 뿐만 아니라 느껴지는 것이다.' 거기에는 어떤 공기가 있다. 어떤 문화를 만들어낸다. 발산되는 "분위기"를 사람들은 안다. 이러한 분우치기들은 객관적으로 전달되거나 연구될 수 없다. 이것들은 붙잡혀야 하는 것이고, 체험되어야 하는 것이다. 우리는 변혁적인 복음 운동체로서의 교회의 이야기 전개에 참여함으로써 "비전을 붙잡는다." 리디머교회의 팀 켈러와 동역자들에게, 한계성 도전은 뉴욕 시의 공간에서 존재하면서 복음 중심적인 도시가 되기로 하는 것이다. 당신과 당신의 교회에는, 어쩌면 단지 길을 건너 이웃과 함께 하는 것일 수도 있다.

우리는 한계성의 조건들 속에서 긴급성을 창조함으로써 패러다임을 바꾼다. 이것은 새롭고 역동적인 비유들의 형성으로 이어진다. 우리는 언어를 바꾼다. 새로운 이야기를 말한다. 그리고 조직의 핵심에 있는 지도적인 견본을 바꾸기 시작한다. 이것을 하지 못한다면, 운동으로 변환하려는 우리의 노력들은 단명할 것이다.

이 어떤 것도 당연히 쉽게 되지는 않는다. 그러나 당신은 '할 수' 있다. 사회심리학자들은 우리에게 어떤 주요 학습에서든지 무능에서 능력으로 발전하는데 네 단계가 있음을 알려 준다.

1. 무능에 대한 무자각. 사람들은 이 단계에서 단순히 바로 앞에 있는 이슈를 알지 못한다. 그들은 무능하다. 그리고 그 사실을 알지 못한

다. 이 단계에서 지도자들의 과업은 인식을 제고하는 것이다. 그리하여 학습 과정이 시작되게 하는 것이다. 최소한, 여기에는 '문제를 설득하는' 것이 수반된다. 어떤 해법을 제안하기 전에 전진할 방도를 제시하기 전에. 왜 그런가? 왜냐하면 아주 대다수의 사람들은 직접 경험을 통해 어느 수준 이상의 좌절감을 경험하거나 그들의 삶에서 심각한 단절을 경험해야(개인이든 공동체든) 변화하기 시작할 것이기 때문이다. 이 단계에서, 거룩한 불만이 창조적 해답 추구에 동반한다면 이는 사람들로 하여금 하나님의 미션에 완전히 참여하도록 하는데 필요한 변화를 일으킬 수 있다. 당신이 이 책을 집었다면, 당신은 이 단계 이상으로 이미 넘어와 있을 것이다.

2. 무능에 대한 자각. 여기에서 학습자들은 이슈를 인지하면서 "이해하기" 시작한다. 그러나 동시에 그들은 그에 따라 "행동하면서" 그들의 상대적인 무능력을 깨닫게 된다. 그러므로 학습자는 기존의(매우 편안하고 자연스러웠던) 이해를 벗어나서 상당한 불편함과 불규칙을 받아들이며 사는 법을 배우기 위해 단호하게 힘을 써야 한다. 이 단계는 상당한 양의 학습 해소(unlearning)를 수반한다-필요하면 심지어 회개가 따른다-그리하여야 앞으로 나갈 수 있다. 분명히, 새로운 생각들을 실천하는 것은 이 시점에서는 자연스럽게 다가오지 않는다. 우리가 아는 것으로 뒤돌아 가지 않는 것이 매우 중요하다. 용기, 비전, 그리고 단호함이 중요하다.

3. 능력에 대한 자각. 이 단계는 사람들이 새로운 패러다임의 기본적인 역동성을 이해할 때 일어난다. 그렇지만 잘 하기 위해서는 집중력이 여전히 필요한 때이다. 획득된 본성이나 자동화된 것은 '아직 아닌' 것이

다. 새로운 운전자처럼, 길을 누비고 다니는 것은 집중력과 연습이 필요하다. 그러나 자연 반사신경이 나타난다. "연습이 완벽함을 만든다"는 슬로건은 여기에 잘 적용된다. 마지막 단계가 마침내 나타나기 전까지.

4. 능력에 대한 무자각. 여기에서 패러다임은 본능처럼 자리 잡는다. 실재를 다른 방식으로 보는 것이 어려워진다. 이 단계에 있는 이들은 패러다임의 진정한 내부자들이다. 그리고 다른 사람들에게 그들이 무엇을 배웠으며 통합하였는지 가르칠 능력이 있다.

여기에서 교훈은 이것이다. "운동성"이 생기기 위해서, 지도자들은 반드시 선택을 해야 하고, 그것을 열심히 계속해야 한다. 당신이 하는 그 어떤 것도 처음에는 "자연스럽게" 느껴지지 않을 것이다. 그렇지만, 결국에는 변화가 생길 것이다. 패러다임 전환이 일어나고 문화가 달라지면서, 당신은 언제나 이랬던 것처럼 "느끼기" 시작할 것이다.

수동 기어 자동차를 운전하는 법을 배운 적이 있었는가? 처음에는 매우 어색했지만, 나중에는 아주 자연스러워진다. 또는 테니스 경기 하는 법을 배울 때를 생각해 보라(이 부분에 대해서는, 어떤 종류의 기술이든지 배우는 것이든지 된다). 새로운 세대의 젊은이들은 이런 방식으로 생각하는 것이 기존 세대보다 훨씬 도움이 될 것이다. 21세기에 존재하는 가변적이고, 적응적이고, 중심이 여럿이고, 형태가 없고, 연결되어 있고, 정해진 틀이 없는 세상에 그들이 더 익숙하기 때문이다. 나이든 지도자들은 이러한 젊은 지도자들의 공헌을 환영하고 그들을 진지하게 받아들여야 한다.

선교적 운동을 위한 선교적 사역

운동들은 사람들로-아주 많은 사람들로 이루어진다. 이 사람들은 그 운동들이 무엇을 위한 것인지를 알 때 그들의 자리를 찾게 된다. 그들은 진정한 "신자들"이다. 그 운동이 전하는 메시지를 보기 위해 희생하기를 마지않는 사람들이다.

조직화할 것이냐, 조직화하지 않을 것이냐. 그것이 문제로다

우리가 토론한 모든 것은 필연적으로 문제들을 제기한다. 어떻게 하는 것이 가장 좋은 조직화인가? 안정성은? 적응성은? 지도력은? 켈러가 강조한 것처럼, 운동이 초기 단계를 지나 지속할 수 있도록 "제도"를 형성하는 것이 여기에 결정적이라고 나는 믿는다. 나는 '제도'라는 말보다는 '구조'라는 말을 사용하기를 선호한다. 왜냐하면 구조는 언제나 사명에 의해 정의되고 사명에 종속되며 그 반대는 아니기 때문이다. 제도들은, 켈러가 지적하듯이, 제 스스로 생명력을 획득하는 경향이 있다. 이것은 물려받은 전통들이 본래 의도하지 않은 중요성을 가지는 교회들에서 특히 사실이다.

교회의 '형태들'은 본질적으로 적응적으로 남아야 한다. 우리가 한 형태를 제도화하면, 그것은 쉽사리 신성시 되는 경향이 있다. 사람들의 비판의 울타리를 벗어나는 것이다. 특히 교회 조직은 바꾸기가 아주 어렵다. 모든 것들 뒤에 성경 말씀을 두기 때문이다. 이것은 신학적으로와 선교적으로 재앙이 될 수 있다. 왜냐하면 사람들은 점점 형식에 집착하는 경향이 있기 때문이다. 심지어는 그 형식들이 쓸모없게 된 때에도 그렇다. 그들은 전에는 작동이 잘 됐었지만 이제는 아닌 것들에 집착한다. 전에는 생산적이었지만 지금은 더 이상 아닌 것들에 마음을 빼앗긴다.[6] 다시금, 이것은 종교 조직 또는 신앙 조직이 겪는 특정한 위험이다. 성경적 권위가 제도적 구조와 혼동되거나 동일시될 때 일어난다.

사실 모든 살아 있는 시스템은 당신의 몸이든 지역 교회든 간에, 구조가 필요하고 조직의 형태가 필요하다. 운동으로(재)구성된 '에클레시아'는 결코 구조나 조직이 없지 않다. 단지 이 조직이 우리가 익숙했거나 보아온 조직과 다른 것일 뿐이다.[7] 운동들에서 일반 규칙은 필요한 만큼만 조직화한다는 것이다. 적절하게 권한을 위양하며 운동에 참여하는 모든 활동인과 단체를 훈련하여 일이 스스로 되게끔 하는 것이다.

우리는 할 수 있는 대로 권한과 기능을 분산하면서 사명을 성취하도록 교회를 바깥으로 도전한다. 우리는 예수님과 그분의 명령에 대한 직접적인 책임 관계를 가르친다. 통제에 대해서는 느슨하게 한다. 사람들이 적절하게 권한 위양을 받고 예수님의 책임감 있는 제자들로 살아간다면, 그들은 더 많은 허용과 더 적은 규제가 필요하다. 예수님이 그들을 통해 하려고 하시는 것을 그들이 하려고 한다면 말이다.

덧붙여 우리는 예수님과 그의 사명에 대한 깊은 일체감을 가져야 한다-이러한 일체감은 실제적인 다양성 속에서 역동적인 긴장감을 가지고 존재한다. 여기서 도전은 견고한 핵심과 변화하는/적응하는 주변이 결혼하는 것이다. 이는 디 혹(Dee Hock)이 혼돈/질서의 구조라고 부른 것이다.[8] 켈러는 운동 역동성에 대한 그의 챕터들을 통하여 증거를 제시한다. 운동은 우리가 익숙하게 생각하는 것보다 훨씬 무섭고 무질서하다. 여기에서 나는 켈러의 제안들에 대해 매우 동의한다. 우리는 조직체의 운동적 성격을 강조해서 조직이 전진할 수 있도록 해야 한다. 우리는 모든 조직에 생래적으로 존재하는 천천히 가면서 힘을 잃어버리는 경향을 거부해야 한다.

리더십과 사역 이슈

이 모든 것은 교회 안에 리더십의 구조에 대한 질문으로 이어진다. 내가 제안하는 대안은 분명히 켈러보다 훨씬 급진적이다. 나의 믿음을 먼저 밝히자면, 전통적으로 형성된 사역 형태들은 우리를 현재의 막다른 길을 통과하도록 도움을 주지 못한다. 왜냐하면 그들은 기존의 구조로 귀결되며 유지하기 때문이다. 알버트 아인슈타인의 명언을 교회에 적용할 때 정확하게 들어맞는다. 우리는 맨 처음 문제들을 만들 때 사용했던 동일한 방식의 생각을 사용해서 교회의 문제들을 풀 수가 없다. 다시 말해서, 우리가 사역과 리더십을 이해하고 실천하는 방법들을 철저하게 재고해야 한다. 우리가 진정으로 운동이 되려고 한다면.

팀 켈러는 이것을 이해한다. 그는 기존의 사역 질서에 대한 이해로는 (우리가 목사와 교사라고 부르는 이들) 필요한 운동을 만드는데 있어 부족함이 있다는 것을 알고 있다. 켈러는 우리가 대신에 사역에 대한 삼중직 관점을 도입하자고 제안한다(선지자, 제사장, 왕; 203-206을 보라). 이것이 목사-교사 모델의 한계를 극복하는 큰 발전이다. 하지만 이것은 예수님의 사역에서 나중에 추출한 모델임을 지적하고 싶다. 이것을 신자들의 사역에 직접적으로 적용하기는 끼워 맞춘 듯한 느낌이 든다.

나는 다른 대안을 제시하고 싶다. 이것은 성경에 명시적으로 등장하며, 운동을 시작하고 개발하고 유지하는데 필요한 사역의 분류체계를 제공한다-지도자에 대한 에베소서 4장 1-16절 말씀의 모델이다. 이것은 흔히 그 약자를 따서 APEST(이하 5중 사역) 모델이라고 불린다(사도(apostle), 선지자(prophet), 복음 전도자(evangelist), 목사(shepherd), 교사(teacher)).

여기에서 내 글은 이 모델에 대한 완전한 주장을 펼치는 것이 아니지만, 이것을 여기에서 언급하는 이유는 우리가 오늘날 교회에 운동 형태를 일으키기를 소망한다면 필수적이라고 믿기 때문이다. 먼저 나는 에베소서의 본문을 살펴볼 것이고, 이 본문에 대해 우리가 물려받은바 기독교 제국 안에서의 의미를 읽을 것이다. 우리는 운동적인 사역의 렌즈로 이 본문을 의도적으로 읽어야 한다. 우리가 그렇게 한다면, 우리는 사역을 완전히 새로운 빛으로 보기 시작할 것이다.[9]

기억해야 할 첫 번째는 바울이=의심할 여지 없이 신약 성경에서 사도적 사역의 탁월한 실천가였던 그가-우리에게 교회의 본성과 기능에 대해 그의 최고의 생각을 우리에게 전하고 있다는 점이다. 바로 여기, 그의 편지의 핵심에서(엡 4장), 교회의 본질적 사역에 대한 설명이 등장한다. 이것은 "헌법적" 무게를 갖고 기록되었다. 바울은 우리에게 교회 사역의 논리를 제시한다.

- 1-6절에서, 바울은 우리에게 한 하나님 안에서 근본적인 연합이 있음을 이해할 것을 요청한다.

- 7-11절에서, 그는 5중 사역이 교회에 주어졌다고 말한다(단순과거 직설법=헌법적).
- 12-16절에서, 그는 왜 5중 사역이 주어졌는지를 말한다. 답은? 우리가 세워지고, 하나가 되고, 성숙하고, 등등이다.

여기에서 그가 말하는 것은 더 선명할 수가 없다. 우리는 5중 사역이 없이는 12-16절에서 제시되는 성숙하고 완전히 기능적인 종류의 교회가 될 수 없다. 사도, 선지자, 복음전도자, 목사, 그리고 교사를 포함하는 '완전한 사역 모델이 없이는' 안 되는 것이다. 전통적인 기독교제국의 주장은 본문의 논리와 문법에 심각한 위력을 행사한다. 7절에 나오는 "주셨다"고 할 때 이는 모든 5중직 사역들에 대한 것이다. 그런데 어떻게 우리는 현재의 목사-교사 모델만 남기면서 나머지는 무시하는가? 교회의 완전한 사역의 5분의 2만으로 움직이면서 어떻게 우리가 12-16절에 약속된 결과들을 기대할 수 있겠는가?

우리는 모든 5중직 사역을 가짐으로써 나오는 완전한 운동력을 인식할 필요가 있다. 간단히 각각의 실질적인 정의를 제시한다:

- '사도적 사역'은 본질적으로 선교적인 사역이다(아포스텔로=보냄 받은=선교적인). 이름이 의미하는 것처럼, 운동은 가장자리를 향하여 바깥으로 움직인다. 기독교의 건강한 확장을 새로운 땅에 내리게 하는 것이다. 사도적인 사람은 혁신가, 도안자, 건축자-타문화으로, 자기 문화권 안에서 영향력을 끼칠 수 있는 사람이다. 사

도적 직분은 지리와 시간을 뛰어넘어 운동의 진실성과 건강성을 담보하는 중요한 역할을 한다.

- '선지자적' 사역은 강력한 하나님 중심성을 수반한다. 선지자들은 본질적으로 하나님과 그의 백성 사이에 언약 관계를 수호하도록 하는 역할이다. 하나님이 느끼는 것을 느끼고 하나님을 위하여 말하는 사람이다. 이들은 교회에게 신실하며 충성하며 때때로 우상 타파를 하도록 요구한다.

- '복음전도자적' 사역은 좋은 소식의 사역이다. 그 또는 그녀는 확산성이 강한 사람이다. 복음 메시지를 나누는 사람이다. 본질적으로 조직의 대의명분을 위해 '사람들을 찾는다.' 그들이 교회 벽 바깥의 사람들에게 다가가기 때문에, 문화적 적합성에 대한 이해가 중요하다.

- '목자적(shepherding)' 사역은 돌봄의 사역이다-치유, 화해, 제자도, 건강, 공동체의 사역이다. 높은 EQ(정서적 지능)과 감정이입과 함께, 이들은 운동이 장기간에 하나 될 수 있는 사회적 아교 역할을 제공한다.

- '가르침'은 다른 사람들이 쉽게 볼 수 없는 점들을 연결한다. 교사는 본질적으로 생각을 의미 있게 전달한다. 이들은 깊은 이해를 촉진하고 경건한 삶을 위한 지혜를 전달한다. 이들은 믿음의 내용과 세계관을 지킨다. 이들은 교회의 지적인 신뢰를 창출하는 철학자들이다.

이러한 설명을 염두에 두고, 에베소서에 나타나는 시스템에 있는 내재적 균형을 살펴보자. 5중 사역(APEST)은 운동에 필수적인 두 측면을 갖고 있다. 한편으로, 역동적이고, 기존 균형을 도전하는 APE의 사역이 있다. 다른 한편으로, 운영에 보다 치중하는 ST 사역이 있다. 사실은 두 가지 차원들이 모두 필요하다. APE는 성격상 새로운 형태를 창출하고, 본질적으로 운동 중심적이다. ST는 운동에 안정성을 부여한다. 인사부서에 비견할 수 있다. 왜 우리가 이 모든 것을 다 가져선 안 되는가? 더욱 중요한 것은, 우리의 미션과 사역에 대해 제한된 이해만을 갖고 있다면, 어떻게 우리가 변혁적인 운동이 되기를 기대할 수 있겠는가? 완전한 5중직 사역 모델의 결핍은 리더십과 사역에 대한 이해에 심각한 축소를 일으켜서 우리가 성숙할 수 있는 역량에 손해를 입혔다.

한 가지 더 추가하도록 해 보자. 이것 내가 믿기에 결정적으로 중요한 것인데-미국인들은 "뜻밖의 결말"이라고 부르는 것이다. "예수 그리스도 안에 사역의 모든 권능과 기능이 다 있다"고(313쪽) 켈러가 말한 것은 옳다. 이것은 특히 바울이 에베소서 4장에서 전하고 싶은 이미지이다. 그리스도의 승천 및 교회에 그리스도가 주시는 선물에 대해 말한다. 그리스도의 내적인 사역의 원리가 어떻게(삼중직 모델 대신) 5중 사역 모델의 렌즈로 반영되는지를 살펴보도록 하자. 다음을 생각해 보자.

- 예수는 사도인가? 답은 그렇다. 그는 "보냄 받은 분"'이다'(아포스텔로의 어근의 변형어이다). 그는 운동을 만드시고 하나 되게 하신다. 그는 실제로 "우리의 사도"라고 히브리서 3:1에서 불린다. 그

는 사도의 원형이시다. 맞다!

- 예수는 선지자인가? 그렇다. 의심할 여지없다. 그의 사역의 대부분은 사람들을 불러 회개하며 하나님께 충성과 성실을 바치도록 하는 것이었다. 맞다!
- 예수는 전도자인가? 그렇다. 그 '자신이' 바로 좋은 소식이다. 그는 잃어버린 자를 찾아 구하러 오셨다. 영원한 생명을 주려고 오셨다. 맞다!
- 그는 목자인가? 그렇다. 분명히. 그는 선한 목자이다. 그는 새로운 언약 공동체를 만들고 유지한다. 맞다!
- 그는 교사인가? 쉬운 질문이다. 당연히. 랍비? 맞다!

이것은 전혀 억지가 아니다. 우리는 합당하게 예수가 5중직 모델의 완벽한 구현자라고 말할 수 있다. 에베소서 4장의 빛에 비추어 보면, 그리스도의 사역이(5중 사역의 원형이며 구현으로서) 그리스도의 몸으로 표현되며, 이 사역은 그의 백성들 사이에서 5중 형태를 가져야 한다. 이것은 단지 카리스마틱한 것이 '아니지만', 성령의 권능 부여가 여기에 나타나 있다. 이것은 백성들을 통하여 그리스도의 사역이 나타나는 것이다. 내가 믿는 것은 이러한 이해가 사역방식을 바꾼다. 그리스도의 몸의 기능들에 대한 우리의 이해가 여기에서 중요하다-어떤 이들은 교회의 표지 또는 특징이라고 일컫는 부분이다.

여기에 1조 원짜리 질문이 있다. 만일 우리가 성경에 제시되는 완전한 다섯 가지가 아니라, 오직 두 가지 형태로만 사역을 한다면, 어떻게 예수님의 사역의 영향력이 확장되리라 기대할 수 있겠는가? 만일 예수님이 '진정한' 5중 사역의 원천이며 원조라면, 어떻게 그리스도의 몸이 그의 사역을 단지 목사와 교사의 형태로만 구현할 수 있겠는가? 에베소서 4:1-16의 분명한 해답은 그럴 수 없다는 것이다. 그러므로 오늘날의 교회에서 나타나는 역기능성들의 이유가 설명되는 것이다. 동시에, 우리는 교회의 운동적 잠재력이 잠들어 있는 것을 깨우는 중요한 열쇠 중 하나를 발견한다.

오늘날의 사도적 운동들

나의 결론은 사도적 운동에 대한 몇 가지 종합적인 진술과 그 중요성에 대한 것이다.

1. 예수님은 교회가 일을 감당하기에 필요한 모든 것을 주셨다.

우리는 세상의 변혁을 위해 지음을 받았다고 나는 믿는다. 이것은 예수님이 우리에게 의도하신 것이다(마태복음 16장을 보라), 그리고 복음이 의미하는 것이다-우리의 궁극적인 목적은 우주적 변혁이다(엡 1, 골 1을 보라). 예수님이 이것을 넣으셨기 때문에 우리가 빼고 싶어도 뺄 수 없는 것이다. 이런 의미에서, 교회는 그 대답이다. 우리는 하나님이 어떻게 우리를 지으셨는지에 귀 기울이기를 배워야 한다. 이것이 의미하는 바는 패러다임 변화는 신학적인 분별 과정일 뿐 만 아니라 실제적이며 선교적인 과정이다.

2. 모든 신자는 세계 변혁을 위한 잠재력을 그 안에 가지고 있다.

하나님께서 어떻게 평범한 사람들을 운동들 가운데서 사용하시는지 관찰할 때 더욱 분명해지는 진리이다(예, 신약성경, 초대 교회, 켈트족 선교 역사, 감리교 역사, 중국의 지하 교회 등등). 교육 받지 않은 중국의 농부들이 세계를 바꾸고 있다는 사실을 우리가 어떻게 달리 설명할 수 있겠는가? 이것을 생각해 보라. 모든 씨앗에는 나무가 될 잠재력이 담겨 있다. 모든 나무에는 숲이 될 잠재력이 담겨 있다. 그러나 이 모든 것은 첫 번째 씨앗 속에 담겨 있다. 모든 불꽃마다 화염이 될 잠재력이 있다. 모든 화염마다 화재가 될 잠재력이 담겨 있다. 그러나 이 모든 것은 잠재적으로 처음 그 불꽃에 담겨 있다.

이것은 하나님의 백성 가운데 각각의 신자들에게도 마찬가지이다. 운동을 위한 모든 가능성은 하나님의 백성 가운데 이미 있다. 우리의 직무는 그것을 꺼내는 것이다. 중국에 있는 어떤 지하 교회는 이렇게 외친다. "모든 신자는 교회 개척자이다. 모든 교회는 교회를 개척하는 교회이다." 여러분, 이것은 우리가 하나님의 백성을 보는 관점을 바꾼다 ― 남자와 여자, 부자와 빈자, 젊은이와 노인, 백인과 흑인.

3. 운동들은 하나님 백성의 모든 사역을 인정하고 활성화하는 정도까지만 성공할 수 있다.

각 사람은 "평범한 영웅"이 될 수 있다. 나는 좀더 나아가 이렇게 말하려고 한다. 모든 신자들이 사역자화 하는 것은 운동적 돌파의 시대에 하나님께서 꺼내시는 비밀 병기이다. 모든 사람이 경기를 한다! 내가 어떤 책에서 주장한 바와 같이, 운동들은 조직화되고 교회적인 측면이 활기 있는 교회 개척과 연동되어 있어야 하지만 모든 신자들이 사회의 모든 분야와 영역에서 사역자화 하도록 활성화하는 것이 필요하다.[10] 이 두 가지 측면들이 바른 시간에 바른 영적 상황에서 함께 모일 때 우리는 진정한 운동들이 일어날 수 있는 가능성을 갖게 된다. 다음과 같이 그려볼 수 있다.

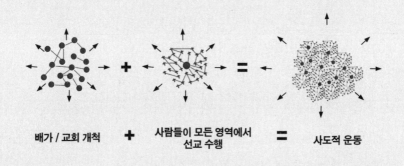

배가 / 교회 개척 **+** **사람들이 모든 영역에서 선교 수행** **=** **사도적 운동**

모든 신자의 사역자화의 감소 그리고 이에 상응하는 사역의 전문화 및 성직자화는 운동 역동성의 상실 및 제도로서의 교회의 통제 증가로 귀결된다. 중국에서 교회가 잠들었던 잠재력을 회복하고 쌍곡선적인 성장과 영향력을 찾기까지 성직자들은 강제적으로 제거되었다. 성직주의는 운동 역동성에 큰 장애물처럼 보인다. 이것은 초기 감리교와 오순절주의에서도 마찬가지였다. 언제에야 우리는 과거의 교훈으로부터 배울 수 있게 될까?

4. 운동들은 본질적으로 DNA에 기초한 조직들이다.

다른 모든 살아있는 시스템들처럼, 조직들은 조직의 각 부분에 깃들어 있는 내부 규칙에 근거해서 복제하고 존재를 유지한다. 각각의 살아있는 세포들은 온전한 몸을 위한 규칙을 갖고 있다.

조직들은 이것을 하는 정도만큼 운동들이 될 수 있다. DNA의 논리를 따라 가라. 당신이 핵심 프랙티스와 아이디어들을 바로 붙잡았다면 그것을 시스템의 가능한 모든 영역에 깊이 침투하게 하라. 당신은 뒤로 물러서서 열렬히 기도하고 계속 갈 수 있다. 이것을 하면서 높은 자기 책임성과 낮은 타인 통제를 행하도록 주의하라.

다른 비유를 사용하자면, 운동들은 거미보다는 불가사리 같은 것이다. 머리를 잘라내면 거미는 죽는다. 거미들은 중앙화된 통제 센터를 갖고 있다. 반면, 불가사리는 잘라지면 더 많은 불가사리를 만든다. 각각의 부분이 전체가 될 가능성을 갖고 있는 것이다.

5. 모든 5중직 사역들에 필수적이고 타협 불가한 역할들이 있지만, 그중에 사도적 사역이야말로 사도적 운동의 열쇠이다.

이것은 우리가 신약성경에서 보는 것이다. 이것은 중요성이나 우선순위에 대한 강조점이 아니다. 오히려 이것은 목적과 고안에 대한 것이다. 본성적으로 그리고 부르심에 의해서, 사도적인 사람은(보냄 받은 자) 그 또는 그녀가 보냄 받았다는 내적인 본능을 따라가며 시스템이 앞서가도록 밀어붙인다. 그리하여 기독교가 새로운 땅 위에 서게 한다. 그들은 단지 개인 전도만이 아니라, 교회 개척에 참여한다. 그들은 끊임없이 연결하고 핵심적인 일치를 이뤄 나간다. 지역적, 문화적 다양성의 맥락 속에서 그렇게 한다. 그 결과는 운동이 급성장하는 것이다. 이것은 팀 켈러가 리디머 시티투시티티 운동을 전세계적으로 하면서 살아내며 또한 이 책에서 탁월하게 지지하는 그런 운동이다.

양상은 분명하다. 사도적인 영향력을 제거하라. 그러면 사도적 운동이 생기지 않을 것이다. 이것은 떼어놓을 수 없이 연결되어 있다. 놀라운 역설이 여기에 있는데, 켈러가 에베소서 4장의 신학과 관련하여 은사 중단론자의 입장을 인정하고 있지만,[11] 그는 이 시대의 가장 뛰어난 사도적 지도자로 우리 옆에 있다. 그는 왜 우리가 이런 종류의 사역이 우리 시대에 필요한지를 실증한다.

항구에 정박한 배는 안전하다.
그러나, 그것은 배가 지어진 목적은 아니다.
-존 쉐드, "다락방의 소금"

앨런 허쉬에 대한
답변

팀 켈러

앨런 허쉬는 선교적 교회 운동에 있어서 수십 년 동안 사상적 지도자
였다. 운동 역동성에 대한 챕터에 그의 통찰력을 더함으로써 우리의 대
화가 더욱 풍요롭게 되었음에 감사하다. 운동들은 규칙이나 절차보다는
공통 비전에 의해서 뭉쳐진다. 그 구성원들은 대의 목적에 희생적으로
헌신한다. 단지 혜택을 받으려고 거기에 있는 것이 아니다. 운동들이 가
치를 부여하는 것은 안전, 전통, 안정보다는 위험 감수, 혁신, 변화이다.
운동들은 상명하복과 명령과 통제의 조직이기 보다는 "아래에서 위로"
가는 참여적인 경향이 있다. 허쉬의 에세이는 운동들의 중요성과 성격을

따뜻한 시선으로 인정하고 있다. 그렇지만 중요한 추가적인 통찰들을 제시하고 있다. 《팀 켈러의 센터처치》의 내용을 향상시키는 몇 가지를 요약하고 의견을 진술하려고 한다. 그는 한 가지 영역에서는 이 책의 내용과 의견이 다른데, 그에 대해서는 에세이 말미에 답하려고 한다.

가장자리부터의 운동들

어떻게 운동의 사고방식을 교회 안에서 함양할 수 있을까? 허쉬가 "운동들은 가장자리에 있는 교회들에서 생겨난다"고 한 진술에 나는 흥미로워졌다. 그가 의미하는 것은, 불안정한 장소에 있는 교회들이라고 생각된다. 급격한 쇠퇴를 경험한 교회들과 소멸 위기를 맞닥뜨린 교회들은 "가장자리"에 있어서 근본적인 혁신에 열려 있을 수도 있다. 그들은 물론 과거를 고수하다가 죽을 수도 있다. 그러나 불안정한 지점에 있는 교회들이 마침내 운동 역동성을 수용하는 교회들을 종종 보았다. 허쉬의 통찰과 일치하는 것이다. 나는 또한 개척 교회들은 거의 대부분, 정의상, "가장자리에" 있다고 본다. 왜냐하면 완전히 새로운 교회들은 안정적이지 않기 때문이다. 그들은 생존하기 위해서는 사람들을 섬기고 전도해야 한다. 그들은 의지할 수 있는 승리의 월계관이 없다. 성공했다는 느낌을 가질 수 있는 건물이 없다. 새로운 교회들은 거의 언제나 그들의 불안정성 때문에 운동 역동성이 더 나타난다.

여기에서 더 살펴볼 수 있다. 기본적으로 두 가지 종류의 개척 교회들이 있다-핵심그룹이 기존 교회에서 나와서 재정적 지원과 지도자들이 있는 개척 교회들이 있다. 또한 "개척자" 모델의 개척 교회가 있다. 이것은 본질상 무로부터의 시작이다. 기독교인으로 이루어진 핵심 그룹 없이. 우리는 보통 개척자 모델에서 훨씬 많은 혁신과 활발한 운동 역동성을 목격하게 된다. 왜냐하면 그들이 더 불안정하기 때문이다.

그러므로 우리는 또한 운동 역동성과 혁신이 기성교회가 아닌 교회들과 덜 "존경할 만한"그룹과 이웃들로부터 나올 것을 기대할 수 있다-사회의 가장자리에 있는 교회들에서 나온다. 이는 북미와 유럽의 부유하고 힘 있는 지역에 있는 교회들이 훨씬 제도화되고 정체된 모습에서 나타난다. 반면 아프리카, 남미, 그리고 아시아에 있는 풀뿌리 가운데 있는 교회들이 훨씬 역동적이다. 빠르게 성장하는 운동들의 전형적인 특징들이 증거인 것이다.

운동과 "한계성"

관련된 통찰이 있는데, 그것은 운동 역동성이 "한계성"에 의해서 향상된다는 것이다. 다음은 허쉬가 이와 관련하여 쓴 중요한 문장이다.

한계성이란 비정형성, 주변성, 그리고 방향 상실, 심지어는 위험에 대한 감각이다. 한계성을 경험하는 것이 필요하다. 만일 우리가 위기의식을 개발하고 이야기를 바꾸려면 말이다. 한계성으로부터 우리는 새로운 비유를 발견할 창조적인 상상력을 찾을 수 있다. 이는 우리가 교회가 미션을 수행하도록 하는데 필요한 것이다. 켈러가 우리에게 상기시키듯, 어떤 조건들의 한계성은 우리가 교회의 보다 활력 있는 표현형들을 찾아내는데 있어서 아주 긴요한 도움이 된다(387-388쪽). 허쉬는 즉각적으로 이 아이디어를 리디머교회에 적용한다. 대부분의 관찰자들은 우리 교회에 대해, 5천 명이 넘는 출석자들과 성장하는 예산과 목회팀, 그리고 건물이 있는 것을 보고, 우리가 아주 안정된 기성 교회라고 느낀다. 그것은 사실이 아니다—허쉬가 맞다. "리디머교회에게, 한계성 도전은 뉴욕 시의 공간에서 존재하면서 복음 중심적인 도시가 되기로 하는 것이다." 많은 복음주의적 기독교 교리들과 신념들은 뉴욕 시의 권력층이 극히 배척하는 것들이다. 그들의 권력은 아주 크다. 우리가 비록 우리 도시를 사랑하고 뉴욕에 오래 산 사람들이 많이 있으며 많은 부분에서 뉴욕의 문화를 수용하기는 하지만, 우리는 여전히 근본적으로 다르며(우리가 알기로는) 많은 측면에서 우리의 이웃들에게 "불쾌하게" 느껴진다. 우리는 언제나 "비정형과 연약함"을 어느 정도 안고 있다. 그리고 이것은, 허쉬가 말하듯이, 우리의 경우에 운동 역동성을 뜨겁게 하고 강하게 하는 요소로 분명히 작용하고 있다.

근본주의와 현대주의의 분리 이후 1백 년 동안 북미에서 기독교에 일어난 일에 이 원칙을 적용할 수 있다. 현대주의에 의해 포획된 주류 교회는 건물, 대학, 기부금 및 단체의 모든 과시적인 요소들을 유지했다. 그들은 문자 그대로 중심에 남았다. 그들의 교회는 중심가 또는 마을의 중심 광장에 있었다. 복음주의자들과 오순절 주의자들은 말 그대로 사람들에게 밀려 나갔다. 그들의 교회는 도시 외곽에 있었거나 임대 시설에서 모였다. 그들의 교인들은 도시의 주요 계급이나 위대한 도시 중심지에서 오지 않았다. 그들은 바닥에서 자신의 학교와 조직을 시작해야 했다. 그들은 또한 주류 교단의 교회 개척의 비율을 훨씬 능가하는 속도로 새로운 교회를 심었다.

그러나 혁신과 에너지는 복음주의자들에게 있었다. 그들은 놀라운 사역들을 일으켜서(세 가지만 언급하자면, IVF, CCC, 네비게이토) 대학생들을 회심으로 이끌었다. 새로운 신학교들을(풀러, 고든콘웰, 트리니티) 세워서 수많은 회심자들이 교회 지도자들로 성장했다(나는 이 역동성의 일부로서 1970년대를 살았다). 20세기 말에, 주류교단 교회들은 급격히 쇠퇴하고 있지만, 복음주의 교회(그리고 신학교)들이 지금이 훨씬 많은 주류교단 재단들을 추월하고 있다.

많은 관찰자들은 지난 20년 동안 미국 복음주의 안에 제도화와 쇠퇴의 표지를 목도하였다. 그러나 나는 허쉬의 생각을 빌어 간결하고 담대한 말을 하려고 한다. 북미 문문화의 성적, 도덕적 기준에 있어서 혁명적인 변화는 아마도 정통 기독교인들은 중심부에서 가장자리로 밀어내는 새로운 힘이 될 것이다. 1백 년 전에도 그랬듯이 소모전이 있을 것이다. 많은 사람들은 존경과 문화적 수용의 "영문 밖에서" 교회를 따르려고 하지 않을 것이다. 그러나 한계성에 대한 새로운 경험을 통해 우리의 운동 역동성에 갱신이 이루어질 것이며 혁신이 폭발할 것이다. 또한 비서구 교회에서, 기독교는 젊고 아주 활기가 있다. 거기에 있는 우리의 형제들과 자매들은 서구 교회에 새로운 아이디어와 자원의 원천이 될 것이다. 일단 우리의 한계적 상태로 말미암아 우리는 더욱 그들에게 열린 마음을 갖게 될 것이다. 많은 도움이 이미 준비 중에 있는 것이다.

운동과 리더십

교회의 리더십 구조에 대하여, 허쉬는 다음과 같이 말한다. "내가 제안하는 대안은 분명히 켈러보다 훨씬 급진적이다." 이 지점에서, 그는 아마도 교회 사역의 구조에 대해 그가 가장 잘 아는 메시지를 에베소서 4장 11-16절에 따라서 제시한다. 그는 성경적인 교회 리더십의 개요를 5중직 APEST 라고 부른다—사도(apostles), 선지자(prophets), 복음전도자(evangelists), 목사(shepherds), 그리고 교사들(teachers). 여기에서 요약해서, 그리고 다른 저서에는 상세하게, 이러한 모든 기능들이 활력 있는 교회에는 필수적이라고 주장하며, 이러한 모든 리더십 역할들은 선택적인 것이 아니라 헌법적인 것이며, 하나님께서 우리에게 주신 것이라고 주장한다.

내 마음의 눈에는 허쉬가 싱긋 웃으면서 마지막 문장을 작성한 것 같다. "놀라운 역설이 여기에 있는데, 켈러가 에베소서 4장의 신학과 관련하여 은사 중단론자의 입장을 인정하고 있지만, 그는 이 시대의 가장 뛰어난 사도적 지도자로 우리 옆에 있다"(403쪽). 이것은 극히 친절한 것이다. 그는 내가 에베소서 4장에 대한 보다 전통적인 독법을 따르고 있다는 사실을 언급한다. 나는 이것들을 다섯 개의 준수 항목이라고 생각하지 않는다.

그러나 내가 허쉬의 통찰을 거절한다고 독자가 읽기 이전에, 이것을 생각해 보라. 그의 관심사는 현재의 모델이—모든 사역자의 역할과 지도력이 안수 받은 사역자/목회자 안에 머무는—성경적이지 않을 뿐만 아니라, 부흥과 운동 역동성을 고취하지도 않는다는 것이다. 내 생각에 그가 옳다. 나의 생각이 그 방향으로 옮겨간 것에는 한 가지 이유가 있다. 지난 몇 년 동안, 존 칼빈의 저작들을 아주 많이 읽었다. 나는 그의 글 속의 다양한 기독교인 사역에 대해 놀랐다. 그것은 앨런 허쉬의 개요와 유사성이 있다. 사실, 칼빈은 한 자리에서 모든 사역들을 열거하지는 않았다. 그러나 네 종류의 사역자들을 인정한다. 집사들은 돌봄을 제공하는 사람들이다. 장로들은 관리자이며 감독자들이다. 교사들 또는 "의사들"은 성경의 전문가이며 교육을 맡는다(꼭 설교자인 것은 아니었다). 그리고 설교자는 말씀을 선포하고 성찬을 집례했다.

칼빈의 목록들 대부분에서, 오직 네 종류의 "사역자들"이 있다. 그런데 기독교 강요의 한 곳에서는(4.4.2; 4.4.4도 참조), 장로, 목사, 또는 교사가 한 특정 지역에서 모여서 주교를(bishop) 지명하라고 썼다. 칼빈은 주교가 성직을 안수하거나 스스로 파문을 행할 권력을 가지는 것에 대해서는 신속히 부정했다. 그것은 가톨릭 교회에서 직분이 전개되었다. 오히려, 주교들은 "형제들의 회에 순복하는 상태로 남아 있어야만 했다."[1] 그렇기는 해도, 칼빈은 사도적 직분이 단절되었음을 믿으면서도, 어떤 흔치 않은 은사를 가진 리더십은 인정되어야 함을 인정한 것과 같다.

자, 이것은 허쉬의 5중직(APEST) 구조와 동일한 것은 아니다. 그러나 솔직히 그렇게 멀리 떨어져 있지 않다. 내가 말하려는 것은 성경적 사도직과 선지자직의 계속성을 믿지 않으면서도 여전히 다양한 종류로 이루어진, 허쉬가 유익하다고 보았던, 사역 리더십의 구조가 필요한 것을 인정하는 것이 가능하다는 점이다. 이것은 보다 전통적인 교회의 교단에서 일하는 우리들에게 많은 토론이 필요한 부분이다.

앨런 허쉬에게 감사한다. 격려하며 풍요롭게 하는 논평이었다. 예수 그리스도의 교회에 대한 그의 큰 사랑을 느낄 수 있었기에 더 감사한다.

주

프롤로그

1. 리처드 린츠, *The Fabric of Theology, A Prolegomenon to Evangelical Theology* (Grand Rapids:Eerdmans, 1993), 9.

2. 위의 책, 82.

3. 위의 책, 315.

4. 위의 책, 316-317.

5. 이 세 가지 영역은 리처드 린츠의 네 가지 신학적 비전 요소들과 대략적으로 상응한다. (1)'복음'은 어떻게 당신이 성경을 읽느냐에서 흘러나온다; (2)'도시'는 문화에 대한 당신의 성찰에서 흘러나온다; (3)운동은 당신이 전통을 어떻게 이해하느냐에서 흘러나온다. 한편, 네 번째 요소-인간 이성에 대한 당신의 견해-는 이 모든 세 가지를 이해하는데 영향을 끼친다. 당신이 비그리스도인을 어떻게 전도하는지, 어떻게 일반은총이 문화 가운데 일한다고 보는지, 사역 구조에 대한 당신의 생각에 있어서 얼마나 제도적인지 (아니면 반제도적인지)에 영향을 끼친다.

6. 복음 축은 다른 두 가지와 같지 않다고 주장할 수 있다. 다른 두 축에서는, 바람직한 위치는 중간점이다. 극단 사이에 균형점이다. 그런데, 싱클레어 퍼거슨(매로우 논쟁에 대한 강연에서) 및 다른 이들이 주장하듯이, 복음은 단지 두 극단 사이의 균형이 아니며, 완전히 다른 무엇이다. 사실, 율법주의와 율법폐기론은 반대가 아니라 사실상 동일한 것이기도 하다. 복음에 반대된 자기 구원이라는 점이다. 그러므로 복음을 두 극단 사이에 놓은 것은 단순히 시각적인 방편일 뿐임을 유의하기 바란다.

part 1

01 -----

1. Darrell L. Guder, ed., *Missional Church: A Vision for the Sending of the Church in North America* (Grand Rapids: Eerdmans, 1998).

2. Lesslie Newbigin, *The Open Secret: An Introduction to the Theology of Mission*, rev. ed. (Grand Rapids: Eerdmans, 1995), 18.

3. David Bosch, *Transforming Mission: Paradigm Shifts in Theology of Mission* (Maryknoll, N.Y.: Orbis, 1991), 389-390 (the quotes in this paragraph are from these pages).

4. Lesslie Newbigin, *The Open Secret: An Introduction to the Theology of Mission*, rev. ed. (Grand Rapids: Eerdmans, 1995), 18.

5. Harvey Cox, *The Secular City* (New York: Macmillan, 1965), 255.

6. Newbigin, *Open Secret*, 18.

7. 위의 책, 121-123.

8. 뉴비긴은 《오픈 시크릿》(복있는사람 역간)에서 이렇게 말한다. "오래된 기독교 세계의 중심부에서 이교가 그 위력을 발하고 있다."

9. The Open Secret (Grand Rapids: Eerdmans, 1978); Foolishness to the Greeks (Grand Rapids: Eerdmans, 1986); The Gospel in a Pluralist Society (Grand Rapids: Eerdmans, 1991).

10. Newbigin, "Ecumenical Amnesia," 4-5, www.newbigin.net/assets/pdf/93reit.pdf (2012년 2월 15일 접속).

11. 위의 책.

12. 뉴비긴이 "받아들이는 모든 사람에게 정죄와 구원"이라고 표현한 것은 이렇게 이해될 수 있다. 받아들이는 모든 사람들은 죄의 확신 (정죄)과 은혜의 용납을 둘 다 받게 된다.

13. David Bosch, *Believing in the Future: Toward a Missiology of WesternCulture* (Valley Forge, Pa.: Trinity Press International, 1995), 33.

14. 위의 책, 33-35.

15. 위의 책, 47-53.

16. 위의 책, 56-57.

17. 위의 책, 55-62. 보쉬는 책의 말미에 이러한 많은 요소들을 간략히 열거한다. 그는 생태적 이슈

들을 다루는 것과 제3세계 교회의 신학적 통찰과 개인적 체험들을 존경하는 마음으로 주의 깊게 귀 기울이는 것을 포함하고 있다.

18. 데이비드 보쉬(David Bosch)는 자유주의적인 교회와 보수주의적인 교회 모두의 관습뿐만 아니라 교리들, 특히 성경관을 비판한다. 현대성에 의해서 영향을 받았다는 것이다. 예를 들어 "주체-객체의 (계몽주의적) 이원론'은 분명히 반대 방식으로 성경과 기독교 신앙을 객관화한다. 자유주의자들은 성경 본문보다 자기의 주권을 더 높이 놓고 윤리 규칙들을 추출했다. 반면 근본주의자들은 성경을 숭배 대상으로 만드는 경향이 있어서 본문을 기계적으로 모든 맥락에 적용한다. 특히 '지상명령'에 대한 것이 그렇다"(*Transforming Vision*, 342).

19. 이 책은 여러 저자들의 모음집이라서 언제나 한 목소리를 내지는 않는다. 비록 뉴비긴이 문화 참여에 대하여 변혁주의적 방법들과 대항문화적 방법들을 절충했지만, 《미셔널 처치》의 많은 기고자들은 어느 한쪽 진영으로 치우친다. 이 책의 내용 및 저자들의 차이점에 대한 좋은 논의를 보려면, 다음 책을 보라. Craig Van Geler and Dwight J. Zscheile, *The Missional Church in Perspective: Mapping Trends and Shaping the Conversation* (Grand Rapids: Baker, 2011). (크레이그 밴 겔더 & 드와이트 샤일리, 《선교적 교회론의 동향과 발전》, CLC 역간)

20. 밴 겔더(Van Gelder)와 샤일리(Zscheile)는 이 그룹을 "'발견적 선교적'이라고 불렀다. '선교적'이라는 언어를 사용하여 보다 전통적인 선교 이해를 촉진하려는 이들이었다(71쪽). 즉 이들은 '선교'를 '피조 세계를 새롭게 하시는 하나님의 일에 동참하는 것'으로 보기보다 주로 '교회 영토를 확장하는 것'으로 보았다. 이 명칭은 약간 내려다보는 면이 있다. 저자들은 자신들이 그 개념을 여전히 발견하는 중이며 진정으로 이해하는 단계에는 있지 않다고 생각한다. 그들은 프랭크 페이지(Frank Page)를 인용한다. The Nehemiah Factor (Birmingham, Ala.: New Hope, 2008). 릭 루소(Rick Rusaw)와 에렉 스완슨(Eric Swanson)이 이 그룹의 예이다(Rick Rusaw and Eric Swanson, The Externally Focused Church (Loveland, Colo.: Group, 2004).

21. 이 접근법의 초창기 저작은 마이클 프로스트(Michael Frost)와 알랜 허쉬(Alan Hirsch)가 있다. Michael Frost and Alan Hirsch, The Shaping of Things to Come: Innovation and Mission for the 21st-Century Church (Grand Rapids: Baker, 2004). 또한 다음의 데이비드 핏치 (David Fitch)의 Reclaiming the Mission (www.reclaimingthemission.com) 웹사이트를 참조하라. 나는 또한 팀 체스터(Tim Chester)와 스티브 티미스(Steve Timmis)의 책들을 추천한다. Tim Chester and Steve Timmis, Everyday Church: Mission by Being Good Neighbours (Nottingham, UK: Inter-Varsity, 2011).

22. 밴 겔더와 샤일리는 《깊이 있는 교회》의 짐 벨처, 댄 킴볼, 그리고 나를 언급하고 있다 (87쪽). 나는 여기에 에드 스테처 (Ed Stetzer)를 포함하고 싶다.

23. Alan J. Roxburgh and M. Scott Boren, *Introducing the Missional Church: What It Is, Why It Matters, and How to Become One* (Grand Rapids: Baker, 2009), 93. 밴 겔더와 샤일리는 선교적 신학은 교회를 '호혜성, 상호성, 그리고 개방성'으로 부른다고 말한다 (133쪽). 삼위일체는 비위계적, 상호적 공동체로 볼 수 있으므로, 선교적 교회도 반드시 상호적, 개방적, 그리고 세상

과의 역동적인 관계성을 가져야 한다(110쪽).

24. 죄와 구속에 대한 수평적인 재작업을 펼치는 많은 책들 중 하나는 N. T. 라이트(Wright)이다. N. T. Wright, *Evil and the Justice of God* (Downers Grove, Ill.: Inter-Varsity, 2006). 라이트는 말하기를, "악은 반창조적, 반생명적 힘이며 하나님이 선하게 지으신 공간, 시간, 물질, 그리고 무엇보다도 하나님의 형상을 가진 인류를 훼손하고 파괴하려고 하며 반역한다. [그러나] 복음 기록자들이 말하고 있듯 악은 궁극적으로 가장 형편없는 일을 당했다. 바로 예수님이 십자가에서 모든 악을 처리하신 것이다. 예수님은 악의 모든 힘을 짊어지고 그 힘을 소진시키셨다"(89쪽).

25. 다음을 보라. Wright, *Evil and the Justice of God*. "신약 저자들은 악이 최악을 행하고 소진되는 현저한 표지를 기록했다. 예수님은 고초 당하실 때 누구도 저주하지 않으셨다. 그분은 욕설을 받으실 때 누구도 욕하지 않으셨다"(88-89쪽). "예수님의 죽음은 악이 패하고 그 권력이 소멸되게 하는 수단으로 보인다"(136쪽).

26. 밴 겔더(Van Gelder)는 자신을 이 범주에 포함하면서 '사회적 삼위일체'라고 그가 부르는 미시오 데이의 함의를 받아들이지 않는 사상가들을 비판한다. 그는 주장하기를, 하나님이 만물을 구원하시는 상호적 사랑의 공동체라는 사실을 강조하는 것은 '우리가 개별적 그리스도인들을 하나님의 구속 사역의 초점으로 보는 것'을 방지해 주며 '교회의 공동체적 성격과 제자도의 단체적 성격'을 강화해 준다(84쪽).

27. 브라이언 매클라렌(Brian McLaren)과 이머전트(Emergent) 네트워크의 다른 이들이 이 용어를 수용했음에도 불구하고, 알렌 록스버그(Alan Roxburgh)와 스콧 보렌(Scott Boren)은 이머징 교회와 선교적(missional) 교회가 똑같은 것이 아님을 보여 준다(Alan Roxburgh and Scott Boren, *Introducing the Missional Church*, 47-62). 사실 내가 주장하듯이 선교적이라는 용어를 기성 교단/ 에큐메니칼 사상가들의 미시오 데이 정의에 의존하지 않으면서도 사용할 수 있다. 기성 교단에 치우친 선교적 사상가들의 상당수 저작들에는 (그들은 '상호적 및 공동체적' 그룹이다) 칼 바르트(Karl Barth)의 그림자가 넓게 드리워 있다. 바르트는 선택의 이론을 재작업해서 (그의 관점에서는), 심지어 믿지 않는 사람을 포함해서, 모든 사람이 그리스도 안에서 선택을 받는다. 그리하여 모든 인류가 본질적으로 의인인 동시에 죄인이다. 그러나 바르트의 관점이 어떻게 실제로 목회 현장에서 작동하는지에 대한 많은 논쟁이 있다. 그 관점을 받아들인 많은 사람들은 비그리스도인들을 하나님의 진노 아래 있으며 개인적 화해가 필요한 존재라고 보는 것을 부적절하다고 생각한다. 어떻게 교회 사역의 초점을 개인 회심에 대한 초청에서 공동체 형성과 사회 치유로 변화시킬 수 있는지 살펴보는 것은 어려운 일이 아니다.

28. 특히 보수적인 복음주의자들은 레슬리 뉴비긴(Lesslie Newbigin)과 데이비드 보쉬(David Bosch)의 신학이, 비록 복음주의적이진 않지만, 세계교회협의회를 구성한 많은 교회들의 철저히 세속적인 철학에 대한 반작용과 비판이라고 인정할 필요가 있다는 점을 기억해야 한다.

29. Roxburgh, *Introducing the Missional Church*, 59.

30. 다음을 보라. John R. W. Stott, "The Living God Is a Missionary God," in *You Can*

Tell the World, ed. James E. Berney (Downers Grove, Ill.: Inter-Varsity, 1979), 3-9, www.963missions.com/Stott_TheLivingGod.pdf (first presented at the 1976 Urbana Student Missions Convention).

31. 5부(문화 참여)와 7부(통합적 사역)에서 이 주제를 더 다루었다. 또한 6부 3장(선교적 삶을 위해 성도들을 구비하기)에서 제시하는 부분을 참조하라.

32. 보수 신학으로 기우는 사람은 아마 (나처럼) (제도적) 교회의 선교는 전도하고 제자를 삼는 것이지만, 개인적인 그리스도인들은 가난한 사람들 및 공공선에 대한 헌신적인 봉사에 힘써야 한다고 생각할 것이다.

02 -----

1. Michael Wolff, "The Party Line," *New York* (February 26, 2001), http://nymag.com/nymetro/news/media/columns/medialife/4407/index1.html (2012년 2월 17일 접속).

2. '전도적 예배'의 확대된 토론을 위해서는 23장을 보라.

3. 3부(복음 맥락화)를 보라. 맥락화된 복음 설교가 어떤 것인지를 살피라.

4. 사역을 묘사할 때 '성육신적'이라는 단어를 사용하는 것에 대한 신학적, 실제적인 반대들이 많이 있을 수 있다. 그런데 여기에서 우리는 우리의 목적을 위해서 이 관행과 그 주된 정의를 받아들인다. 이 용어는 선교적 교회 토론에서 폭넓게 받아들여지고 있기 때문이다.

5. 알렌 록스버그(Alan Roxburgh)와 스콧 보렌(Scott Boren)은 '유입적'(attractional) 교회 모델을 이렇게 정의한다. "복음의 기본 이야기가 타협되는 한 가지 방식은 그것이 우리 모두에 대한 이야기가 되는 것이며 어떻게 하나님이 우리의 필요를 채우실 것인지에 대한 이야기가 되는 것인데, 우리는 어떻게 하나님이 그것을 하는지 보여 주기 위한 유입적 교회를 만들어냈다." (Alan Roxburgh and Scott Boren, *Introducing the Missional Church: What It Is, Why It Matters, and How to Become One* [Grand Rapids: Baker, 2009], 69).

6. David Fitch, "What Is Missional? Can a Mega-Church Be Missional?" www.reclaimingthemission.com/what-is-missional-can-a-mega-church-be-missional/ (2012년 2월 17일 접속)

7. 위의 책.

8. Michael Frost and Alan Hirsch, *The Shaping of Things to Come: Innovation and Mission for the 21st Century Church* (Grand Rapids: Baker, 2004), 211.

9. 다음을 보라. Frost and Hirsch, The Shaping of Things to Come, 210-224.

10. Roxburgh and Boren, *Introducing the Missional Church*, 21.

11. 예를 들어 대럴 구더(Darrell Guder)는 만일 선교에 대한 하나님의 목적이 "피조 세계를 회복

하고 치료하는 것"이라면(p. 4) 구원의 개념은 하나님의 통치를 공동체와 조직체에 미치게 하는 것이라고 추론한다. 그는 이렇게 쓴다. "은행에게는, 전에는 빈곤층이었던 이웃들에게 대출을 허용하는 것을 의미할 것이다. 공립학교에게는, 학생들 사이에 또래 중재 훈련을 시키는 것을 의미할 수 있다"(p. 136).

12. Dieter Zander, "Abducted by an Alien Gospel," www. baskettcase. com/blog/2006/11/01/abducted-by-an-alien-gospel/ (2012년 2월 17일 접속).

13. D. A. Carson, "Three Books on the Bible: A Critical Review," www.reformation21.org/shelf-life/three-books-on-the-bible-a-critical-review. php (2012년 2월 17일 접속).

14. Timothy Keller, *Generous Justice: How God's Grace Makes Us Just* (New York: Dutton, 2010), 특히 92-108쪽 (《팀 켈러의 정의란 무엇인가》, 두란노 역간, 2012).

15. 루터가 이 개념을 많은 곳에서 상술하지만, 두 개의 초창기 작품들은 "To the Christian Nobility of the German Nation"(독일 국가의 그리스도인 귀족들에게) 및 "The Babylonian Captivity of the Church"(교회의 바벨론 포로)이다. 이 둘은 "그리스도인의 자유"에 같이 실려 있다. Martin Luther, *Three Treatises* (Minneapolis: Fortress, 1970). 평신도 사역의 중요성을 재발견하려는 보다 초기 현대의 복음주의적 노력으로는 다음을 보라. John R. W. Stott, *One People* (Downers Grove, Ill.: Inter-Varsity, 1968).

16. 모든 평신도가 말씀을 섬겨야 한다는 것, 즉 성경으로 전도하고 제자를 삼아야 한다는 주장에 대해서는 다음을 보라. Colin Marshall and Tony Payne, *The Trellis and the Vine: The Ministry Mind-Shift That Changes Everything* (Kingsford, Australia: Matthias Media, 2009), 41-60. 어떻게 평신도를 풀어내고 이웃 사이의 관계성을 깊게 하며 봉사와 전도의 직무를 하게 할 것인가에 대한 자료로는 다음을 보라. Breen and Absalom, *Launching Missional Communities*, and Tim Chester and Steve Timmis, *Everyday Church: Mission by Being Good Neighbours* (Nottingham, UK: Inter-Varsity, 2011). 어떻게 사람들이 신앙과 믿음을 통합하도록 도울지에 대한 개요로는 본서 7부(통합적 사역)를 살펴보라. 또한 다음을 보라. Timothy Keller, *Every Good Endeavor* (New York: Dutton, 2012), (《일과 영성》, 두란노 역간, 2013).

17. 본회퍼(Dietrich Bonhoeffer)는 이렇게 썼다. "그러므로 우리가 말할 수 있는 전부는, 그리스도인 공동체는 오직 사람은 단지 은혜를 통하여 의롭게 된다는 성경적이고 종교개혁적인 메시지로부터 형성된다는 것이다. 이것만이 그리스도인들이 서로를 그리워할 수 있는 기초가 된다." Dietrich Bonhoeffer, *Life Together* ([New York: Harper & Row, 1954], 23) (《신도의 공동생활》, 대한기독교서회 역간, 2010).

18. '미니 결정들을 통한 선교적 전도' 부분을 보라.

19. '관계적 진실성을 가진 신자들' 부분을 보라.

20. 8부 '운동 역동성'을 참조하라.

03 -----

1. Ryan Bolger, "Marks of a Missional Church," http://thebolgblog.typepad.com/thebolgblog/2006/01/marks_of_a_miss.html (2012년 2월 17일 접속).

2. John Stott, *Motives and Methods in Evangelism* (Leicester, UK: Inter-Varsity, 1962), 14.

3. Michael Green, *Evangelism in the Early Church*, rev. ed. (Grand Rapids: Eerdmans, 2003), 243, 아돌프 하르낙(Adolph Harnack)을 인용한다.

4. 위의 책.

5. 위의 책, 244.

6. 위의 책, 315.

7. 위의 책 318-338쪽.

8. 위의 책, 339.

9. 이 예들의 많은 것은 다음에서 가져와 개작하였다. Colin Marshall and Tony Payne, *The Trellis and the Vine* (Kingsford, Australia: Matthias Media, 2009), 54-56. 나는 몇 가지 새 예들과 맥락화된 것들을 이 책에 추가하였다.

10. Francis Schaeffer, *2 Contents, 2 Realities* (Downers Grove, Ill.: Inter-Varsity, 1975), 31-32.

11. 참여에 대한 몇 가지 좋은 생각들은 다음을 보라. Tim Chester and Steve Timmis, *Everyday Church: Mission by Being Good Neighbours* (Nottingham, UK: Inter-Varsity, 2011), ch. 4 ("Everyday Mission").

12. 다음을 보라. Christian Smith, *Souls in Transition: The Religious and Spiritual Lives of Emerging Adults* (New York: Oxford University Press, 2009), 209.

13. Alan Kreider, "'They Alone Know the Right Way to Live': The Early Church and Evangelism," in *Ancient Faith for the Church's Future*, ed. Mark Husbands and Jeffrey P. Greenman (Downers Grove, Ill.: Inter-Varsity, 2008), 169-170.

14. 초대 교회의 평신도들 전도에 대한 다른 두 개의 필독서로는 다음을 보라. Green, *Evangelism in the Early Church*, and Rodney Stark, *The Rise of Christianity* (New York: HarperCollins, 1990).

15. 비정형적 목양과 전도에 대해 평신도들에게 줄 수 있는 쉽고 기억하기 좋은 개요를 위해서는 다음을 보라. Chester and Timmis, *Everyday Church*, ch. 3 ("Everyday Pastoral Care") and ch. 5 ("Everyday Evangelism").

16. 다음을 보라. David Stroud, *Planting Churches, Changing Communities* (Milton Keynes, UK: Authentic Media,

17. 어떻게 이것을 할지에 대한 실제적인 제안으로는 다음을 보라. Marshall and Payne, *The Trellis and the Vine*, ch. 9

18. 전도적 장소에 대한 종합적인 목록과 내용은 마이클 그린의 《현대 전도학》(CLC 역간)을 참조하라. 비록 오래 되긴 했지만, 이 주제에 대한 가장 완전한 가이드이다.

19. 다음을 보라. Timothy Keller, *The Reason for God Study Guide and DVD: Conversations on Faith and Life* (Grand Rapids: Zondervan, 2010).

20. 다음을 보라. Timothy Keller, *King's Cross* (New York: Dutton, 2011). (《왕의 십자가》, 두란노 역간, 2013).

'선교적 공동체'에 대한 논평

1. 《팀 켈러의 센터처치》 책 526 쪽의 사이드바에서, 켈러는 뉴비긴이 제시한바 서양 문화와의 선교사적 만남의 요소들을 열거한다. (1) 새로운 변증 (이른바 세속주의의 중립성에 대한 공세), (2) 하나님 나라의 가르침 (하나님께서 영혼 구원만 하시는 것이 아니라 모든 피조 세계를 치유하신다는 것), (3) 다른 사람들을 희생적으로 섬기려고 함으로써 경청받을 권리를 획득하는 것, (4) 평신도들이 사회생활 가운데서 믿음의 의미들을 실현할 수 있고 문화를 변혁할 수 있도록 훈련하는 것, (5) 대항문화적인 교회 공동체, (6) 교단의 분열을 극복하는 교회 연합을 세상에 보여 주는 것, (7) 구 서구 교회들이 비서구 교회들에게 귀 기울이는 국제적인 교회, (8) 용기.

2. 다음을 보라. Tim Chester, *Good News to the Poor: Sharing the Gospel Through Social Involvement* (2004; repr., Wheaton, IL: Crossway, 2013).

3. Engstrom의 다음 글을 보라. "Practices of Healthy Missional Communities" www.toddengstrom.com/resources.

4. Engstrom의 다음 글을 보라. "The Four Stages of Missional Community Formation" www.toddengstrom.com/resources.

part 2

04 -----

1. Edmund P. Clowney, "Interpreting the Biblical Models of the Church," in *Biblical Interpretation and the Church*, ed. D. A. Carson (Nashville: Nelson, 1985), 64-109.

2. Avery Dulles, *Models of the Church* (Garden City, N.Y.: Image, 1978).

3. Edmund P. Clowney, *Living in Christ's Church* (Philadelphia: Great Commission, 1986), 140.

4. 나는 이 구분에 대한 옹호를 다음에서 했다. *Generous Justice: How God's Grace Makes Us Just* (New York: Dutton, 2010, ch. 6).

5. 뒤따라오는 것은 예배, 공동체, 집사 사역, 그리고 공공의 제자도에 대한 완벽한 신학이 아니라는 것을 말하는 것이 중요하다. 또한 이것은 사역 방법들에 대한 균형 잡힌 개요도 아니다. 오히려 이것은 어떻게 사역의 각각 영역이 상호작용하는지에 대한 관찰의 결과물들이다. 물론 이 사역들의 각각 또는 '접점'은 단행본 분량의 책으로 정리해야 한다. 내가 《정의란 무엇인가》라는 책으로 내기도 했고 현재 다른 이들이 집필 중이기도 하다. 앞으로 또한 계속 책으로 나왔으면 하는 바람이다.

05 -----

1. 다음을 보라. "Reformed Worship in the Global City," in *Worship by the Book*, ed. D. A. Carson (Grand Rapids: Zondervan, 2002), 193-239.

2. 오래 전에 나오긴 했지만 이러한 접근을 취하는 좋은 책으로는 폴 바스덴의 저서가 있다. Paul Basden, ed., *Exploring the Worship Spectrum: Six Views* (Grand Rapids: Zondervan, 2004).

3. 예배에 대한 규제적 원리들에 대해서는 다음을 보라. R. Michael Allen, *Reformed Theology* (Edinburgh: T&T Clark, 2010), 116-121.

4. 스코틀랜드 신앙고백서 (Scots Confession, www.creeds.net/Scots/c20.htm 2012년 2월 21일 접속). 신앙고백은 다음과 같이 말한다. "인간이 고안한 의례는 단지 잠정적인 것이다. 그러므로 의례의 변화는 지극히 자연스러운 일이요, 또 그렇게 되어야 한다."

5. 많은 메가처치들이 하는 현대적 기독교 예배에 대한 비평에 대해서는 다음을 보라. D. H. Williams, "Contemporary Music: The Cultural Medium and the Christian Message," *Christianity Today* 55.6 (June 2011): 46, www.christianitytoday.com/ct/2011/june/

culturalmedium.html (2012년 2월 21일 접속). 윌리엄스는 다른 많은 사람들과 함께 "현대 예배가 사람들의 지성과 습관을 형성하기보다 직접적으로 감정을 목표로 한다"고 비판하면서 "이것은 소비자 문화에 의해 형성되어 온 것다"라고 말한다. 또한 "눈에 확 띄도록 감각적이며 단순한 메시지로 쇼핑몰 같은 환경을 만드는 소비자 문화"라고 말한다. 윌리엄스의 주장과 겹치지만 조금 다른 비판을 제임스 K. A. 스미스가 한다. James K. A. Smith, *Desiring the Kingdom: Worship, Worldview, and Cultural Formation* (Grand Rapids: Baker, 2009). 스미스는 비예전적, 설교 중심적 예배를 대상으로 하는데, 그는 너무나 이성과 지성에 치우쳐 있으며 예전적인 예배와 같이 '마음의 습관'을 형성하지 않는다는 비판을 가한다.

6. Allen, *Reformed Theology*, 133-134.

7. 예배의 역사적 전통들은 수 세기의 지혜와 경험에 근거하고 있으며 매주 새로 '역사를 새로 쓸' 필요를 제거해 준다.

8. John Calvin, *Institutes of the Christian Religion*, ed. John T. McNeill(Philadelphia: Westminster, 1960),

9. 다음을 보라. Paul Barnett, *1 Corinthians: Holiness and Hope of a Rescued People* (Fearns, Ross-shire, UK: Christian Focus, 2000); F. F. Bruce, 1 and 2 Corinthians (Grand Rapids: Eerdmans, 1971); Gordon D. Fee, *The First Epistle to the Corinthians* (Grand Rapids: Eerdmans, 1987); Leon Morris, *1 Corinthians* (Downers Grove, Ill.: Inter-Varsity, 2008); Anthony C. Thiselton, *The First Epistle to the Corinthians* (Grand Rapids: Eerdmans, 2000).

10. 그가 주장하는 것은 방언이 단지 비신자들로 하여금 '소외감과 정죄 받는 느낌'을 갖게 한다는 것이다. 그러나 이러한 종류의 정죄가 회심으로 이어지는 것은 아니다.

11. '성찬대에 울타리를 두르는 것'은 예배에 참여하는 사람들에게 오직 죄를 버리기로 헌신하는 신자만이 성찬식에 참여해야 한다는 것을 교육적으로 시사하는 것이다.

06 -----

1. C. S. Lewis, *The Four Loves* (New York: Harcourt Brace Jovanovich, 1960), 92-93.

2. 성례(ordinances) 대신에 성찬(sacraments)이라는 단어를 사용함으로써 내가 세례와 주의 만찬에 대해 가지고 있는 관점과 동일한 관점을 갖지 않는 독자들이 많다는 것을 잘 알고 있다. 일반적으로 '성례'라고 부르는 이들은 이것들이 구원의 효익을 나타내는 표지와 상징이라고 믿는다. 반면 '성찬'이라고 묘사하는 이들은 어떤 면에서 이것이 은혜를 실제로 가져오는 '인'이라고 믿는다. 이 중요한 주제들에 대한 오래된 이견에도 불구하고, 넓은 스펙트럼의 교회들이 실제로 이 부분에서 교회의 경건의 중요성에 대해 말하는 것에는 동의하리라 믿는다.

3. John Coffey, "Lloyd-Jones and the Protestant Past," in *Engaging with Martyn Lloyd-Jones: The*

Life andLegacy of "the Doctor," ed. Andrew Atherstone and David Ceri Jones (Nottingham, UK: Inter-Varsity, 2011), 318. 커피(Coffey)는, 부흥주의의 부정적 결과에도 불구하고, 그 비판자들이 너무 지나쳤다고 강력하게 주장한다. 부흥주의를 완전히 새로운 현상으로 보기보다 그는 개혁주의와 청교도주의 안에 있는 핵심요소들의 연속성을 지적한다. 그리고 비판자들이 부흥주의가 성취한 위대한 일들을 경시하고 있음도 지적한다(p.319). 부흥주의에 대한 보다 부정적인 평가에 대해서는 다음을 보라. R. Michael Allen, Reformed Theology (Edinburgh: T&T Clark, 2010), 88-94.

4. 네비(Nevin)은 소위 '고교회 칼빈주의'(high church Calvinism)의 주창자인데 프린스턴신학교에서 알렉산더(Alexander)와 핫지(Hodge) 아래에서 배웠다. 그는 고백적, 교회적 강조점을 존중했지만 회심과 체험에 동등한 강조를 하는 것이 일관성이 없다고 느꼈다. 그는 교인들과 세례받은 자녀들에게 그들이 회심했다는 것을 확실히 느껴야 한다고 말하는 것은 를 주관화하는 것이라고 믿었다. 네빈(Nevin)과 매우 유사한 관점에 대해서는 다음을 보라. D. G. Hart, John *Williamson Nevin: High Church Calvinist* (Phillipsburg, N.J.: Presbyterian & Reformed, 2005).

5. 다음을 보라. Archibald Alexander, *Thoughts on Religious Experience* (Edinburgh: Banner of Truth, 1967), esp. 59-78; Charles Hodge, *The Way of Life* (Edinburgh: Banner of Truth, 1959).

6. 다음을 보라. Alexander, *Thoughts on Religious Experience*, 13-35.

7. Gary A. Parrett and J. I. Packer, *Grounded in the Gospel: Building Believers the Old-Fashioned Way.* (Grand Rapids: Baker, 2010); see sidebar on "Catechism in Today's Church" on p.56.

8. Dietrich Bonhoeffer, *Life Together* (New York: Harper & Row, 1954), 22-23.

07 -----

1. 나는 이 주제에 대해 두 권의 책을 썼다: 《가서 너도 이와 같이 하라》(기독교연합신문사, 2007), 《팀 켈러의 정의란 무엇인가》(두란노, 2012). 그래서 이 장에서는 단지 몇 가지의 기본적인 개념과 원리만 제시한다.

2. Bruce Waltke, *The Book of Proverbs: Chapters 1-15* (Grand Rapids: Eerdmans, 2004), 97; see idem, "Righteousness in Proverbs," Westminster Theological Journal 70 (2008): 207-224.

3. 우리는 여기에서 너무 독단적으로 선을 긋지 않도록 주의해야 한다. 상이한 사회적, 문화적 조건들은 교회가 정의 문제에 어떻게 참여해야 하는지에 직접적인 영향을 미친다. 되돌아보면 우리는 이제 영국국교회가 미국에서의 아프리카 노예제라는 악습을 비판하고 철폐하는 노력을 기울였음에 박수를 보낸다. 또한 아프리칸 아메리칸 교회도, 노예제도 또는 노예제도와 유사한 극심한 조건 하에서 세 가지 수준의 사역을 가난한 사람들 대상으로 지금까지 용기 있게 펼쳐가고 있다.

4. 다음을 보라. Keller, *Generous Justice*, ch. 6.

5. Julian (the Apostate), *The Works of the Emperor Julian* (Loeb Classical Library; New York: G. P. Putnam's Sons, 1923), 69, 71.

08 -----

1. 복음중심적 세계관을 직업에 어떻게 적용하는지에 대한 구체적인 방식들을 전반적으로 다루고 있는 책으로는 다음을 보라. Timothy Keller, *Every Good Endeavor: Connecting Your Work to God's Work* (New York: Dutton, 2012) (《일과 영성》, 두란노 역간, 2013).

2. 물론 우리는 여기에서 균형을 갖춰야 한다. 어떤 점에서, 그리스도인을 직업으로 구별 짓는 것은 인종차별과 비슷할 수 있다. 특정 직업의 멤버들 안에 의구심이 일어날 수 있지만, 이런 종류의 장벽들을 뛰어넘어 교제를 하는 것이 사람들을 자유롭고 건강하게 하는 것이다. 어떤 사람들은 특유의 직업에 필요한 영적 공급을 원하거나 필요로 하지 않는다. 그렇지만 많은 사람들이 각자의 특유한 직업적 환경 안에서 유혹이나 곤경을 제대로 다룰 수 있도록 돌봄을 받지 않는다면 신앙을 버리거나 직업을 버리는 선택을 하게 될 것이다.

'통합적 사역'에 대한 논평

1. 우리는 이 여정을 다음의 책에서 자세히 설명한다. *Faithmapping: A Gospel Atlas for Your Spiritual Journey* (Wheaton, IL: Crossway, 2013).

2. 팀 켈러가 《팀 켈러의 센터처치》에 쓴 글들은 〈교회 개척 매뉴얼〉을 직접적으로 발전시킨 것 같다.

3. 팀 켈러, 《팀 켈러의 센터처치》(두란노 역간).

4. Gregg R. Allison, *Sojourners and Strangers: The Doctrine of the Church* (Wheaton, IL: Crossway, 2012), 50.

5. 위의 책, 51쪽.

6. 위의 책, 51쪽.

7. 위의 책, 53쪽.

8. 위의 책, 52쪽, 강조 추가.

9. Harold Best, *Unceasing Worship: Biblical Perspectives on Worship and the Arts* (Downers Grove,

IL: InterVarsity, 2003), 47.

10. 위의 책, 47쪽.

11. 다음을 보라. Harold Best's *Unceasing Worship* 또는 David Peterson's *Engaging with God: A Biblical Theology of Worship* (Downers Grove, IL: InterVarsity, 2002). 데이비드 피터슨, 《성경 신학적 관점으로 본 예배 신학》(부흥과 개혁사 역간)

12. 보다 상세한 것은, 우리의 책 *Faithmapping*을 보라. 우리는 이 책을 "누구나 쉽게 할 수 있는 팀 켈러"라고 책을 짓고 싶었었다.

13. 몽고메리와 코스퍼, *Faithmapping*, 21쪽.

14. 위의 책 102쪽.

15. 이 정의에 대해서 달라스 윌라드에게 경의를 표한다.

16. 몽고메리와 코스퍼, *Faithmapping*, 105-192쪽.

17. 위의 책, 202-215쪽.

다니엘 몽고메리 & 마이크 코스퍼에 대한 논평

1. D. A. 카슨 편집, *Worship by the Book* (Grand Rapids: Zondervan, 2002), 11-63.

part 3

09 -----

1. 개신교 개혁주의자들이 분변하는 참된 교회의 표지들에 대한 간단한 묘사로는 다음을 참조하라. J. I. Packer, "Word and Sacrament: How a Genuine Church Is Identified," in *Concise Theology* (Wheaton, Ill.: Tyndale House, 2001), 204-206. 개혁주의 교회들은 언제나 이 세 가지 표지를 말해 왔다(말씀, 성례, 권징). 어떤 이들은 교회 권징이 성례의 바른 사용에 포함되어 있는 것이라고 주장했다. 그러니까 참된 교회의 표지로 두 가지로 본 것이다. 우리가 이것을 몇 개(두 개, 세 개, 네 개)로 보든 상관없이 정작 중요한 것은 모든 기능과 목적들이 잘 실현되고 있느냐 하는 것이다. 참된 교회는 교사들이 건전한 성경적 교리를 전하며, 사람들은 세례와 성찬을 통해 가시적인 언약 공동체가 되며, 그 속에서 지도자들이 지혜로운 영적 감독을 하는 것이다.

2. 비서구 교회들의 의존성을 처음으로 발견한 것은 영국 성공회의 헨리 벤(Henry Venn)과 미국 회중교회의 루푸스 앤더슨(Rufus Anderson)이었다. 이들은 모두 '토착화'라고 부르는 모델을 주장했다. 즉 서구 선교사들은 설교를 통해 새로운 교회를 목양하고 결과적으로 해당 국가의 토착 지도자들을 길러야 하며, 교회를 그들에게 전해 주어야 한다는 것이다. 후에 영국 성공회의 로랜드 알렌(Roland Allen)과 미국 장로교의 존 네비우스(John Nevius)는 이러한 과정이 더 일찍 시작되어야 한다고 촉구했으며, 서양 선교사들이 결코 비 서구 교회의 개척자들과 목회자들만큼 효과적이지 못함을 강조했다. 그들은 새로운 회심자들을 훈련해 교회를 도와야 한다고 말했다. 로랜드 알렌의 책들을 참조하라. *Missionary Methods: St Paul's or Ours?* (London: Robert Scott, 1912) 및 *The Spontaneous Expansion of the Church, and the Causes Which Hinder It* (London: World Dominion Press, 1927). 또한 네비우스의 책을 참조하라. *The Planting and Development of Missionary Churches* (New York: Foreign Mission Library, 1899).

3. 휴 헬코(Hugh Heclo)의 탁월한 소책자는 제도에 대한 학자들의 다양한 정의를 정리하고 있다. *On Thinking Institutionally* (Boulder, Colo.: Paradigm, 2008).

4. Heclo, *On Thinking Institutionally*, 38.

5. 위의 책.

6. David K. Hurst, *Crisis and Renewal* (Cambridge, Mass.: Harvard Business School Press, 2002).

10 -----

1. 다음을 보라. E. P. Clowney, "Perspectives on the Church," in *Living in Christ's Church* (Philadelphia: Great Com- mission, 1986); idem, "Doctrine of the Church" (unpublished course syllabus); Lon L. Fuller, "Two Principles of Human Association," in *Voluntary Associations*, ed. J. Roland Pennock and John W. Chapman (New York: Atherton, 1969); Lyle Schaller, "Tribes, Movements, and Organizations," in *Getting Things Done* (Nashville: Abingdon, 1986); idem, *Activating the Passive Church* (Nashville: Abingdon, 1981).

2. 다음을 보라. Edmund P. Clowney, *The Church* (Downers Grove, Ill.: Inter-Varsity, 1995), esp. 199-214; see also idem, *Living in Christ's Church*, 111-112.

3. 다음의 중요한 글을 보라. Alan Kreider, "'They Alone Know the Right Way to Live': The Early Church and Evangelism," in *Ancient Faith for the Church's Future*, ed. Mark Husbands and Jeffrey Greenman (Downers Grove, Ill.: Inter-Varsity, 2008), 169-186.

4. 토니 페인(Tony Payne)과 콜린 마샬(Colin Marshall)의 *The Trellis and the Vine* 같은 책들은 제도적 형태와 구조들이 기껏해야 필요악이며 성령의 사역이나 교회의 사역에는 경영하는 은사나 다스리는 은사가 전혀 상관이 없는 것 같다는 강한 인상을 준다. 다른 한편 부흥과 전도 활동에 대해 비판적인 많은 사람들은 안수 받은 사역자들과 제도적 교회의 사역에 훨씬 많은 강조를 두는데, 그 반대편의 실수를 할 수도 있다.

5. RUF는 캠퍼스 아웃리치와 아울러 PCA 교단에 교회 개척자와 선교사들을 배출하였다. 캠퍼스 아웃리치는 교단을 초월한 대학생 사역 단체로서 PCA와 강한 연결고리가 있다.

6. 가장 효과적인 지도자 배출은 제도보다는 운동에서 유기적으로 이루어진다. 일전에 나는 미국 외의 어떤 나라에서 복음주의적 날개가 성장했다가 겪인 교단의 경우를 보았다. 오랫동안 이 단체는 두세 개의 대학 캠퍼스에서 중요하고 활력 있는 대학부 사역을 통해 지도자들을 배출하는 역할을 했다. 많은 수의 대학생들이 이 단체로 모여들었다. 많은 사람들은 그들이 경험한 공동체와 말씀의 사역을 다른 곳에서도 일으키고 싶어 했다. 이 교회 출신의 젊은이 수십 명이 설교 사역을 하게 되었다. 그들이 거기에서 운동 역동성을 경험한 까닭이었다. 그러나 그 교회들이 대학생 사역에 관심이 없고 성공적이지 않은 목회자들을 담임목사로 위임하자 지도자 배출은 멈추었고, 그 나라의 복음주의 운동 전체가 고통 받게 되었다.

11 -----

1. 성경의 어떤 관습들이 오늘날에도 적용되어야 할지 분별할 때 필요한 일반 원칙은 "성경에서 하나님의 뜻을 '묘사'한 부분이 아니라 '교훈'이 되는 부분을 찾으라"는 것이다. (John Stott, Baptism and Fullness: *The Work of the Holy Spirit Today*, 3rd ed. [Downers Grove, Ill.: Inter-

Varsity, 2006], 21). 성경 해석의 핵심 원리는 성경 본문의 의미가 저자의 의도에 의해 결정된 다는 것이다. 성경 저자가 무엇을 말하려고 의도했느냐 하는 것이다. 하나님의 사람들이 어떻게 살아야 하는지 직접적으로 다루는 선지서와 사도들의 서신서 같은 교훈적인 책들이 역사 서들보다 저자의 의도를 분별하기가 훨씬 쉬운 이유가 여기에 있다. 역사서에는 많은 이야기들이 단지 발생했기 때문에 서술된 것이지, 모범적이거나 행동의 모델이 되기 때문에 쓰인 것이 아니다. 수백 년 동안 그리스인들은 사도행전의 '규범성'에 대해서 토론했다. 특히 교회의 정치 구조와 성령의 사역에 대한 주제가 논쟁의 대상이었다. 그러나 사도행전은 사명, 전도, 교회 개척에 초점을 맞추고 있다. 사도행전으로부터 우리의 사역을 위한 지침을 많이 배울 수 있음을 나는 믿는다. 하지만 사도행전은 이야기 형태로 기록되어 있기 때문에 우리가 배우는 것들을 너무 엄격하게 적용하는 것은 반드시 조심해야 한다. 예를 들어 데이비드 피터슨(David Peterson)은 안수와 방언의 패턴에 대해서 연구한 후 이것들을 모든 그리스도인들의 규범적 경험으로 보아서는 안 된다고 이야기한다. David Peterson, *The Acts of the Apostles*(Grand Rapids: Eerdmans, 2009), 532.

2. John R. W. Stott, *The Message of Acts* (Bible Speaks Today; Downers Grove, Ill.: Inter-Varsity, 1994), 234.

3. Tim Chester, "Church Planting: A Theological Perspective," in *Multiplying Churches: Reaching Today's Communities through Church Planting*, ed. Stephen Timmis (Fearn, Scotland: Christian Focus, 2000), 23-46.

4. 리디머교회 초기 시절에는 도시의 다른 교단에서 사람들이 왔었다. 그러나 우리가 점점 커지고 역사가 길어지면서 우리는 종종 우리 교인들이 새로운 개척 교회로 가는 것을 본다. 거기에서 그들의 은사들이 잘 사용될 수 있는 것이다. 그들은 우리의 축복을 받고 간다. 오래된 교회들은 언제나 교인들이 개척 교회로 가는 것에 화를 내고 싶은 유혹을 받는다. 그러나 우리가 그리스도를 위해서 도시 전체를 전도하려 한다면 우리가 훈련한 회중 사람들이 새로운 선교적 기회에 동참할 때 기뻐하는 법을 배워야 한다.

5. 다음을 보라. Donald McGavran and George G. Hunter III, eds., *Church Growth: Strategies That Work* (Nashville: Abingdon, 1980), 100; 또한 다음을 보라. C. Kirk Hadaway, *New Churches and Church Growthin the Southern Baptist Convention* (Nashville: Broadman, 1987); Ed Stetzer, *Planting Missional Churches: Planting a Church That's Biblically Sound and Reaching People in Culture* (Nashville: Broadman and Holman, 2006). 스테처(Stetzer)는 이렇게 기록한다. "3년 이하의 교회들은 평균적으로 교인 1백 명당 10명의 비율로 새 신자를 그리스도께 인도한다. 15년 이상 된 교회들은 평균적으로 교인 1백 명당 3명의 비율로 인도한다"(p.8).

6. 이 수치는 '뉴욕 가치 연구소'와 '리디머 시티투시티'가 공동으로 행한 연구, 즉 수십 년 동안 뉴욕시에서 교회 출석과 교회 성장이 어떤 관계를 가지는지 살펴보는 연구에서 가져온 것이다. 이 숫자들이 꼭 정확한 것은 아니지만 일반적 양상을 보여 주는 것으로 우리가 중요하게 생각할 필요가 있다. 이 숫자들은 교회 개척과 인구 당 교회 수의 패턴 면에서 뉴욕 시보다 훨씬 종교

적이고 전통적인 다른 미국 지역의 것들과 기본적으로 일치한다. 다른 나라에서는 아직 연구되지 않았다.

7. 이 절차에 대한 두 가지 유용한 자료로는 다음을 보라. James P. Spradley, *The Ethnographic Interview* (New York: Harcourt, Brace, Jovanovich, 1979), 그리고, Ed Dayton, Planning Strategies for Evangelism(Monrovia, Calif.: MARC, 1974).

8. 다음의 자료가 유용하다. Craig Ellison, "Addressing Felt Needs of Urban Dwellers," in *Planting and Growing Urban Churches*, ed. Harvie Conn (Grand Rapids: Baker, 1997), 94-110

12 -----

1. Edmund Clowney, *The Church* (Downers Grove, IL: InterVarsity, 1995), 79. (에드먼드 클라우니, 《교회-IVP조직신학 시리즈》, IVP 역간).

2. 이 장은 1978년 초판에 있지 않았다. 다음을 보라. Avery Dulles, *Models of the Church*, expanded ed. (New York: Image, 2002), 195-218.

3. 복음 도시 운동을 생물학적 생태계로 빗대는 것은 물론 비유이다. 어떤 비유도 개념 전부를 다 조명하지는 않는다. 생물학적 생태계는 어떤 면에서 강한 동물이 약한 것을 잡아먹는 면이 있다. 어떤 사람도 강한 교회가 약한 교회를 잡아먹어야 한다고 생각해선 안 된다! 실제로 다른 교회들로부터 교인들을 흡수해서 성장하는 교회들이 있는 도시는 우리가 추구하는 선교적 복음 도시 운동과 정반대의 것이다. 생태계의 이미지는 어떻게 상이한 유기체들이 상호의존적이며, 어떻게 한 그룹의 융성이 다른 그룹의 융성을 도울 수 있는지 그 개념을 제시하는 것이다.

4. 이 부분에 대해 귀한 통찰을 제공해 준 마크 레이놀즈(Mark Reynolds)박사에게 감사를 표한다.

5. Malcolm Gladwell, *The Tipping Point: How Little Things Can MakeA Big Difference* (New York: Little, Brown, 2000), 12.

'운동 역동성'에 대한 논평

1. 다음을 보라. 예. *The Forgotten Ways: Reactivating the Missional Church* (Grand Rapids: Brazos, 2006); *On the Verge: A journey into the Apostolic Future of the Church* (Grand Rapids: Zondervan, 2011); *The Permanent Revolution: Apostolic Imagination and Practice in the 21st Century Church* (San Francisco: Jossey-Bass, 2013).

2. Robert Pirsig, *Zen and the Art of Motorcycle Maintenance: An Inquiry into Values* (New York:

Morrow, 1974), 98. (로버트 피어시그, 《선과 모터사이클 관리술: 가치에 대한 탐구》, 문학과 지성사 역간)

3. Alan Hirsch and Dave Ferguson, *On the Verge: A journey into the Apostolic Future of the Church* (Grand Rapids: Zondervan, 2011), 89. Bill Easum (*Leadership on the Other Side* [Nashville: Abingdon, 2000], 39) 은 이렇게 썼다. "교회들이 그들의 고장난 시스템의 수렁에서 빠져나오기를 원한다면, 죽음의 하강 나선곡선에서 기어나오기를 원한다면, 그들은 반드시 지금 하는 것과는 다르게 느끼고, 생각하고, 행동하는 법을 배워야만 한다. 우리가 살고 있는 시대는 우리에게 삶의 비유들을 바꿀 것을 요구한다. 인간의 뇌를 다시 쓰는 것과 것과 유사한 것이다.

4. 다음에서 인용: Scott Nelson, *Mission: Living for the Purposes of God* (Downers Grove, IL: InterVarsity, 2013), 39.

5. 다음을 보라. Michael Frost and Alan Hirsch, *The Faith of Leap: Embracing a Theology of Risk, Adventure, and Courage* (Grand Rapids: Baker, 2012). 앨런 허쉬, 《모험으로 나서는 믿음: 위험, 모험 & 용기의 신학 끌어안기》(SFC출판부 역간).

6. 다음을 보라. Peter F. Drucker, Frances Hesselbein, and Joan Snyder Kuhl, *Peter Drucker's Five Most Important Questions: Enduring Wisdom for Today's Leaders* (New York: Wiley, 2015), 51. 피터 드러커, 프랜시스 헤셀바인, 조안 스나이더 컬, 세계 최고 리더들의 인생을 바꾼 피터 드러커의 최고의 질문 (다산북스 역간).

7. 다음의 7장을 보라. *The Forgotten Ways* for an elaboration of movemental organization; 또한 다음을 보라. Hirsch and Ferguson, On the Verge, part 2.

8. 다음을 보라. Dee Hock, *Birth of the Chaordic Age* (San Francisco: Berrett-Koehler, 1999) 디 혹, 《카오딕》(청년정신 역간), 보다 최근의 책으로는, *One from Many: VISA and the Rise of Chaordic Organization* (San Francisco: Berrett-Koehler, 2005) 디 혹, 카오딕 CHAORDIC : 혼돈과 질서의 혼재 (비자 카드 성공신화, 창립자 디 혹의 이야기) (청년정신 역간). 혹이 모든 조직에 주는 도전은 견고한 핵심과 수용적인 주변을 가지라는 것이다. 또한 다음을 보라. Hirsch and Ferguson, *On the Verge*, 45-46, 285-86, 또한 이것을 운동적 사고방식에 적용하는 것에 대해서는 다음을 참조하라. *The Permanent Revolution*, 218-20.

9. 나는 아무리 강조해도 모자라는 부분이다. 나는 이것이 교회와 선교에 막대한 영향을 끼칠 주춧돌이 되는 본문이라고 믿는다. 더 깊이 들어가자면, 이 주제를 다루고 있는 나의 책을 읽으라. *The Permanent Revolution*. 그리고, *The Forgotten Ways* (ch. 6)는 왜 운동에는 APEST가 시스템적인 기초로 있어야 하는지를 보여준다. 이 주제에 관한 다른 뛰어난 책으로는 다음이 있다. Neil Cole, *Primal Fire: Reigniting the Church with the Five Gifts of Jesus* (San Francisco: Jossey-Bass, 2014), 및]. R. Woodward, *Creating a Missional Culture: Equipping the Church for the Sake of the World* (Downers Grove, IL: InterVarsity, 2013).

10. Hirsch and Ferguson, *On the Verge*, 74.

11. Timothy Keller, *Center Church* (Grand Rapids: Zondervan, 2012), 347. (팀 켈러, 《팀 켈러의

센터처치》, 두란노 역간)

앨런 허쉬에 대한 답변

1. John Calvin, *Institutes of the Christian Religion*, ed. John T. McNeill (Philadelphia: Westminster, 1960), 2:1070. 존 칼빈, 《기독교 강요》(생명의 말씀사 역간)

기고자들에 대하여

팀 체스터(Tim Chester)는 노스 요크셔, 보로우브리지그레이스처치 (Grace Church Boroughbridge) 의 목사이며, 액츠 29 오크힐 아카데미(Acts 29 Oak Hill Academy)의 강사다. 그는 신학 박사이며 선교학과 개혁 영성 과목의 부교수다. 그는 30권이 넘는 책을 저술했다. 그와 부인은 두 딸을 두고 있다.

마이크 코스퍼(Mike Cosper)는 소전커뮤니티교회(Sojourn Community Church)의 예배 및 예술 목사이자, 《은혜의 리듬》(*Rhythms of Grace*)의 저자이고, (대니얼 몽고메리와 더불어) 《믿음 지도 그리기》(*Faithmapping*)의 공동 저자다. 마이크는 소전교회를 위한 여러 음반을 제작했고, 가스펠 코얼리션을 위한 《누가복음을 위한 찬양들》(*Songs for the Book of Luke*)도 제작했다. 그와 부인 새라는 두 딸이 있고, 켄터키 주, 루이빌에 산다.

다니엘 몽고메리(Daniel Montgomery)는 소전커뮤니티교회의 설립 목사인데, 이 교회는 다 캠퍼스 교회로서 루이빌에 세 캠퍼스가 있고, 인디애나 주, 뉴 앨버니에 한 캠퍼스가 있다. 대니얼은 소전교회에서 설교, 리더십, 교회 개척 목사로 섬긴다. 2011년에는 〈소전 네트워크〉를 공동 설립하여, 북미와 그 외의 지역에 교회를 개척하려고 한다. 그는 《증거》(*Proof*)와 《믿음 지도 그리기》(*Faithmapping*)의 공동 저자다.

앨런 허쉬(Alan Hirsch)는 〈글로벌 선교 대담〉의 핵심 사상 리더 중 한 명이다. 그는 100 무브먼트, 구축 선교 훈련 네트워크, 미래 여행가들의 설립자이며, 운동적 기독교의 측면들을 논하는 많은 저서들의 저자로서 여러 번 수상했다. 그 책들 중에는 《잊힌 길들》(*The Forgotten Ways*)과 《영구적 개혁(www.alanhirsch.org)》(*The Permanent Revolution*)이 있다.

1권《복음으로 세우는 센터처치》
기고자: 마이클 호튼, 데인 오틀런드

우리는 복음을 이해하고 충실하게 설교하면, 우리 사역이 필연적으로 복음 중심으로 형성되리라고 쉽사리 가정을 한다. 그러나 이것이 꼭 사실은 아니다. 많은 교회들이 스스로 복음 중심적이라고 주장하지만, 복음으로 형성되고, 복음이 중심이고, 복음으로 능력을 받은 것만이 아니다. 대부분이 복음의 영향력이 교회 사역의 구조 속에서 어떻게 나타났는지 볼 수 없다.

복음 중심적인 사역은 프로그램이 이끄는 것이 아니라 신학이 이끈다. 복음 중심적인 사역을 추구하려면 복음 자체의 본질, 진리, 그리고 양상을 성찰하는데 많은 시간을 할애해야 한다. 복음은 종교도 비종교도 아니다. 완전히 다른 무엇이다. 은혜로 하나님을 만나는 제3의 길이다. 《팀 켈러의 센터처치》 시리즈의 1권《복음으로 세우는 센터처치》에서 베스트셀러 저자이자 목회자인 팀 켈러는 복음이 어떤 것인지에 대한 현

재의 여러 토론과 갈등을 다룬다. 그리고 복음을 성실하게 설교하는 것
이 개인과 공동체의 부흥에 어떠한 영향을 미치는지를 제시한다.

이 새로운 에디션은《팀 켈러의 센터처치》의 첫 번째 부분을 읽기 쉬
운 형태로 담고 있다. 이 책에서는 마이클 호튼과 데인 오틀런드의 논평
과 팀 켈러의 답변들이 추가되었다.

2권《도시를 품는 센터처치》
기고자: 다니엘 스트레인지, 가브리엘 살귀에로, 앤디 크라우치

이 책은 베스트셀러 작가이자 목회자인 팀 켈러가 복음을 상황화하
는 성경적 토대들을 살펴본다. 문화 속에서 복음과 소통하기 위해서는
복음을 존중하는 태도와 동시에 도전적인 자세가 필요하다. 팀 켈러는
도시 비전의 핵심 특성들을 명확하게 제시한다. 어떻게 도시가 성경에서
한 주제로 발전했는지를 보여 준다. 하나님을 거부하는 도시의 근원부터
선교를 위한 전략적 중요성까지 도시의 정점과 영광스러운 회복까지 다
룬다.

《도시를 품는 센터처치》는《팀 켈러의 센터처치》의 두 번째 부분을
읽기 쉬운 형태로 담고 있다. 또한 여러 저자들의 새로운 논평들이 추가
되었고, 팀 켈러가 이에 대해 피드백으로 구성되어 있다.

3권《운동에 참여하는 센터처치》
기고자: 팀 체스터, 마이크 코스퍼, 다니엘 몽고메리, 앨런 허쉬

팀 켈러는 교회 사명의 본질에 대해서 살피며 각각의 그리스도인이 세상에서 하는 일과 사명의 관련성을 살펴본다. 그는 '선교적 교회'가 되는 것은 오늘날 어떤 의미인지를 조사한다. 그리고 교회들이 어떤 실제적인 방법으로 사람들을 구비하여 선교적 삶을 살아가도록 도울 수 있는지 조사한다. 교회들은 통합적인 사역을 의도적으로 만들어야 한다. 사람들을 하나님께, 각 사람에게, 도시의 결핍에, 그리고 우리 주변의 문화에 연결해야 한다. 마지막으로 그는 교회들의 의도적인 운동에 참여할 필요성을 강조한다. 하나님의 진리를 성실하게 선포하며 지역 공동체를 섬기는 새로운 교회들을 심는 사역의 필요성을 조명한다.

시리즈의 마지막인 이 책은《팀 켈러의 센터처치》의 세 번째 부분을 읽기 쉬운 형태로 담고 있으며, 새롭게 추가된 논평들과 팀 켈러의 피드백으로 구성되어 있다.